누구나 R 데이터 분석

한 권으로 데이터 분석 초급 과정 끝내기

이윤환 지음

한빛아카데미
Hanbit Academy, Inc.

지은이 **이윤환** yoonani7237@gmail.com

한림대학교에서 정보통계학과를 졸업한 후 동 대학원에서 통계학(석사·박사 수료)을 전공하였습니다. 현재 한림대학교에서 데이터 과학 관련 과목을 강의 중입니다. 데이터를 통해 사회에서 일어나는 다양한 현상을 관찰하고 도시 변화를 연구하는 것에 관심이 많아 이를 전문적으로 연구하기 위한 컬쳐랩을 운영하고 있습니다.

- **깃허브 페이지** https://yoonani.github.io/iRnotes
  책에서 다루지 못했지만 데이터 분석을 공부할 때 알아두면 좋은 자료를 업로드하였습니다.

누구나 R 데이터 분석 : 한 권으로 데이터 분석 초급 과정 끝내기

초판발행 2022년 10월 20일

지은이 이윤환 / **펴낸이** 전태호
펴낸곳 한빛아카데미㈜ / **주소** 서울시 서대문구 연희로2길 62 한빛아카데미㈜ 2층
전화 02-336-7112 / **팩스** 02-336-7199
등록 2013년 1월 14일 제2017-000063호 / **ISBN** 979-11-5664-623-5 93310

책임편집 김은정 / **기획** 윤세은 / **편집** 윤세은, 강정아
디자인 박정우 / **전산편집** 이소연 / **제작** 박성우, 김정우
영업 김태진, 김성삼, 이정훈, 임현기, 이성훈, 김주성 / **마케팅** 길진철, 김호철, 주희

이 책에 대한 의견이나 오탈자 및 잘못된 내용에 대한 수정 정보는 아래 이메일로 알려주십시오.
잘못된 책은 구입하신 서점에서 교환해 드립니다. 책값은 뒤표지에 표시되어 있습니다.
홈페이지 www.hanbit.co.kr / 이메일 question@hanbit.co.kr

데이터 분석을 시작하는 여러분을 위한 안내서

1997년 미국의 한 회사가 비디오 테이프와 DVD를 온라인으로 대여하는 사업을 시작했습니다. 이 회사는 2007년부터 인터넷으로 동영상을 제공하고 2013년부터는 자체 콘텐츠를 제작하여 제공하기 시작했습니다. 이 과정에서 콘텐츠 보유량이 적다는 약점을 극복하기 위해 데이터에 관심을 가지기 시작했고, 장르, 스토리, 배우 등 다양한 요소를 고려하여 개인이 관심을 가질 만한 콘텐츠를 분석하고 추천하는 서비스를 제공함으로써 소비자에게 큰 호응을 얻었습니다. 이는 바로, 오늘날 전 세계에 미디어 콘텐츠를 제공하는 OTT Over-The-Top media service의 강자로 떠오른 넷플릭스Netflix의 이야기입니다.

매일 수없이 생산되는 데이터를 넷플릭스와 같은 거대 기업이나 숙련된 데이터 과학자만 분석할 수 있다고 생각할 수 있습니다. 그러나 우리 모두 데이터를 분석할 수 있습니다. 이 책은 데이터를 마음껏 활용하고 싶어 하는 사람 누구나 처음으로 읽을 수 있도록 만들었습니다. 이 책을 학습하면서 지금까지 배운 지식들을 조금만 정리하면 데이터를 분석한 뒤 여러분이 원하는 의미를 도출할 수 있을 것입니다. 이 책에서 다루는 내용 외에도 데이터 분석에 대해 더욱 자세하게 알고 싶으면 필자의 깃허브 페이지(https://yoonani.github.io/iRnotes)를 방문해 보세요. 데이터 분석 시 알아두면 좋을 내용을 꾸준히 업데이트할 예정입니다. 앞으로 이 책이 매개체가 되어 여러분과 함께 데이터 분석에 관해 꾸준히 공유하고 소통할 수 있기를 소망합니다. 무엇보다 이 책에 관심을 가져주어 고맙습니다.

이 책이 나오기까지 많은 분들이 도움을 주셨습니다. 먼저 이 책을 집필할 수 있도록 지식과 경험을 전수해주신 여러 선생님들께 감사드립니다. 특히 학문과 데이터, 그리고 사회를 보는 눈을 열어 주신 한림대학교 이기원 지도교수님, 제 활동을 늘 응원하며 도전 기회를 주시는 이과대학의 허선 교수님께 감사드립니다. 일상에서 엉뚱함과 날카로움을 함께 빛내는 쓰글스 멤버 박정환 형과 권순석 형, 같은 곳을 바라보며 활동하는 컬쳐랩 및 사단법인 더 슬기로운 생활 관계자분들께도 감사드립니다. 이 책의 기획부터 출간까지 수고를 아끼지 않은 김은정 팀장님과 윤세은 과장님, 그리고 한빛아카데미(주) 관계자분들과 전태호 대표님께 감사드립니다. 마지막으로 일생을 가족을 위해 헌신하신 어머님과 이모님, 평생 친구인 진형에게 감사드립니다. 우리 가족이 된 길냥이 팔월이도 건강하게 자라길 바랍니다.

춘천에서, 지은이 **이윤환**

이 책에 대하여

이 책을 읽어야 하는 이유

데이터 분석을 할 줄 안다면 일상생활이나 업무 중에 발생하는 다양한 과제를 해결할 수 있습니다. 각자 만든 데이터를 분석할 수도 있고, 여러 사람들의 데이터를 모아 분석할 수도 있습니다. 이러한 분석 경험이 쌓이면 여러분의 일상을 바꿀 수 있습니다.

미리 알아두면 좋을 내용

초·중·고등학교에서 배운 간단한 통계 지식만 있어도 충분합니다. 평소에 뉴스나 여러 매체에서 접한 데이터 또한 데이터 분석에 다양하게 활용할 수 있습니다.

이 책의 구성

PART 1은 데이터를 분석하는 기초 단계를 다룹니다. R을 이용해 데이터 과학의 과정을 조망하는 과정입니다.

CHAPTER 1	데이터 과학을 시작하기 전에 알아두면 좋은 내용을 소개합니다.
CHAPTER 2	데이터 분석에 사용되는 도구인 R과, 데이터 과학의 과정을 수행할 RStudio의 사용법을 알아봅니다.
CHAPTER 3	데이터를 전처리하는 과정과 요약하는 방법을 알아봅니다.
CHAPTER 4	데이터 과학에서 중요한 시각화를 다룹니다.
PROJECT 1	실제 데이터를 이용하여 1~4장 내용을 순차적으로 실습해 봅니다.

PART 2는 데이터 분석 수준을 한 단계 더 올리는 방법을 다룹니다. 데이터 과학을 조금 더 전문적으로 수행할 수 있습니다.

CHAPTER 5	간단한 통계를 이용하여 데이터 과학의 과정을 보다 전문적으로 확장할 수 있습니다.
CHAPTER 6	데이터 과학의 마지막 과정으로, 의사소통을 하기 위해 문서를 작성합니다.
PROJECT 2	RMarkdown으로 데이터 분석 내용을 문서로 제작하고 많은 사람과 소통하기 위해 웹에 문서를 게시하는 법을 다룹니다.

실습 권장 환경

이 책의 내용은 다음 환경에서 실습하기를 권합니다.

- **운영체제 :** Windows 10 이상, 또는 mac OS 10.15 이상
- **실습 도구 :** R 4.1.0 이상, RStudio 1.3 이상

실습 자료 다운로드

이 책을 실습하는 데 필요한 R 코드와 데이터 파일은 아래와 같이 접속하여 다운로드할 수 있습니다.

한빛출판네트워크 접속(http://www.hanbit.co.kr) → **[SUPPORT]** 클릭 → **[자료실]** 클릭 → **'누구나 R 데이터 분석'** 검색

강의보조자료 다운로드

한빛아카데미 홈페이지에서 '교수회원'으로 가입하신 분은 인증 후 교수용 강의보조자료를 제공받을 수 있습니다. 한빛아카데미 홈페이지 상단의 〈교수전용공간〉 메뉴를 클릭하세요.

http://www.hanbit.co.kr/academy

연습문제 해답 안내

이 책의 연습문제는 공공데이터를 제공하는 사이트에 직접 접속하여 데이터를 다운로드하고, 그 데이터를 대상으로 데이터 분석을 시행하는 과제로 구성되어 있습니다. 따라서 별도 해답을 제공하지 않습니다.

미리보기

도입글

해당 PART에서 다룰 내용을 데이터 분석 측면에서 조망할 수 있게 전반적으로 소개합니다.

프로젝트

해당 장에서 작업공간을 설정하는 Rproj 파일을 소개합니다. 예제 소스에서 해당 Rproj 파일을 먼저 실행한 뒤 R 파일의 코드를 실행하세요.

학습목표

각 장에서 알아야 할 내용이나 수행해야 할 수준을 제시합니다.

P1.1 데이터 수집하기 (1.4절)

이번 프로젝트에 사용할 데이터는 다음 두 가지입니다.

❶ **교통사고 사망자수 데이터** : 도로교통공단 교통사고정보 개방시스템에서 제공
❷ **1인당 자동차 등록대수(시도/시/군/구) 데이터** : 통계청 국가통계포털에서 제공

이제 각 데이터를 수집하는 방법을 살펴봅시다.

관련 있는 절

해당 PROJECT에서 직접 관련이 있는 절을 소개합니다.

1.3 데이터 과학

1.1절에서 프라모델을 조립하는 과정을 소개하며 데이터 과학data science이라는 용어를 사용했습니다. 위키피디아는 데이터 과학을 다음과 같이 정의합니다.[8]

6 http://www.baduk.or.kr/news/report/1691
7 대통령직속 4차산업혁명위원회는 제4차 산업혁명과 관련한 국가 전략과 정책에 관한 사항을 심의하고 부처 간 정책을 조정하는 등 일련의 활동을 수행하고, 대통령 임기 종료 후 그 활동을 마무리하였습니다.
8 https://en.wikipedia.org/wiki/Data_science

각주

본문을 보충하는 내용이나 알아 두면 좋을 자료(링크)를 각주로 부연 설명합니다.

■ **디렉터리와 폴더**

컴퓨터의 파일들을 체계적으로 관리하기 위해 디렉터리 directory 라는 계층구조를 사용합니다. 디렉터리는 파일들을 모아놓은 구조로 하위 디렉터리를 포함하는 방법으로 계층구조를 만듭니다. 계층구조는 주소를 생각하면 좀 더 이해하기 쉬울 것입니다. [그림 1-25]는 한빛아카데미의 지번 주소인 '서울특별시 서대문구 창천동 377번지 2층'을 계층구조로 나타낸 것입니다.

주요 용어

본문에서 핵심이 되는 용어나 내용을 한눈에 볼 수 있도록 강조합니다.

연습을 많이 하더라도 위의 값만으로 데이터의 모양을 알아보기는 어렵지만, 평균과 중앙값의 차이가 크지 않아 좌우대칭 형태라고 추측할 수는 있을 것입니다.

데이터의 특징을 조금 더 찾아봅시다. 사분위수와 최솟값을 구하는 다섯자리 숫자요약 함수인 `fivenum( )`을 수행하면 됩니다. 또한, 각각의 수 사이의 길이를 구하기 위해 `diff( )` 함수를 수행해 봅시다.

명령어

이 책에 사용되는 명령어를 별도의 색으로 구분하여 소개합니다.

코드 2-17 09.data_frame.R

```
7    nrow( df1 )
8    ncol( df1 )
```

실행 결과

```
[1] 0
[1] 3
```

코드와 실행 결과

RStudio 환경에서 R로 하는 데이터 분석 과정을 경험합니다. 해당 코드는 코드 제목에 있는 R 파일을 열어 직접 실행할 수 있습니다.

참고

데이터사우르스 도즌

데이터사우르스 도즌 datasaurus dozen[1]에서는 통계량이 같지만 데이터 분포가 모두 다른 13쌍의 데이터셋을 보여줍니다.

참고

본문 전개에 참고할 만한 개념을 소개합니다.

46줄은 i 값이 1부터 pops2 데이터프레임의 행의 수가 될 때까지 `for( )` 구문을 반복합니다. 즉 pops2 데이터프레임의 어떤 열의 첫 번째 원소부터 마지막 원소까지 방문하면서 반복입니다.

tip 데이터를 따라 반복할 때 seq_along( ) 함수를 사용할 수 있습니다. 이 코드는 46줄을 for(i in seq_along(pops2))라고 작성해도 같은 결과를 얻을 수 있습니다.

47줄은 `for( )` 구문의 코드 덩어리로 `if( )` 조건문이 들어간 형태입니다. `if( )` 조건문은

tip

본문 내용을 수행할 때 알아두면 좋을 내용을 간단하게 조언합니다.

CHAPTER 3 **연습문제**

1 mean( )은 산술평균을 구하는 함수로 자주 사용합니다. 그러나 증가율의 평균은 산술평균이 아닌 기하평균으로 구해야 합니다. 산술평균과 기하평균을 자주 사용한다면, 평균을 구해야 할 대상을 인수로 두는 함수를 만드는 게 더 편리합니다. 산술평균과 기하평균을 인수에 따라 구하는 사용자 정의 함수를 만들어 보세요.

tip 기하평균은 R에서 mean( ) 함수를 이용해 exp(mean(log(x)))로 구할 수 있습니다.

연습문제

해당 장에서 학습한 개념을 이해했는지 연습문제로 확인합니다. 실제 사용하는 공공데이터를 이용하여 데이터 분석 과정을 직접 수행할 수 있습니다.

목차

목차

PART 2 한 단계 올라서서 데이터 과학 바라보기

목차

PART 1

데이터 과학 입문

*"그레텔, 달이 뜰 때까지 기다려. 그러면 내가 길을 따라 흩어져 있는 빵 부스러기를 보게 될 거야. 그들은 우리에게 **집으로 가는 길**을 보여줄 거야."*

— 그림 형제, 『헨젤과 그레텔』 제3장 중에서

R과 데이터 과학 세상에 오신 것을 환영합니다.

인류는 오래전부터 국가의 규모를 알기 위해 인구수나 논밭의 면적 또는 각종 생산물의 총량을 세어 왔습니다. 국가는 국민들이 새로운 세금제도에 대해 어떻게 생각하는지 알아보기 위해 다양한 계층의 의견을 수집하고, 대기상태를 알아보기 위해 각종 센서를 설치하기도 했습니다. 이렇듯 사람들은 세상이 어떤 모습을 하고 있는지 알아보기 위해 관찰하고, 기록하고, 책을 읽고, 계산을 하고, 그림을 그리고, 복잡한 수리적 방법을 도입하는 등 다양한 노력을 해 왔습니다.

21세기에 들어서며 컴퓨팅 환경이 발전하고 스마트폰이 널리 보급됨으로써 다양한 일상 활동을 디지털 정보로 저장하고 활용하는 방법이 놀라운 속도로 발전했습니다. 우리는 현상을 놀랍도록 빠르고 정확하게 분석할 수 있고 미래를 예측하는 시대를 살아가고 있습니다.

이 PART에서는 일상에서 벌어지는 일을 추측하고 미래를 예측하기 위해 데이터를 다루는 데 필요한 기본 지식에 대해 알아보겠습니다. 이제 우리도 알게 모르게 뿌려진 데이터를 이용해 우리가 사는 세상의 모습을 함께 찾으러 가볼까요?

CHAPTER 1

데이터와 일상

학습목표

1. 데이터 과학이 발전한 배경지식과 데이터 분석의 기본 원리를 학습합니다.
2. RStudio를 통해 작업 환경을 구축합니다.
3. R에서 자료를 저장하는 방식에 대해 학습합니다.

1.1 데이터 읽기

1972년 미국 뉴스위크Newsweek는 지구에 빙하기가 오고 있음을 경고하는 기사[1]를 실었습니다. 기자는 식량 생산에 있어 기후가 큰 위험 요인이 될 것이라고 주장하며, 그 근거로 과학자들의 연구 결과를 모아 다음과 같이 제시하였습니다.

- 지구의 지표면 온도가 평균 0.5도 하락
- 위성 사진을 통해 북반구의 적설량이 증가했음을 확인
- 미국 대륙에 도달하는 햇빛의 양이 지난 8년간 1.3% 감소

기사에서 과학자들은, 정책 입안자들이 기후 변화로 인해 발생한 식량 위기와 같은 문제에 대한 대책을 마련할 생각을 못하고 있음을 규탄하였습니다. 뉴스위크 기사는 이러한 기후 변화에 대한 대응이 늦어질 것을 우려하며 마무리 지었습니다.

[그림 1-1]은 이 기사에서 인용한 도표를 재현한 것으로 미국 해양대기청National Oceanic and Atmospheric의 국립환경정보센터National Center for Environmental Information에서 제공하는 데이터[2]를 이용하여 1880년부터 1972년까지 북반구 육지 온도(20세기의 평균 온도 대비 차이)의 평균을 나타낸 것입니다. 여러분이 만약 1972년에 이 그래프를 본 뒤 "1930년대 이후 지구의 온도가 올랐다가 1964년 이후 온도가 낮아지고 있다. 지구는 이제 1900년대 이전처럼 온도가 점차 낮아져서 결국 빙하시대를 맞게 될 것이다."라고 주장하는 기사를 봤다면 어떤 생각이 들었을까요?

1 https://www.scribd.com/doc/225798861/Newsweek-s-Global-Cooling-Article-From-April-28-1975

2 https://www.ncdc.noaa.gov/cag/global/time-series/nhem/land/ann/5/1880-1972

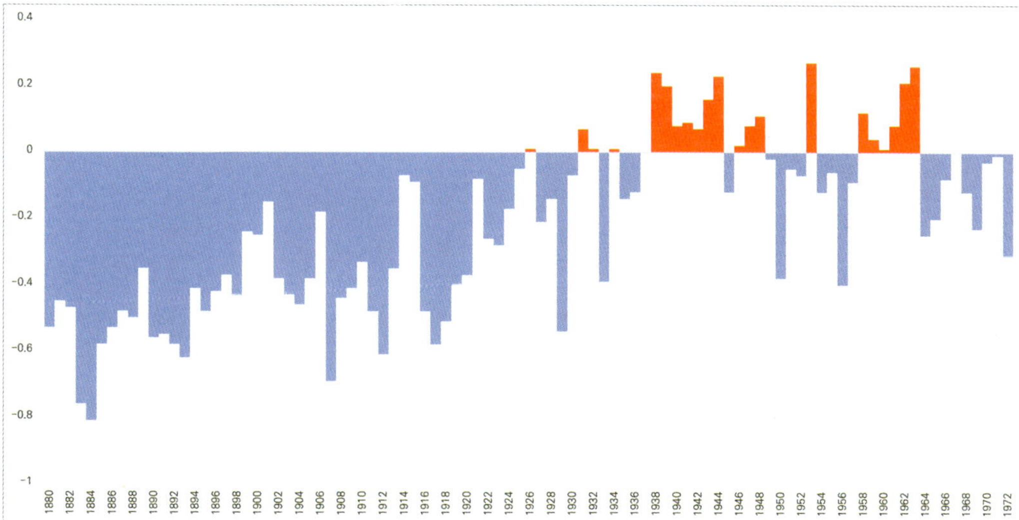

그림 1-1 1880년~1972년 지구 북반구 육지의 온도 변화

1980년대 이후에는 기후 양상이 바뀌어 오히려 지구온난화가 지구 공통의 문제가 되었습니다. 국가와 지자체를 비롯해 시민들은 지금도 지구온난화를 막기 위해 다양한 방안을 마련하고 있습니다.

이 기사를 작성한 기자는 과학 전문 기자로 해당 분야에 폭넓은 지식을 가지고 있으며 세상을 폭넓게 바라보는 사람이라 생각합니다. 다만 이 기사를 썼던 시점에서는 과학자들의 다양한 연구 결과가 지구가 추워지고 있음을 시사한다고 생각했을 것입니다(이후 지구온난화를 우려하는 사람들이 이 기사 내용에 의문을 제기했고, 기자 스스로도 자신의 기사가 잘못 되었음을 인정하였기에 뉴스위크 측에 기사 철회를 요청하였습니다).

데이터는 우리가 사는 세상이 흘린 빵 부스러기라고 생각합니다. 우리는 이 빵 부스러기들을 통해 세상이 어떻게 생겼는지 추측하고 어떻게 변할지 예측하려고 합니다. 그 과정에서 우리가 알고 싶은 세상이 남긴 데이터는 어떤 것인지, 그리고 그 데이터는 어떤 상황에서 나타났는지에 대한 이해가 필요합니다. 이에 주목하여 이 책 전반에서 데이터를 올바르게 이해하고 데이터를 분석, 활용하는 과정을 살펴보겠습니다.

데이터를 분석하고 활용하는 과정을 프라모델을 만드는 과정에 비유해 보겠습니다. 프라모델이 익숙치 않으면 레고를 생각해 봐도 좋습니다.

프라모델에는 [그림 1-2(a)]처럼 플라스틱 부품들이 붙어 있는 틀(런너)과 함께 각 부품을 결합하는 순서와 방법이 수록된 조립설명서가 함께 제공됩니다. 프라모델은 조립설명서에 따라 필요한 부품을 런너에서 하나씩 떼어내고 순서대로 결합해 만듭니다. 보통은 런너에 부품 번호가 붙어 있어, 그때그때 필요한 부품을 찾기 쉽습니다. 그런데 각 부품이 [그림 1-2(b)]와 같이 런너에 붙어 있지 않고 모두 떨어져 있다고 생각해 봅시다. 그렇다면 어떻게 프라모델을 완성할 수 있을까요? 레고가 이와 비슷하죠? 조립설명서에 표시된 각 부품의 모양과 분리된 부품의 모양을 비교하여 닮은 모양을 찾으면 각 부품들을 연결할 수 있습니다.

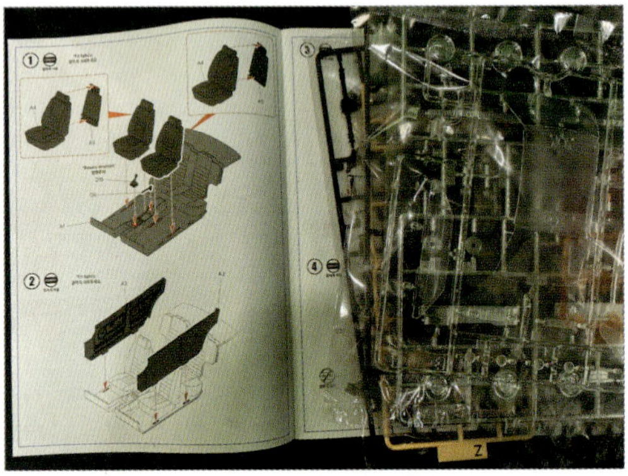

(a) 조립설명서와 런너

(b) 런너에서 분리한 각 부품

그림 1-2 프라모델

자, 이제는 조립설명서까지 없는 상황이라고 해 봅시다. 그렇다면 어떻게 프라모델을 완성할 수 있을까요? 머릿속으로 프라모델이 완성된 모습을 그려놓고 일일이 부품들을 연결해 보면서 잘 결합되는지, 움직이는 데 이상이 없는지 등을 천천히 찾아서 맞출 것입니다. 조립 경험이 많다면 흩어진 부품 중 어떤 것을 결합하면 원하는 모양이 나오는지 빠르게 유추할 수도 있습니다.

이렇게 조립설명서 없이 흩어진 재료로 결과물을 만드는 과정이 데이터 과학과 유사해 보입니다. 프라모델을 구성하는 부품에는 어떤 것이 있는지, 어떤 부품을 어디에 연결해야 자연스러운지 등을 생각하며 부품을 적절히 모아 결합하다 보면 다소 시간이 걸리지만 프라모델을 완성할 수 있을 것입니다.

이제 데이터 분석으로 넘어와 봅시다. 데이터를 이용하여 시민들이 편하게 이동할 수 있는 버스 노선을 설계하는 예를 생각해 봅시다. 먼저 시민의 '이동'을 나타낼 수 있는 다양한 데이터(부품)를 수집하고, 수집한 데이터가 어떤 상황에서 발생하는지 이해한 후(만들려고 하는 모양 이해), 각 데이터를 연결(부품 결합)하면 시민의 이동을 데이터로 나타낼 수 있을 것입니다. 하지만 각 과정에 필요한 것은 무엇이며, 각각을 어떻게 연결해야 하는지에 대한 조립설명서는 없습니다.

따라서 여기저기에 존재하는 데이터 조각들을 시민의 이동 상황에 맞게 연결하고 분석하려면 데이터에 대한 이해를 비롯해 각 데이터를 어떻게 연결하고 어떤 모습을 나타낼 수 있을지 등등 데이터 분석 전반에 대한 통찰력이 필요합니다.

이 책을 학습하고 나면 여러분은 다양한 데이터를 연결하고 의미를 도출하는 과정을 통해 데이터 전반에 대한 통찰력을 키울 수 있을 것입니다. 이를 위해 이 책 전반에 걸쳐 다음 내용을 차근차근 다루려고 합니다.

- 데이터를 다루는 도구
- 데이터를 다루는 방법
- 데이터가 전하는 이야기를 전달하는 방법

1.2 데이터, 데이터, 데이터

시계를 잠깐 돌려 보겠습니다. 2007년 1월 9일 미국 샌프란시스코의 모스콘 센터에서는 애플이 신기술과 신제품을 선보이는 '맥월드 2007' 행사를 진행하고 있었습니다. 스티브 잡스Steve Jobs는 기조연설을 통해 행사장에 모인 사람들의 수많은 시선을 한 몸에 받고 있었습니다.

"오늘은 제가 2년 반 동안 손꼽아 기다려온 날입니다."라는 말로 시작한 스티브 잡스는 그동안 애플이 만든 매킨토시, 아이팟에 대해 이야기한 뒤 그 자리에서 혁명적인 제품 하나를 소개했습니다. "아이팟, 전화기, 인터넷 통신기기. 이것은 서로 다른 세 가지 기기가 아닙니다. 하나의 장치입니다. 우리는 이를 아이폰iPhone이라고 부릅니다. 오늘 애플은 전화기를 재발명할 것입니다." 그리고 약간의 농담과 함께 주머니에서 어떤 장치를 꺼냈다가 잠시 후에 보자며 곧바로 집어 넣었습니다. 아이폰은 그야말로 전 세계를 뒤흔들었습니다.

한 손에 들고 다닐 수 있는 이 통신장치는 기존 전화기의 기능을 넘어 일상 속에 중요한 필수품으로 자리잡았으며 서비스 산업에 혁신적 변화를 이끄는 모바일 세대의 시작을 알리는 신호탄이 되었습니다. 애플과 안드로이드 진영이 열심히 경쟁한 결과, 우리가 늘 들고 다니는 휴대용 전화기, 즉 스마트폰에서 전화기의 역할은 점점 줄고 데이터 통신기기의 역할이 늘어났습니다. 지금도 스마트폰은 다양한 센서와 결합하여 우리의 일거수일투족을 감시한 결과를 데이터로 만들어 활용하고 있습니다.

스마트폰이 데이터를 활용하는 사례를 하나 소개합니다. 어느 날 필자가 차의 시동을 끄고 스마트폰을 켜자 [그림 1-3(a)]처럼 페이스북facebook이 '운전한 후에 자주 사용'하는 애플리케이션으로 표시되었습니다. 또 어느 날은 스마트폰에 블루투스 기기를 연결하니 [그림 1-3(b)]처럼 줌Zoom이 '블루투스 기기를 연결하여 자주 사용'하는 애플리케이션으로 표시되었습니다. 요즘 말로 "소름~."이 절로 나옵니다. 아마도 이 스마트폰은 필자가 운전을 마치면 페이스북을 열고, 블루투스를 연결하면 회의를 한다고 여기나 봅니다.

(a) 차의 시동을 끄고 스마트폰을 켰을 때

(b) 블루투스 기기를 연결했을 때

그림 1-3 스마트폰이 사용자의 상태를 파악하고 서비스에 적용하는 화면

이런 변화 속에 대한민국 정부도 발빠르게 대응하였습니다. 2013년 제18대 대통령직 인수위원회는 '개방과 공유를 통한 정부 3.0 달성' 전략을 발표[3]하며 정부가 빅데이터, 클라우드 컴퓨팅, 소셜 네트워크 등 최신 기술을 활용하여 공공 문제를 해결하기 위해 다양한 시도를 시행할 것임을 알렸습니다. 공공이 보유한 정보를 개방 및 공유하고 민간과 정부가 함께하는 협치를 강화한 정부 3.0은 공공데이터의 민간 활용을 활성화하여 정부와 기업뿐만 아니라 데이터를 활용하는 일반 시민으로부터도 새로운 성장동력이 나올 수 있음을 인정하였습니다.

정부 3.0의 핵심 서비스인 공공데이터포털(https://www.data.go.kr)은 정부와 지자체, 공공기관 및 공기업이 보유한 다양한 데이터를 개방하여 누구나 이용할 수 있도록 지원하는 플랫폼으로, 2013년 처음 서비스를 시작한 이후 현재까지 [그림 1-4]와 같이 제공하는 데이터의 수를 지속적으로 확대하고 있습니다.

3 신문기사(머니투데이, 2013. 2. 21) : https://news.mt.co.kr/mtview.php?no=2013022114572477181

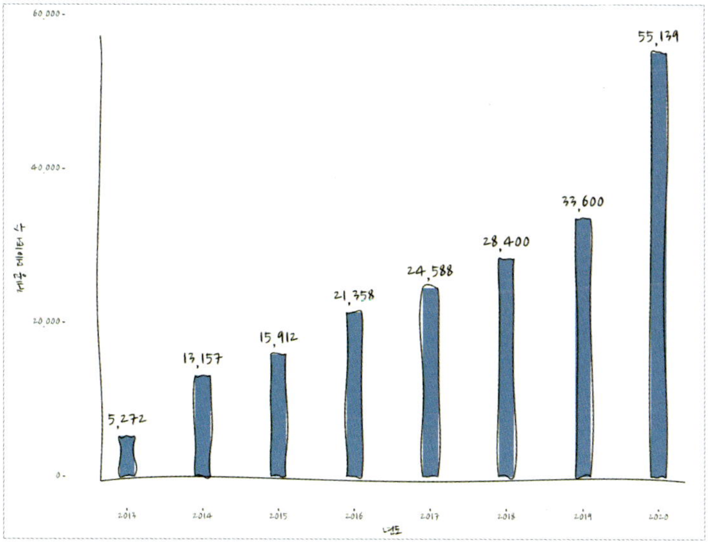

그림 1-4 공공데이터포털이 제공하는 데이터 수의 변화[4]

다시 시계를 돌려 2016년 1월로 가봅시다. 일명 '다보스 포럼'이라고도 불리는 세계경제포럼WEF; World Economic Forum[5] 연례회의에서 제4차 산업혁명의 이해Mastering the Fourth Industrial Revolution를 주제로 한 논의가 이루어졌습니다. 이를 위해 세계경제포럼 회장 클라우스 슈밥Claus Schwab은 제4차 산업혁명에 관한 책[6]을 출간하기도 했습니다. 이러한 논의는 세계가 정보화 사회를 넘어 인공지능, 빅데이터 등 디지털 기술로 촉발되는 초연결 사회로 변화하는 시기임을 선언하는 것이었습니다.

그런가 하면 2016년 3월 9일부터 15일까지 서울의 한 호텔에 위치한 특별 대국장에 온 국민의 시선이 집중되었습니다. 바로 이세돌 9단과 구글 딥마인드에서 개발한 바둑 인공지능 분산형 시스템, 알파고의 바둑 대결이 열린 것입니다. 사람들은 이세돌 9단이 최전성기는 지났으나 여전히 흔들기와 난전으로 새로운 모습을 보여주고 있어, 알파고를 가뿐히 이길 것으로 많이 예측하였습니다. 하지만 많은 이들의 기대와 달리 이세돌 9단은 처음 3판을 알파고에게 내주고 맙니다. 드디어 4판째에 알파고는 "AlphaGo resigns(알파고가 돌을 던집니다)."라는 메시지를 화면상에 나타내며 불계패를 선언하였습니다.

4 이 그림은 필자가 R로 직접 만들었습니다. R을 활용하면 데이터를 다양한 방법으로 시각화할 수 있습니다. 이 책의 4장을 참고해 보세요.

5 https://ko.wikipedia.org/wiki/세계_경제_포럼

6 『클라우스 슈밥의 제4차 산업혁명』(메가스터디북스, 2016)

그림 1-5 이세돌 9단과 알파고의 대국 장면[7]

이 대국은 알파고가 4승 1패로 승리함으로써 여러 가지 이야깃거리를 남겼고, 사회적으로는 인공지능과 빅데이터가 정말로 우리의 삶을 바꿀 것이라는 생각이 퍼진 계기가 되었습니다. 이에 맞춰 정부는 2017년 9월 25일 대통령직속 4차산업혁명위원회[8]를 가동하여 국가 수준에서 제4차 산업혁명에 대한 대응을 시작하였습니다. 마찬가지로 민간에서도 새로운 변화에 발 빠르게 대응해 가고 있습니다.

20년이 채 안 된 짧은 시간을 돌려본 이유는 지금 우리가 데이터에 왜 관심을 가져야 하는지 그 배경을 살펴보기 위함입니다. 얼핏 보기에는 서로 얼마나 연관이 있을까 싶기도 하지만, 역사의 중심에 우리가 앞으로 씹고, 뜯고, 맛볼 데이터가 있음을 확인할 수 있었습니다. 향후 데이터의 중요성이 나날이 커질 것으로 예측하기란 어렵지 않을 것입니다.

여러분, 우리 데이터 해요~

1.3 데이터 과학

앞서 1.1절에서 프라모델을 조립하는 과정을 소개하며 **데이터 과학**data science이라는 용어를 사용했습니다. 위키피디아는 데이터 과학을 다음과 같이 정의합니다.[9]

7 http://www.baduk.or.kr/news/report/1691

8 대통령직속 4차산업혁명위원회는 제4차 산업혁명과 관련한 국가 전략과 정책에 관한 사항을 심의하고 부처 간 정책을 조정하는 등 일련의 활동을 수행하고, 대통령 임기 종료 후 그 활동을 마무리하였습니다.

9 https://en.wikipedia.org/wiki/Data_science

- 과학적 방법, 프로세스, 알고리즘 및 시스템을 사용하여 구조화된(정형) 데이터와 구조화되지 않은(비정형) 데이터를 통해 지식과 통찰력을 추출하고 광범위한 활용 영역에서 실행 가능한 통찰력을 적용하는 융합 분야
- 데이터를 통해 실제 현상을 이해하고 분석하기 위해 통계학, 데이터 분석, 기계학습과 연관된 방법론을 통합하는 개념

미국의 데이터 과학자 드류 콘웨이Drew Conway는 [그림 1-6]과 같은 도표를 통해 데이터 과학을 조금 더 명확히 표현합니다.[10]

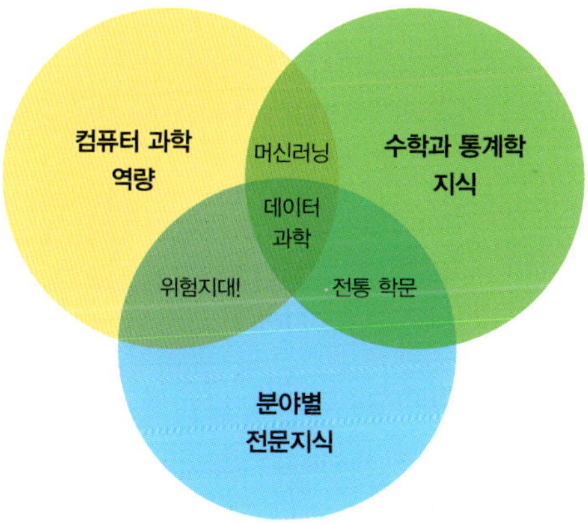

그림 1-6 드류 콘웨이의 데이터 과학

드류 콘웨이는 데이터 과학은 ❶ 컴퓨터 과학 역량hacking skills, ❷ 수학과 통계학 지식math & statistics knowledge, ❸ 분야별 전문지식substantive expertise의 교집합이라고 소개하였습니다. 각 영역을 세부적으로 살피면 다음과 같습니다.

❶ **컴퓨터 과학 역량 :** 디지털화 되어 있는 데이터를 이해하는 데 꼭 필요한 컴퓨터 과학 역량

❷ **수학과 통계학 지식 :** 수학과 통계학을 이용해 데이터의 특성을 도출하고 데이터가 무엇을 나타내는지 이해하는 능력

❸ **분야별 전문지식 :** 데이터를 접하는 사람 혹은 집단이 갖고 있는 해당 분야의 전문성으로 가설을 수립하고 질문하는 능력

이로부터 데이터 과학은 데이터를 통해 세상을 읽는 과학적인 접근법이며 컴퓨터 과학과 수학, 그리고 통계학을 바탕으로 사용자가 필요로 하는 영역의 전문지식을 필요로 한다고 볼 수 있습니다.

10 http://drewconway.com/zia/2013/3/26/the-data-science-venn-diagram

이 책은 데이터 과학에 성공적으로 입문하기 위해 필요한 기초를 쌓는 과정을 담았습니다. 앞으로 드류 콘웨이가 설명한 세 가지 영역에 기반하여 살펴보려 합니다. 컴퓨터 과학 역량은 R과 RStudio라는 도구를 사용해 데이터를 다루는 기본 지식을 다루며 키울 수 있습니다. 또한 데이터에서 특성을 도출할 때 필요한 통계의 기초 지식을 기술할 계획입니다. 다만 분야별 전문지식은 분야마다 다양한 지식과 경험이 필요하며, 이 책에서 다룰 수 있는 범위를 아득히 벗어납니다. 여기서는 기초적으로나마 데이터의 맥락을 짚고 통찰할 수 있도록 다양한 사례를 제공하여, 앞으로 여러분이 다양한 영역에서 적용할 수 있도록 돕겠습니다.

통계 계산 언어인 R을 데이터 과학 언어로 폭넓게 사용할 수 있도록 크게 기여한 사람은 RStudio 사의 수석 과학자이자 유수한 대학에서 겸임 교수로 재직 중인 해들리 위컴Hadley Wickham[11]입니다. 해들리 위컴은 저서 『R for Data Science』[12]에서 데이터 과학의 과정을 [그림 1-7]과 같이 표현했습니다.

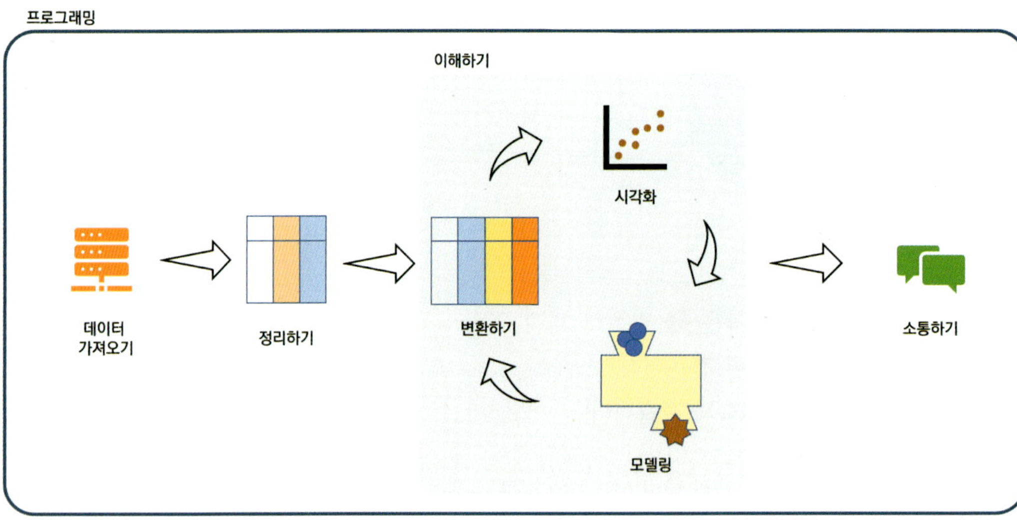

그림 1-7 해들리 위컴이 제시한 데이터 과학의 과정

각 단계를 하나씩 살펴봅시다. **데이터 과학의 전체 과정**은 하나의 프로그래밍 과정으로 이해하여 수행할 수 있습니다.

11 『야사와 만화로 배우는 인공지능』(루나파인북스, 2020)의 그림 작가(루나)가 운영하는 브런치(https://brunch.co.kr/@hvnpoet/84)를 방문하면 해들리 위컴의 업적을 확인할 수 있습니다.

12 『R을 활용한 데이터 과학』(인사이트, 2019)

- **데이터 가져오기 :** 분석할 데이터를 가져오는 단계로 파일, Open API, 데이터 베이스 등 다양한 데이터 소스source를 분석 시스템으로 가져와 읽어 들이는 단계입니다(2장).
- **정리하기 :** 가져온 데이터를 일관된 형태로 재구조화하는 단계입니다(3장). 해들리 위컴은 이렇게 정리한 데이터를 깔끔한 데이터tidy data라고 명명했습니다.
- **변환하기 :** 정리한 데이터에서 필요로 하는 새로운 값을 구하거나, 분석에 필요한 데이터로 변환하는 과정으로, 간단히 말하면 데이터 분석을 위한 데이터 처리 과정입니다(3장). 해들리 위컴은 데이터 정리 단계와 데이터 변환 단계를 통틀어 랭글링wrangling이라 표현했으며, 이 책에서는 '길들이기'로 표현하겠습니다.
- **시각화 :** 데이터에서 의미를 도출하는 과정 중 하나입니다. 시각화는 사람의 기본 감각인 시각을 통해 의미를 전달하는 것을 의미합니다. 좋은 시각화는 예상하지 못한 것을 보여줄 수도 있고 데이터를 잘 이해할 수 있도록 만들어 한 차원 높은 질문을 이끌어 낼 수도 있습니다(4장).
- **모델링 :** 데이터를 통해 수립한 모델을 이용하여 예측 등의 과정을 수행하는 단계입니다. 모델링은 향후 머신러닝으로 확장되기도 합니다.
- **소통하기 :** 데이터 과학에서 자칫 간과하기 쉬운 과정이지만 중요합니다. 데이터에서 찾아낸 세상의 모습을 다른 사람들에게 공유하는 과정으로 과학은 다른 사람들과 소통하는 한 과정입니다(6장).

앞으로 우리는 이 과정에 따라 데이터 과학을 공부할 예정입니다.

1.4 공공데이터를 얻을 수 있는 곳

영국의 컴퓨터 과학자인 팀 버너스리 경Sir Tim Berners-Lee은 유럽 입자 물리 연구소CERN[13]에 근무하던 당시 세계 여러 대학과 기관으로부터 단순하면서도 즉각적인 정보 공유가 필요하다는 요청을 받았습니다. 이러한 과학자들의 요청에 부응하여 팀 버너스리 경은 하나의 프로젝트를 제안하였는데, 이 프로젝트는 문자, 사진, 동영상, 음성 등 다양한 미디어를 담은 문서를 서로 연결하고 또 문서들이 모여 있는 사이트를 전용 소프트웨어(브라우저)를 통해 열람하는 체계입니다. 이것이 바로 월드 와이드 웹(이하 웹) WWW; World Wide Web의 시작입니다. 웹이라는 새로운 체계를 통해 전 세계에 정보혁명을 가져온 팀 버너스리 경이 'TED 2009 콘퍼런스'에 나타났습니다.[14] 팀 버너스리 경은 국가가 수집한 데이터를 가공하지 않은 형태인 원데이터raw data로 웹에 공개한다면 각 자원들이 연결된 웹의 특성에 따라 데이터가 서로 연결되고linked data, 연결된 데이터는 사

13 https://home.web.cern.ch/

14 https://www.ted.com/talks/tim_berners_lee_the_next_web?language=ko

회에서 발생하는 여러 현상과 문제들을 해결할 수 있음을 여러 사례를 들어 설명한 뒤 강연에 참가한 청중들과 함께 각국 정부를 향해 외쳤습니다.

"지금 당장 원데이터를 공개하세요!"

1년 뒤 TED 2010 콘퍼런스에서 팀 버너스리 경이 다시 강연대에 올랐습니다.[15] 이번 강연 주제는 '오픈 데이터가 전 세계로 퍼진 뒤 1년 후'였으며, 팀 버너스리 경은 국가와 국가기관이 제공하는 데이터를 활용한 사례를 소개하며 데이터를 공개해 달라고 더욱 가열하게 촉구하였습니다. 팀 버너스리 경이 이 강연에서 소개한 데이터 활용 사례는 다음과 같습니다. 각주에 제시한 관련 사이트를 같이 둘러보면 좋습니다.

- 타임즈 온라인은 영국 정부가 공개한 데이터를 매시업mashup[16]하여 자전거 사고가 발생한 지역을 [그림 1-8]과 같이 지도상에 표현하였습니다. 지도를 보면 어떤 지점에서 사고가 많이 발생하는지 등을 확인할 수 있습니다.

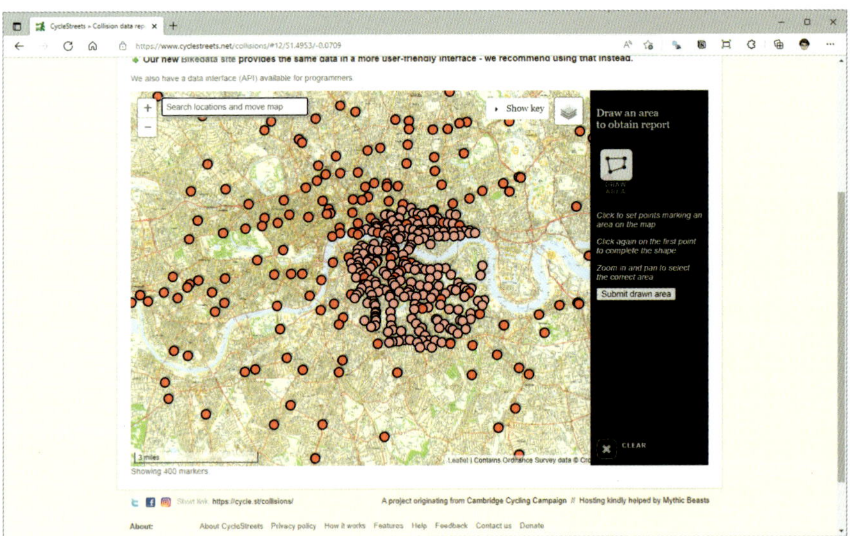

그림 1-8 영국의 자전거 사고 지도[17]

15 https://www.ted.com/talks/tim_berners_lee_the_year_open_data_went_worldwide/transcript?language=ko

16 매시업은 정보와 서비스를 융합하여 새로운 서비스를 만드는 IT 용어입니다. 지금은 지도 서비스 위에 자전거 사고 데이터를 융합한 사례를 소개하였습니다.

17 영국 cyclestreet 사이트에서 제공하는 Collisions data reports (https://www.cyclestreets.net/collisions/#12/51.4953/ -0.0709)

- 'Where does my money go?'[18]라는 웹사이트는 정부가 제공한 데이터를 이용하여 자신이 낸 세금이 어느 영역에서 사용했는지, 불필요한 지출은 없는지 등을 알려줍니다.

전 세계가 팀 버너스리 경의 강연에 응답한 것일까요? 아니면 시대의 필요였을까요? 이 강연 이후 국가만 보유했던 데이터가 더 많이 공개되었습니다. 데이터가 공개되자 정부는 각종 정책을 투명하게 운영하게 되었고, 민간은 오픈 데이터를 이용함으로써 주민의 삶과 연결된 다양한 시장이 등장하는 데 일조하였습니다. 특히 2013년 6월 G8 정상회의에서 오픈 데이터 헌장이 발표되어 국가 및 국가 기관이 보유한 데이터의 개방 수준이 국가의 역량을 가늠하는 중요한 잣대로 여겨지고 있습니다.[19]

월드 와이드 웹 재단이 2017년 발표한 공공데이터 평가open data barometer[20]에 따르면, 한국은 캐나다(76점), 영국(76점), 호주(75점)에 이어 프랑스와 함께 공동 4위(72점)를 달성하였습니다. 이는 우리나라가 데이터를 개방하려고 노력하여 얻은 가치 있는 결과라고 볼 수 있습니다.

그러면 국가 기관에서 제공하는 데이터를 어떻게 이용할 수 있을지 살펴봅시다.

공공데이터포털

공공데이터는 '공공데이터의 제공 및 이용 활성화에 관한 법률'에 따라 공공기관이 생성하거나 취득하여 관리하는 전자 정보[21]를 뜻하며, 공공기관(중앙 정부 및 지자체와 이들이 출연·출자 또는 재정지원 등으로 설립·운영되는 기관, 기업)이 제공하는 데이터를 총칭합니다.

공공데이터포털(https://www.data.go.kr)은 행정안전부에서 관리하는 서비스로, 공공기관이 보유한 공공데이터를 개방하여 누구나 접근하여 활용할 수 있도록 하고 있습니다. 행정안전부는 2011년 공유자원포털이라는 이름으로 데이터 공유 서비스를 시작하여 2013년 법률 근거를 마련한 이후 안정적으로 서비스를 제공하고 있습니다.

18 https://app.wheredoesmymoneygo.org/

19 서형준(2017) "국내 공공데이터 개방수준을 통해서 본 OECD의 Open, Useful, Reusable, Government Data Index에 대한 비판적 논의: Open Data Barometer와의 비교를 중심으로", 정보화정책 제24권 제2호, 2017년 여름호, pp43~67, 한국지능정보사회진흥원(NIA)

20 각 국가의 개방 수준을 측정하는 지표입니다. 상세 순위는 https://opendatabarometer.org/에서 확인할 수 있습니다.

21 공공데이터의 제공 및 이용 활성화에 관한 법률(약칭 공공데이터법) 제1장 제2조(정의) 참조

(a) 홈페이지 (b) 검색 결과

그림 1-9 공공데이터포털

공공데이터포털을 통해 공공기관이 제공하는 모든 데이터를 검색하고 데이터에 접근할 수 있습니다. 데이터는 파일이나 Open API 형태로 제공됩니다. 파일은 다운로드해서 활용할 수 있으며, Open API는 인증절차를 수행하고 자료를 받아 처리합니다.

사용자가 카테고리, 국가중점데이터, 제공기관 유형 등 테마별로 데이터에 접근하도록 돕고 있으며 추천데이터 서비스, 공공데이터 큐레이션 서비스[22] 등 사용자들이 공공데이터에 쉽게 접근할 수 있도록 다양한 노력을 기울이고 있습니다.

공공데이터포털에서 데이터를 다운로드하는 방법을 다음 사례를 통해 알아봅시다.

1 공공데이터포털에 접속한 후 검색창에 '서귀포시 휴게음식점'을 입력하고 검색합니다.

그림 1-10 공공데이터포털에서 검색어 입력

22 대한민국 정책 브리핑(2021. 5. 10) "데이터 전문가가 꼭 맞는 공공데이터 찾아드립니다" (https://www.korea.kr/news/pressReleaseView.do?newsId=156450961)

2 검색 결과 중에서 '제주특별자치도_서귀포시_휴게음식점현황'을 선택합니다.

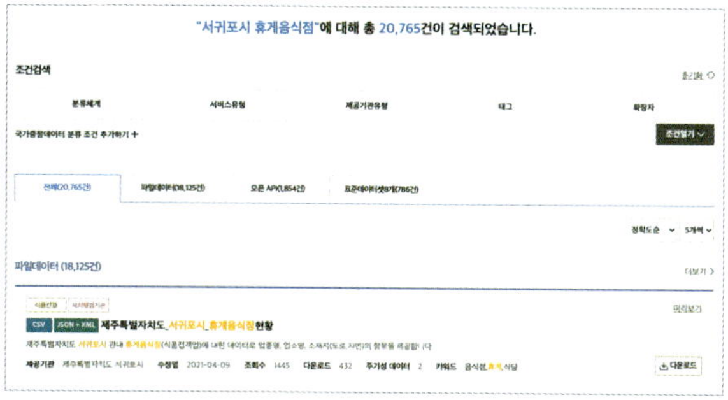

그림 1-11 검색 결과에서 원하는 결과물 선택

3 해당 데이터의 정보를 확인하고 데이터를 다운로드합니다.

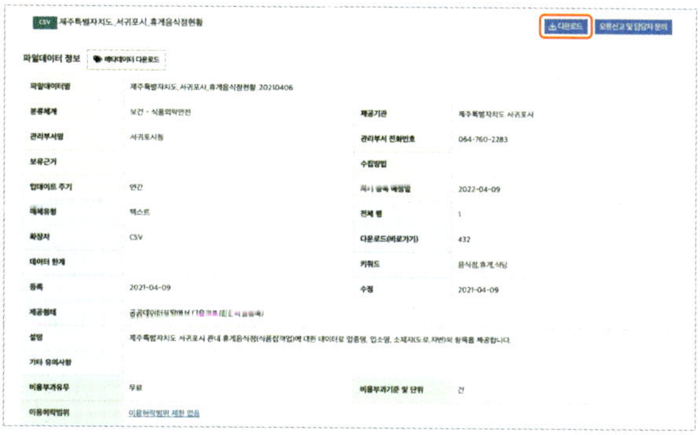

그림 1-12 데이터의 정보 확인과 다운로드

4 화면을 아래로 내려서 다운로드한 데이터를 미리보기로 확인합니다.

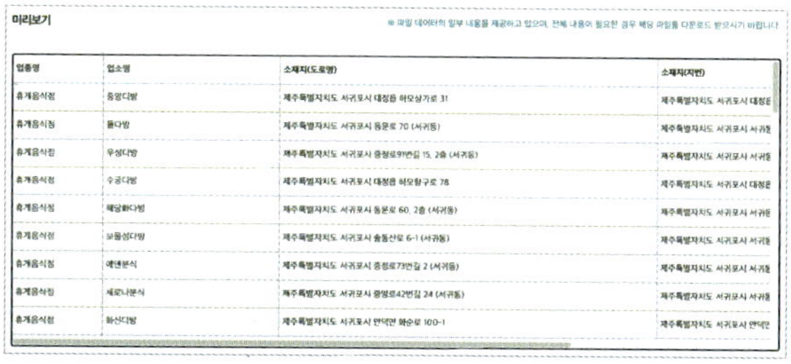

그림 1-13 미리보기를 통해 데이터 확인

5 다운로드한 데이터를 열어서 미리보기와 일치하는지 확인합니다. Excel 또는 유사한 스프레드시트 프로그램으로 확인할 수 있습니다.

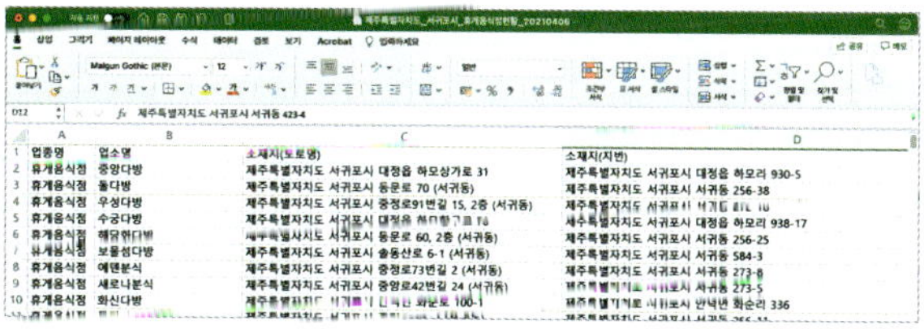

그림 1-14 Excel로 데이터 확인

6 Excel 등이 설치되어 있지 않으면 Microsoft Visual Studio Code와 같은 텍스트 편집기로 확인할 수 있습니다.

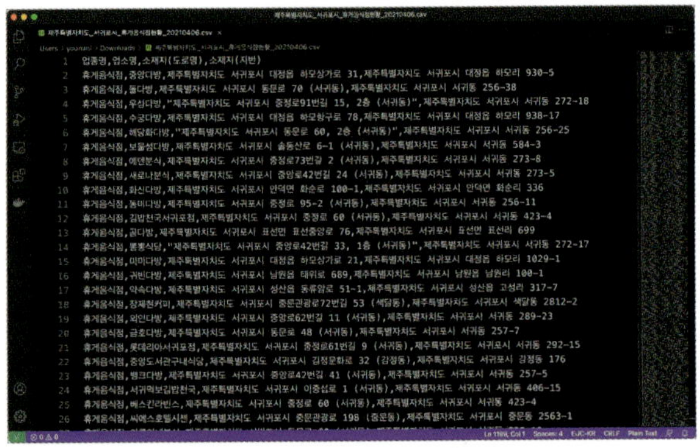

그림 1-15 텍스트 편집기로 데이터 확인

공공데이터포털에 공개된 데이터 외에도 '공공데이터 제공신청' 서비스를 이용하면 기관이 보유한 데이터를 요청할 수 있습니다. 절차는 간단합니다. 먼저 공공데이터포털 계정이 필요합니다. 공공데이터포털의 상단 메뉴에서 [데이터 요청]-[공공데이터 제공신청]으로 이동하여 화면 하단에 있는 제공신청서[23]를 작성하고 제출하면 됩니다. 신청서를 제출한 뒤 해당 데이터를 보유한 기관과 연결되고, 제공 여부 심의를 거쳐 데이터를 제공받을 수 있습니다.

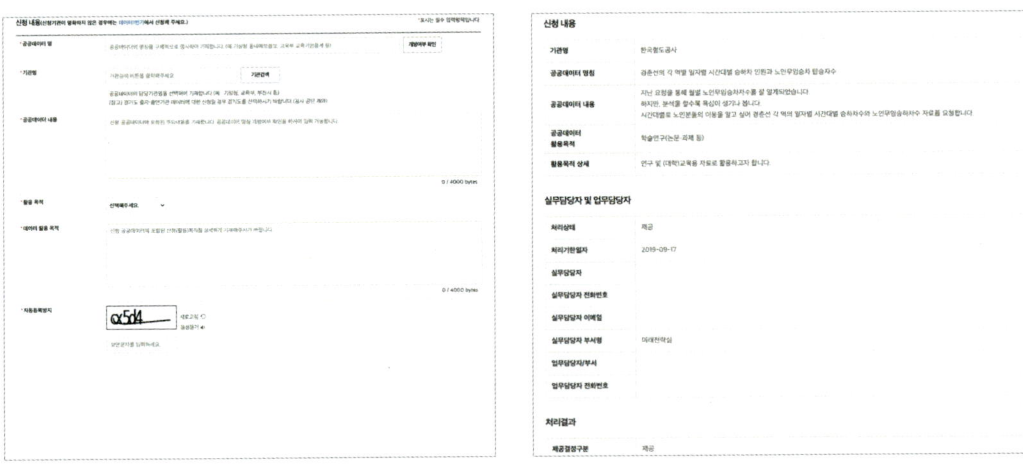

(a) 제공신청서 화면 (b) 제공신청 이후 화면

그림 1-16 공공데이터 제공신청

23 공공데이터포털의 공공데이터 제공신청서(로그인 필요)
(https://www.data.go.kr/tcs/dor/insertDataOfferReqstProcssView.do)

다양한 공공기관의 데이터들을 공공데이터포털에서 찾을 수 있지만, 자주 이용하는 데이터는 해당 데이터를 직접 제공하는 사이트에 접속하면 더 편리하게 이용할 수 있습니다. 데이터를 제공하는 공공기관 중 몇 곳을 함께 살펴봅시다.

서울 열린데이터 광장

미국, 영국, 호주가 공공데이터를 민간에 개방함에 따라, 서울시는 2011년 열린시정 2.0을 서울시장의 공약으로 선정하고 시정의 모든 정보를 개방할 것을 천명하며 보유한 공공데이터와 행정정보를 개방하기 시작했습니다. 이듬해부터 구상된 정부 3.0과 함께 서울시는 서울시 열린정부 3.0을 통해 빅데이터 기반 정책을 수립하고 시민과 소통을 강화하며 시민중심의 서비스를 제공하는 등 데이터를 적극 활용하는 시정을 운영해 오고 있습니다. 서울 열린데이터 광장(https://data.seoul.go.kr)은 이런 시정의 방향을 잘 나타내는 서비스입니다. 2018년 서비스를 개시한 '서울 생활인구' 데이터는 민간 기업과 협력하여 시간대에 따라 서울에 머무르는 인구수를 조사한 데이터로서 다양한 용도로 사용할 수 있습니다.

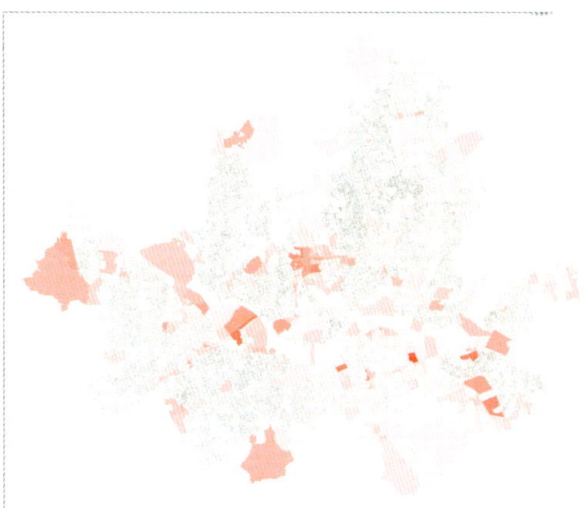

(a) 2018년 11월 토요일 오후 2시 기준 집계구별 평균생활인구

(b) 2019년과 2018년 11월 토요일 오후 2시 기준 평균생활인구 차이

그림 1-17 서울 생활인구 사례

서울 생활인구 데이터는 서울시가 K 통신사와 함께 공공빅데이터와 통신데이터를 이용하여 서울의 특정 지역, 특정 시점에 존재하는 모든 인구를 추측하여 만들었습니다. 서울시는 이 데이터를 집계구 단위, 행정동 단위, 자치구 단위에 따라 내국인, 외국인, 서울에서 생활한 서울 외 지역 인구 등을 일별, 시간대별, 연령 및 성별로 나누어 [그림 1-18(b)]와 같이 csv 파일 형태로 제공

하는데, 이 데이터는 하루치만 해도 40Mb를 넘을 정도로 큽니다. 특정 시간대에 어떤 연령층이 특정 위치에 있는지를 조사한 이 데이터를 잘 활용한다면 경제나 교통, 관광 등 인구와 관련 있는 다양한 분야에서 통찰을 얻을 수 있을 것입니다. 또한 2021년부터 서울 생활인구 데이터에 통근, 통학, 쇼핑, 여가 등 서울시의 행정 수요를 유발하는 모든 이동 데이터를 추가한 '서울 생활이동' 데이터가 제공되고 있습니다. 이로써 서울시민의 거주나 이동에 관해 더욱 맞춤형 정책이나 서비스가 개발될 수 있을 것입니다.

(a) 홈페이지

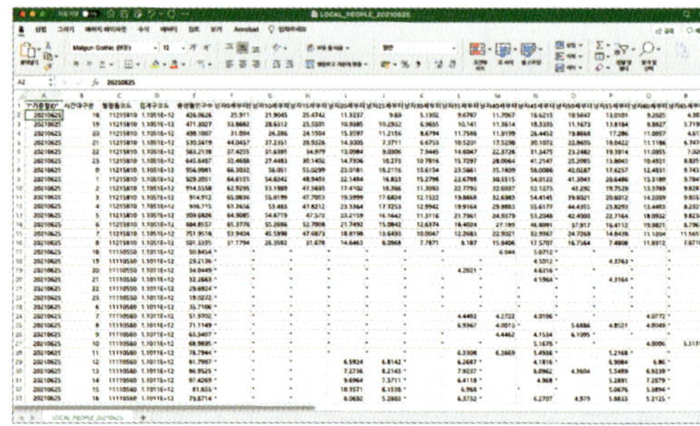

(b) 데이터 파일(csv 파일)

그림 1-18 서울 생활인구 데이터

서울시가 다양한 사업을 통해 구축한 'AI학습데이터'를 공개했다는 점 또한 인상적입니다. 2022년 9월 기준으로 AI학습데이터에는 하수관로 결함탐지 데이터, 개인형 이동장치 진입 금지지역, 드론 기반의 도로 정사사진, 자율 주행 학습 데이터, 퍼스널 모빌리티 주행 데이터셋 등 총 15종이 있습니다.

행정안전부 지방행정 인허가 데이터

행정안전부의 지방행정 인허가 데이터(https://www.localdata.go.kr)는 우리나라 행정구역인 각 시도와 시군구가 행정업무 처리를 위해 50여 년간 축적한 각종 인허가 자료로, 새로운 사업 모델 발굴과 소상공인의 창업 등에 활용될 것을 기대하며 2015년 6월부터 개방한 시스템입니다.

(a) 홈페이지

(b) 업종별 조회를 통한 데이터 제공

그림 1-19 지방행정 인허가 데이터 개방 시스템

지방행정 인허가 데이터에서는 일상생활과 연관된 다양한 업종의 영업 현황을 조회하고 다운로드할 수 있습니다. 이 데이터를 통해 특정 지역에서 커피숍이 얼마나 많이 영업 중인지, 특정 연도에 식당이 얼마나 개업했는지 등을 살펴볼 수 있습니다.

통계청 마이크로데이터 통합서비스

통계청 마이크로데이터 통합서비스(https://mdis.kostat.go.kr)는 통계청이 통계를 공표하기 위해 기존에 수집한 데이터를 가공하여 바로 분석할 수 있도록 공공에 배포합니다. 이 사이트에서는 온라인 분석 서비스 등을 무료로 이용할 수 있으며, 원격접근 서비스를 유료로 이용하여 데이터를 사용할 수도 있습니다(단, 결과만 반출 가능).

마이크로데이터는 수집한 원데이터에서 조사오류, 입력오류 등을 정제한 데이터를 의미합니다. 통계청 마이크로데이터 통합 사이트에서는 데이터 외에도 분석에 사용할 환경(이 책에서는 R)에서 데이터를 불러오는 코드나, 조사표와 데이터 저장 사항 등을 제공하는 메타 데이터도 함께 제공하여 편의성을 높였습니다. 데이터는 지속적으로 업데이트되고 있으며, 무료로 제공되는 데이터 다운로드 서비스는 일부 제약이 있지만 충분히 활용할 가치가 있습니다.

(a) 홈페이지

(b) 다운로드 서비스를 이용한 데이터 검색

그림 1-20 통계청 마이크로데이터 통합서비스

행정안전부 주민등록 인구통계

데이터를 분석할 때 인구 정보는 중요합니다. 특히 공공부문을 분석할 때 다른 데이터와 결합하면 많은 통찰을 얻을 수 있습니다. 각 시군구 사이트에서도 인구 데이터를 제공하지만, 행정안전부의 주민등록 인구통계(https://jumin.mois.go.kr)는 한 곳에서 다양한 인구 관련 데이터를 받을 수 있도록 서비스하고 있습니다.

주민등록 인구통계 사이트에서는 주민등록상 인구와 세대, 연령별 인구와 함께 주민등록 기준 지역별 출생·사망, 지역별 세대원수별 세대수, 지역별 평균연령과 인구 증감 등의 월간 또는 연간 데이터를 다운로드할 수 있으며, 데이터를 그래프로 시각화할 수 있는 서비스도 제공합니다.

(a) 인구와 세대 데이터 검색 및 다운로드

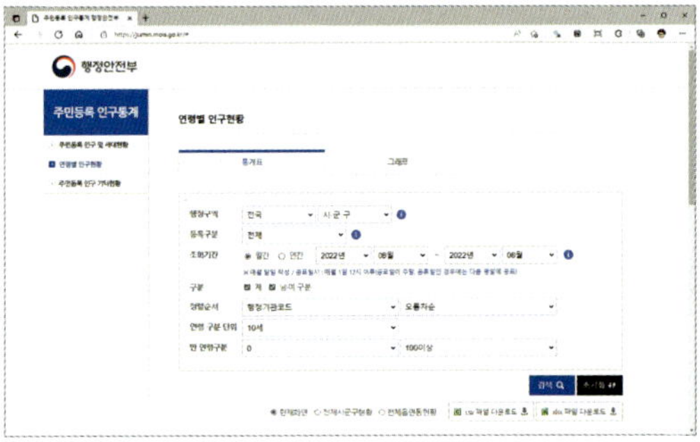

(b) 연령별 인구 데이터 검색 및 다운로드

(c) 그 외 인구관련 데이터 검색 및 다운로드

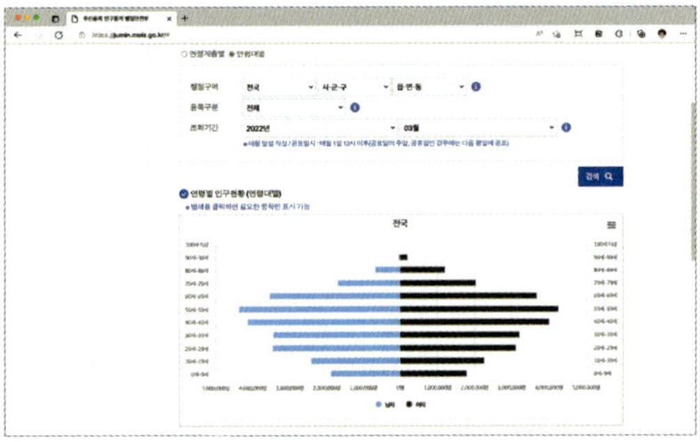

(d) 시각화 결과 지원

그림 1-21 행정안전부 주민등록 인구통계

기상청 기상자료개방포털

기상청에서 운영하는 기상자료개방포털(https://data.kma.go.kr)은 지상, 해양, 고층, 항공 관측, 위성, 레이더, 수치예보모델자료 등 총 30종류의 날씨 관련 데이터를 제공합니다. 또한 통계 분석 메뉴를 통해 기온과 강수량 등을 시각화하여 볼 수도 있습니다.

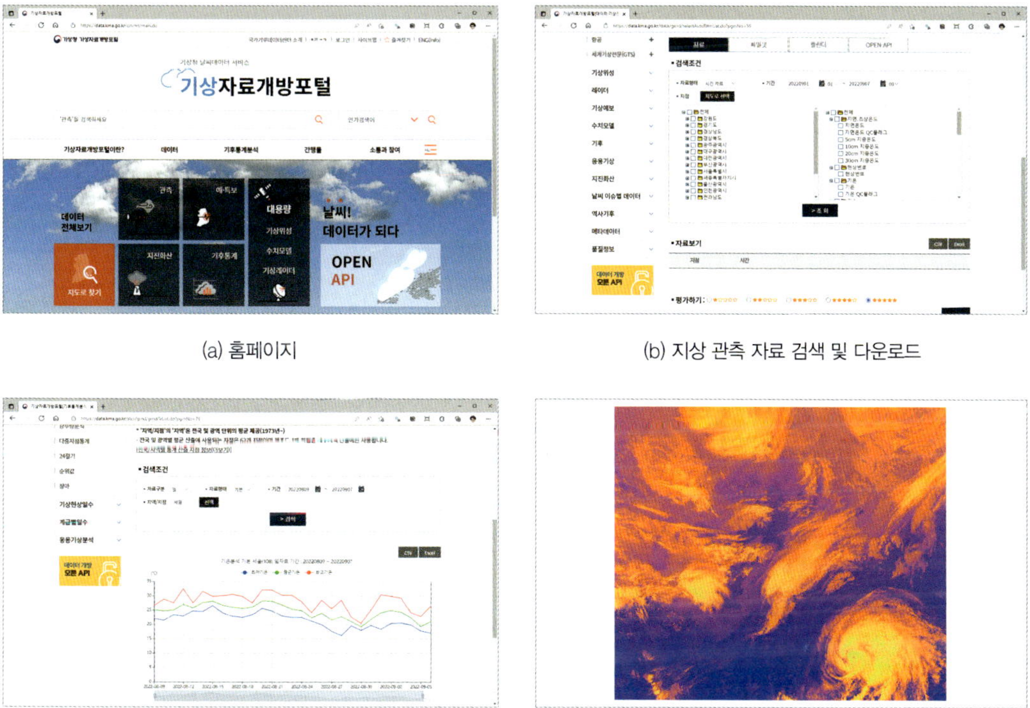

(a) 홈페이지

(b) 지상 관측 자료 검색 및 다운로드

(c) 통계분석 메뉴를 이용한 시각화

(d) 제공받은 천리안위성 2A호의 사진

그림 1-22 기상자료개방포털

대기정보 데이터 : 에어코리아

한국환경공단은 전국 162개 시군에 설치한 614개의 각종 측정망으로 수집한 대기 측정 데이터를 에어코리아(https://airkorea.or.kr)에서 서비스하고 있습니다. 이 사이트에서는 아황산가스, 일산화탄소, 이산화질소, 오존과 미세먼지 2종(PM_{10}, $PM_{2.5}$)을 포함한 대기환경기준물질 측정 자료를 다양한 형태로 확인할 수 있습니다. 또한 [우리동네 대기정보] 메뉴에서 데이터를 시각화하여 살펴볼 수도 있습니다.

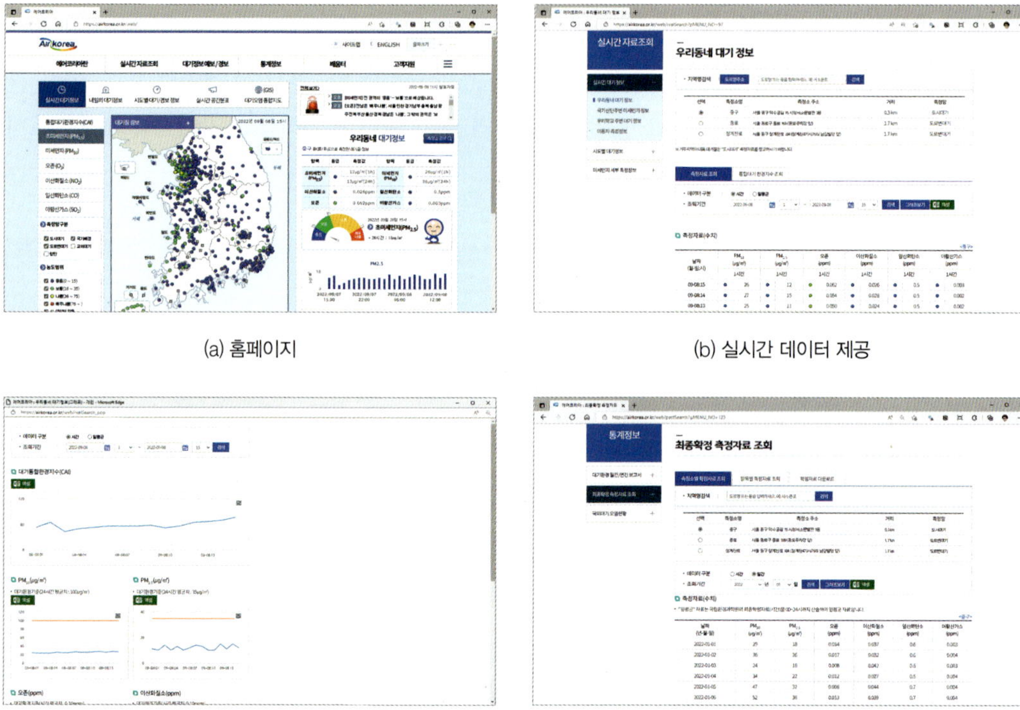

(a) 홈페이지

(b) 실시간 데이터 제공

(c) 실시간 데이터의 시각화

(d) 최종확정 데이터 제공

그림 1-23 에어코리아

1.5 데이터 과학을 시작하기 전에

2장부터 R(1.6절 참고)을 이용하여 데이터 과학의 과정을 수행할 것입니다. 이때 재료로 사용할 파일에 대해 조금 깊이 알아두면, 데이터 과학을 위한 도구를 더욱 편리하게 사용할 수 있습니다.

데이터 파일 구조

앞서 공공데이터포털에서 다운로드한 '제주특별자치도_서귀포시_휴게음식점현황' 자료를 보겠습니다.[24] 다운로드한 데이터는 CSV comma separated value 파일[25]로 [그림 1-24]와 같이 열을 콤마(,)로, 행을 줄바꿈으로 구분하는 표 형태이며 다음의 구조를 가집니다.

- **행**row : 데이터를 수집하는 대상입니다. 레코드record, 관찰 대상observation 등으로도 표현합니다.
- **열**column : 관찰 대상으로부터 측정(혹은 관찰)한 특성으로 데이터 구조를 결정하는 가장 중요한 역할을 담당합니다. 변수variable, 속성property 등으로도 표현합니다.
- **헤더**header : 각 열의 이름을 저장하는 행으로 데이터 구조에 대한 정보를 저장합니다.

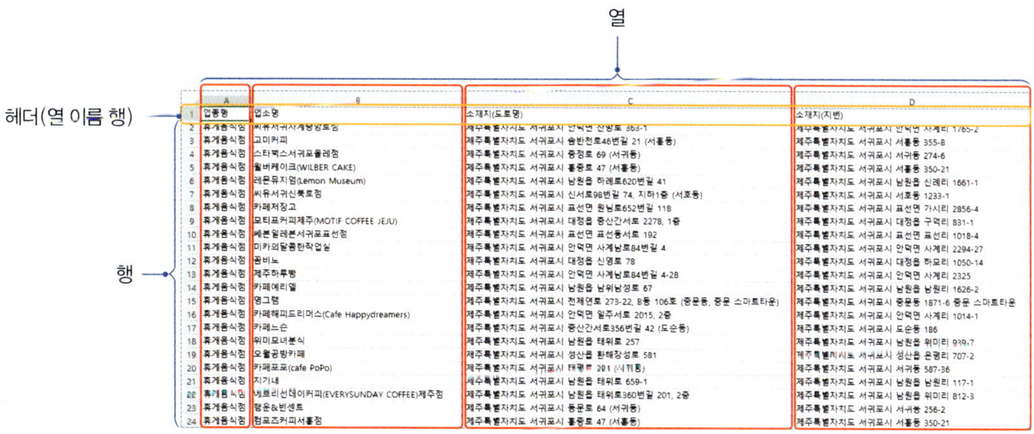

그림 1-24 데이터 파일(csv 파일)의 구조

[그림 1-24]의 데이터에서 다음 사항을 알 수 있습니다.

- 4개의 열로 구성됩니다. 관찰 대상으로부터 업종명, 업소명, 도로명 주소, 지번 주소 등의 총 4개의 특성을 관찰합니다.
- 첫 번째 행은 헤더로 데이터 구조 정보를 보여줍니다. 각 열의 이름을 알 수 있습니다.
- 실제 데이터는 헤더를 제외하고 2행부터 1,369행까지 총 1,368개의 행으로 구성됩니다. 여기에서는 서귀포시 휴게음식점 1,368개의 정보를 취합한 데이터임을 의미합니다.

각 열에 있는 데이터의 유형도 중요합니다. 이는 2장에서 설명하겠습니다.

24 필자가 이 글을 쓰는 시점(2022년 6월)에서 다운로드한 데이터는 2022년 3월 31일을 기준으로 하고 있어, 여러분이 수집한 데이터와 차이가 있을 수 있습니다.

25 csv 파일은 확장자가 대부분 csv입니다. 확장자는 컴퓨터의 파일 이름 중 마지막 점(.) 이후의 문자열로 정의할 수 있습니다. 운영체제 대부분은 이 확장자에 따라 응용 프로그램을 연결하는 기능을 사용하고 있습니다. 확장자는 해당 파일의 종류를 구분하는 기능을 제공하므로 확장자가 없더라도 크게 상관은 없습니다. 그러나 파일 이름을 보고 어떤 종류의 파일인지 쉽게 알 수 있도록 가급적 동일한 확장자를 사용하는 것이 편리합니다.

데이터 과학을 위한 파일 위치 다루기

현대의 운영체제는 그래픽 사용자 환경GUI; Graphical User Interface을 채택하여 직관적으로 화면을 보면서 명령어를 입력하는 방식에 비해 컴퓨터를 보다 쉽게 사용할 수 있도록 합니다. GUI는 컴퓨터를 처음 접하는 사람들도 보이는 대로 작동할 수 있는 방식으로 컴퓨터가 일상에 확산된 중요한 요인이기도 합니다.

R 코드를 만드는 과정(프로그래밍)에서는 GUI 환경을 거의 사용하지 않습니다. R 코드는 문자 명령어 중심으로 명령어를 직접 입력해야 합니다. 이 과정에서 평소 사용하지 않은 몇 가지 컴퓨터 관련 용어와 사용 방법을 알아두면 R 코드를 만드는 과정에 큰 도움이 될 것입니다.

데이터 과학의 과정에서는 분석을 위한 R 코드, 사용할 데이터셋, 결과를 기록한 그림파일 등 다양한 파일을 다룰 것입니다. 먼저 파일 위치를 표현하는 방법을 알아보겠습니다.

■ 디렉터리와 폴더

컴퓨터의 파일들을 체계적으로 관리하기 위해 **디렉터리**directory라는 계층구조를 사용합니다. 디렉터리는 파일들을 모아놓은 구조로 하위 디렉터리를 포함하는 방법으로 계층구조를 만듭니다. 계층구조는 주소를 생각하면 좀 더 이해하기 쉬울 것입니다. [그림 1-25]는 한빛아카데미의 지번 주소인 '서울특별시 서대문구 창천동 377번지 2층'을 계층구조로 나타낸 것입니다.

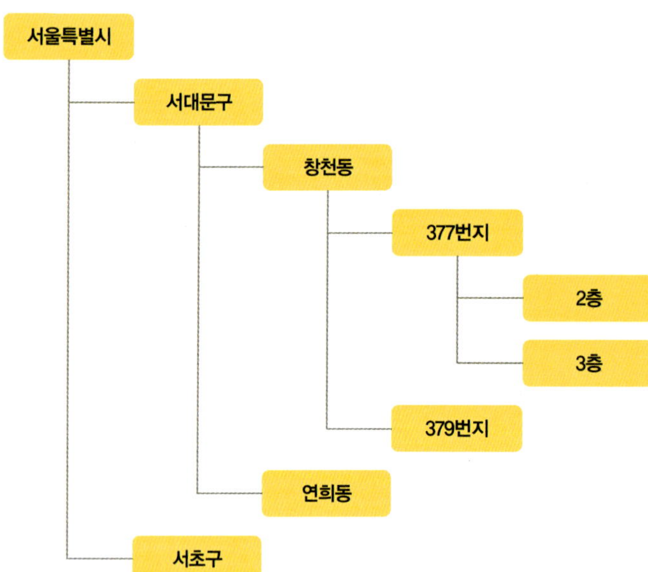

그림 1-25 지번 주소 계층화

[그림 1-25]의 전체 계층구조는 다음과 같으며, 여기서는 일부만 표현했습니다.

- 최상위에 서울특별시가 있으며, 서울특별시에는 25개의 자치구가 있습니다.
- 서울특별시의 25개 자치구 중 하나인 서대문구에는 20개의 법정동이 있습니다.
- 서대문구의 20개 법정동 중 하나인 창천동에는 여러 번지가 있습니다.
- 창천동 377번지에는 지하 1층부터 5층까지 총 6개의 층이 있습니다.
- 한빛아카데미는 이 중 지상 2층에 있습니다.

지번 주소를 나타내기 위해 시-구-동-번지-건물 층수 순서대로 계층구조를 따라 내려왔습니다. 여기서(서울특별시, 서대문구, 창천동도 마찬가지지만) 377번지를 디렉터리로 두고 각 층은 디렉터리에 있는 파일이라고 생각할 수 있습니다. 컴퓨터로 넘어와서 Microsoft의 Windows 10을 기준으로 디렉터리를 살펴보겠습니다.

[그림 1-26]은 PowerShell에서 dir 명령어를 실행하여 각 사용자의 문서(Windows 7까지 '내 문서'로 불렸습니다) 디렉터리를 살펴본 것입니다. 디렉터리 주소 아래 목록은 해당 디렉터리에 어떤 파일과 디렉터리가 있는지 보여줍니다.

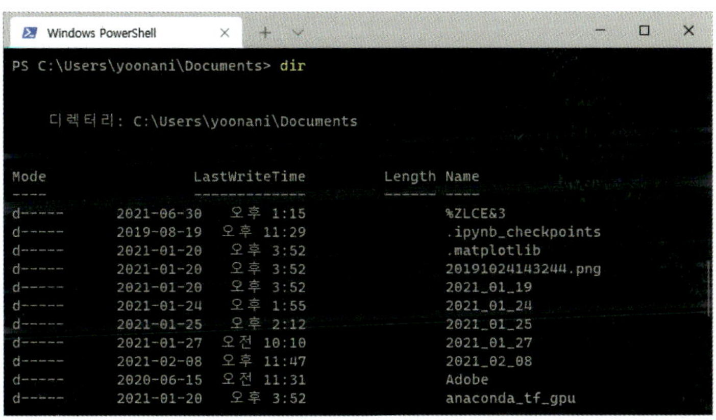
```
Windows PowerShell

PS C:\Users\yoonani\Documents> dir


    디렉터리: C:\Users\yoonani\Documents


Mode                 LastWriteTime         Length Name
----                 -------------         ------ ----
d-----        2021-06-30   오후 1:15                %ZLCE&3
d-----        2019-08-19   오후 11:29               .ipynb_checkpoints
d-----        2021-01-20   오후 3:52                .matplotlib
d-----        2021-01-20   오후 3:52                20191024143244.png
d-----        2021-01-20   오후 3:52                2021_01_19
d-----        2021-01-24   오후 1:55                2021_01_24
d-----        2021-01-25   오후 2:12                2021_01_25
d-----        2021-01-27   오전 10:10               2021_01_27
d-----        2021-02-08   오후 11:47               2021_02_08
d-----        2020-06-15   오전 11:31               Adobe
d-----        2021-01-20   오후 3:52                anaconda_tf_gpu
```

그림 1-26 Windows 10에서 사용자의 문서 디렉터리

디렉터리 내의 디렉터리를 하위 디렉터리라고 하며, 어떤 디렉터리를 포함하는 디렉터리를 상위 디렉터리라고 합니다. 지번 주소의 예에서 '377번지'는 '창천동'의 하위 디렉터리이고, '창천동'은 '377번지'의 상위 디렉터리입니다.

폴더 folder는 디렉터리 이후에 나온 개념입니다. 그래픽 사용자 환경이 운영체제의 대세로 자리 잡은 이후, 디렉터리를 사무용 파일철(폴더) 모양으로 표시하였습니다. 디렉터리가 파일을 계층적으로 관리하기 위한 기능이라면, 폴더는 파일뿐만 아니라 네트워크상의 장치 등 컴퓨터가 접근할 수 있는 다양한 자원까지 확장한 개념입니다. 이 책에서는 폴더와 디렉터리를 '파일을 관리하기 위한 계층구조'로 동일하게 정의하겠습니다. 또한 디렉터리와 폴더를 혼용하여 표기하겠습니다(우리가 앞으로 사용할 RStudio에서도 디렉터리와 폴더를 혼용합니다).

■ 경로

다음은 [그림 1-26]의 화면 두 번째 줄에 나타난 문구로, 현재 사용자의 위치를 디렉터리의 계층구조로 표현한 것입니다.

```
C:\Users\[사용자 이름]\Documents
```

이처럼 컴퓨터 파일이 있는 위치를 나타내는 디렉터리 구조를 **경로**path라고 하며, 디렉터리 이름과 구분자를 이용하여 표현합니다. 구분자는 디렉터리 이름을 구분하는 기호로, Windows에서는 원 기호(₩) 혹은 역슬래시(\)를 사용합니다. Mac OS와 Linux는 슬래시(/)를 사용합니다. Windows의 최상위 경로에는 드라이브 문자(C 드라이브, F 드라이브 등)가 포함되며, 드라이브명 이후에 콜론(:)을 사용합니다. Mac OS와 Linux에서 최상위 디렉터리는 슬래시(/)로 표현합니다.

경로에는 절대경로와 상대경로가 있습니다.

- **절대경로** : 찾으려는 위치를 최상위 디렉터리부터 파일이 위치한 디렉터리까지 모두 나타낸 경로. 절대경로를 알면 현재 위치와 상관없이 해당 디렉터리로 바로 이동할 수 있습니다.
- **상대경로** : 현재 위치를 중심으로 찾으려는 위치를 표현한 경로.

상대경로는 다음과 같은 기호를 사용하여 나타냅니다.

- . : 현재 디렉터리
- .. : 상위 디렉터리. 중첩하여 사용하면 상위의 디렉터리 표현 가능

절대경로와 상대경로를 사용한 예를 다음과 같이 살펴봅시다.

탐색기 상단의 위치표시줄에는 [그림 1-27(a)]처럼 현재 열려 있는 디렉터리의 경로를 절대경로로 표현합니다. Windows Power Shell에서 상위 디렉터리로 이동할 때에는 [그림 1-27(b)]처럼 상대경로를 이용하면 더욱 편리합니다.

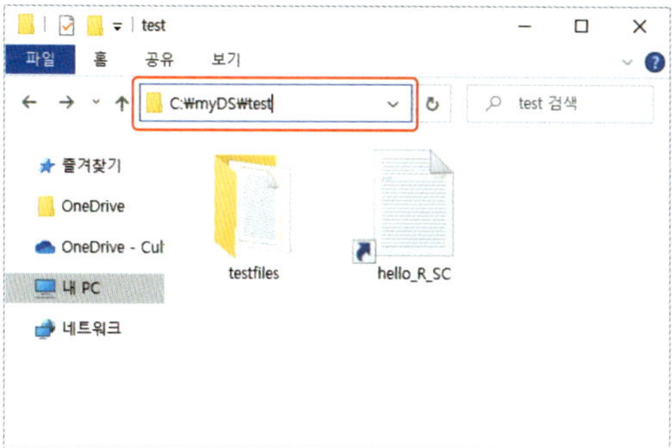

(a) 절대경로

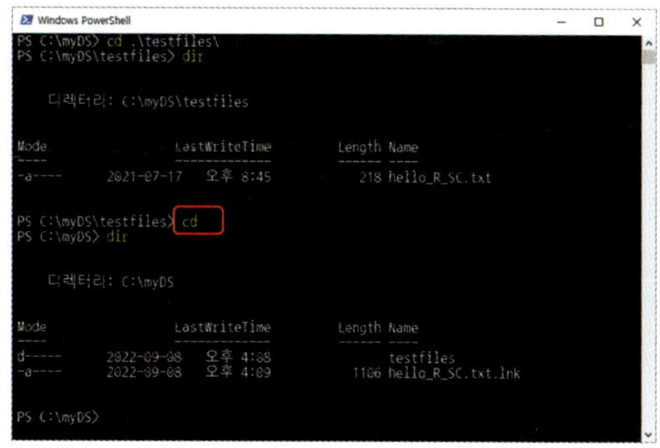

(b) 상대경로

그림 1-27 절대경로와 상대경로

경로를 다루는 연습을 해 보겠습니다. 이 책은 Windows를 기준으로 작성했지만 Mac OS나 Linux도 다를 바 없습니다. Mac OS나 Linux 사용자라면 디렉터리 구분자가 슬래시(/)임에 주의하고, 터미널terminal 응용 프로그램을 실행하여 따라 해 보세요.

Windows에서 경로를 변경하는 명령어는 cd[26]이며, 'cd 바꿀 경로'의 형태로 사용합니다. 또한 현재 작업 위치를 알려주는 명령어는 pwd[27]입니다. 명령어를 입력한 후 Enter를 눌러 실행합니다. 두 명령어를 이용하여 작업 위치를 변경해 보겠습니다. 명령어는 보통 상대경로를 이용합니다. 먼저 [그림 1-28]을 보며 따라 해 봅시다.

1. PowerShell을 실행하면 처음 작업 위치는 'C:\Users\[사용자 이름]'으로 지정됨(사용자 홈 디렉터리).
2. **cd ..** : 한 단계 상위 디렉터리로 이동
3. **cd .\[사용자 이름]** : 현재 작업 위치(.\) 하위의 사용자 이름 디렉터리로 이동

26 cd는 change directory의 약자입니다.

27 pwd는 print working directory의 약자입니다.

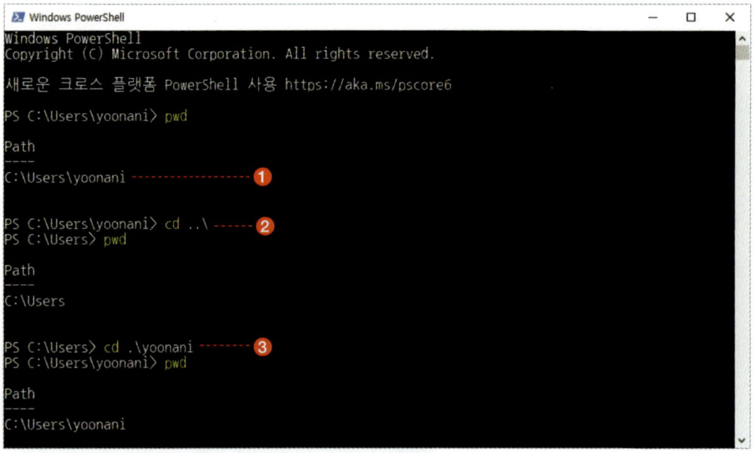

그림 1-28 경로 변경 연습 1

두 번째로 [그림 1-29]를 보며 따라 해 봅시다.

④ **cd ..\..** : 두 단계 상위 디렉터리로 이동

⑤ **cd .\Users\[사용자 이름]** : 현재 위치에서 하위의 Users 디렉터리 하위의 사용자 이름 디렉터리로 이동

⑥ **cd c:** : C 드라이브 최상위로 이동(절대경로 명령어)

⑦ **cd ~** : 물결표tilde ~는 현재 사용자의 홈 디렉터리를 나타내는 특수한 기호로, 위치에 상관없이 현재 사용자의 홈 디렉터리로 이동

그림 1-29 경로 변경 연습 2

원데이터와 통계데이터

데이터 자료를 처음 기록할 당시의 데이터를 원데이터raw data라고 합니다. 원데이터는 데이터 저장이 주 목적입니다. 따라서 원데이터를 분석하려면 적절하게 가공해야 합니다(통계청에서는 원데이터를 가공한 분석용 데이터를 마이크로데이터micro data라고 부릅니다).

통계데이터는 우리가 알고 싶어하는 집단을 구성하는 관찰 대상을 관찰(측정)하여 원데이터를 수집한 뒤, 각 특성별로 합, 평균, 비율과 같은 통계 함수를 이용하여 하나의 값을 도출한 데이터입니다.

앞서 소개한 행정안전부의 주민등록 인구통계 데이터는 각 읍면동 주민센터에 제출된 출생·사망·전입·전출 신고서(관찰 대상별 관찰)를 바탕으로 만들어진 주민등록인구 원데이터를 행정구역별, 성별, 연령별로 구분하고 월별 또는 연도별로 합을 낸 통계데이터입니다.

1.6 R과 RStudio 설치하기

R 설치하기

이 책에서 사용하는 컴퓨팅 환경은 R입니다. R은 누구나 자유롭게 사용할 수 있는 오픈소스 소프트웨어로 1993년 뉴질랜드 오클랜드대학의 로버트 젠틀맨Robert Gentleman과 로스 이하카Ross Ihaka가 개발했습니다. R은 현재까지도 통계 분야에서 많이 사용하는 프로그래밍 언어이자 소프트웨어 환경입니다. 특히 데이터를 다루는 데 있어 다른 프로그래밍 언어에 비해 유연하게 작동합니다. 게다가 전 세계의 학자, 연구자, 개발자들이 최신 알고리즘이나 기능을 R에 적용할 수 있도록 패키지package로 개발함으로써 기능이 계속 확장하고 있는 것이 R의 가장 큰 장점입니다. 또한 R 코어 개발팀이 기능을 확장하고 버그를 수정하며 지속적으로 버전을 업데이트하고 있습니다. 이 책에서는 처음 집필 시점에서 최신 버전인 R 4.1.0 이상을 대상으로 합니다. 이보다 낮은 버전이 설치되어 있다면 최신 버전으로 업데이트합니다.

이제 Windows 운영체제에서 R 최신 버전을 설치하는 과정을 소개합니다. 설치는 어렵지 않습니다. R 사이트(https://www.r-project.org)에 접속하여 다음 순서에 따라 파일을 다운로드합니다.

1 R 홈페이지 왼쪽 메뉴에서 Download 바로 아래 [CRAN]을 클릭합니다.

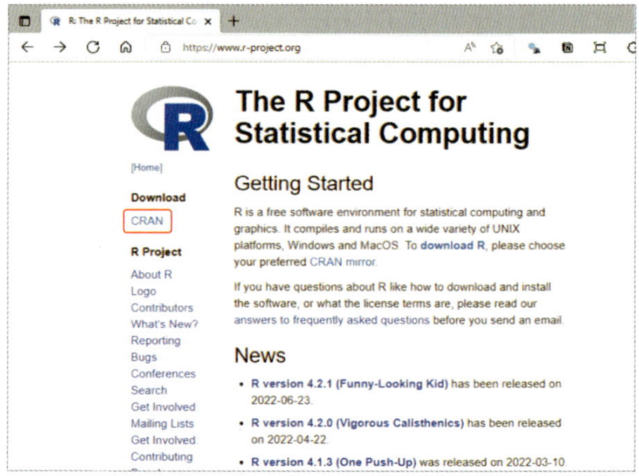

그림 1-30 R 홈페이지

2 우리나라Korea 링크 목록 중에서 아무 곳이나 클릭합니다.

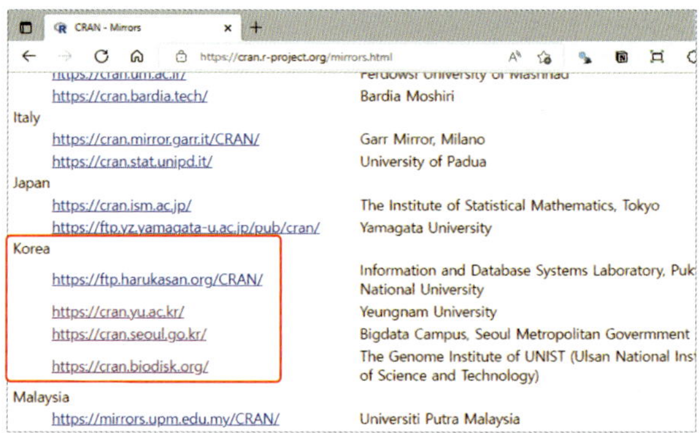

그림 1-31 R 다운로드 서비스 제공처 목록

3 사용 중인 운영체제를 선택합니다. 이 책에서는 Windows를 선택하였습니다.

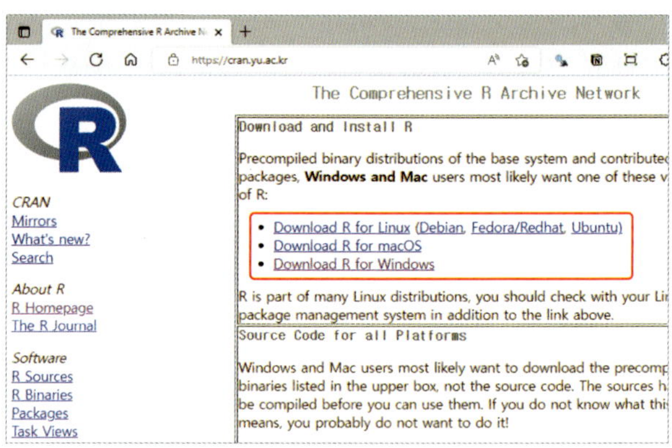

그림 1-32 운영체제 선택

4 Subdirectories 목록 중에서 [base]를 클릭합니다.

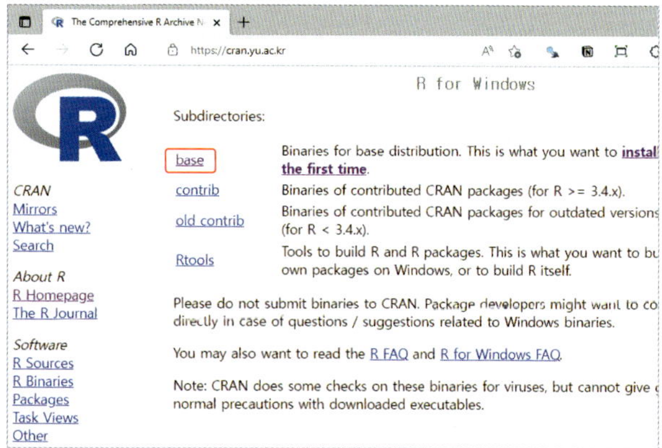

그림 1-33 Subdirectories 목록

5 설치 파일을 다운로드합니다.

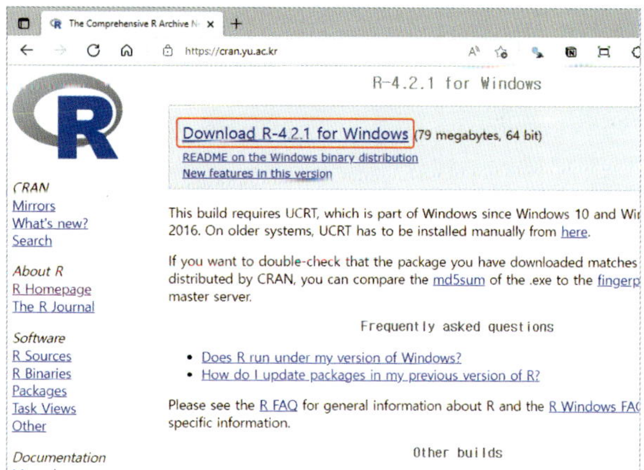

그림 1-34 설치 파일 다운로드

6 다운로드한 설치 파일에 마우스 오른쪽 버튼을 클릭한 뒤 [관리자 권한으로 실행] 메뉴를 선택하여 실행합니다.

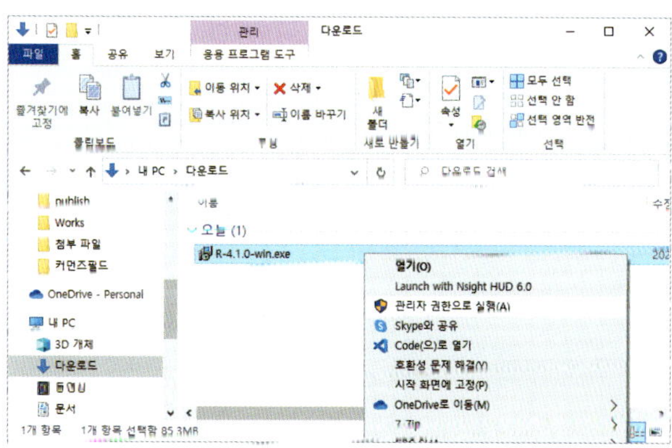

그림 1-35 설치 파일 실행

설치가 끝났으면 [그림 1-36]과 같이 Windows의 프로그램 그룹에서 R을 찾아 실행합니다.

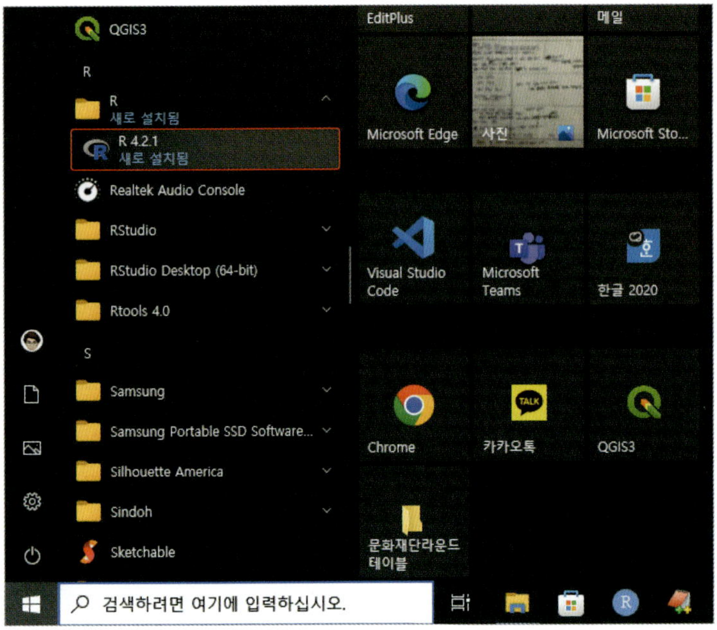

그림 1-36 프로그램 그룹에서 R 4.x.x 클릭

R을 실행하면 [그림 1-37(a)]와 같은 화면이 나타납니다. R을 종료하면 작업공간 이미지를 저장하겠냐는 창이 뜨는데, 필요에 따라 '예' 또는 '아니요'를 선택합니다.

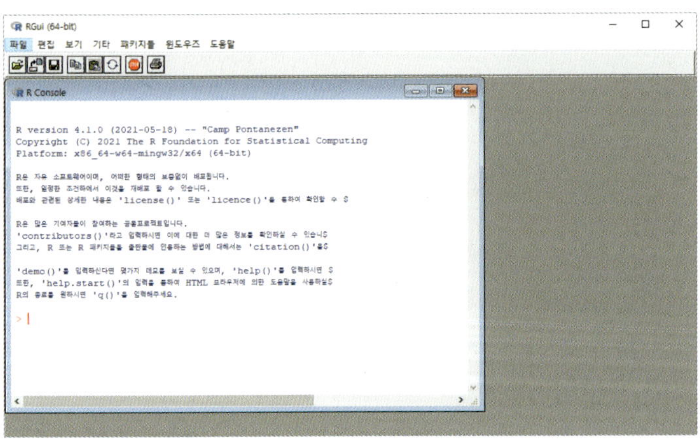

(a) R 실행 화면

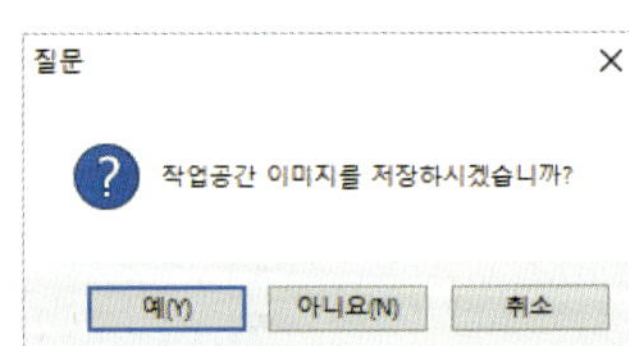

(b) R 종료 화면

그림 1-37 R의 실행과 종료

RStudio 설치하기

R을 보다 편리하게 사용하는 통합 개발 환경인 RStudio를 설치하겠습니다. RStudio는 프로그램 이름이자 회사 이름입니다. RStudio 회사는 R을 기반으로 다양한 서비스를 제공하는데, 특히 클라우드 서비스로 RStudio를 운영하고 있습니다. 데이터 과학에서 소개한 해들리 위컴은 RStudio의 개발자로 일하며 동료들과 함께 (이 책에서도 다루는) 다양한 패키지를 만들어 보급하고 있습니다. RStudio 사이트(https://www.rstudio.com)에도 많은 정보가 있으니 사이트를 둘러보면서 많은 정보를 얻어보세요.

RStudio는 오픈소스 버전과 상업 버전을 모두 제공합니다. 그리고 일반 개인용 PC에서 사용하는 desktop 버전과 웹 환경에서 작동하는 server 버전이 있습니다. 이 책에서는 오픈소스 desktop 버전을 사용하겠습니다. RStudio의 설치 과정은 복잡하지 않지만, 설치 파일을 찾을 때 여러 번 클릭해야 하는 번거로움이 있습니다. 다음에서 소개하는 순서대로 설치해 봅시다.

1 RStudio 홈페이지 상단의 [DOWNLOAD] 메뉴를 클릭합니다.

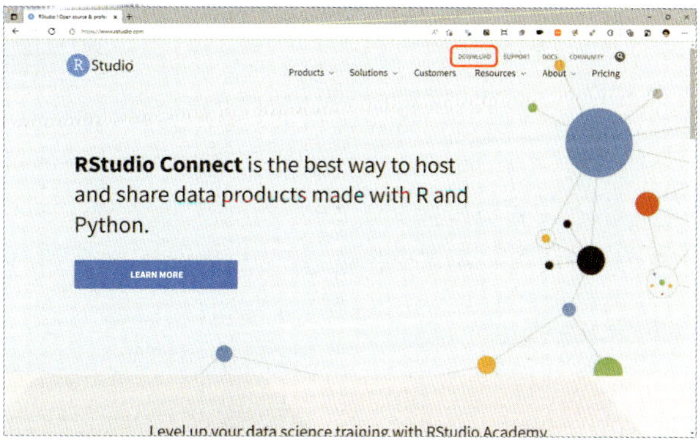

그림 1-38 RStudio 홈페이지

2 다운로드 페이지가 나타납니다. 파일을 다운로드하기 위해 화면 아래로 스크롤합니다.

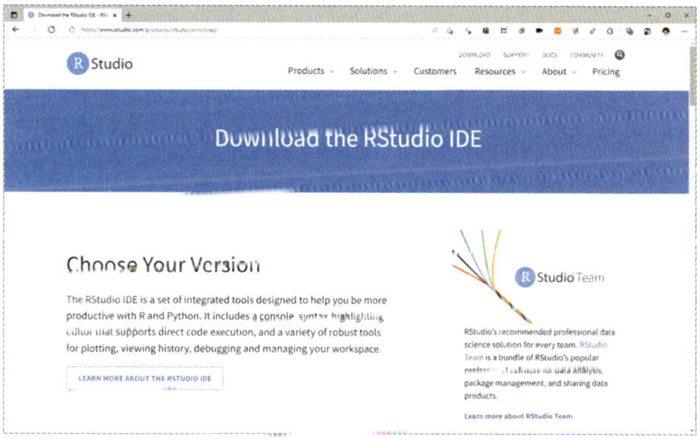

그림 1-39 다운로드 페이지

3 다운로드하려는 RStudio 설치 파일을 선택합니다.

[RStudio Desktop]-[Open Source License]-[Free] 아래의 [DOWNLOAD] 버튼을 클릭합니다.

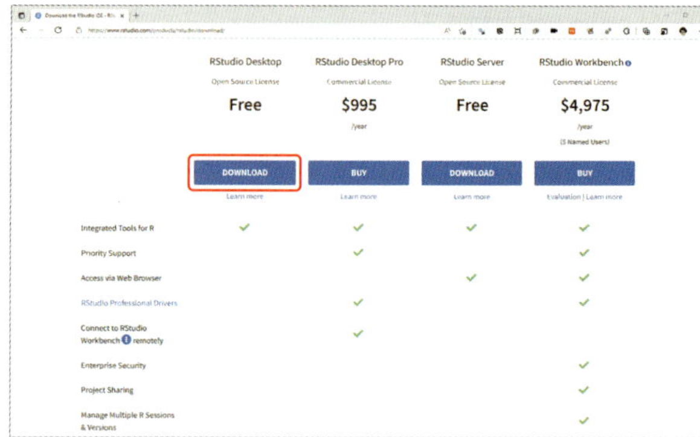

그림 1-40 파일 종류 선택

4 사용 중인 운영체제를 확인하고 다운로드 링크 버튼을 클릭합니다.

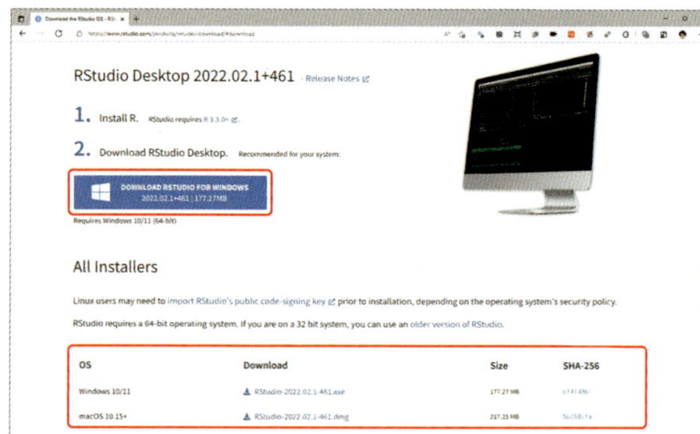

그림 1-41 운영체제 확인

5 설치 파일은 마우스 오른쪽 버튼을 클릭한 뒤 [관리자 권한으로 실행] 메뉴를 선택하여 실행합니다.

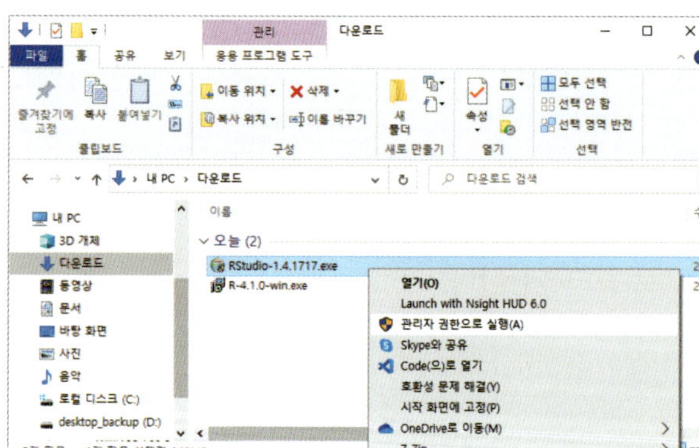

그림 1-42 설치 파일 실행

RStudio도 R처럼 Windows의 프로그램 그룹에서 RStudio를 찾아 실행하면 됩니다.

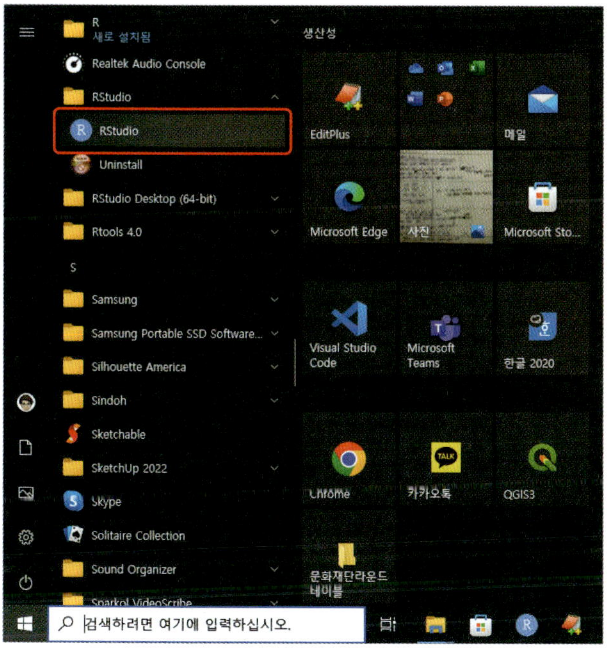

그림 1-43 프로그램 그룹에서 RStudio 클릭

이제 다음 단계로 진행하기 위한 준비가 모두 끝났습니다. 다음 장을 진행하기에 앞서 1.4절에서 소개한 사이트를 방문하여 관심이 있는 데이터를 다운로드해 보세요. 각 사이트는 시간이 흐름에 따라 이용 방법이 일부 달라질 수도 있습니다.

CHAPTER 1 연습문제

1 공공데이터포털에서 고속도로 교통사고 데이터셋을 찾아 다운로드해 보세요. 단, 데이터가 없는 시군구도 있을 수 있습니다.

참고

우리나라의 행정구역

2022년 현재 우리나라의 행정구역은 1특별시, 6광역시, 8도, 1특별자치시, 1특별자치도로 구성되어 있습니다. 이 17개의 시도를 광역자치단체라고 부릅니다. 특별시는 자치구, 광역시는 자치구와 자치군, 도는 자치시와 자치군을 가지며, 특별자치시와 특별자치도는 행정시 혹은 행정시군을 가집니다. 자치시, 자치군, 자치구(통칭 자치시군구)는 주민이 자치단체의 장을 직접투표로 선출하며 기초자치단체라고 합니다. 시군의 장을 주민이 직접 선출하지 않는 행정시와 행정군(통칭하여 행정시군)의 경우 광역자치단체의 장이 임명하는데, 세종특별자치시와 제주특별자치도의 경우 행정시로만 구성되어 있습니다. 이 책에서는 광역자치단체는 시도로, 기초자치단체와 행정시군은 시군구로 지칭하겠습니다.

2 행정안전부의 주민등록 인구통계 사이트에서 강원도 춘천시 거주자의 2021년의 1세 단위 인구 데이터셋을 다운로드해 보세요.

tip 주민등록 인구통계 사이트의 연령별 인구현황 메뉴에서 찾을 수 있습니다.

3 행정안전부의 지방행정 인허가 데이터에서 여러분이 거주하는 시도의 휴게음식점 등록 현황 데이터셋을 다운로드해 보세요.

tip 지방행정 인허가 데이터의 데이터 받기 메뉴에서 시도별 데이터셋을 다운로드할 수 있습니다.

4 [연습문제 1]~[연습문제 3]에서 다운로드한 데이터를 열어봅시다. 각 열은 여러분이 예측한 대로 구성되어 있는지 확인하고 행의 수도 일치하는지 확인해 보세요.

CHAPTER 2

데이터, 컴퓨터와 만나 보물이 되다

프로젝트 : dsuR01/dsuR01.Rproj

학습목표

1. RStudio의 기본 구성을 확인하고 R의 기본 문법을 사용할 수 있습니다.
2. R의 데이터 유형과 데이터 구조를 이해할 수 있습니다.
3. 숫자를 이용해 데이터의 특성을 파악할 수 있습니다.

여러분은 혹시 가계부를 쓰시나요? 필자는 요즘 가계부 애플리케이션을 씁니다. 그렇다면 "가계부를 쓰다."가 아니라 "가계부를 입력한다."라고 표현하는 게 맞을 것 같습니다. 가계부는 수입과 지출 내역을 직접 기입하고 계산하는 기록물입니다. 예전에는 시간을 들여 직접 작성하다 보니 가계부를 쓰는 사람들은 어느 항목에 지출했는지 살펴보기보다는 주로 일별로 얼마만큼 지출했고 월별 수입과 얼마나 차이가 나는지 등의 전체적인 현황만 파악했습니다. 물론 가계부를 통해 항목별 소비 패턴을 파악할 수 있지만 손으로 직접 계산해야 하니 많은 시간이 필요했습니다.

그림 2-1 손으로 직접 작성한 장부[1]

요즘 가계부는 어떤가요? 가계부 애플리케이션은 사용자가 수입과 지출 내역을 직접 입력할 수도 있지만 카드 사용 문자를 분석하여 알아서 기록합니다. 항목별로, 기간별로 지출 내역을 확인하여 시간을 들이지 않고도 소비 패턴을 쉽게 알아볼 수 있도록 만들어 줍니다. [그림 2-2]는 가계부 애플리케이션에서 제공하는 필자의 주간, 월간, 연간 항목별 지출 비율입니다.

1 출처 : wikipedia, pixabay(ledger)

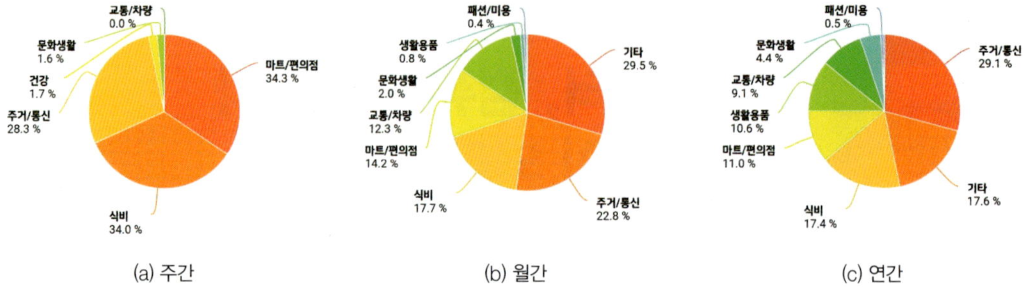

그림 2-2 가계부 애플리케이션에서 제공하는 주간, 월간, 연간 항목별 지출 비율

가계부는 어떻게 이런 방식으로 변화할 수 있었을까요? 데이터를 디지털로 저장하고, 디지털 데이터에서 정보를 추출할 수 있는 기술 덕분입니다. 데이터 자체는 예전에도 중요했습니다. 그러나 데이터 양이 많아지고 다양해지면서 정리하는 데 시간이 너무 오래 걸려 활용하기 어려워졌습니다. 시대가 바뀌어 컴퓨터와 데이터가 만났습니다. 이제는 손으로 작업할 때와 비교할 수 없을 정도로 빠르게 데이터를 활용할 수 있게 되었습니다.

이제 컴퓨터를 이용하여 데이터와 만날 차례입니다. 2장에서는 앞서 설치한 R의 기초 사용 방법을 학습하고, R의 기능을 이용하여 데이터에서 정보를 추출하는 기본 방법을 알아보겠습니다.

이제 출발하겠습니다. 꽉! 잡아 주세요.

2.1 RStudio 사용 준비하기

R은 그 자체로도 기능이 막강하지만, 화면 구성이 오래 전과 크게 다를 바가 없어 사용하는 데 불편함이 있습니다. 그래서 R을 잘 활용하기 위해 RStudio를 사용합니다. RStudio는 작업 단위별로 관리할 수 있는 프로젝트를 비롯해 개발에 필요한 다양한 기능을 제공하는 도구입니다. 많은 사람들이 R을 설치한 후 추가적으로 RStudio를 통해 데이터 과학의 과정을 수행하고 있습니다. 이 책도 RStudio를 기본 환경으로 두고, 필자의 RStudio 사용 경험을 여러분께 알려드리려 합니다. RStudio가 처음이라면 다른 사람들의 방식을 따라 해 보고, 익숙해지면 각자 환경에 맞게 설정하면 됩니다.

RStudio는 R이 설치된 컴퓨터에서 작동합니다. 먼저 1.6절(R 설치하기)을 참고하여 R과 RStudio를 설치하세요(이 책은 R 4.1.0 이상을 기준으로 하며, 여러분은 이보다 더 최신 버전을 설치할 것입니다).

RStudio 화면 구성

RStudio를 실행하면 나타나는 화면인 [그림 2-3]은 익숙하면서도 조금 어색할 것입니다. 상단의 주메뉴(❶)와 자주 사용하는 아이콘 모음(❷)은 다른 응용프로그램에서도 보았을 법한 익숙한 부분이지만 화면의 대부분을 차지하는 작업 영역은 어색하게 느껴질 것입니다. 작업 영역(❸)은 크게 4개로 구분되어 있는데, 처음 실행하면 [그림 2-3]과 같이 3개의 작업 영역이 보입니다.

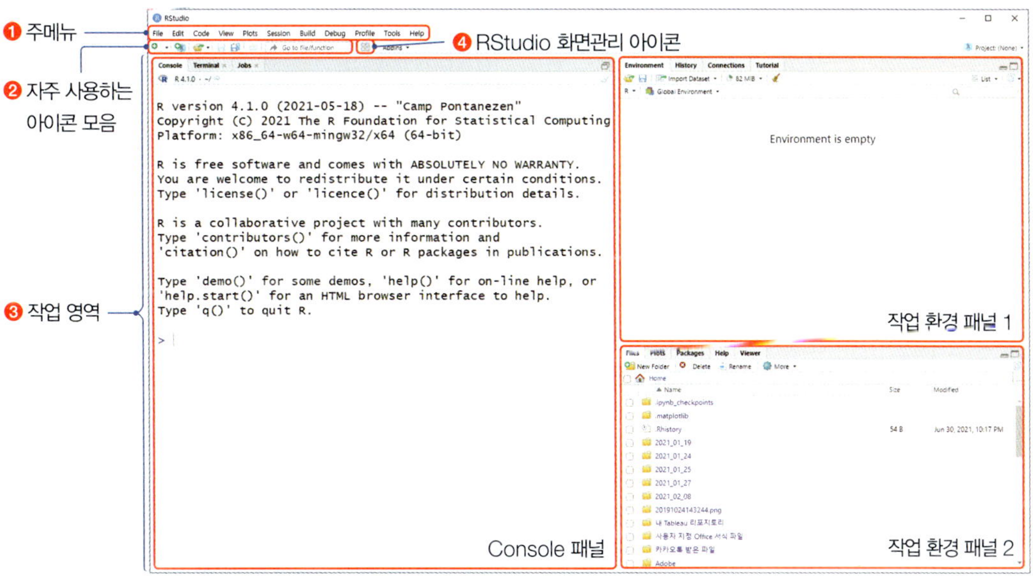

그림 2-3 RStudio 화면 구성

각 작업 영역은 아래와 같이 이루어져 있습니다.

- Console 탭, Terminal 탭, Jobs 탭으로 구성된 Console 패널
- Environment 탭, History 탭, Connections 탭, Tutorial 탭으로 구성된 작업 환경 패널 1
- Files 탭, Plots 탭, Packages 탭, Help 탭, Viewer 탭으로 구성된 작업 환경 패널 2
- [R Script를 이용한 명령 실행]에서 열어볼 Script 패널(중요한 패널입니다!)

각 패널의 위치는 [그림 2-3]에서 RStudio 화면관리 아이콘(❹)을 클릭하여 사용자가 원하는 대로 변경할 수 있습니다. [그림 2-4]처럼 화면관리 아이콘을 클릭하여 나타나는 메뉴 중에서 [Pane Layout...]을 선택하면, 각각의 위치와 함께 작업 환경 패널을 구성하는 각 탭들도 여러분이 원하는 패널로 옮길 수 있습니다.

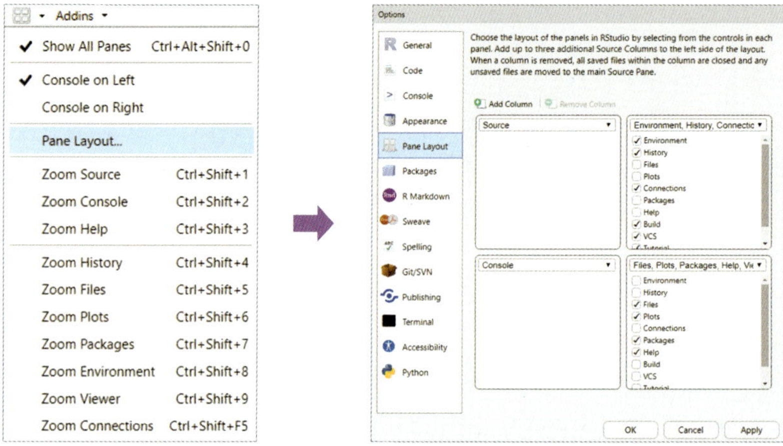

그림 2-4 RStudio 화면 구성 변경하기

프로젝트 활용하기

데이터 과학의 과정에서는 R 코드, 데이터, 결과물, 작동에 필요한 설정 등 다양한 파일을 다룹니다. 이러한 파일들을 효율적으로 관리하면 데이터 과학을 위한 전반의 과정을 보다 수월하게 진행할 수 있습니다. RStudio의 프로젝트project는 R을 이용하여 데이터를 다루는 과정에서 생산하는 여러 파일을 효율적으로 관리할 수 있는 '작업공간'입니다.

RStudio에서 프로젝트를 만들고 관리하는 것부터 시작해 봅시다. 다음 순서에 따라 프로젝트를 만들어 보세요.

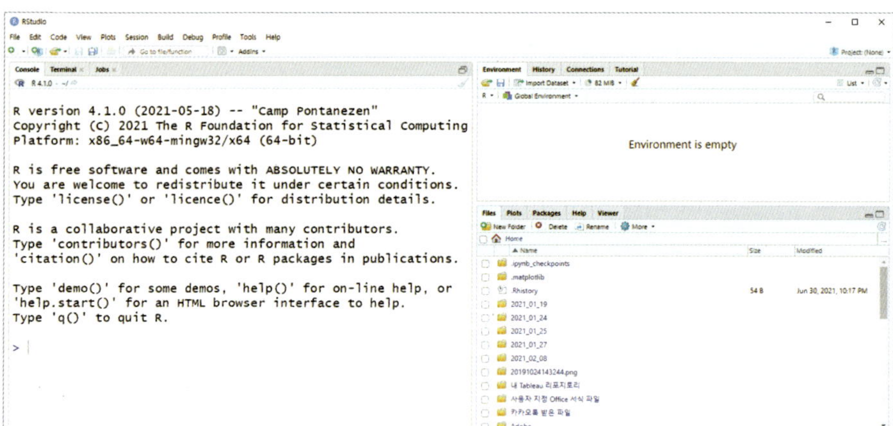

그림 2-5 RStudio 실행 화면

1 ❶ 오른쪽 상단의 Project 아이콘(Project: (None))을 클릭합니다. 프로젝트와 관련한 메뉴가 나오며, ❷ [New Project...]를 클릭합니다. RStudio 중앙에 프로젝트 생성과 관련한 메뉴창이 뜹니다. ❸ [New Directory]를 클릭합니다.

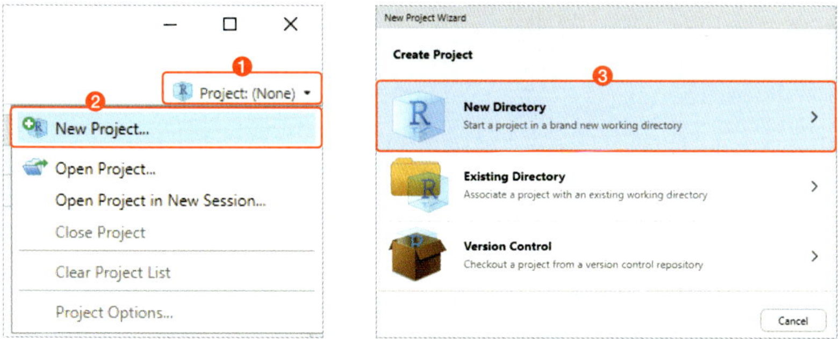

(a) New Project 선택 화면 (b) New Directory 선택 화면

그림 2-6 R Project 실행 화면

2 사용자가 만들 프로젝트에 따른 템플릿 선택 메뉴가 나옵니다. 기본적인 프로젝트를 만들 것이기에 [New Project]를 클릭합니다.

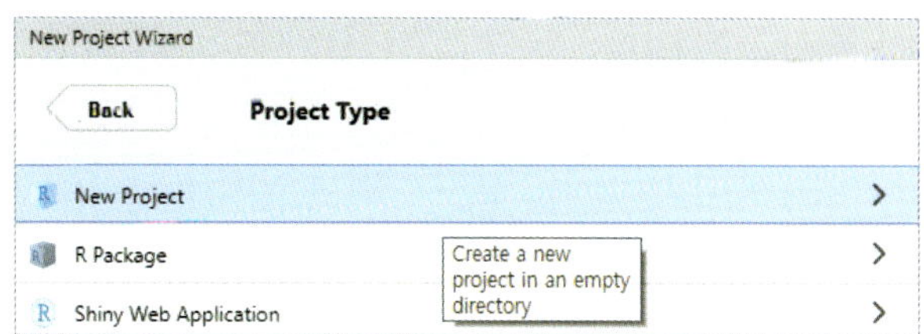

그림 2-7 프로젝트 설정

3 새 프로젝트의 이름과 위치를 정하는 메뉴가 나옵니다. ❶은 프로젝트의 이름이자 프로젝트를 저장할 디렉터리[2]의 이름입니다. ❷는 프로젝트 폴더의 위치를 나타냅니다. ❸과 같이 [Browse...]를 클릭하여 프로젝트 폴더를 저장할 상위 폴더를 선택합니다.

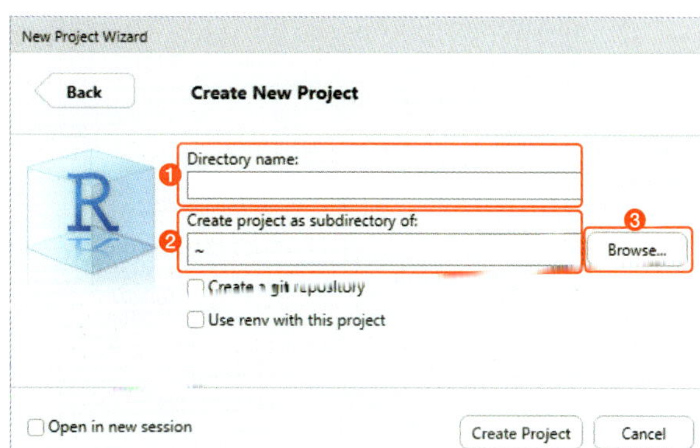

그림 2-8 프로젝트 저장 위치 설정

2 이 책에서 디렉터리는 폴더와 혼용하여 사용합니다(1.5절 참고).

이제 프로젝트 폴더의 위치를 저장할 상위 디렉터리를 만들어 봅시다. 다음 순서에 따라 C 드라이브에 myDS라는 폴더를 만들겠습니다.

1 [Browse...]를 클릭하면 탐색기가 나옵니다. 왼쪽의 폴더 트리에서 [로컬 디스크(C:)]를 클릭한 뒤, 탐색기 상단 메뉴에서 [새 폴더]를 클릭합니다.

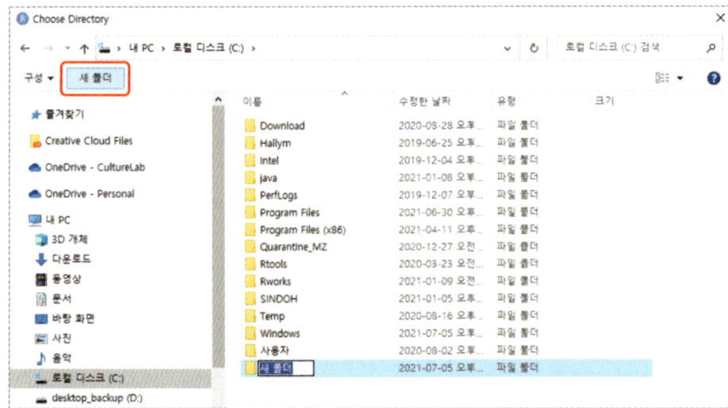

그림 2-9 새 폴더 생성 화면

2 폴더 이름으로 myDS를 입력합니다.

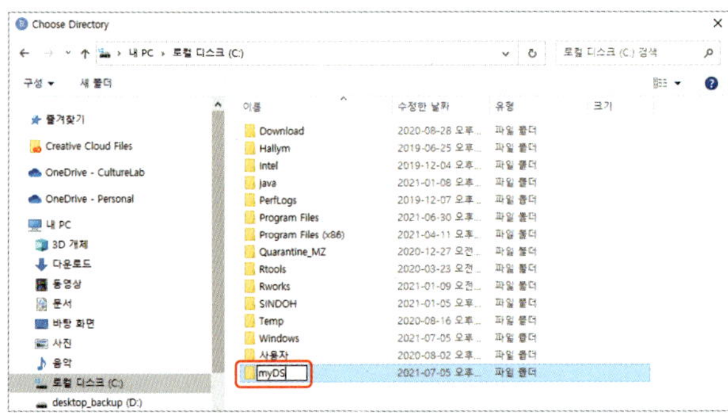

그림 2-10 폴더 이름 설정

3 하단의 [Open]을 클릭합니다.

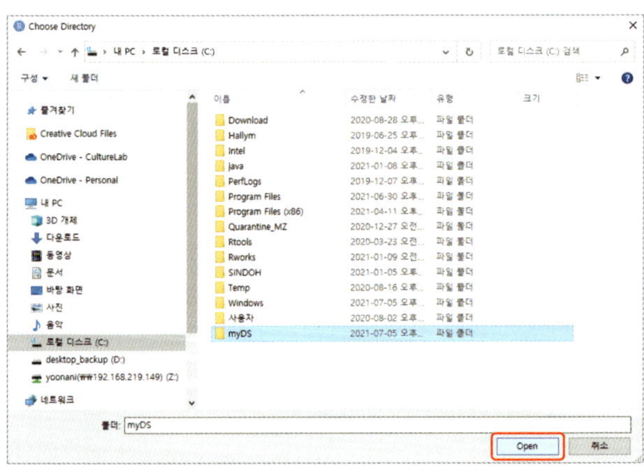

그림 2-11 폴더 열기

1~**3**을 수행한 내용을 탐색기로 살펴보면, C 드라이브 바로 아래에 myDS 폴더가 있음을 확인할 수 있습니다.

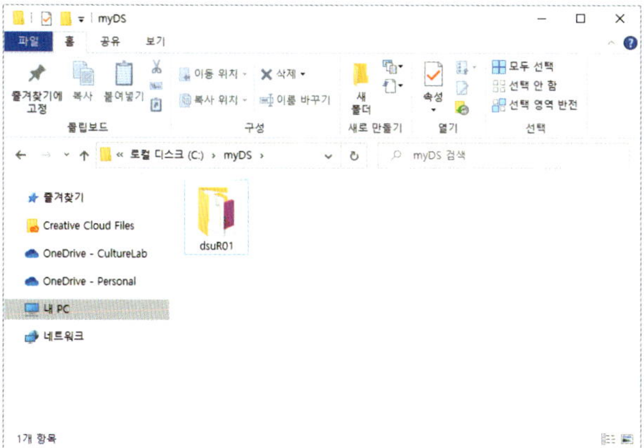

그림 2-12 myDS 폴더

이제 RStudio로 돌아와서 프로젝트의 이름을 지어봅시다. [그림 2-13]처럼 Directory name에 dsuR01이라고(data science using R의 약자로 지어봤습니다) 입력한 뒤 하단의 [Create Project] 버튼을 클릭합니다.

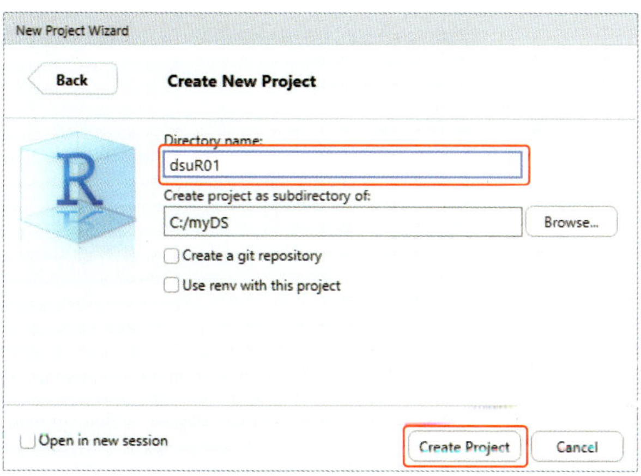

그림 2-13 프로젝트 생성 창

프로젝트 생성 창이 닫힌 후 RStudio 화면에서 (오른쪽 하단의) Files 탭에 우리가 생성한 프로젝트의 경로와 프로젝트의 내용물들이 탐색기와 같이 표시됩니다. 화면에 보이는 `dsuR01.Rproj`

는 프로젝트 파일로, 삭제하면 현재 폴더를 프로젝트로 인식하지 못하니 삭제하지 말고 잘 보관하세요(운영체제의 사용자 정보를 저장하는 .Rproj.user 폴더는 설정에 따라 나타나지 않을 수도 있습니다).

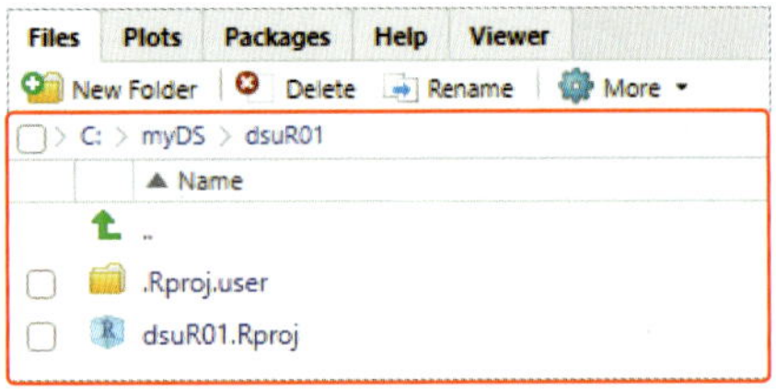

그림 2-14 프로젝트 파일 위치

프로젝트 내에서 사용하는 파일을 효율적으로 관리하기 위해 R 코드를 저장할 폴더, 데이터 파일을 저장할 폴더, 결과물을 저장할 폴더를 각각 만들겠습니다. 다음 순서에 따라 R 코드를 저장할 폴더를 RStudio에서 만들어 봅시다.

1 Files 탭 아래에서 [New Folder] 아이콘 (New Folder)을 클릭합니다. 아이콘 위에 마우스를 올리면 풍선 도움말이 나옵니다.

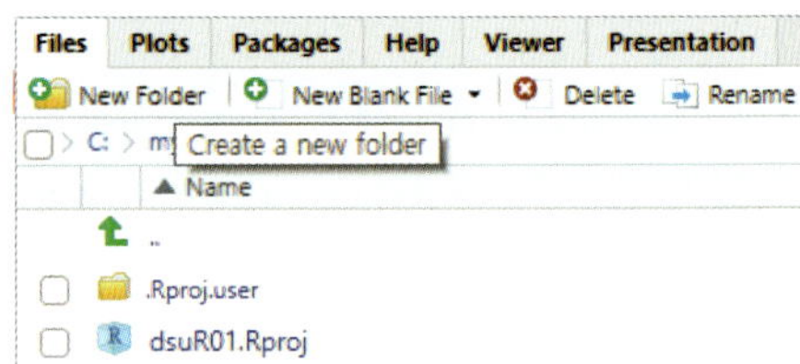

그림 2-15 New Folder 선택

2 만들 폴더의 이름을 R이라 하고, [OK] 버튼을 클릭합니다.

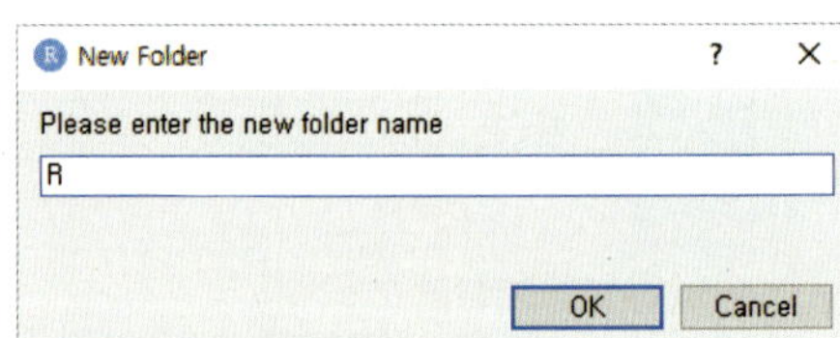

그림 2-16 폴더 이름 설정

3 새로운 폴더 R이 만들어졌습니다.

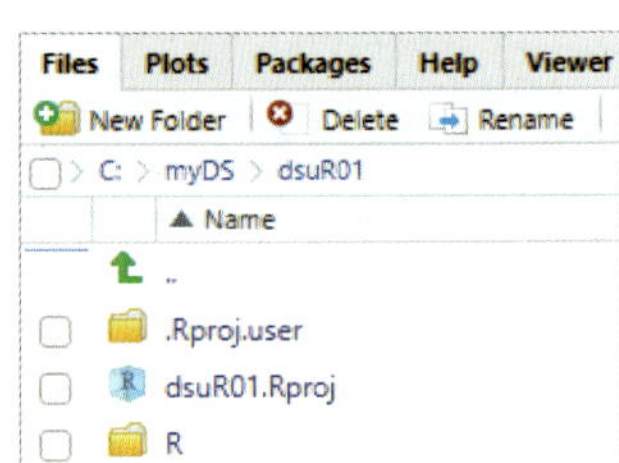

그림 2-17 새로운 폴더 생성

4 [그림 2-18]처럼 이후 데이터 파일을 저장할 data 폴더와 결과물 파일을 저장할 output 폴더를 각자 만들어 봅시다.

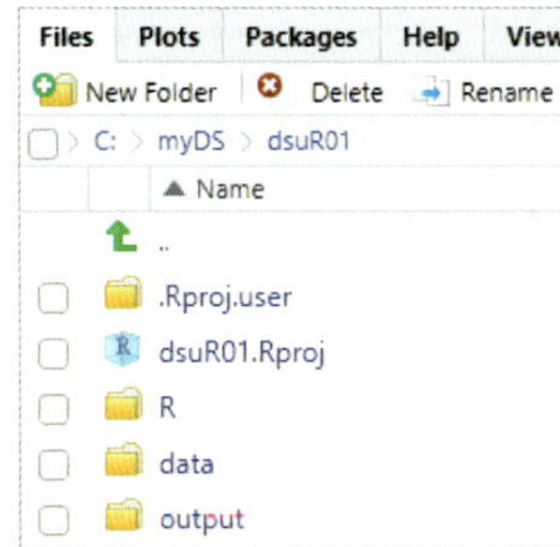

그림 2-18 data 폴더, output 폴더 생성

각 폴더의 이름을 책과 똑같이 할 필요는 없습니다. 자유롭게 이름을 지어주세요. 데이터 과학 과정을 수행하다 보면 여러 파일을 접하고 만들게 됩니다. 이때 폴더로 만들어서 관리하면 더욱 편리합니다.

RStudio에서 R 명령 실행하기

RStudio를 이용하면서 R 명령을 실행하는 방법에는 Console을 이용하여 직접 명령을 실행하는 방법과 R 명령 모음인 R Script를 작성하고 필요한 부분을 실행하는 방법 등 크게 두 가지가 있습니다. 각 방법을 통해 R에 명령을 내려 봅시다.

■ Console을 이용한 명령 실행

Console 탭을 마우스로 클릭하세요. Console 패널에 [그림 2-19]처럼 부등호(>) 표시[3]와 깜박이는 커서(|)가 보일 것입니다. 이는 R이 명령어 입력을 기다리고 있음을 알려줍니다. 여기에 getwd( )[4] 라고 입력한 후 Enter를 누릅니다. R은 해당 명령을 실행하고, 결과로 현재 작업하는 위치를 출력합니다. 커서는 다음 줄로 내려가 명령을 기다립니다.

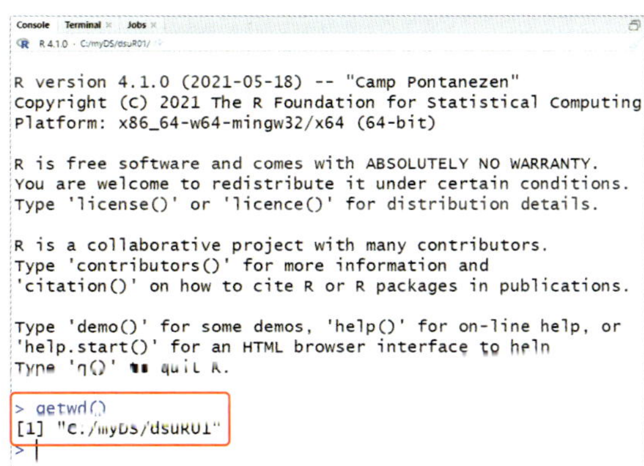

그림 2-19 Console 탭에 명령어 입력 및 실행

3 Prompt로 줄을 나타냅니다.

4 getwd는 GET Working Directory의 줄임말로 현재 작업 경로를 뜻합니다.

이처럼 Console로 명령을 내리면 한 줄씩 줄바꿈을 하고 R이 각 줄을 실행하는 형태로 이루어집니다.

■ R Script를 이용한 명령 실행

작업을 수행할 때 어떤 명령을 내렸는지 기록하면 잘못 입력한 코드를 수정할 수 있고 작업 이후에 명령 기록을 살펴보고 관리할 수도 있습니다. 이처럼 R 명령들을 기록한 파일을 R Script 파일이라고 합니다. 다음 순서에 따라 R Script를 만들고 명령을 실행해 봅시다.

1 RStudio 왼쪽 상단의 새 파일 아이콘()을 클릭하면 새롭게 추가할 파일의 유형을 보여줍니다. 여기서 처음 나오는 [R Script] 메뉴를 클릭합니다.

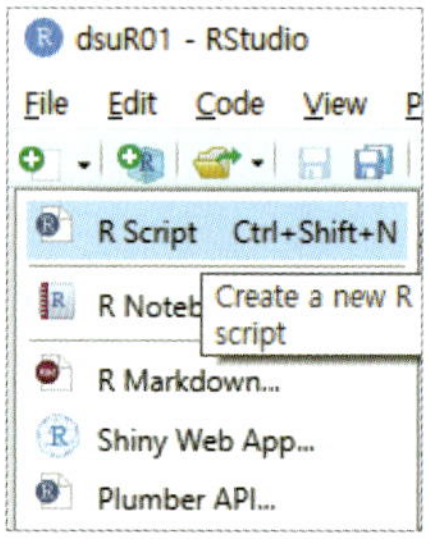

그림 2-20 R Script 메뉴

2 RStudio가 4분할 화면이 되면서 R Script 편집기 창이 열립니다. 이 Script 패널은 2.1절에서 RStudio 화면 구성을 설명할 때 중요한 패널로 언급했습니다. 여기서 R 구문을 입력하고 실행할 수 있습니다.

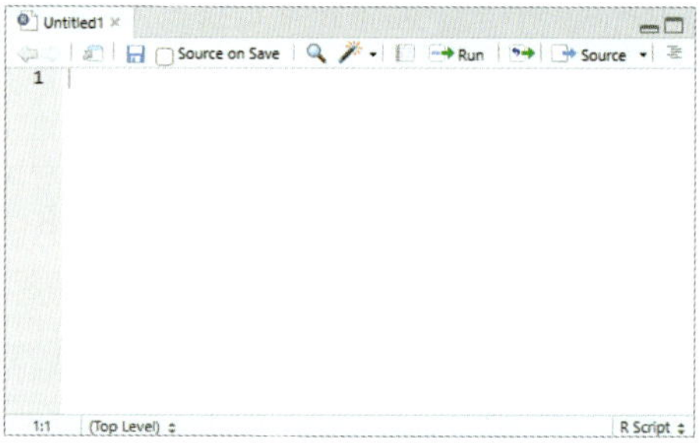

그림 2-21 R Script 편집기 창

3 Script 패널의 편집기 창에서 `getwd( )`라고 입력합니다. R Script 창 위쪽의 실행 아이콘()을 클릭합니다.

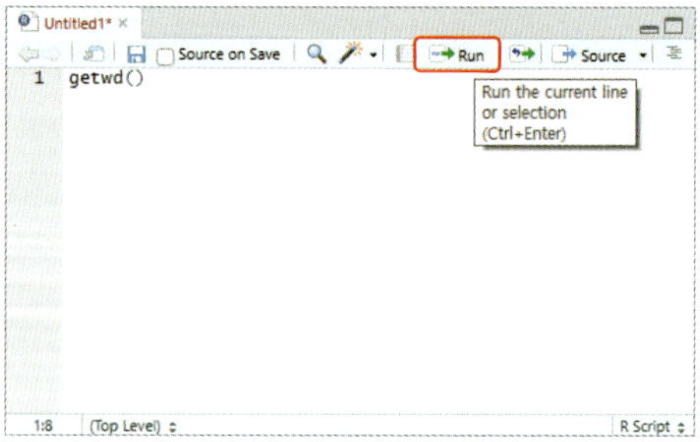

그림 2-22 명령어 입력 및 실행

Console 패널로 해당 명령이 전달되고 [그림 2-23]과 같은 결과를 보여줍니다.

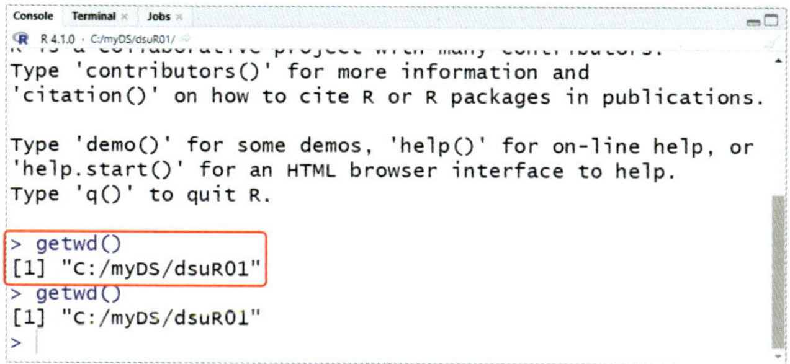

그림 2-23 Console 패널에 나타난 명령어

지금까지 작성한 R Script 파일을 다음 순서에 따라 저장해 봅시다.

1 작업문서의 이름이 현재 Unititled1* 로 되어 있습니다. 붉은 글씨와 파일명 뒤에 붙은 *(별표, asterisk)는 현재 상태를 파일로 저장하지 않았음을 나타냅니다. 파일을 저장하기 위해 R Script 편집기 상단의 저장 아이콘( )을 클릭합니다.

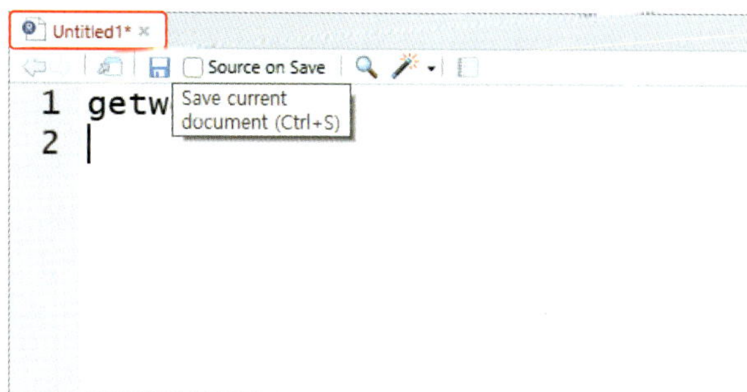

그림 2-24 변경사항이 있는 작업문서

2 파일 저장 창이 뜹니다. R 디렉터리를 더블클릭합니다.

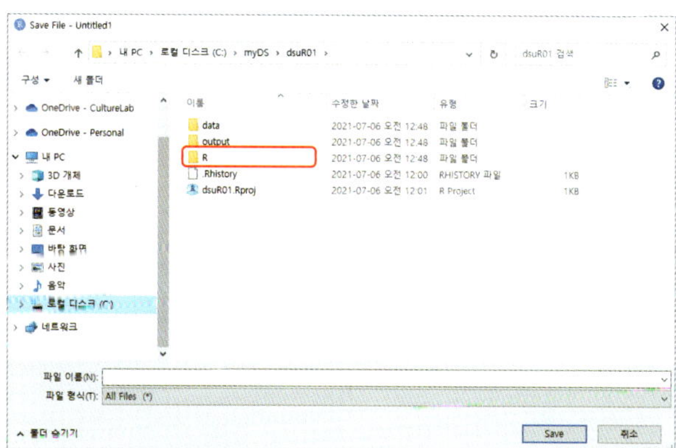

그림 2-25 파일 저장 화면

3 저장할 파일 이름을 01.MyFirstRCode.R이라고 입력하겠습니다. RStudio에서는 R 코드 파일을 인식할 때 확장자 R을 사용합니다. 파일 이름을 입력 후 [Save] 버튼을 클릭합니다.

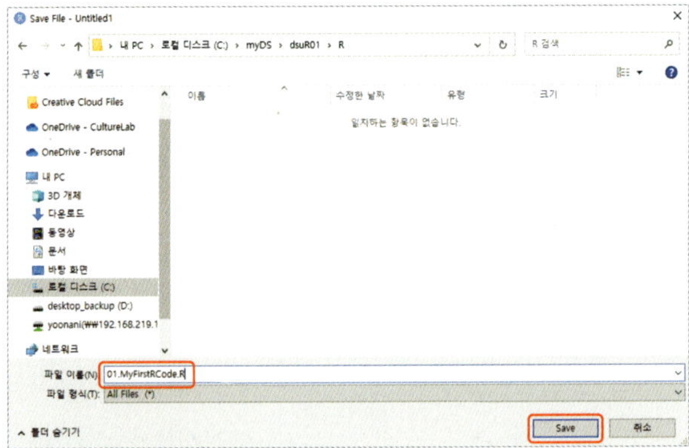

그림 2-26 파일명 설정

4 작업문서의 이름이 붉은색에서 검은색으로 변합니다. 이는 파일의 현재 상태를 저장했음을 나타냅니다.

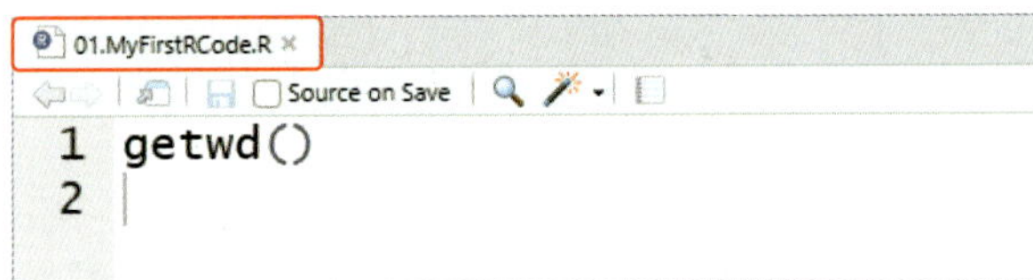

그림 2-27 파일을 저장한 후 파일명의 표기 변경

Files 탭에서 저장한 파일을 확인해 봅시다. [그림 2-28(a)]와 같이 Files 탭에서 R 디렉터리를 클릭하면 [그림 2-28(b)]처럼 화면이 바뀝니다. 여기에 앞서 저장한 파일이 있음을 확인할 수 있습니다(❶). 프로젝트 디렉터리로 이동하기 위해 위 방향 화살표 옆의 점 두 개를 클릭합니다(❷). 파일 목록 위 오른쪽 끝부분의 R Project 아이콘( )을 클릭하면 작업 중인 프로젝트의 홈 폴더(현재 프로젝트의 처음 위치)로 이동합니다(❸). 현재 위치가 어디인지 헷갈리면 쉽게 프로젝트의 홈 폴더로 이동할 수 있습니다.

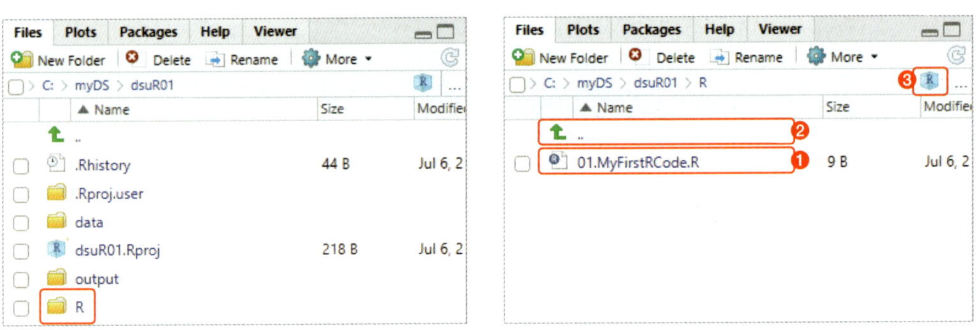

(a) dsuR01 디렉터리에서

(b) R 디렉터리에서

그림 2-28 저장한 파일 확인

R 코드를 작성하다가 데이터를 살펴보거나 특정 기능을 확인할 때에는 Console 패널로 명령을 실행해 결과를 확인하고, 전반적인 과정은 R Script에 R 코드를 기록하고 실행합니다. 앞으로 우리 과정에서는 R Script 편집기를 이용하여 R 명령을 입력하고 실행하겠습니다.

2.2 R 시작은 문법부터

프로그래밍 언어는 컴퓨터가 가진 기능을 사용하기 위한 명령의 모둠으로서 프로그래밍 언어마다 각기 고유의 문법을 갖고 있습니다. R도 프로그래밍 언어의 일종으로 자체 문법이 존재합니다. 이 중 가장 기본적인 부분부터 시작해 봅시다.

R의 연산자

컴퓨터는 계산하는compute 장치-er, 즉 계산기를 지칭하는 단어인만큼 다양한 계산을 수행합니다. 컴퓨터(또한 R)의 계산에는 숫자 계산과 논리 연산이 있습니다.

연산자operator는 계산과 특정한 행위를 지시하는 기호입니다. 연산자에는 숫자 연산자와 논리 연산자, 행위 연산자의 세 가지가 있으며, R의 대표적인 연산자로 [표 2-1]과 같은 것들이 있습니다.

표 2-1 R의 연산자

구분	역할	연산자
숫자 연산자	숫자를 피연산자로 하여 숫자로 된 계산 결과 반환	• 사칙연산(+, -, *, /) • 거듭제곱(^) • 몫(%/%)과 나머지(%%)
논리 연산자	숫자, 문자, 논리값(참/거짓) 등을 피연산자로 하여 논리 연산 수행의 결과를 반환	• 관계 연산(>, <, >=, <=, ==, !=) • 논리 연산(!, |, &)
행위 연산자	R에게 특정한 행위를 수행하도록 명령 지시	• 할당 연산(<-) • 연결(파이프) 연산(|>) • 자료 생성 연산(:)

R에서 연산자를 사용해 봅시다. RStudio에서 R Script 파일을 새로 만들고 다음과 같이 입력하면서 결과를 확인해 보겠습니다. 각 줄 이후에 R 실행 버튼(→Run)을 클릭하거나 Ctrl+Enter로 명령을 실행할 수 있습니다.

숫자 연산자를 사용해 봅시다. 연산에는 숫자 두 개가 필요하며, 여기서는 [코드 2-1]과 같이 4와 3을 이용해 보겠습니다.

코드 2-1 02.operator01.R

```
4 + 3       # 더하기
4 - 3       # 빼기
4 * 3       # 곱하기
4 / 3       # 나누기
4 %/% 3     # 나누기의 몫
4 %% 3      # 나누기의 나머지
4 ^ 3       # 거듭제곱
```

실행 결과

```
7
1
12
1.333333
1
1
64
```

이제 논리 연산자를 사용해 봅시다. 부정 연산자 !만 하나의 논리값이 필요하고 그 외에는 두 개의 값이 필요합니다. 코드 첫 줄에 사용한 해쉬 기호 #는 주석 표시입니다. 프로그래밍에서 주석은 실행되지 않기 때문에 코드 작성자가 주석을 이용해 코드에 관한 메모를 남기기도 합니다.

코드 2-2 02.operator02.R

```
# 관계 연산자
4 < 3       # 4는 3보다 작다. → FALSE 출력
4 <= 3      # 4는 3보다 작거나 같다. → FALSE 출력
4 > 3       # 4는 3보다 크다. → TRUE 출력
4 >= 3      # 4는 3보다 크거나 같다. → TRUE 출력
4 == 3      # 4는 3과 같다. → FALSE 출력
4 != 3      # 4는 3과 같지 않다. → TRUE 출력

# 논리 연산자
!(4 < 3)    # 부정 연산 : not TRUE → FALSE 출력
(4 < 3) | (4 != 3) # OR 연산 : FALSE OR TRUE → TRUE 출력
(4 < 3) & (4 != 3) # AND 연산 : FALSE AND TRUE → FALSE 출력
```

실행 결과

```
FALSE
FALSE
TRUE
TRUE
FALSE
TRUE

TRUE
TRUE
FALSE
```

할당 연산자와 변수

프로그래밍에서 **할당**assign은 사용자가 저장공간에 원하는 값을 저장하는 것입니다. 값의 저장공간에는 변수와 상수가 있습니다. **변수**variable는 말 그대로 값을 변경할 수 있는 공간이며 **상수**

constant는 값을 할당한 이후 변경할 수 없는 공간입니다. 각 저장공간을 구분하기 위해 사용자가 변수와 상수에 이름을 지정합니다. 그리고 R 프로그래밍에서 필요한 데이터와 정보는 바로 이 변수에 넣어서 관리합니다.

[그림 2-29]를 통해 `03.variable01.R` 파일의 코드를 살펴봅시다.

- 변수는 이름으로 구분합니다. 변수의 이름으로 문자, 숫자, 점(.)과 밑줄(_)을 사용하며, 변수 이름의 첫 글자는 알파벳과 점만 사용할 수 있습니다. [그림 2-29]에서 변수 이름을 `var1`으로 지정했습니다.
- 변수에 값을 할당할 때 할당 연산자 <-[5]를 사용합니다. 값을 변수에 저장하기 위해 할당 연산자 왼쪽에는 변수의 이름을, 오른쪽에는 저장할 값을 입력합니다. 만일 저장할 값이 문자라면 작은따옴표(' ') 혹은 큰따옴표(" ")로 사용할 문자열을 둘러쌉니다. 예를 들어 '데이터 과학', "abc"처럼 사용합니다. 숫자나 문자 등은 2.3절에서 자세히 다룰 예정입니다.
- 변수에 저장된 값은 변수의 이름을 불러서 사용합니다. 변수의 이름을 RStudio에서 실행하면 변수에 저장된 값을 확인할 수 있습니다. 변수에 저장된 값은 할당 연산자를 이용하여 언제든지 변경할 수 있습니다.

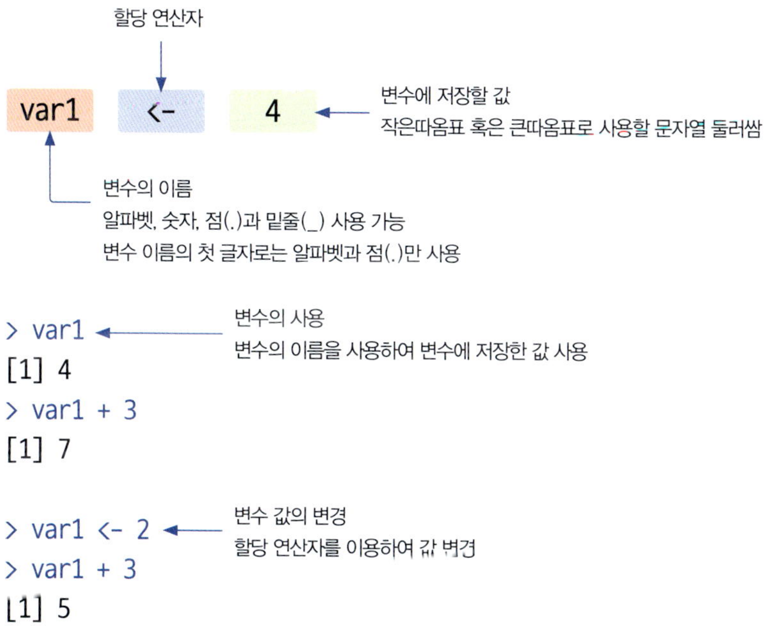

그림 2-29 할당 연산자 사용법

5 부등호(<)와 대시(-)를 연속으로 입력합니다. 할당 연산자로 등호(=)도 사용할 수 있으나, 이 책에서는 <-를 사용합니다.

RStudio의 Environment 탭에서 변수명과 현재 저장한 값을 확인할 수 있습니다.

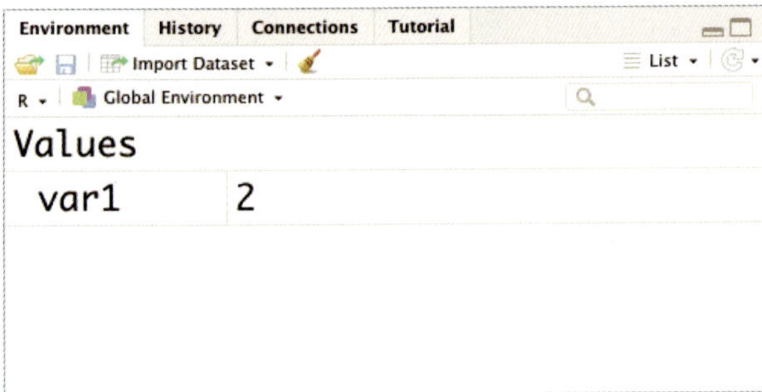

그림 2-30 저장한 변수 확인

함수

파이프 연산을 다루기 전에 먼저 함수에 대해 알아봅시다. 프로그래밍에서 함수는 특정한 목적을 수행하는 코드들의 묶음입니다. R은 함수를 이용하여 다양한 계산과 여러 기능을 수행합니다. 다음 수학 함수를 생각해 봅시다.

$$f(x) = (x_1 + x_2 + x_3)/3$$

이 함수는 x_1, x_2, x_3로 값이 세 개 필요하며, 입력한 값들의 산술평균(이하 평균[6])을 구합니다. 다음은 3, 5, 1의 평균을 숫자 연산자로 계산한 R 코드입니다.

$$(3+5+1)/3$$

만일 평균을 구하고자 하는 데이터가 5개라면 다음과 같이 분모를 5로 바꿔 계산합니다.

$$(3+5+1+7+4)/5$$

여기서 생각해 볼 것은 평균을 구하려는 데이터의 개수가 변함에 따라 계산식이 바뀐다는 점입니다. 이와 같은 방식을 프로그래밍 요소로 활용하려면 R이 데이터의 개수를 파악해서 계산하게 만들어야 합니다. R에서는 이러한 기능을 **함수**function로 지원합니다. R의 함수도 수행하는 데 필요한 정보(입력)를 전달하고 수행의 결과 값(출력)을 전달합니다. 반면에 프로그래밍에서 함수는

6 평균에는 산술평균, 기하평균, 조화평균이 있습니다. 이 책에서는 산술평균을 간단히 '평균'이라고 지칭하겠습니다.

숫자 계산 외에도 다양한 기능을 수행하므로 getwd( )와 같이 입력이 없는 함수도 있으며, 출력 없이 특정한 기능을 수행하는 함수도 있습니다.

이제 R에서 함수를 사용해 봅시다. 이때 두 가지를 기억해야 합니다. 첫째, 함수는 이름을 가지고 있습니다. 둘째, 소괄호를 이용하여 함수 작동에 필요한 데이터(입력)를 정의합니다. 값 3, 5, 1의 평균을 구하기 위해 [그림 2-31]처럼 함수 mean( )을 사용합니다.

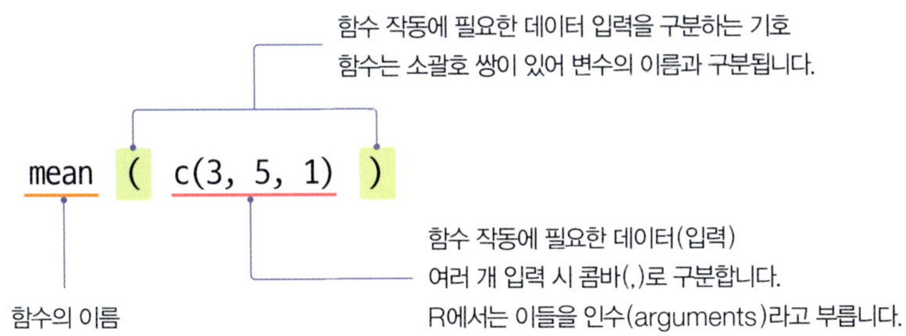

그림 2-31 함수 mean()의 사용

함수는 [그림 2-32]와 같은 흐름으로 작동합니다.

❶ R 함수 영역에서 사용한 함수의 이름을 찾습니다.

❷ 해당 함수가 존재하면 소괄호 안의 인수를 해당 함수에 전달합니다(함수의 이름을 찾지 못하면 오류를 보여줍니다).

❸ 해당 함수는 인수를 통해 정해진 계산 혹은 기능을 수행하고 반환할 값(출력)을 함수를 사용한 위치로 반환합니다.

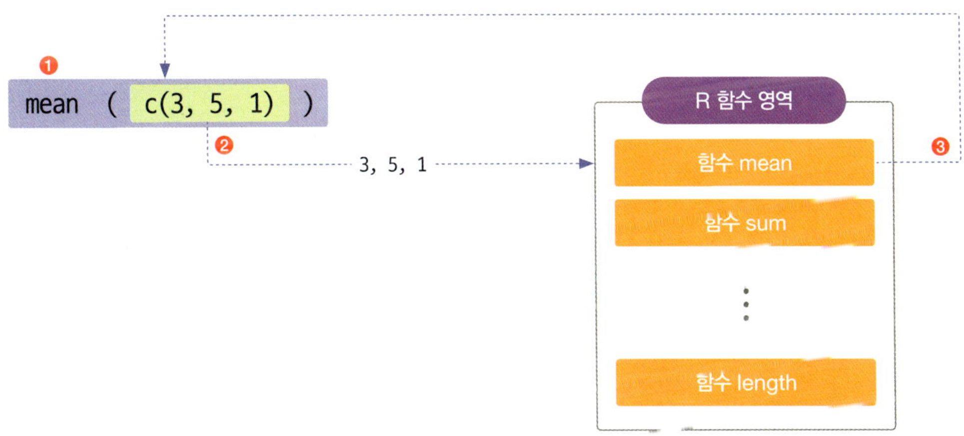

그림 2-32 함수 mean()의 작동

R이 작업하는 영역은 현재 우리가 코드를 작성하고 실행하는 '코드 영역'과 함수가 실행하는 '함수 영역'으로 나눌 수 있습니다.[7] 현재 코드를 작성하는 중인 코드 영역에서 함수의 이름을 통해 함수를 작동하면 작업공간은 잠시 코드 영역에서 함수 영역으로 이동합니다. 인수를 통해 함수를 작동하는 데 필요한 값을 전달받아 함수의 기능을 수행하고, 함수 수행이 끝나면 함수를 사용한 코드 영역으로 돌아와 결과 값을 반환합니다. 여기서는 mean( ) 함수가 3, 5, 1을 전달받아 함수 영역에서 산술평균을 구하고 결과 값을 코드 영역에 반환합니다.

함수의 인수에도 이름이 있습니다. R 도움말을 실행하여 함수의 정보를 살펴보겠습니다. 도움말을 보여주는 R의 함수는 help( )입니다. 04.functions.R 파일의 9번째 줄을 실행하면 RStudio의 Help 탭이 활성화되고 도움말의 내용을 보여줍니다. [그림 2-33]은 help( )로 살펴본 함수 mean( )의 도움말입니다.

❶, ❷ : 함수의 이름과 해당 함수를 포함하는 패키지의 이름

❸ : 함수에 대한 설명

❹ : 함수의 사용 방법과 기본 인수

- 기본 인수는 "인수명 = 기본값" 형태로 제공합니다. mean() 함수에서 x는 평균을 구할 데이터로 사용자가 전달하는 값입니다. trim 인수의 기본값은 0, na.rm 인수의 기본값은 FALSE입니다.
- 인수의 기본값은 함수에서 인수를 지정하지 않을 경우 사용하는 값입니다. 즉 mean(c(3, 5, 1))의 경우 trim과 na.rm을 사용하지 않았지만, 각각 0과 FALSE를 인수의 값으로 사용합니다.

❺ : 인수의 이름과 설명

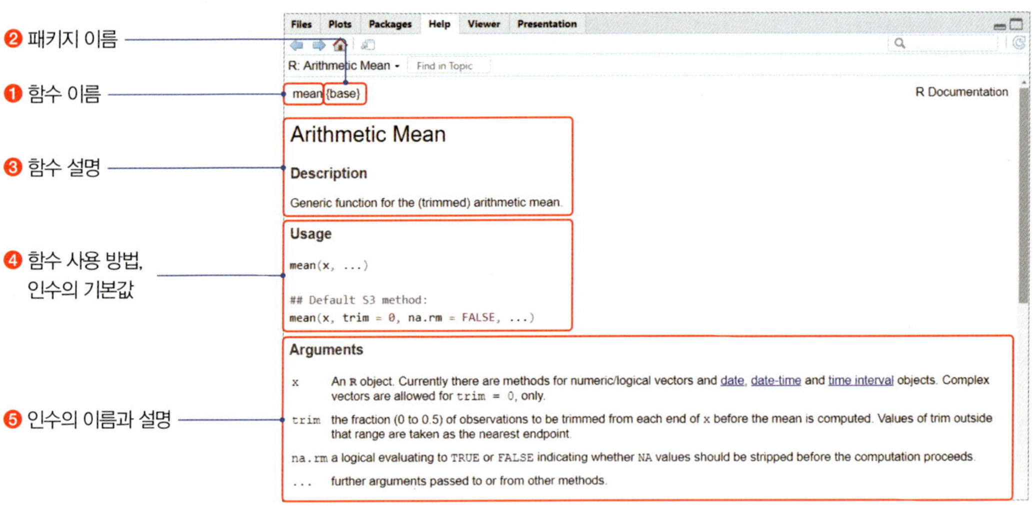

그림 2-33 함수 mean()의 도움말 화면

이 외에도 반환값value[8], 참고문헌reference, 관련 도움말see also, 사용 예examples 등을 확인할 수 있습니다.

seq( ) 함수는 초깃값(from)부터 종료 값(to)까지 증감분(by)만큼 증가하거나 감소하는 여러 개의 값을 변수 한 개로 취급할 수 있게 해줍니다(04.functions.R 파일 참고).

```
seq( from=0, to=1, by=0.1 )
```

인수의 이름 없이 함수를 사용할 수도 있습니다. 예를 들면 각 인수가 들어갈 위치에 전달할 값만 넣어 다음과 같이 사용할 수 있습니다. 각각의 값은 도움말에서 Usage 항목에 나오는 인수 순서대로 들어갔습니다.

```
seq( 0, 1, 0.1 )
```

seq( ) 함수와 마찬가지로 여러 개의 값을 묶어 하나의 변수로 접근하도록 하는 함수 c( )가 있습니다. 앞서 mean( ) 함수의 인수로 전달한 3, 5, 1의 경우 R에서는 c(3, 5, 1)을 통해 하나로 묶어서 인수로 전달합니다. 여러 개의 값을 하나의 변수로 사용하는 방법은 2.4절에서 자세히 알아보겠습니다.

파이프 연산자

데이터를 처리하다 보면 한 데이터에 여러 가지 함수를 순차적으로 사용하여 결과를 도출하는 경우가 많습니다. [코드 2-3]은 영화 제목 5개의 길이를 각각 구한 뒤 평균 길이를 구하는 과정을 나타냅니다. 코드를 하나씩 살펴봅시다. 21줄의 변수 titles에는 5개의 영화 제목이 담겨 있습니다. 22줄은 titles가 가진 각 값(문자)의 개수를 세어 변수 n에 저장합니다. 여기서 nchar( ) 함수는 데이터로 사용한 문자의 개수를 셉니다. "명량"은 2를, "극한직업"은 4를 반환합니다. 23줄은 변수 n이 가진 값들의 평균을 구합니다. [코드 2-3]에서 n의 평균은 3.4입니다.

7 여기서 실행하는 코드 영역은 프로그래밍 관점으로 보면 다른 함수들을 실행시키는 전체 작업공간이며, 전역영역global environment이 정식명칭입니다.

8 프로그래밍에서는 함수의 반환값이 어떤 값인지보다 형태가 중요합니다. 반환값이 어떤 형태로 나타나는지 주의 깊게 살펴봅시다. 데이터의 형태에 대해서는 2.3절부터 설명합니다.

코드 2-3　04.functions.R

```
titles <- c("명량", "극한직업", "신과함께", "국제시장", "베테랑")
n <- nchar( titles )
mean( n )
```

이처럼 데이터 과학에서는 함수를 한 번 사용하여 원하는 결과를 얻는 것 외에도 함수를 여러 번 적용하여 데이터를 원하는 형태로 변환하거나 값을 얻는 경우가 많습니다. R 4.1.0부터는 이러한 과정을 파이프 연산자 |>[9]로 지원합니다. 파이프 연산자를 이용하여 [코드 2-3]을 [코드 2-4]와 같이 하나의 과정으로 단순화할 수 있습니다.

코드 2-4　04.functions.R

```
titles |> nchar() |> mean()
```

파이프 연산자 |>는 연산자 왼쪽을 데이터로 간주하고 이를 연산자 오른쪽에 있는 함수의 첫 번째 인수로 전달합니다. [그림 2-34]에서 자세히 살펴보겠습니다.

❶ 변수 titles를 nchar() 함수의 첫 번째 인수로 보냅니다.
❷ nchar() 함수는 각 문자열의 개수를 하나로 묶습니다.
❸ ❷의 결과를 mean() 함수의 첫 번째 인수로 보냅니다.
❹ mean() 함수는 ❸에 전달된 숫자들의 평균을 구하고 그 결과를 반환합니다.

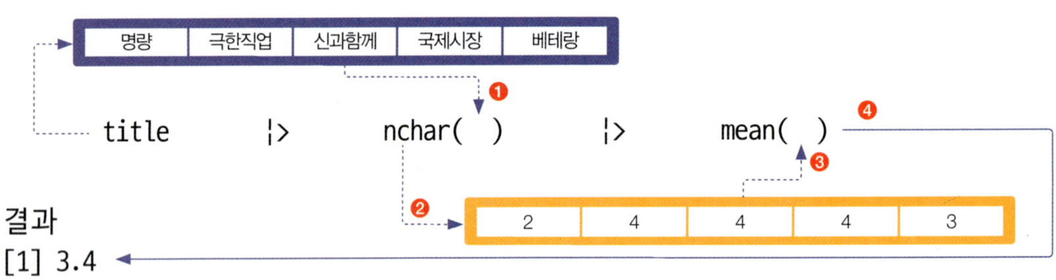

그림 2-34 파이프 연산자가 작동하는 방식

9 한글 키보드 ₩ 위의 글자와 부등호 >를 연속으로 입력합니다. R 4.1.0 이전에는 magrittr 패키지에서 제공하는 연산자 %>%가 이 기능을 수행했습니다. 데이터 과학에서 사용 빈도가 높아지자 R에서 자체적으로 지원하기 시작했습니다. 연산자 %>%는 3.1절에서 살펴보겠습니다.

2.3 R이 데이터를 다루는 방법

문자열은 작은따옴표 혹은 큰따옴표로 둘러싸서 구분한다고 설명했습니다. 또한 여러 개의 자료를 하나로 묶는 함수에 대해 함께 알아봤습니다. 이제 우리가 사용할 데이터의 유형에 대해 살펴보겠습니다. R은 컴퓨터가 데이터를 관리하는 방식에 기반하여 R만의 몇 가지 친절한 방식을 제공합니다.

데이터형

컴퓨터는 0과 1만을 저장합니다. 그런데 0과 1만 저장하는 컴퓨터가 어떻게 다양한 데이터를 다룰 수 있을까요? 이를 알아보기 전에 먼저 정수와 문자에 대해 살펴봅시다.

컴퓨터의 가장 작은 저장 단위는 비트bit로 0과 1을 저장합니다. 비트가 모여서 데이터를 다루는 기본 단위인 바이트byte를 이룹니다. 1바이트에 저장된 데이터의 예시를 [그림 2-35]에 나타냈습니다. 이를 어떻게 읽어야 하는지 알아봅시다.

- 전기가 흐르거나 흐르지 않는 상태를 저장할 수 있는 비트 8개가 모여 하나의 바이트를 이룹니다. 8개의 비트로 구성된 1바이트가 구분할(나타낼) 수 있는 값은 256개입니다.
- 비트는 전기가 흐르면 1, 그렇지 않으면 0으로 저장합니다. 즉, 데이터를 2진수로 나타낼 수 있습니다. 그리고 2진수는 10진수, 16진수, 8진수 등 다양한 진법으로 숫자를 나타낼 수 있습니다. 예를 들어 [그림 2-35]의 데이터는 10진수로 82, 16진수로 52, 8진수로 122입니다.
- 값을 사용하는 방법에 따라 정수라면 82, 문자라면 "R"을 나타냅니다.

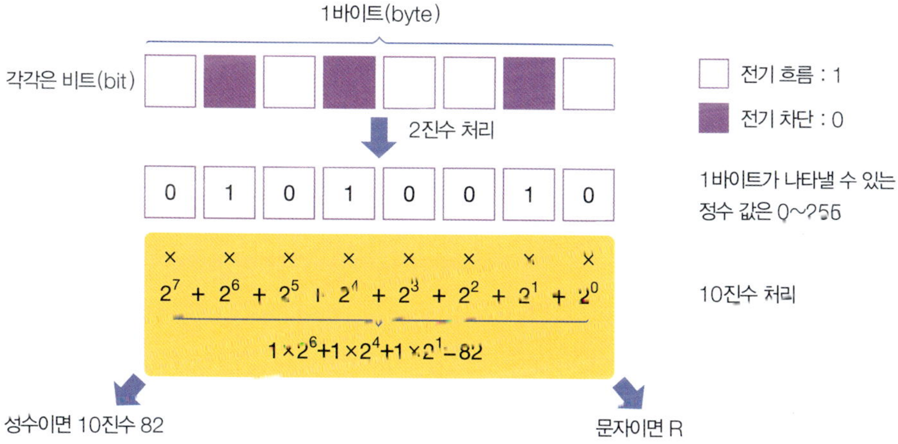

그림 2-35 1바이트에 저장된 데이터

값을 사용하는 방법을 **데이터형** data type[10]이라고 하며, 사용자가 자신이 사용할 데이터형을 결정합니다. R이 기본으로 제공하는 데이터형은 [표 2-2]와 같습니다.

표 2-2 R에서 사용하는 데이터형

데이터형	R에서 이름	사용 예	설명
실수형	double	3 3.14	숫자의 기본형. 소수점 이하가 없는 경우 정수부만 표시되나 실제로는 3.0과 같이 작동
정수형	integer	3L	마지막에 대문자 L을 붙여 실수와 구분
숫자형	numeric		정수형과 실수형을 모두 나타내는 포괄 형태
문자형	character	"abc"	데이터를 큰따옴표 혹은 작은따옴표로 감싸서 구분
논리형	logical	TRUE FALSE	참(TRUE)과 거짓(FALSE)인 상태를 나타내는 특수한 값
복소수형	complex	1+3i	실수와 허수로 구성된 복소수. 사용 예에서 실수부는 1이고 허수부는 3i

문자형은 운영체제가 지원하는 문자와 숫자 대조표를 이용하여 데이터를 확인할 수 있습니다. [그림 2-36]의 데이터를 ASCII 코드표[11]에 따라 읽으면 문자 "R"을 나타냅니다. ASCII 코드표를 이용하면 기본 128개의 키보드로 입력 가능한 문자들을 데이터로 저장하고, 읽고, 출력할 수 있습니다. [그림 2-36]을 통해 R이 데이터를 어떻게 저장하는지 살펴봅시다.

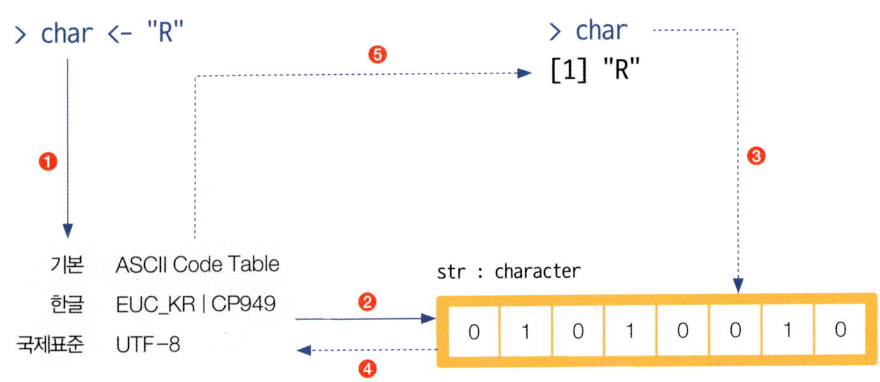

그림 2-36 문자의 저장

10 많은 서적에서는 자료형이라고 기술하고 있습니다. 이 책에서는 data를 강조하고자 하니 '자료'보다는 '데이터'라고 표현하겠습니다.

11 ASCII는 American Standard Code for Information Interchange의 약자로 미국정보교환표준부호입니다. ASCII는 7비트를 사용하지만, 이 책의 예에서는 앞에 1비트를 더해 8비트로 표현하였습니다.

❶ 변수 char에 문자 "R"을 할당합니다. 큰따옴표 혹은 작은따옴표로 데이터를 둘러싸서 저장하는 것은 해당 자료가 문자 형태임을 알립니다. 만일 문자만 사용하면 R이 관리하는 변수, 함수 등 다양한 자원의 이름으로 인식합니다.

❷ 문자 "R"을 저장하기 위해 지정한 코드표를 참조하여 정수로 만듭니다. 문자 "R"을 10진수로 만들면 82입니다. 이 과정을 **인코딩**encoding이라고 합니다.

코드표의 종류는 다양합니다. ASCII 코드표는 키보드의 기본 입력과 관계가 있으며 다른 코드표들이 이를 포함합니다. 코드표는 국가별로 문자에 따라 다양하게 존재합니다. 우리나라 Windows는 한글을 위해 확장완성형(CP949)을 지원하는데, 이는 기존 완성형 한글(EUC_KR)을 확장한 것입니다. CP949는 EUC-KR을 포함하고, EUC-KR이 나타낼 수 없는 한글도 표현할 수 있습니다.

지금은 Windows 외에도 안드로이드, iOS, 타이젠과 같은 다양한 모바일 운영체제가 있습니다. 이러한 운영체제는 대부분 국제표준인 UTF-8을 사용합니다. 또한 웹 사용이 일반화되다 보니 운영체제 간에 코드표가 충돌하지 않도록 국제표준을 사용합니다. 앞서 RStudio를 설치할 때 파일 저장 시 인코딩을 UTF-8로 설정했는데, 이는 이 책으로 실습할 때 혼선을 주지 않기 위함입니다.

이번에는 변수에 저장된 값을 읽어 옵니다.

❸ 사용자가 변수 char를 입력합니다.

❹ 변수 char가 가진 값을 코드표에 대입합니다.

❺ 코드표에 있는 값을 반환합니다.

데이터형이 실수형, 논리형, 복소수형 등일 때에도 각자의 방식으로 데이터를 저장하고 읽습니다.

R은 데이터의 유형과 사용자의 요청에 따라 적절한 방식으로 데이터를 저장하고 읽습니다. 우리가 세부 내용까지 모르더라도 R을 사용하는 데 있어 어려움은 없습니다. 물론 데이터 저장 방식을 잘 이해하면 얻을 수 있는 장점이 있으나 이 책에서는 여기까지만 다루겠습니다.

데이터형을 위한 함수

데이터형과 관련해 자주 사용하는 R의 함수는 [표 2-3]과 같습니다.

표 2-3 데이터형 관련 함수

구분	함수명	설명
데이터형 확인 함수	typeof()	인수로 전달한 데이터형을 문자열로 반환
데이터형 판단 함수	is.numeric() is.integer() is.double() is.character() is.logical()	인수로 전달한 데이터가 확인하고자 하는 데이터형이면 TRUE, 그렇지 않으면 FALSE 반환
데이터형 변환 함수	as.logical() as.integer() as.double() as.character()	인수로 전달한 데이터를 지정한 데이터형으로 변환 logical → numeric → character 형태로 변환 • 숫자로 구성된 문자열은 숫자형으로 변환 가능 • 0과 1로 구성되면 논리형으로 변환 가능. 0은 FALSE로, 1은 TRUE로 변환 • 문자열 "TRUE", "FALSE"는 논리형으로 변환 가능 • 이 외에는 변환이 이뤄지지 않고 결측 처리

[표 2-3]과 함께 [코드 2-5]를 살펴봅시다.

코드 2-5 05.datatypes.R

```
typeof( char )                # 변수 char에 저장된 값의 데이터형 출력

is.numeric( char )            # char에 저장된 값이 숫자형인지 확인
is.character( char )          # char에 저장된 값이 문자열인지 확인

lgc1 <- c(TRUE, FALSE, FALSE, TRUE) # 논리값 4개를 하나로 묶어 lgc1에 저장

lgc2int <- as.integer(lgc1)   # lgc1을 정수로 변환한 값을 lgc2int에 할당
lgc2int                       # 변환값 출력, 논리형으로 정수 변환 가능
typeof( lgc2int )             # 변수 lgc2int에 저장된 값의 데이터형 출력

lgc2char <- as.character(lgc1) # lgc1을 문자로 변환한 값을 lgc2char에 할당
lgc2char # 변환값 출력. TRUE는 문자 " TRUE " 로 FALSE는 문자 " FALSE " 로 변환
typeof(lgc2char)              # 변수 lgc2char에 저장된 값의 데이터형 출력

```

```
21  char2lgc <- as.logical(lgc2char)
    # 21줄 : lgc2char을 논리값으로 변환한 값을 char2lgc에 할당
22  char2lgc # 변환값 출력. 문자 "TRUE", "FALSE"를 각각 논리값 TRUE, FALSE로 변환
23  typeof(char2lgc)            # 변수 char2lgc에 저장된 값의 데이터형 출력
24
25  char                        # 변수 char가 가지고 있는 값 출력
26  char2lgc2 <- as.logical(char)
    # 26줄 : 문자열을 논리형으로 변환하고 결과를 char2lgc2로 할당
27  char2lgc2  # 변환값 출력. "TRUE", "FALSE"가 아닌 문자열은 변환 시 결측값(NA)
28  typeof(char2lgc2)
    # 28줄 : 변수 char2lgc2에 저장된 값의 데이터형 출력. 값의 변환에 실패해도 변수의 데이
    터형은 논리형
```

특수한 데이터

앞서 [코드 2-5]의 22줄에 결측을 나타내는 데이터 NA가 등장했습니다. TRUE와 FALSE도 이와 마찬가지이며 [표 2-4]와 같이 특수한 데이터가 존재합니다.[12]

표 2-4 특수한 데이터와 함수

특수한 데이터	설명	관련 함수
NA	Not Available의 준말로 결측값missing value을 표현	is.na()
NaN	Not a Number의 준말로 0으로 나누는 것과 같이 수로 표현되지 않는 상황	is.nan()
NULL	데이터형과 값이 결정되지 않은 상태를 나타내며, 데이터를 제거할 때도 사용	is.null()
Inf / −Inf	양의 무한대와 음의 무한대	is.infinite(), is.finite()

특수한 데이터는 어떤 값보다는 상태를 나타냅니다. 데이터 과학에서는 이처럼 어떤 값이 특수한 상태인지를 확인하는 과정이 많습니다. R은 함수를 통해 값의 상태를 판별하는 기능을 지원합니다. 다음 예제를 살펴봅시다.

12 [표 2-4]의 데이터에는 따옴표가 없습니다. 이 데이터는 문자데이터가 아닌 이름이라고 생각하면 좋습니다. 다시 말해, 값을 바꿀 수 있는 변수와 달리 값이 변하지 않는 상수의 개념으로 특수한 데이터를 저장하는 이름이자 데이터입니다.

코드 2-6 05.datatypes.R

```
31  var1 <- NA               # 변수 var1에 NA(결측)을 저장
32  var2 <- 1 / 0            # 변수 var2에 1/0을 저장
33  var3 <- -var2            # 변수 var3에 var2 값의 부호를 바꾼 값을 저장
34  var4 <- var2 / var3      # 변수 var4에 var2를 var3로 나눈 값을 저장
35  var5 <- NULL             # 변수 var5에 NULL을 저장
36
37  is.na( var1 )            # 변수 var1이 결측인지 확인. 결과는 TRUE
38
39  is.na( var2 )            # 변수 var2가 결측인지 확인. 결과는 FALSE
40  is.infinite( var2 )      # 변수 var2가 무한대인지 확인. 결과는 TRUE
41  is.finite( var2 )
42  # 41줄 : 변수 var2가 유한한 값인지 확인. 결과는 FALSE. var2는 무한대 상태
43  s.infinite( var4 )       # 변수 var4가 무한대인지 확인. 결과는 FALSE
44  is.nan( var4 )
45  # 44줄 : 양의 무한대 나누기 음의 무한대가 NaN인지 확인. 결과는 TRUE. 무한대끼리의 나누기는 수치화 할 수 없음
46  is.null( var5 )          # 변수 var5가 NULL인지 확인. 결과는 TRUE
```

2.4 데이터를 모아 모아

지금까지 다룬 내용은 컴퓨터 프로그래밍을 처음 접하는 사람에게는 조금 어려울 수도 있지만, R을 비롯해 다른 프로그래밍 언어에서도 비슷하게 적용되는 기초 개념입니다. 이제 막 학습한 개념은 앞으로도 계속 등장할 예정이니 지금은 어려워도 한 번 책을 따라 해 보세요. 어느 순간 자연스럽게 사용할 수 있을 것입니다.

데이터는 다양한 구조를 지닙니다. 그리고 R에서는 데이터의 성질과 구성에 따른 구조를 지원합니다. 이제 데이터를 다루는 데 탁월한 R의 데이터 구조data structure를 알아보겠습니다.

기본 데이터 구조 : 벡터

앞서 우리는 데이터 구조 중 하나를 사용해 봤습니다. mean( ) 함수를 사용할 때 등장한 c(3, 5, 1)을 기억하나요? 여기서 사용한 c( ) 함수가 숫자 자료 3, 5, 1을 묶어 변수 하나로 저장할

수 있는 데이터 구조를 만들어 줍니다. R에서는 데이터형이 동일한 여러 데이터가 일렬로 연결된 구조를 **벡터** vector 라고 합니다. 벡터는 R의 기본 데이터 구조로서, 값이 한 개만 있더라도 R은 원소의 개수가 한 개인 벡터로 처리합니다.

[그림 2-37]의 num1은 원소가 하나인 벡터의 예로 벡터가 가진 값을 출력하면 대괄호와 함께 나옵니다. [그림 2-29]나 [그림 2-34], [그림 2-36]의 출력 결과에서도 나온 이 대괄호가 무엇을 나타내는지 궁금하지 않았나요? R은 데이터 구조에 따라 결과물 출력 방식이 있어 결과물을 잘 관찰하기만 해도 데이터의 구조를 파악할 수 있습니다. 벡터는 대괄호 쌍과 숫자로 표시하고, 대괄호 안의 숫자는 벡터 내의 위치 값 index 을 나타냅니다.[13]

```
> num1 <- 3      ← 실수 3을 변수 num1에 저장

> num1           ← 변수 num1의 값을 확인
[1] 3            ← 대괄호는 각 줄의 첫 번째 값(여기서는 3)이
                   벡터 전체에서 몇 번째 원소(여기서는 첫 번째 원소)인지 표시
```

그림 2-37 원소의 개수가 한 개인 벡터 표시

[표 2-5]와 같이 연산자와 함수[14]를 이용하여 벡터를 만들 수 있습니다.

표 2-5 벡터를 생성하는 연산자와 함수

구분	사용 예	설명
:	from:to 3:45	• 콜론 colon 이라 부르는 연산자 • from부터 to까지 1씩 증가/감소하는 정수 벡터 생성
c()	c(1, 3, 4) c(1, 3, c(4, 5, 6))	• 인수로 전달받은 데이터를 원소로 하는 벡터 생성 • 다른 벡터를 인수로 전달할 때 전달한 벡터의 원소를 포함하는 벡터 생성
seq()	seq(from=0, to=1, by=0.1) seq(0, 1, length=10)	• from부터 to까지 by만큼 증가/감소하는 벡터 생성 • from부터 to까지의 자료를 length 등분한 값들의 벡터 생성
rep()	rep(c(1, 2), times=2) rep(c(1, 2), each=2)	• 전달한 벡터 전체를 times만큼 반복한 벡터 생성 • 전달한 각 벡터는 each번 반복한 벡터 생성

벡터의 원소가 많으면 [그림 2-38]처럼 여러 줄로 표시되며, 각 줄의 대괄호 안에 첫번째 원소의 위치 값을 표시해 줍니다.

13 위치 값 하나만으로 데이터 구조에서 해당 원소를 찾을 수 있다면 1차원 구조라고 합니다.

14 함수가 전달한 인수를 바탕으로 벡터를 생성하고 이를 반환합니다.

```
> 102:24
 [1] 102 101 100  99  98  97  96  95  94  93  92
[12]  91  90  89  88  87  86  85  84  83  82  81
[23]  80  79  78  77  76  75  74  73  72  71  70
[34]  69  68  67  66  65  64  63  62  61  60  59
[45]  58  57  56  55  54  53  52  51  50  49  48
[56]  47  46  45  44  43  42  41  40  39  38  37
[67]  36  35  34  33  32  31  30  29  28  27  26
[78]  25  24
```

그림 2-38 원소가 많은 벡터 표시

[코드 2-7]을 실행한 후 전달 인수에 따라 결과가 어떻게 달라지는지 주의 깊게 살펴봅시다.

코드 2-7 06.vector.R

```
# 대표적인 벡터 생성 함수 c()
c(1, 3, 4)
c(1, 3, c(4, 5, 6))

# 수열을 생성하는 함수 seq()
seq(from=0, to=1, by=0.1)
seq(from=0, to=1, length=10)


# 기존 벡터를 복사하여 반복하는 함수
rep( c(1, 2), times=2 )
rep( c(1, 2), each=2 )
```

실행 결과

```
[1] 1 3 4
[1] 1 3 4 5 6

# by와 length의 결과 차이
[1] 0.0 0.1 0.2 0.3 … 0.8 0.9 1.0
[1] 0.0000000 0.1111111 … 0.8888889
1.0000000

# times와 each의 결과 차이
[1] 1 2 1 2
[1] 1 1 2 2
```

데이터를 수집할 때 관찰 대상의 속성은 동일한 단위(kg, cm 등)로 구성합니다. 예를 들어 몸무게, 키, 혈액형 등의 속성을 측정하고, 1.5절과 같이 각 속성을 열column로 저장합니다. 열만 따로 떼어 살펴보면, 각 열은 여러 데이터로 구성되고 단위와 데이터형이 동일함을 알 수 있습니다.

이름표 데이터 : 팩터

데이터를 다루다 보면 각 값을 구분하기 위해 이름을 사용하기도 합니다. 비교를 위해 학생들의 신체 측정 데이터를 살펴보겠습니다. 키와 몸무게는 측정값 자체를 숫자로 나타냅니다. 그러나 일반적으로 사용하는 ABO식 혈액형은 응집원과 응집소의 반응 유형에 따라 A형, B형, O형,

AB형으로 나타낸 것으로 각각을 1, 2, 3, 4로 대체해도 무리가 없습니다. 여기서 1이 A형, 2가 B형, 3이 O형, 4가 AB형을 나타낸다고만 알면 됩니다.

데이터를 측정할 때 크기, 길이, 시간 등을 숫자로 바로 나타내는 경우와, 유형을 구분하는 값을 나타내는 경우가 있습니다. 통계학에서는 전자를 **양적 데이터** quantitative data, 후자를 **질적 데이터** qualitative data로 구분합니다. 양적 데이터는 숫자로 크기를 나타내면 되므로 (숫자)벡터를 사용하고, 질적 데이터는 구분하고자 하는 값에 따라 이름표를 사용합니다. R에서는 질적 데이터를 **팩터** factor 라는 데이터 구조로써 지원합니다.

팩터를 사용하려면 우선 벡터가 필요합니다. 그리고 사용자가 `factor( )` 함수를 이용해 벡터의 원소별로 이름표를 붙여야 합니다. [그림 2-39]는 5명의 성별 자료를 여성이면 1, 남성이면 2로 저장한 벡터를 팩터로 바꾸는 과정입니다(`07.factor.R` 파일 참고).

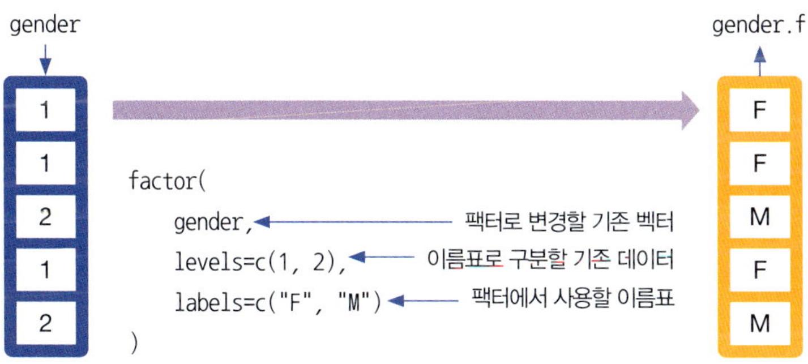

그림 2-39 벡터를 팩터로 바꾸기

`factor( )` 함수에서 사용하는 인수는 다음과 같습니다.

- **첫 번째 인수** : 팩터로 변환할 데이터를 담고 있는 벡터입니다. 여기서는 gender입니다.
- **[인수 levels]**[15] : 기존 데이터에서 팩터의 수준 level 으로 사용할 값입니다. 여기서는 1과 2입니다.
- **[인수 labels]** : 팩터 내 각 레벨의 이름표로 사용할 문자열로, `levels` 인수로 사용한 벡터의 순서에 따라 매칭합니다. 여기서는 1을 "F"에, 2를 "M"에 매칭합니다.
- **[인수 ordered]** : TRUE이면 순서 있는 팩터를 생성[16]합니다. 기본값은 FALSE로 이름표는 서로 우열을 가리는 순서가 없습니다.

15 이 책에서 생략이 가능한 인수는 대괄호로 둘러싼 형태로 소개하겠습니다. 이러한 인수는 사용하지 않으면 기본값이 적용됩니다.

16 순서 있는 팩터는 학점(A, B, C 등), 만족도(매우 만족, 만족, 불만족, 매우 불만족)와 같이 저장할 데이터에 우열이 있을 때 사용합니다.

팩터 자료를 출력하면 벡터와 같이 대괄호 쌍으로 위치를 알려주며, 출력 마지막에 팩터 내에서 각 값을 구분하는 수준으로 사용한 이름표를 보여줍니다.

```
> gender.f
[1] F F M F M
Levels: F M
```

그림 2-40 팩터 데이터 출력 예

위치 정보가 두 개 이상인 다차원 데이터 : 배열과 행렬

앞서 다룬 벡터와 팩터는 여러 데이터를 하나로 묶은 데이터로, 안에 있는 개별 데이터를 배치하는 위치 정보를 한 개만 가지고 있어 **1차원 데이터**라고 합니다. 이번에는 위치 정보가 두 개 이상 필요한 **다차원 데이터**를 살펴보겠습니다.

[그림 2-41(a)]는 위치 정보가 한 개인 1차원 데이터(변수명 dim1)를, [그림 2-41(b)]는 위치 정보가 두 개인 2차원 데이터(변수명 dim2)를 각각 보여줍니다.

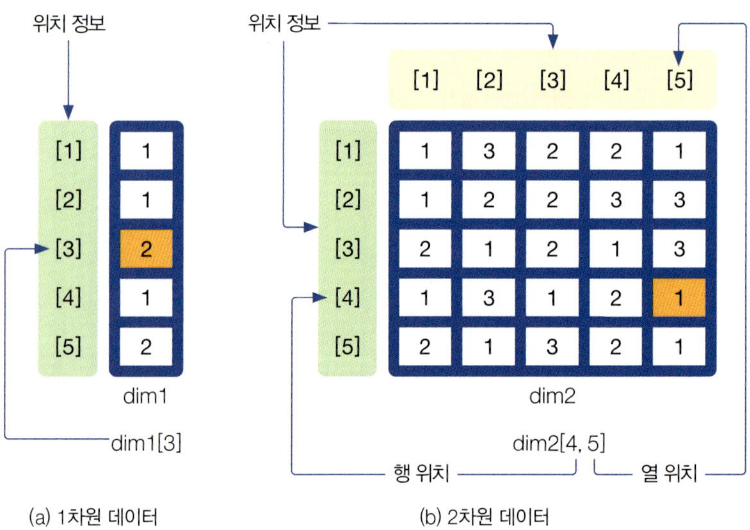

그림 2-41 1차원, 2차원 데이터와 위치 정보

R에서는 데이터형이 동일한 다차원 데이터 구조를 **배열**array이라고 합니다. 이 중 많이 사용하는 2차원 구조를 **행렬**matrix이라고 합니다. 08.multi_dimension.R 파일의 코드를 통해 배열과 행렬을 만드는 과정을 살펴보겠습니다.

[코드 2-8]에서 볼 수 있듯이 각 차원을 구분할 때 차원의 구분은 콤마를 사용합니다. 실행 결과 첫 줄의 , , 1은 세 번째 차원의 값이 1인 경우의 첫 번째와 두 번째 차원으로 구성된 데이터를 테이블(행과 열의 표) 형태로 보여줍니다.

코드 2-8 08.multi_dimension.R

```
# array와 matrix 생성을 위해 vector 필요
vec1 <- 1:24

# array 생성 함수는 array()
# dim 인수를 통해 생성할 다차원 데이터의 각 차원의 개수를 벡터로 전달
arr1 <- array( vec1, dim=c(3, 4, 2) )
arr1
```

실행 결과

```
, , 1

     [,1] [,2] [,3] [,4]
[1,]    1    4    7   10
[2,]    2    5    8   11
[3,]    3    6    9   12

, , 2

     [,1] [,2] [,3] [,4]
[1,]   13   16   19   22
[2,]   14   17   20   23
[3,]   15   18   21   24
```

`dim( )` 함수는 전달한 데이터의 차원수를 벡터 형태로 보여줍니다. [코드 2-9]의 실행 결과로부터 첫 번째 차원의 개수는 3, 두 번째 차원의 개수는 4, 세 번째 차원의 개수는 2인 데이터 구조임을 알 수 있습니다.

코드 2-9 08.multi_dimension.R

```
dim( arr1 )
```

실행 결과

```
[1] 3 4 2
```

[코드 2-10]은 주어진 벡터로부터 행이 6개(nrow=6)인 테이블 형태의 데이터를 만듭니다. 주어진 벡터가 24개의 원소로 구성되어 있으므로 열은 4개입니다. 행의 수가 아닌 열의 수로 전달할 때는 ncol 인수를 사용하며, 이때 인수를 ncol = 4로 사용하면 결과가 같습니다. 각 값은 1열부터 채웁니다.

코드 2-10 08.multi_dimension.R

```
# matrix 생성 함수는 matrix()
# 6개의 행으로 matrix 생성
# 값이 채워지는 것 확인
mat1 <- matrix( vec1, nrow = 6 )
mat1
```

실행 결과

```
     [,1] [,2] [,3] [,4]
[1,]    1    7   13   19
[2,]    2    8   14   20
[3,]    3    9   15   21
[4,]    4   10   16   22
[5,]    5   11   17   23
[6,]    6   12   18   24
```

[코드 2-11]은 원소가 24개인 벡터로부터 행이 6개이고 열이 4개인 테이블 형태의 데이터를 만듭니다. byrow=TRUE를 통해 테이블의 1행부터 값을 채웁니다.

코드 2-11 08.multi_dimension.R

```
# byrow = TRUE : 벡터의 값을 행으로 채우면서 생성
mat2 <- matrix( vec1, nrow = 6, byrow = TRUE)
mat2
```

실행 결과

```
     [,1] [,2] [,3] [,4]
[1,]    1    2    3    4
[2,]    5    6    7    8
[3,]    9   10   11   12
[4,]   13   14   15   16
[5,]   17   18   19   20
[6,]   21   22   23   24
```

데이터셋을 저장하는 파일 구조 : 데이터프레임

행렬은 2차원 구조로 행과 열을 갖는 테이블 형태로 나타냅니다. 이처럼 테이블 형태의 대표적인 사례가 1.5절에서 살펴본 데이터 파일 구조입니다. 데이터 파일 구조를 그대로 R에서 구현한 것이 **데이터프레임** data frame 입니다. 데이터 파일 구조는 행과 열로 구성되며, 이 중 행은 관찰 대상을, 열은 관찰 대상으로부터 관찰(측정)하는 속성을 나타냅니다. 여기서 우리가 주의 깊게 살펴볼 것은 행이 아니라 '열'입니다.

데이터 파일 구조는 열을 어떻게 구성할 것인지를 통해 결정됩니다. [표 2-6]은 한국환경공단의 에어코리아[17] 웹사이트에서 제공하는 특정 지역의 대기질 데이터 파일 일부입니다. 이 표는 7개의 열로 구성되어 있으며, 각 열은 측정 일시와 6가지 오염물질의 농도를 저장합니다. 행은 관측 단위(관찰 대상)인 측정 일시에 따라 구분됩니다. [표 2-6]에 따르면 측정 일시에 따라 6가지 오염물질의 관측값을 행으로 구분했습니다.

표 2-6 매 시간당 대기질 관련 데이터(예시)

일시 (월-일:시)	PM10 (mg/m^3)	PM2.5 (mg/m^3)	오존 (ppm)	이산화질소 (ppm)	일산화탄소 (ppm)	아황산가스 (ppm)
2021-07-23:01	15	11	0.004	0.010	0.3	0.003
2021-07-23:02	20	11	0.005	0.008	0.3	0.004
2021-07-23:03	22	12	0.003	0.008	0.2	0.003
2021-07-23:04	21	11	0.002	0.007	0.2	0.003
2021-07-23:05	19	13	0.002	0.006	0.2	0.003
2021-07-23:06	20	12	0.001	0.006	0.2	0.003
2021-07-23:07	16	9	0.003	0.006	0.3	0.003
2021-07-23:08	4	-	0.009	0.005	0.3	0.003

데이터프레임은 데이터셋을 나타내는 R의 데이터 구조입니다. 데이터프레임을 생성할 때에는 데이터셋과 마찬가지로 각 열을 정의하며 시작합니다. 이때 각 열은 하나의 벡터[18]입니다.

이제 데이터프레임을 만들어 봅시다.

17 https://www.airkorea.or.kr

18 다음에 설명할 리스트를 각 열로 사용할 수 있지만, 이 책에서는 벡터만 다루겠습니다.

데이터프레임은 data.frame( ) 함수를 이용해 만듭니다. data.frame( ) 함수는 인수로 각 열의 정의가 필요하며 "열이름 = 데이터"의 형태로 전달합니다. 이때 integer( ), character( ), double( )은 각각 정수, 문자, 실수 데이터를 가지는 빈 벡터를 만듭니다.

[코드 2-12]에서 첫 번째 열의 이름은 col1이고 정수 데이터를 가집니다. 마찬가지로 두 번째 열과 세 번째 열의 이름은 각각 col2, col3이며 각각 문자, 실수 데이터를 가집니다.

코드 2-12 09.data_frame.R

```
# 데이터프레임을 생성하는 함수는 data.frame()입니다
df1 <- data.frame( col1 = integer(), col2 = character(), col3 = double() )
```

[코드 2-13]의 실행 결과는 df1이 구조만 있고 데이터는 없는(행이 0개인) 데이터프레임임을 알려줍니다. 각 열의 이름이 나타납니다.

코드 2-13 09.data_frame.R

```
df1
```

실행 결과

```
[1] col1 col2 col3
<0행> <또는 row.names의 길이가 0입니다>
```

str( ) 함수는 데이터의 구조를 설명합니다. [코드 2-14] 실행 결과의 첫 번째 줄은 인수로 전달한 데이터의 구조('data.frame')를 표시합니다. 이 예에서는 3개의 열(3 variables)에 0개의 관찰값(0 obs.)으로 구성되었음을 의미합니다. 실행 결과의 두 번째 줄부터 각 열의 이름과 데이터형을 보여줍니다. 달러($) 표시는 데이터 구조 내 하위 요소와 구분 짓기 위한 기호로 df1$col1은 변수 df1에 저장된 데이터프레임의 col1 열을 나타냅니다. 첫 번째 열의 이름은 col1이며 정수형임을 의미합니다.

코드 2-14 09.data_frame.R

```
str( df1 )
```

실행 결과

```
'data.frame':  0 obs. of  3 variables:
 $ col1: int
 $ col2: chr
 $ col3: num
```

df1$col1이라고 입력하면 데이터프레임 df의 col1 열을 보여줍니다. 그리고 이 결과의 데이터 구조는 벡터입니다.

[코드 2-15]에 사용한 names( ) 함수는 인수로 전달한 변수가 가진 데이터 구조의 이름을 출력합니다. 데이터프레임이면 각 열의 이름을 출력합니다.

코드 2-15 09.data_frame.R

```
names( df1 )
```

실행 결과

```
[1] "col1" "col2" "col3"
```

행렬과 마찬가지로 데이터프레임은 2차원 데이터 구조입니다. [코드 2-15]처럼 dim( ) 함수를 이용하여 각 차원의 수를 알 수 있습니다. dim( ) 함수를 이용한 결과의 데이터 구조는 벡터로, 결과물의 첫 번째 원소는 행의 수, 두 번째 원소는 열의 수를 나타냅니다.

코드 2-16 09.data_frame.R

```
dim( df1 )
```

실행 결과

```
[1] 0 3
```

행의 수를 알고자 할 때 [코드 2-17]의 7줄과 같이 nrow( ) 함수를 사용하고, 열의 수를 알고자 할 때 8줄과 같이 ncol( ) 함수를 사용합니다.

코드 2-17 09.data_frame.R

```
7    nrow( df1 )
8    ncol( df1 )
```

실행 결과

```
[1] 0
[1] 3
```

우리가 앞으로 사용할 데이터셋은 대부분 데이터프레임이며, R에서 불러오는 데이터 파일은 보통 데이터프레임입니다. 따라서 데이터프레임을 직접 만들기보다 R이 만들어 준 데이터프레임을 사용할 때가 많을 것입니다.

데이터프레임을 다루는 방법에 대해서는 차차 소개하겠습니다.

자유롭게 다양한 데이터 구조를 담는 데이터 구조 : 리스트

벡터, 팩터, 배열, 행렬은 모두 동일한 데이터형의 원소만 가질 수 있으며, 데이터프레임은 각 열이 동일한 크기의 벡터(혹은 팩터)로만 구성된다는 제약이 있습니다. 그러나 데이터 과학 과정에서는 이와 같은 데이터 구조 외에 더 유연한 데이터 구조가 필요할 때가 있습니다. 예를 들어 문장으로 구성된 문자열 벡터에서 명사를 추출한 결과는 데이터프레임으로 저장할 수 없습니다. 각 문장을 행으로 구별하고 문장에 사용된 문자를 열마다 배치하려면 문장마다 포함된 명사의 개수만큼 열이 필요합니다. 그런데 행마다 열의 개수가 다를 수 있으므로 데이터프레임으로 만들 수 없습니다.

데이터 과학 과정에서 비교적 형식이 자유로운 데이터 구조를 필요로 하고, R은 **리스트** list를 통해 이를 지원합니다. 리스트의 성질은 벡터와 비슷합니다. 다만 각 원소가 서로 다른 데이터 구조를 가질 수 있다는 점에서 벡터와 차이가 있습니다.

[코드 2-18]처럼 리스트를 만들고 기본 구조를 살펴봅시다. 1줄은 변수 vec에 숫자 4개로 구성한 벡터를 저장합니다. 2줄은 변수 mat에 vec을 세 번 복제한(`rep( vec, 3)`) 벡터로부터 열이 3개인 행렬을 저장합니다. 3줄은 변수 `df`에 `id` 열, `col1` 열, `col2` 열을 갖는 데이터프레임을 저장합니다.

- **`col1 = 1:4`** : col1은 1부터 4까지 1씩 증가하는 정수 벡터
- **`col2 = vec`** : col2는 변수 vec이 저장한 정수 벡터
- **`col3 = factor(vec)`** : col3는 변수 vec으로부터 생성한 팩터

코드 2-18 10.list.R

```
1  vec <- c( 1, 5, 2, 3 )
2  mat <- matrix( rep(vec, 3), ncol=3 )
3  df <- data.frame( id=1:4, col1 = vec, col2 = factor(vec) )
```

[코드 2-19]의 5줄은 첫 번째 원소의 이름이 `elem1`, 두 번째 원소의 이름이 `elem2`, 세 번째 원소의 이름이 `elem3`인 리스트를 생성하여 변수 `lst`에 저장합니다. 여기서 `elem1`은 변수 vec이 저장한 정수 벡터, `elem2`는 변수 `mat`이 저장한 숫자 행렬, `elem3`는 변수 `df`가 저장한 데이터프레임입니다. 이제 `lst`의 각 원소 이름과 저장된 데이터를 출력합니다.

코드 2-19 10.list.R

```
lst <- list( elem1 = vec, elem2 = mat, elem3 = df )
lst
```

실행 결과

```
$elem1
[1] 1 5 2 3

$elem2
     [,1] [,2] [,3]
[1,]    1    1    1
[2,]    5    5    5
[3,]    2    2    2
[4,]    3    3    3

$elem3
  id col1 col2
1  1    1    1
2  2    5    5
3  3    2    2
4  4    3    3
```

[코드 2-20]의 실행 결과에 따르면 변수 lst는 원소 3개를 갖는 리스트입니다. 각 원소의 이름과 데이터형, 그리고 데이터 일부의 미리보기 결과를 보여줍니다.

코드 2-20 10.list.R

```
str( lst )
```

실행 결과

```
List of 3
 $ elem1: num [1:4] 1 5 2 3
 $ elem2: num [1:4, 1:3] 1 5 2 3 1 5 2 3 1 5 ...
```

```
 $ elem3:'data.frame':	4 obs. of  3 variables:
  ..$ id  : int [1:4] 1 2 3 4
  ..$ col1: num [1:4] 1 5 2 3
  ..$ col2: Factor w/ 4 levels "1","2","3","5": 1 4 2 3
```

변수 lst가 저장한 리스트의 원소는 [코드 2-21]의 8줄처럼 length( ) 함수를 이용하여 3개임을 확인할 수 있습니다. length( ) 함수는 리스트가 가진 원소의 개수를 출력하며, 벡터의 원소의 개수를 구할 때도 사용합니다. names( ) 함수는 데이터프레임과 더불어 리스트에서도 사용하며, 9줄의 실행 결과와 같이 각 원소의 이름을 알려줍니다. 다만 리스트에서는 10줄처럼 dim( ) 함수를 적용하지 않습니다. 벡터와 마찬가지로 length( ) 함수를 이용해 원소의 개수를 구합니다.

코드 2-21 10.list.R

```
8    length( lst )
9    names( lst )
10   dim( lst )
```

실행 결과

```
[1] 3
[1] "elem1" "elem2" "elem3"
NULL
```

2.5 숫자를 이용해 데이터의 특성 파악하기

데이터에는 여러 값이 모여있습니다. 이 여러 값이 어떤 형태로 생겼는지를 파악하여 요약한 것이 데이터의 특성입니다. 통계학에서는 데이터의 특성을 이용하여 전체 데이터를 요약하는 과정을 **기술통계학**descriptive statistics이라 부르며, 이는 연구의 한 분야로 중요하게 다뤄집니다.

데이터의 특성이 새로운 개념처럼 보이겠지만, 이미 초·중·고등학교 수학 시간에 이미 배웠습니다. 수학이라 생각하지 말고 데이터를 파악하는 기본 수단이라고 생각합시다. 단, 값 자체보다는 데이터가 어떤 의미를 가지고 무엇을 보여주는지에 집중합시다. 이제 R을 이용하여 알아보겠습니다.

자료가 몇 개 있지? : 세기와 비율

R이 제공하는 예제 데이터셋 iris는 붓꽃iris의 종(Species)별로 50개의 표본을 관찰한 데이터입니다. 이 데이터에는 꽃받침(Sepal), 꽃잎(Petal)의 폭(Width)과 길이(Length)가 담겨 있

습니다. iris 데이터셋의 특성을 함께 찾아보겠습니다(11.summarise.R 파일 참고). iris의 종은 Species 열에 있습니다. 데이터프레임의 각 열에 접근할 때에는 데이터프레임 변수명$열이름 형태를 사용하므로 iris$Species라고 입력해 봅시다.

```
> iris$Species
  [1] setosa     setosa     setosa  ...
                     ...
 [51] versicolor versicolor versicolor  ...
                     ...
[101] virginica  virginica  virginica  ...
                     ...
Levels: setosa versicolor virginica
```

위의 결과 화면을 통해 Species 열은 팩터이며 수준level으로 setosa, versicolor, virginica를 갖고 있음을 알 수 있습니다. 물론 str( ) 함수를 사용해 데이터셋의 전체 구조를 확인할 수도 있습니다. 먼저 수준별로 데이터가 몇 개 있는지 확인해 봅시다.

```
> table( iris$Species )

    setosa versicolor  virginica
        50         50         50
```

table( ) 함수는 인수로 전달한 팩터 혹은 벡터의 값별로 개수를 구합니다. 데이터셋 iris의 예에서는 Species 열의 값별로 데이터가 몇 개 있는지 알 수 있습니다. table( ) 함수는 수행 결과를 테이블 데이터 구조로 반환해 줍니다. str(iris$Species) 함수를 사용하여 확인해 보세요.

데이터셋에서 종별로 비율을 구할 때에는 prop.table( ) 함수를 사용합니다. prop.table( ) 함수는 테이블 데이터 구조를 인수로 하여 비율을 구해줍니다. 다음과 같이 입력해 봅시다.

```
> prop.table( table( iris$Species ) )

    setosa versicolor  virginica
 0.3333333  0.3333333  0.3333333
```

값의 개수 세기count는 너무 쉬운 작업이라 놓치기 쉽지만 가장 기본적인 특성을 구하는 과정입니다. 비율을 구할 때에도 몇 개가 있는지 세는 것부터 시작합니다.

iris 데이터셋의 Species와 같은 팩터의 특성을 파악하는 기초 작업으로 table( ) 함수로 개수를 세어 보았습니다.

참고

팩터와 문자열 벡터

다음과 같은 설문 문항이 있다고 생각해 봅시다.

1. 귀하는 현재 사용하시는 스마트폰의 성능에 얼마나 만족하십니까?
① 매우 불만족 ② 불만족 ③ 보통 ④ 만족 ⑤ 매우 만족

이 문항에 대해 4명이 각각 ①(매우 불만족), ⑤(매우 만족), ③(보통), ②(불만족)이라고 응답했다고 합시다. 이와 같은 응답을 저장하는 방법에는 응답을 문자열 그대로 저장하는 방법과 팩터로 저장하는 방법 두 가지가 있습니다. 이때 어떤 방법이 좋을까요?

무엇보다 데이터가 만들어지는 시점을 생각해 보면, 입력은 편리하면서도 정확해야 합니다. 그러므로 이러한 데이터를 숫자로 입력하면 편리합니다. 여기서 숫자는 값보다 각 응답을 구분하는 기호로 사용하며, 각각의 이름표를 붙여주는 팩터입니다.

숫자로 저장하는 방법은 응답별로 점수를 부여할 때에도 편리합니다. 예를 들어 '매우 불만족'부터 1점으로 시작해서 1점씩 증가하여 '매우 만족'은 5점을 준다고 합시다. 점수는 1~5까지 총 다섯 가지가 있으며, 응답을 점수화한 이후에는 사칙연산을 통해 총점이나 평균 등을 구할 수 있습니다. 실제 실행은 [코드 2-25]~[코드 2-28]에서 확인해 봅시다.

그렇다면 문자열 벡터는 사용하지 않을까요? 아닙니다. 여러분이 SNS에 남긴 글, 영화평으로 남긴 글 등은 최근 빅데이터 분석에 많이 사용합니다. 이렇게 응답자가 자유롭게 입력한 문자열은 팩터가 아닌 문자열 벡터로 저장하고 문자열 관련 처리를 통해 정보를 추출합니다.

[참고]에서 소개했듯이 설문 응답을 점수화하고 총점이나 평균 등을 구할 수 있습니다. [코드 2-22]는 각 응답을 문자열 벡터로 만들고 변수 resp.str에 저장한 뒤 이를 출력합니다.

코드 2-22 31.factor_string.R

```
resp.str <- c("매우 불만족", "매우 만족", "보통", "불만족")
resp.str
```

실행 결과

```
[1] "매우 불만족" "매우 만족" "보통" "불만족"
```

[코드 2-23]처럼 각 응답의 보기 번호를 (숫자)벡터로 만들어 변수 resp.str에 저장해 봅시다.

코드 2-23 31.factor_string.R

```
resp <- c(1, 5, 4, 2)
resp.fct <- factor( resp,
                    levels = 1:5,
                    labels = c("매우 불만족",
                               "불만족",
                               "보통",
                               "만족",
                               "매우 만족") )
resp.fct
```

실행 결과

```
[1] 매우 불만족 매우 만족 만족      불만족
5 Levels: 매우 불만족 불만족 보통 ... 매우 만족
```

숫자 벡터를 이용해 팩터를 만들고 이를 변수 resp.fct에 저장합니다. 이때 팩터의 수준은 1부터 5까지 1씩 증가하는 벡터이고, 각 수준의 이름표label는 보기의 다섯 가지 항목으로 구성한 문자열 벡터를 사용합니다.

이번에는 [코드 2-24]처럼 변수 resp.fct의 값을 숫자로 변환한 벡터를 반환해 봅시다. 여기서 팩터의 수준이 1, 2, 3, 4, 5인 것과 상관없이 팩터의 첫 번째 수준은 내부적으로 1이고 이후 수준들은 1씩 증가하는 값을 가집니다. 이 내부 값을 이용해 숫자로 만들 수 있습니다. 숫자로 자유롭게 변환할 수 있다는 것은 향후 점수를 구할 때 유리합니다. 반면에 문자열로 구성한 벡터는 숫자로 변경하지 못하므로, 변수 resp.str에 as.numeric( ) 함수를 적용하면 모두 결측이 되어 오류를 출력합니다.

코드 2-24 31.factor_string.R

```
as.numeric( resp.fct )
as.numeric( resp.str )
```

실행 결과

```
[1] 1 5 4 2
[1] NA NA NA NA
경고메시지(들):
강제형변환에 의해 생성된 NA입니다
```

데이터를 대표하라! : 평균과 중앙값

Sepal.Length의 특성을 알아보겠습니다. Sepal.Length는 꽃받침의 길이를 cm 단위로 측정한 숫자(실수) 자료입니다.

```
> iris$Sepal.Length
  [1] 5.1 4.9 4.7 4.6 5.0 5.4 4.6 5.0 4.4 4.9 5.4 4.8 4.8 4.3 5.8
 [16] 5.7 5.4 5.1 5.7 5.1 5.4 5.1 4.6 5.1 4.8 5.0 5.0 5.2 5.2 4.7
 [31] 4.8 5.4 5.2 5.5 4.9 5.0 5.5 4.9 4.4 5.1 5.0 4.5 4.4 5.0 5.1
 [46] 4.8 5.1 4.6 5.3 5.0 7.0 6.4 6.9 5.5 6.5 5.7 6.3 4.9 6.6 5.2
 [61] 5.0 5.9 6.0 6.1 5.6 6.7 5.6 5.8 6.2 5.6 5.9 6.1 6.3 6.1 6.4
 [76] 6.6 6.8 6.7 6.0 5.7 5.5 5.5 5.8 6.0 5.4 6.0 6.7 6.3 5.6 5.5
 [91] 5.5 6.1 5.8 5.0 5.6 5.7 5.7 6.2 5.1 5.7 6.3 5.8 7.1 6.3 6.5
[106] 7.6 4.9 7.3 6.7 7.2 6.5 6.4 6.8 5.7 5.8 6.4 6.5 7.7 7.7 6.0
[121] 6.9 5.6 7.7 6.3 6.7 7.2 6.2 6.1 6.4 7.2 7.4 7.9 6.4 6.3 6.1
[136] 7.7 6.3 6.4 6.0 6.9 6.7 6.9 5.8 6.8 6.7 6.7 6.3 6.5 6.2 5.9
```

숫자 150개로 구성된 데이터의 특성은 어떻게 구할까요? 이 경우 대푯값을 사용합니다. **대푯값**은 말 그대로 150개의 자료를 대표하는 값이며, 여러분이 잘 알고 있는 **평균**이 대표적입니다.

```
> mean( iris$Sepal.Length )
[1] 5.843333
```

mean( ) 함수는 숫자 벡터를 인수로 받아 벡터가 가진 값들의 평균을 구해줍니다.

또 다른 대푯값으로 중앙값이 있습니다. **중앙값**median은 데이터를 크기의 순서대로 나열했을 때 중간(중심) 위치에 해당하는 값입니다. iris 데이터셋은 150개이므로 데이터를 순서대로 나열했을 때 75번째와 76번째 사이의 값(75번째와 76번째 값의 평균)이 중앙값입니다. 이렇게 구한 중앙값은 데이터셋에 존재하지 않을 수 있으며 이는 평균도 마찬가지입니다.

```
> median( iris$Sepal.Length )
[1] 5.8
```

중앙값이 위치상 중간에 있는 값을 의미한다면, 평균은 무게중심을 나타내는 값입니다. 여기에 1, 4, 5, 2, 3으로 수집한 데이터가 있습니다. 이 데이터의 평균과 중앙값을 구해 봅시다. 다음 코드를 보면 이 데이터의 평균과 중앙값은 모두 3으로 동일함을 알 수 있습니다.

```
> ex1 <- c(1, 4, 5, 2, 3)
> mean( ex1 )
[1] 3
> median( ex1 )
[1] 3
```

그런데 만일 5 대신 8을 잘못 입력하여 1, 4, 8, 2, 3인 데이터가 되었다고 해 봅시다. 이때의 평균과 중앙값은 각각 3.6과 3으로서 다음과 같이 구할 수 있습니다.

```
> ex2 <- c(1, 4, 8, 2, 3)
> mean( ex2 )
[1] 3.6
> median( ex2 )
[1] 3
```

위의 두 데이터에서 어떤 차이를 발견했나요? [그림 2-42]를 통해 확인해 봅시다.

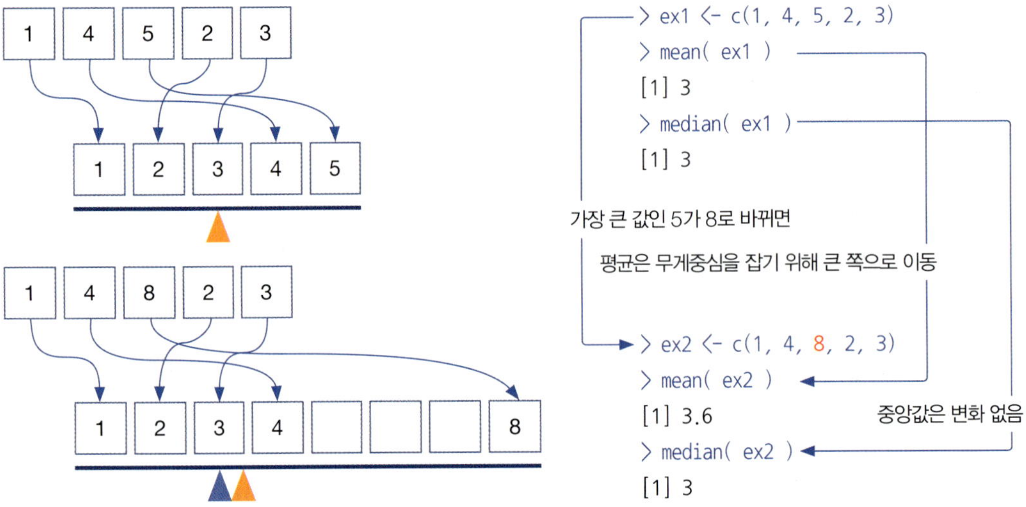

그림 2-42 값의 변화에 따른 평균과 중앙값의 변화

5가 8로 커지자 데이터의 무게중심(평균)은 변한 방향으로 움직이고, 데이터의 크기 순서는 변하지 않았으므로 중앙값은 변함이 없습니다. 평균은 양쪽 끝값의 변화에 민감하고, 중앙값은 상대적으로 값의 변화에 대해 강건robust하다고 합니다.

평균은 일상에서 쉽게 접하는 대푯값으로 많이 사용해 왔습니다. 만일 대한민국 성인 남성 키의 평균이 172cm라고 하면 많은 남성들의 키가 평균인 172cm 근처에 많을 것으로 생각하지만, 데이터가 좌우대칭 형태가 아닌 경우 평균은 대푯값으로의 의미가 약해져 실세계에서 여러 논란을 일으킵니다.

한 예로 2015년 9월 모 의원실에서 밝힌 내용을 토대로 한 방송사가 보도한 "[팩트체크] 직장인 평균 월급 264만 원, 평균치 맞나?"[19]를 살펴봅시다. 연말정산 자료에 따르면 대한민국 직장인의 평균 월급은 264만 원이지만, 실제로는 평균 월급 이하를 받는 경우가 많아 박탈감을 토로하는 국민이 많다고 합니다. 해당 보도에서는 평균이 갖는 의미를 설명하기 위해 경제학자인 얀 펜Jan Pen이 예시로 든 난쟁이 행진Pen's parade을 소개했습니다. 이때 평균과의 괴리가 생기는 이유를 [참고]에서 잘 설명하고 있습니다.

19 https://news.jtbc.joins.com/article/article.aspx?news_id=NB11022754

참고

얀 펜의 난쟁이 행진

난쟁이 행진은 네덜란드의 경제학자 얀 펜이 그의 저서에서 소득 분배를 설명하기 위해 든 예시로, 행진에 참가하는 사람들의 키를 소득에 비례하여 크기 순서대로 1시간 동안 펼쳐지는 행진을 상상한 것입니다. 즉, 이 행진은 키로 표시한 소득을 기준으로 소득이 낮은 사람들이 먼저 나오고 시간이 흐를수록 소득이 높아서 키가 큰 사람들이 등장합니다.

이 행진에서 한 시간의 중간인 30분이 되면 이 행렬에 키가 평균(약 170cm)인 사람이 나올 것으로 기대하지만, 이때 등장하는 사람의 키는 기존에 알려진 평균보다 작은 1m입니다. 보도에서 예로 들었듯이 성인 남성 평균 키를 가신 사람은 40분이 지나서야 나옵니다. 평균 키는 생각보다 나중에 등장하는데, 이는 1시간이 거의 다다를 때쯤 수십 m에 이르는 거인이 나타나며 전체 평균을 키웠기 때문입니다.

그림 2-43 얀 펜의 난쟁이 행진

[참고]의 난쟁이 행진과 같은 사례에서도 알 수 있듯이 데이터의 특성을 대푯값인 평균으로만 파악하면 데이터에 대한 이해가 부족해질 것입니다. 이는 평균을 제외하면 (개별 값의 크기와 같은)개별 데이터가 가진 정보가 모두 사라지기 때문입니다. 그렇기에 데이터를 파악할 때는 일반적으로 개별 데이터의 정보를 고려한 다른 특성도 함께 보아야 합니다. 이때 사용하는 다른 특성이 바로 분산 혹은 표준편차입니다. 평균은 데이터의 중심위치를 나타내고 분산(혹은 표준편차)은 데이터의 모양(데이터가 평균을 중심으로 퍼진 정도)을 나타냅니다.

데이터의 모양을 나타내는 분산·표준편차

여러분은 중학교 수학 시간에 분산과 표준편차에 대해 학습했을 것입니다. 이를 어떻게 구했는지 잠시 살펴보겠습니다. 다음과 같이 개별 데이터와 평균이 떨어진 거리의 평균을 구해 봅시다.

1 평균을 구한 뒤, 개별 데이터가 평균과 얼마나 차이가 있는지를 구합니다. $\overline{X}$가 평균, X_i가 i번째 데이터라 할 때, $\overline{X}-X_i$는 평균과 개별 데이터의 차이를 나타내며 **편차** deviation 라고 합니다.

2 편차의 평균을 구하기 위해 모두 더합니다.

$$\sum_{i=1}^{n}\overline{X}-X_i \qquad (n\text{은 전체 데이터의 개수})$$

여기서 구한 편차들의 합은 모두 0입니다. 이는 편차의 중요한 특징입니다. 다음 R 코드를 통해 편차의 합이 0임을 확인해 봅시다.

```
# 편차의 합이 0임을 확인하는 R 코드 예제
> x <- c(4, 1, 2, 9)
> dev <- mean(x) - x
> dev
[1]  0  3  2 -5
> sum(dev)
[1] 0
```

3 편차의 합은 모두 0이므로 편차의 평균은 $\frac{0}{n}=0$입니다. 모든 경우가 이에 해당하므로 분자가 0이 되는 상황을 피하기 위해 편차들을 모두 제곱하여 합합니다(제곱합).

$$\sum_{i=1}^{n}(\overline{X}-X_i)^2$$

4 편차 제곱의 평균을 **분산** variance 이라고 합니다. 분산은 편차 제곱의 합을 n으로 나누기도 하고 $(n-1)$로 나누기도 하는데, 이는 모집단의 분산과 표본의 분산을 구하는 방법이 다르기 때문입니다. n으로 나누는 경우를 **모집단 분산**(줄여서 **모분산**), $(n-1)$로 나누는 경우를 **표본분산** sample variance 이라고 합니다. 우리는 대부분 표본을 다루므로 $(n-1)$로 나눈 표본분산을 사용할 것입니다.

$$\frac{\sum_{i=1}^{n}(\overline{X}-X_i)^2}{n-1}$$

5 분산은 편차를 제곱한 값의 평균값이므로 단위는 평균과 다릅니다. 예를 들어 평균이 길이 단위인 cm을 사용한다면 분산은 면적 단위인 cm^2을 씁니다. 따라서 분산을 평균과 함께 쓰기 위해 제곱근을 사용하는데, 이를 **표준편차**standard deviation 라고 부릅니다.

$$\sqrt{\frac{\sum_{i=1}^{n}(\overline{X}-X_i)^2}{n-1}}$$

수식을 상세하게 풀어서 살펴봤습니다. 이 수식을 모두 외울 필요는 없습니다. 수식을 구하는 과정을 살펴보면서 분산 혹은 표준편차가 무엇을 나타내는지 이해하면 됩니다. 분산 혹은 표준편차가 크다는 말을 위의 수식과 연관 지어 보면, 이는 각 데이터가 평균과 떨어진 정도가 크다는 것을 의미합니다. 이를 데이터가 퍼져있는 정도가 크다고 바꾸어 이야기하면, 데이터의 모양을 나타내는 특성이라고 할 수 있습니다.

평균은 서로 비슷하지만 분산이 서로 다른 자료를 통해 분산에 따라 데이터의 모양이 어떻게 바뀌는지 확인해 봅시다. [그림 2-44]는 Sepal.Length의 히스토그램으로 분산은 0.686이고, 무게중심인 평균(붉은 점선으로 표시)은 5.84입니다.

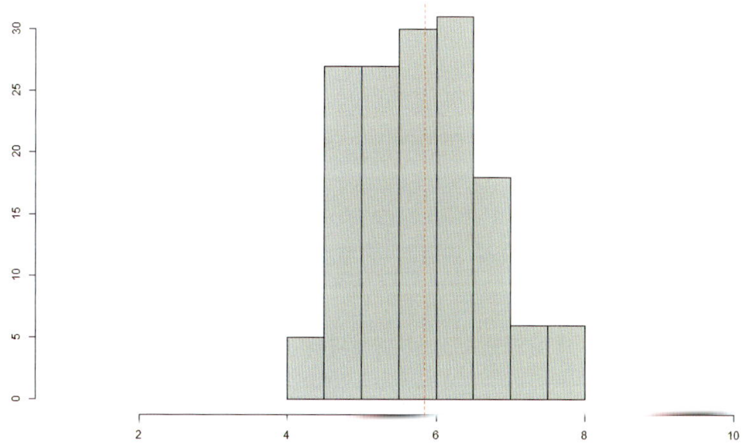

그림 2-44 Sepal.Length의 히스토그램

[그림 2-45]는 평균(5.89)이 [그림 2-44]와 비슷하지만 분산이 3.91인 데이터를 도표로 나타낸 것입니다.

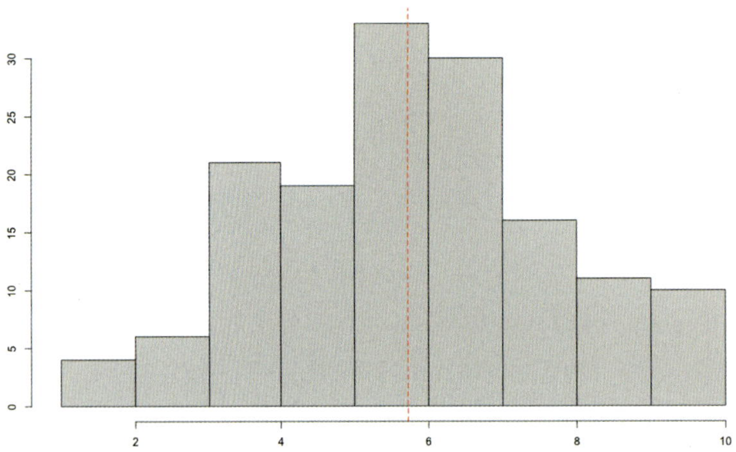

그림 2-45 분산이 더 큰 데이터의 히스토그램

두 도표를 비교해 봅시다. 평균이 비슷하므로 무게중심의 위치는 비슷하지만 분산이 0.686인 도표에 비해 분산이 3.91인 도표는 자료들이 평균 주변에 몰려있지 않고 더 넓게 퍼져있습니다. 이와 같이 넓게 퍼진 자료는 분산이 큽니다.

상자 도표로 확인하는 데이터의 모양

앞서 중앙값은 데이터를 순서대로 나열할 때 중간 위치 값이라고 설명했습니다. 중앙값 외에도 다른 위치를 설명하는 값이 있으며, 이러한 위치 값을 이용하여 그린 도표를 **상자 도표**box plot라고 합니다.

Sepal.Length의 상자 도표를 그려보겠습니다. 상자 도표는 전체 데이터를 순서대로 나열하고, 데이터 개수를 동일하게 4등분하는 위치 값을 연결한 도표입니다. 위치 값은 다음과 같은 사분위수 4개와 최솟값, 총 5개의 위치 값을 이용한 요약방법으로 **다섯자리 숫자요약**five-number summary이라고 합니다.

- **제1사분위수(Q_1)** : 전체 데이터를 순서대로 나열할 때 25%가 되는 위치 값
- **제2사분위수(Q_2, 중앙값)** : 전체 데이터를 순서대로 나열할 때 50%가 되는 위치 값
- **제3사분위수(Q_3)** : 전체 데이터를 순서대로 나열할 때 75%가 되는 위치 값
- **제4사분위수(Q_4)** : 전체 데이터를 순서대로 나열할 때 100%가 되는 위치 값

이 다섯자리 숫자요약을 이용하여 상자 도표를 그려봅시다.

- 제1사분위수를 밑변으로 하고, 제3사분위수를 윗변으로 하는 직사각형을 그립니다.
- 직사각형 중간에 위치하는 제2사분위수를 굵게 표시합니다.
- 직사각형 윗변(제3사분위수)과 제4사분위수를 점선으로 연결합니다(이 점선을 수염이라고 합니다).
- 직사각형 아랫변(제1사분위수)과 최솟값을 점선(수염)으로 연결합니다.

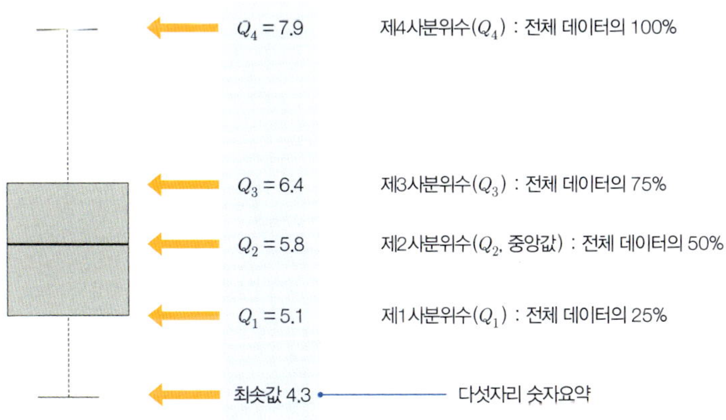

그림 2-46 Sepal.Length의 상자 도표

상자 도표는 전체 데이터를 네 조각으로 나눈 것으로, 조각별로 자료의 25%가 포함되어 있습니다. 즉, 각 조각마다 (중복 값이 없으면) 동일한 개수의 데이터가 들어있습니다. 조각의 길이가 서로 다르다면 이는 무엇을 의미할까요? 예를 들어 [그림 2-46]에서 Q_3와 Q_4 사이의 길이는 1.5인데, Q_2와 Q_3 사이의 길이인 0.6보다 큽니다. 이는 자료가 몰려있는 정도로 추측할 수 있으며, 데이터는 Q_3와 Q_4 사이보다 Q_2와 Q_3 사이에 더 많이 몰려있음을 의미합니다. 이처럼 다섯자리 숫자요약을 이용하여 전체 데이터가 어떻게 생겼는지 추측해 볼 수 있습니다.

이와 같이 수를 이용해 데이터의 특성을 살피는 이유는 결국 데이터를 숫자로 요약함과 동시에 데이터가 어떤 모양인지 파악하기 위함입니다. 앞으로 데이터셋을 입수하면 숫자로 나타나는 특성을 이용하여 데이터의 모양을 파악하는 것부터 시작합시다.

두 변수 사이의 관계

앞서 단일 변수의 특성을 통해 데이터를 요약하고, 어떤 모양을 갖는지 살펴봤습니다. 이제 두 변수 사이의 관계를 알아봅시다. 두 변수 모두 숫자 데이터를 저장할 때 한 변수가 변화하면 다른 변수가 어떻게 반응하는지를 살펴봄으로써 서로간의 관계(상관관계)가 어느 정도인지를 수치로 나타내는 방법을 살펴보겠습니다.

R의 예제 데이터셋인 cars는 자동차의 속도(speed) 열과 각 속도에 대한 제동거리(dist) 열로 구성된 데이터프레임입니다.

```
> str( cars )
'data.frame':    50 obs. of  2 variables:
 $ speed: num  4 4 7 7 8 9 10 10 10 11 ...
 $ dist : num  2 10 4 22 16 10 18 26 34 17 ...
```

이 데이터셋은 속도에 따른 제동거리를 나타내며, 속도가 증가할수록 제동거리가 길어질 것입니다. 이를 산점도로 나타내면 [그림 2-47]과 같습니다.

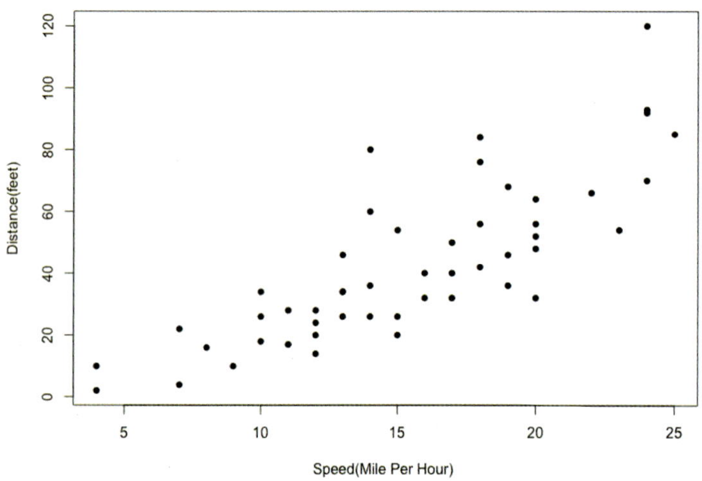

그림 2-47 속도와 제동거리의 산점도

산점도를 살펴보면, 속도가 증가하거나 감소함에 따라 제동거리도 증가하거나 감소하는 경향이 있음을 쉽게 확인할 수 있습니다. 이렇게 어떤 변수가 변화함에 따라 나타나는 다른 변수의 변화를 숫자로 나타내는 방법은 영국의 저명한 통계학자인 K. 피어슨K. Pearson이 제안했으며, 그의 이름을 따 **피어슨의 상관계수**Pearson's correlation coefficient라고 합니다.

상관계수는 −1부터 1까지의 값을 가집니다. 양수는 한 변수와 다른 변수가 같은 방향으로 변화함을 의미하고, 음수는 한 변수와 다른 변수가 반대 방향으로 변화함을 의미합니다. 1 또는 −1에 가까울수록 강한 상관이 있다고 하며, 0에 가까울수록 상관이 없다고 합니다.

상관계수 값을 다음 [표 2−7]처럼 해석하기도 합니다. 이는 절대적인 기준이 아니며, 활용 분야에 따라 다르게 해석하기도 하니 참고하세요.

표 2−7 상관계수의 해석

상관계수	1 또는 −1	±0.5 ~ ±1 미만	±0.3 ~ ±0.5 미만	0 초과 ~ ±0.3 미만	0
상관의 정도	완전 상관	높은 상관	보통의 상관	낮은 상관	상관없음

[그림 2−48]은 상관계수에 따른 산점도의 모양을 나타냅니다.

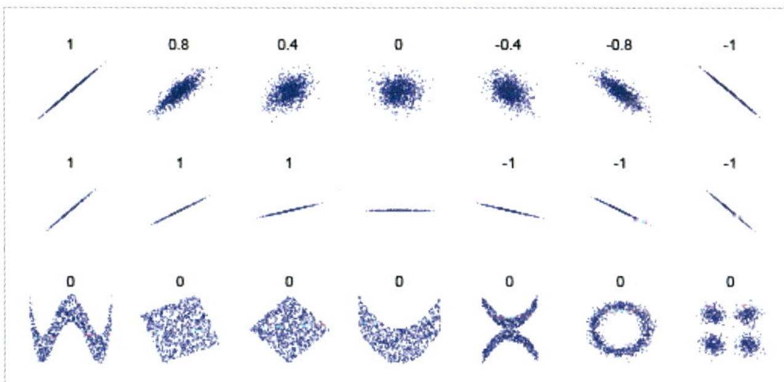

그림 2−48 상관계수에 따른 산점도의 모양[20]

1 또는 −1에 가까울수록 직선에 가까워지고 0에 가까울수록 직선 형태에서 벗어나고 있음을 확인할 수 있습니다.

R에서는 `cor( )` 함수를 이용하여 두 변수 사이의 상관계수를 구합니다. [코드 2−25]는 cars 데이터프레임의 speed 열과 dist 열의 (피어슨)상관계수를 구합니다. 실행 결과에 따르면 속도에 따른 제동거리의 상관계수는 0.807 정도로 높은 상관관계에 있음을 알 수 있습니다.

코드 2−25 12.correlation.R

```
cor( cars$speed, cars$dist )
```

실행 결과

```
0.8068949
```

20 출처 : 위키피디아 – 상관계수

여기서 한 가지 생각해 볼 것이 있습니다. 상관계수는 두 변수 사이에 상관의 정도를 나타내는 것이지 원인과 결과를 나타내는 인과관계를 설명하지 않습니다. 조금 더 자세히 살펴보겠습니다. [그림 2-49]는 우주 개발 비용과 (목맴, 질식 등으로 사망한) 자살자 수를 연도별로 표현한 것입니다. 그래프에서도 짐작할 수 있듯이 우주 개발 비용과 자살자 수의 상관계수는 0.992로 매우 높습니다. 그렇다면 우주 개발이 자살에 미치는 영향이 크므로 자살을 줄이기 위해 우주 개발을 줄여야 한다고 말할 수 있을까요?

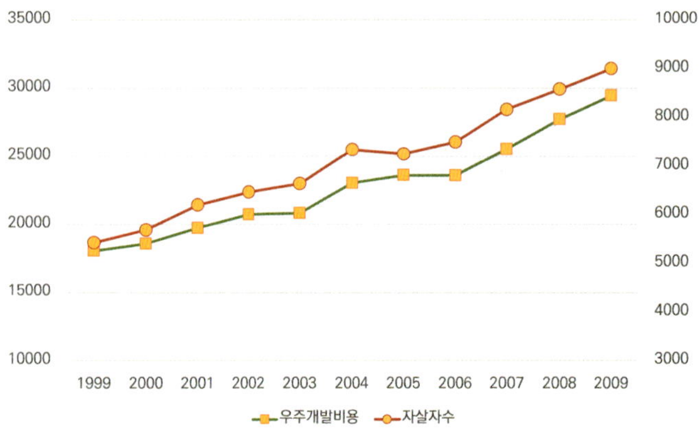

그림 2-49 우주 개발 비용과 자살자 수의 변화[21]

상관계수를 이해할 때 가장 중요한 부분은 바로 상관계수 값 자체가 아니라 상관계수를 해석하는 것입니다. 여러분이 헷갈릴 수도 있는 인과관계는 두 변수에 대한 관찰과 기존 지식을 통해 만들어지는 것으로, 상관계수가 높다고 하여 두 변수 사이의 인과관계까지 높은 것은 아닙니다. 데이터 과학에서는 이와 같이 숫자로 나타나는 정보를 정확히 해석하려면 해당 개념에 대한 사전 지식이 중요합니다.

2.6 일해라 R!

이번 장에서 배운 내용을 바탕으로 외부 데이터셋을 R로 가져와 데이터셋의 특성을 구해 보고, 각 과정에서 R이 구한 값의 의미를 파악해 봅시다(20.doR.R 파일 참고).

21 https://ktwop.com/2014/12/27/us-space-spending-correlates-with-suicide

외부 데이터 파일 읽어오기 : csv 파일

외부 데이터 파일을 R로 읽어옵시다. 예제 파일은 data 폴더에 있는 `water_2020.csv`입니다. 이 파일은 K-water의 물 정보 포털 MyWater[22]가 제공한 고양정수장의 2020년 일별 상수도 공급량 데이터를 분석할 수 있도록 변환되었으며, 다음 정보를 포함합니다.

표 2-8 water_2020.csv 파일의 열

열 이름	데이터형	설명
month	숫자형	월month
date	숫자형	일day
supply	숫자형	해당 월 해당 일의 상수도 공급량을 톤(m^3) 단위로 표현

R은 csv 파일을 읽기 위해 `read.csv( )` 함수를 제공합니다. `read.csv( )` 함수가 사용하는 주요 인수는 다음과 같습니다.

- **file 혹은 첫 번째 인수** : 읽어올 파일의 경로와 파일이름입니다.

  tip RStudio의 프로젝트 폴더가 기본 작업 경로입니다. 프로젝트 폴더 하위의 data 폴더를 가리키기 위해 "./data/"를 사용합니다.

- [header] : 데이터셋의 첫 줄을 열 이름인 헤더로 읽을 것인지의 여부를 TRUE와 FALSE 중 하나로 설정합니다. `read.csv()` 함수에서는 기본값이 TRUE입니다.
- [skip] : 건너뛸 줄 수를 지정합니다. 받은 데이터 파일이 첫 줄부터 데이터셋으로 시작하지 않는 경우에 사용합니다. 파일을 읽기 전에 미리 열어서 확인해 봅시다.

제공한 파일을 읽어 들이는 R 명령은 다음과 같습니다. 여기에서는 다음과 같은 인수를 사용했습니다.

- **`"./data/water_2020.csv"`** : 데이터 파일은 프로젝트 폴더 하위의 data 폴더에 있으며, 파일 이름은 water_2020.csv입니다.
- **`skip=3`** : 처음 세 줄은 건너뜁니다.
- **`header=TRUE`** : 데이터셋의 첫 줄에 헤더가 있으므로 데이터가 아닌 열 이름으로 읽습니다.

22 https://www.water.or.kr/

```
> ws <- read.csv("./data/water_2020.csv", skip=3, header=TRUE)
> str(ws)
'data.frame':  366 obs. of  3 variables:
 $ month : int  1 1 1 1 1 1 1 1 1 1 ...
 $ date  : int  1 2 3 4 5 6 7 8 9 10 ...
 $ supply: int  91580 95600 92480 95440 93440 91760 92280 93640 96080 ...
```

지금처럼 외부 데이터 파일을 읽어오면, 반드시 str( ) 함수를 이용하여 구조를 파악하고 제대로 읽어왔는지 확인해 주세요.

2020년 상수도 공급량의 특성을 찾아봅시다

일별 상수도 공급량의 평균, 중앙값, 분산, 표준편차를 구해 봅시다. 각각을 확인하는 함수는 mean( ), median( ), var( ), sd( )입니다.

```
> mean( ws$supply )
[1] 113025.1
> median( ws$supply )
[1] 112485
> var( ws$supply )
[1] 275446251
> sd( ws$supply )
[1] 16596.57
```

연습을 많이 하더라도 위의 값만으로 데이터의 모양을 알아보기는 어렵지만, 평균과 중앙값의 차이가 크지 않아 좌우대칭 형태라고 추측할 수는 있을 것입니다.

데이터의 특성을 조금 더 찾아봅시다. 사분위수와 최솟값을 구하는 다섯자리 숫자요약 함수인 fivenum( )을 수행하면 됩니다. 또한, 각각의 수 사이의 길이를 구하기 위해 diff( ) 함수를 수행해 봅시다.

```
> fivenum( ws$supply )
[1]  72880  99120 112485 127160 156010
> diff( fivenum( ws$supply ) )
[1] 26240 13365 14675 28850
```

fivenum( ) 함수의 결과는 벡터이며 순서대로 최솟값, 제1사분위수, 제2사분위수, 제3사분위수, 제4사분위수를 보여줍니다.

diff( ) 함수는 입력된 벡터의 원소별 차이를 벡터 형태로 반환합니다. 이 예에서 출력 결과의 첫 번째 원소는 최솟값과 제1사분위수와의 차이이며 사분위수로 나누어진 첫 번째 구간의 간격입니다. 이후의 원소는 각 사분위수 사이의 간격입니다.

- 첫 번째 구간(최솟값과 Q_1 사이)의 길이는 26,240이고, 네 번째 구간(Q_3과 Q_4 사이)의 길이는 28,850으로 서로 비슷합니다.
- 전체 자료의 가운데 부분인 두 번째 구간의 길이는 13,365이고, 세 번째 구간의 길이는 14,675로 약간 차이가 있을 뿐입니다.

이로부터 데이터는 중앙값(혹은 평균)을 중심으로 좌우대칭의 형태를 분포했으리라 추측할 수 있습니다. 다음 코드를 통해 상자 도표를 그려 직접 확인해 봅시다.

```
> boxplot( ws$supply )
```

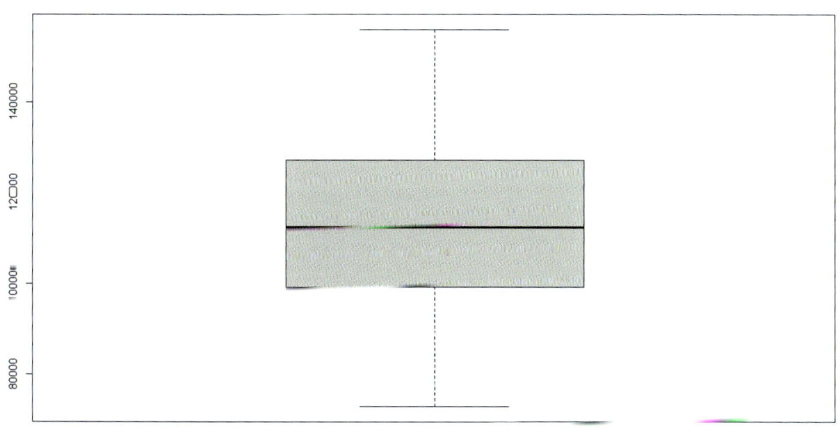

그림 2-50 상수도 공급량(ws$supply)의 분포를 나타내는 상자 도표

겨울과 여름의 상수도 공급량에 차이가 있을까?

주어진 데이터를 겨울철인 1월과 2월로 구성된 데이터셋과 여름철인 6월, 7월, 8월로 구성된 데이터셋으로 나눠보겠습니다. 먼저 데이터프레임 자체 기능을 이용하여 1월과 2월 데이터만 선택하겠습니다.

```
> winter <- ws[ ws$month == 1 | ws$month == 2 , ]
> str( winter )
'data.frame':  60 obs. of  3 variables:
 $ month : int  1 1 1 1 1 1 1 1 1 1 ...
 $ date  : int  1 2 3 4 5 6 7 8 9 10 ...
 $ supply: int  91580 95600 92480 95440 93440 91760 92280 93640 96080 ...
```

데이터프레임을 저장한 변수 이름 뒤에 대괄호를 이용하여 행과 열을 선택할 수 있습니다.

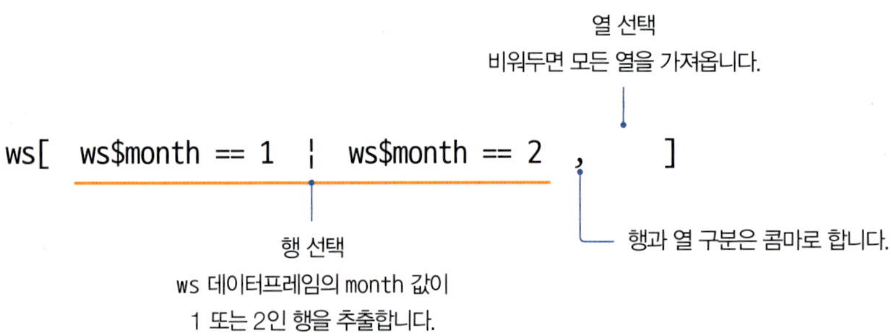

그림 2-51 데이터프레임 내의 원소 선택

여름철인 6~8월 데이터셋은 subset( ) 함수를 이용하겠습니다.

```
> summer <- subset(ws, ws$month == 6 | ws$month == 7 | ws$month == 8)
> str( summer )
'data.frame':  92 obs. of  3 variables:
 $ month : int  6 6 6 6 6 6 6 6 6 6 ...
 $ date  : int  1 2 3 4 5 6 7 8 9 10 ...
 $ supply: int  115944 100240 105480 96080 100920 102600 96120 98400 ...
```

subset( ) 함수는 데이터프레임을 첫 번째 인수(인수의 이름이 x)로 요구하며, 두 번째 인수로 논리식을 입력합니다. subset( ) 함수의 결과로 데이터프레임을 저장하는 변수 ws의 month 열 값이 6 또는(|) 7 또는(|) 8인(인수 논리식의 값이 TRUE) 행으로 구성된 데이터프레임을 만들어 사용자에게 전달합니다.

이제 두 변수의 상수도 공급량을 상자 도표로 그려봅시다.

```
> boxplot( winter$supply, ylim=c(90000, 140000) )
> boxplot( summer$supply, ylim=c(90000, 140000) )
```

[그림 2-52(a)]의 중앙값(100,785)보다 [그림 2-52(b)]의 중앙값(109,900)이 더 크므로 중앙값은 여름철이 겨울철보다 9,115톤 더 큽니다. (우리가 평소 생각한 것과 같이) 전반적으로 여름철에 수도 사용량이 많음을 알 수 있습니다. 다만 겨울철 데이터는 60일이고 여름철 데이터는 92일로 데이터 수에 차이가 있음에 유의합시다.

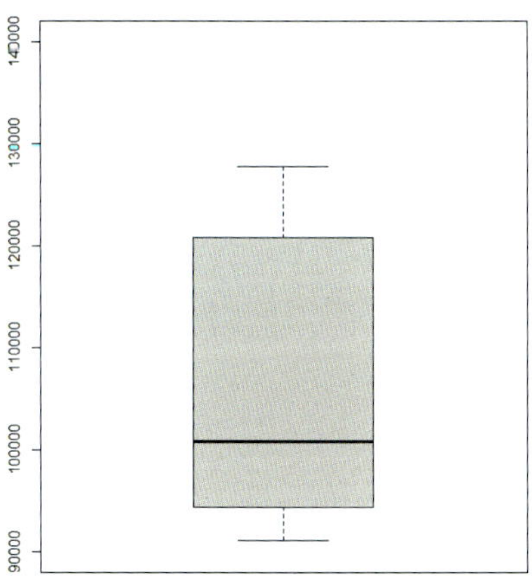

(a) 겨울철 상수도 공급량

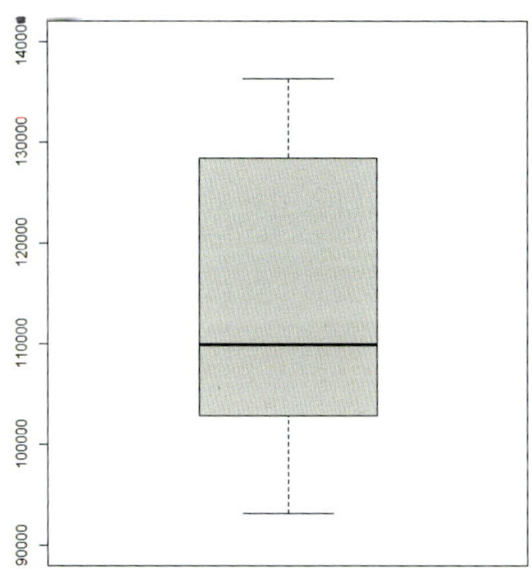

(b) 여름철 상수도 공급량

그림 2-52 겨울철과 여름철 상수도 공급량

평균과 표준편차를 비롯해 다섯자리 숫자요약 등 데이터 특성을 나타내는 값은 여러분이 직접 구해 보세요.

CHAPTER 2 연습문제

1 기상자료개방포털에서 최근 1년간 충청북도의 일별 기온 데이터를 다운로드하여 data 폴더에 저장하고 R에서 불러옵니다. 다음 물음에 답하세요.

(a) 1년간 기온의 평균과 중앙값을 구해 보세요.
(b) 1년간 기온의 사분위수를 구해 보세요.

2 기상자료개방포털에서 최근 1년간 충청북도의 일별 강수량 데이터를 다운로드하여 data 폴더에 저장하고 R에서 불러옵니다. 다음 물음에 답하세요.

(a) 1년간 강수량의 평균과 중앙값을 구해 보세요.
(b) 1년간 강수량의 사분위수를 구해 보세요.

3 일별 기온과 강수량의 상자 도표를 각각 그려보세요.

4 일별 기온과 강수량의 상관관계를 구해 보세요.

CHAPTER 3

데이터를 조물조물

프로젝트 : dsuR02/dsuR02.Rproj

학습목표

1. filter( ), select( ), mutate( ), arrange( ), summarise( ) 함수를 사용할 수 있습니다.
2. 깔끔한 데이터의 개념을 이해하고 데이터를 변환할 수 있습니다.
3. 날짜와 시간 데이터를 다룰 수 있습니다.

2장에서는 R에서 다루는 데이터에 대해 살펴봤습니다. 이번 장에서는 가져온 데이터셋을 분석하기 위해 필요한 데이터 처리 과정을 알아보겠습니다. 이번 프로젝트 이름은 dsuR02입니다. [그림 3-1]처럼 dsuR02 폴더에서 `dsuR02.Rproj` 파일을 더블클릭하여 RStudio 프로젝트를 엽니다.[1]

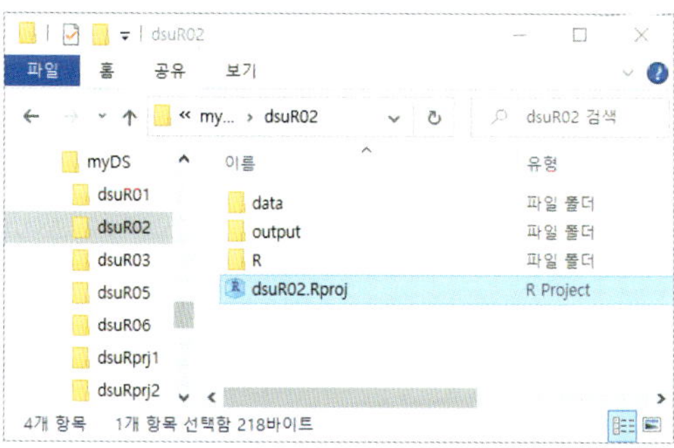

그림 3-1 dsuR02 프로젝트 파일

지금부터는 다양한 패키지를 이용하여 이전보다 편하게 데이터 과학의 과정을 알아보겠습니다. 패키지는 R 설치와 별도로 사용자의 필요에 따라 설치합니다. 데이터 과학자들이 대부분 사용하는 패키지들의 모둠인 tidyverse 패키지를 설치하며 시작하겠습니다.

RStudio의 Console 패널에서 다음 명령어를 입력해 봅시다.

1 프로젝트를 여는 방법은 이 외에도 RStudio의 File 메뉴에서 Open Project를 실행하여 여는 방법이 있습니다.

```
> install.packages("tidyverse")
```

위 코드를 실행하면 여러분의 컴퓨터에 tidyverse 패키지가 설치됩니다.

설치한 패키지를 사용해 봅시다. tidyverse는 여러 패키지로 구성되어 있으며 이를 구성하는 패키지 중에 ggplot2 패키지가 있습니다. ggplot2 패키지가 제공하는 함수 `ggplot( )`을 사용해 봅시다.

```
> ggplot()
Error in ggplot() : could not find function "ggplot"
```

그런데 위와 같이 해당 함수를 찾을 수 없다고 나옵니다. R 패키지는 컴퓨터의 특정 위치에 패키지 이름으로 설치되기 때문에 이를 사용하려면 "패키지이름::사용할 자원의 이름" 형태로 지정해야 합니다. 즉 ggplot2 패키지의 `ggplot( )` 함수를 사용하려면 다음과 같이 입력합니다.

```
> ggplot2::ggplot()
```

RStudio의 Plots 패널에 [그림 3-2]와 같이 회색 영역이 나타납니다.

그림 3-2 ggplot() 함수가 생성한 도표 영역

함수를 사용할 때마다 매번 패키지 이름을 입력하는 것은 번거롭습니다. R은 이러한 번거로움을 해결하기 위해 `library( )` 함수를 제공합니다.

```
> library( tidyverse )
-- Attaching packages ---------------------- tidyverse 1.3.1 --
√ ggplot2 3.3.5     √ purrr   0.3.4
√ tibble  3.1.2     √ dplyr   1.0.7
√ tidyr   1.1.3     √ stringr 1.4.0
√ readr   1.4.0     √ forcats 0.5.1
-- Conflicts ------------------------- tidyverse_conflicts() --
x dplyr::filter() masks stats::filter()
x dplyr::lag()    masks stats::lag()
```

tidyverse 패키지는 데이터 과학을 위한 ggplot2, purrr, tibble, dplyr, tidyr, stringr, readr, forcats 라는 패키지 8개 묶음으로 구성되어 있습니다. 그리고 `library( tidyverse )`를 실행하면 패키지 8개를 모두 사용하는 환경을 제공합니다.

패키지는 다양한 자원(함수, 문서, 예제 데이터 등)을 제공하며, 각각 이름을 갖고 있습니다. 그런데 가끔 다른 집에 사는 동명이인처럼 패키지는 다르지만 함수 이름이 동일한 경우가 발생하곤 합니다. 이러한 문제를 해결하기 위해 이름이 서로 같은 함수는 Conflicts를 통해 확인할 수 있습니다.

`ggplot( )` 함수가 잘 작동하는지 확인하기에 앞서 기존에 작성한 도표를 다음 순서에 따라 지워 보겠습니다.

1 Plot 패널의 지우기 아이콘( )을 클릭합니다.

2 전부 지울 것인지 확인하는 창이 나오면 [Yes]를 클릭하여 기존에 제작한 도표를 모두 지울 수 있습니다.

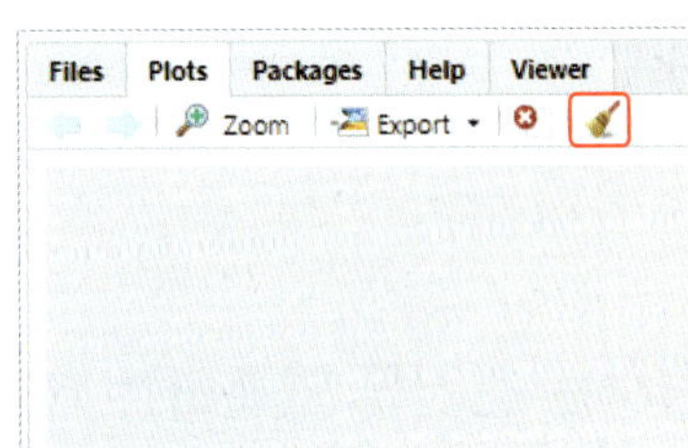

그림 3-3 도표 지우기 아이콘

도표를 모두 지웠으면 패키지 이름 없이 `gpplot( )` 함수를 실행해 봅시다. 별문제 없이 도표 영역에 회색 화면이 나온 것을 확인할 수 있습니다.

3.1 데이터를 다루는 다섯 가지 방법

tidyverse 패키지의 일원인 dplyr 패키지는 데이터셋을 다룰 때 중요한 기능 다섯 가지를 지원합니다. dplyr을 개발한 해들리 위컴Hadley Wickham은 이 기능을 **동사**verb라고 표현했습니다. 각 동사를 구현한 대표적인 함수는 다음과 같습니다.

- **filter()** : 조건에 맞는 행 추출
- **select()** : 원하는 열 추출
- **mutate()** : 기존 열에 저장한 데이터를 이용하여 열 생성
- **arrange()** : 데이터 정렬
- **summarise()** : 데이터 요약

이 다섯 가지 함수의 인수는 구성이 모두 동일합니다. [그림 3-4]처럼 첫 번째 인수는 데이터프레임이고, 그 이후 인수는 함수별로 동작에 필요한 인수 목록을 사용합니다. 인수에서 데이터프레임의 열 이름을 사용할 때, 데이터프레임의 이름과 달러 표시를 쓰지 않고도 열 이름을 바로 사용할 수 있습니다. 또한, 이 다섯 가지 함수의 실행 결과는 모두 데이터프레임입니다.

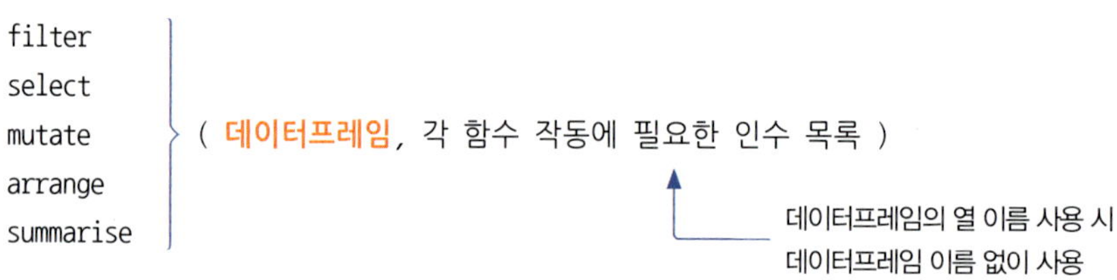

그림 3-4 동일한 인수 구조를 갖는 다섯 가지 동사

이번 장에서는 다섯 가지 동사를 구현한 대표적인 함수를 알아보겠습니다. 다른 함수는 차차 데이터 과학 과정을 수행하며 실제 사용 예와 함께 살펴보려 합니다. 먼저 filter( ) 함수부터 알아보겠습니다.

원하는 조건을 만족하는 데이터만 골라내기 : filter

2장에서는 데이터프레임을 다룰 때 대괄호 안에 조건식을 넣거나 subset( ) 함수를 이용하여 원하는 행을 선택하는 방법을 알아보았습니다. 원하는 조건을 만족하는 행을 선택하는 작업은 데이터를 다룰 때 자주 사용하는 기능으로 Microsoft Excel에서는 필터가, dplyr 패키지에서는 filter( ) 함수가 그 역할을 수행합니다.

tidyverse 패키지를 쉽게 사용하기 위해 [코드 3-1]의 1줄처럼 library( ) 함수로 패키지와 작업공간을 연결하고, 3줄처럼 2020년 고양정수장의 상수도 공급량 데이터셋을 다시 불러와 봅시다. 4줄과 같이 str( ) 함수로 데이터를 확인하면 열이 3개 있고, 관찰 데이터가 366개 있습니다.

코드 3-1 01.five_verbs.R

```
1    library( tidyverse )
2
3    ws <- read.csv( "./data/water_2020.csv", skip=3, header=TRUE )
4    str( ws )
```

실행 결과

```
'data.frame':  366 obs. of  3 variables:
 $ month : int  1 1 1 1 1 1 1 1 1 1 ...
 $ date  : int  1 2 3 4 5 6 7 8 9 10 ...
 $ supply: int  91580 95600 92480 95440 93410 91760 92280 93640 ...
```

filter( ) 함수를 사용해서 1월 데이터를 가져와 ws_Jan으로 저장해 봅시다. filter( ) 함수의 인수 구성은 다음과 같습니다.

- 첫 번째 인수로 데이터프레임의 이름을 사용합니다.
- 두 번째 인수부터 행을 선택하는 조건식을 넣습니다.

행과 열의 수를 확인하기 위해 dim( ) 함수를 사용하겠습니다. str( ) 함수는 일종의 요약 표로서 전체 모습을 확인하는 용도로 사용한다면, dim( ) 함수는 코드 실행 중에 데이터셋의 행과 열을 확인하는 데 사용할 수 있습니다.

코드 3-2 01.five_verbs.R

```
ws_Jan <- filter( ws, month == 1 )
dim( ws_Jan )
```

실행 결과

```
[1] 31  3
```

행과 열의 수를 통해 데이터셋의 구조를 확인한 후 데이터셋이 원하는 데이터로 이뤄졌는지 확인할 필요가 있습니다. 데이터의 양이 클 때가 많으므로 모든 데이터보다는 일부 데이터를 확인합니다. R은 **head( )** 함수와 **tail( )** 함수를 통해 데이터셋 일부를 볼 수 있는 기능을 제공합니다.

[코드 3-3]의 head( ) 함수는 변수 ws_Jan에 저장한 데이터프레임의 앞 일부분(기본값 6줄)을 데이터프레임으로 반환합니다.

코드 3-3 01.five_verbs.R

```
head( ws_Jan )
```

실행 결과

```
  month date supply
1     1    1  91580
2     1    2  95600
3     1    3  92480
4     1    4  95440
5     1    5  93440
6     1    6  91760
```

[코드 3-4]의 tail( ) 함수는 변수 ws_Jan에 저장한 데이터프레임의 뒤 일부분을 데이터프레임으로 반환합니다.

코드 3-4 01.five_verbs.R

```
tail( ws_Jan )
```

실행 결과

```
   month date supply
26     1   26 118760
27     1   27 125840
28     1   28 125160
29     1   29 110230
30     1   30 108000
31     1   31  99120
```

head( ) 함수와 tail( ) 함수의 인수 n은 출력할 행의 개수입니다. 예를 들어 결과를 3개 행만 출력하려면 [코드 3-5]처럼 n=3을 지정합니다.

코드 3-5 01.five_verbs.R

```
tail( ws_Jan, n=3 )
```

실행 결과

```
   month date supply
29     1   29 110230
30     1   30 108000
31     1   31  99120
```

1월과 2월 데이터만으로 구성된 데이터셋을 만들어 봅시다. 2장에서 subset( ) 함수를 사용할 때와 마찬가지로 논리 연산자 ¦(OR)로 조건식을 만들어 전달합니다. [코드 3-6]은 month 값이 1(1월)이거나 2(2월)인 데이터셋을 추출하고 변수 ws_Jan_Feb에 저장합니다. 실행 결과에서 볼 수 있듯이 추출한 데이터셋은 60개의 행과 3개의 열로 구성되어 있습니다.

코드 3-6 01.five_verbs.R

```
ws_Jan_Feb <- filter( ws, month == 1 | month == 2 )
dim( ws_Jan_Feb )
```

실행 결과

```
[1] 60  3
```

[코드 3-7]을 실행하면 ws_Jan_Feb에 저장한 데이터프레임의 마지막 행(tail) 3개(n=3)를 출력합니다.

코드 3-7 01.five_verbs.R

```
tail( ws_Jan_Feb, n=3 )
```

실행 결과

```
   month date supply
58     2   27 126840
59     2   28 116160
60     2   29 121980
```

이번에는 3월 주말 데이터만 선택해 보겠습니다. 2020년 3월의 주말은 1, 7, 8, 14, 15, 21, 22, 28, 29일입니다. 3월은 month 열의 값이 3이고, 주말은 date 값을 7로 나눈 나머지가 0이거나 1입니다.

- **date 값을 7로 나눈 나머지가 0** : 7, 14, 21, 28
- **date 값을 7로 나눈 나머지가 1** : 1, 8, 15, 22, 29

[코드 3-8]의 26줄처럼 두 식을 | 연산자로 결합하고 주말 여부를 먼저 판단하도록 소괄호로 묶습니다. 25줄의 month == 3도 동시에 만족하도록 AND 연산을 수행하여 3월 주말 데이터를 선택하는 조건식을 만듭니다.

코드 3-8 01.five_verbs.R

```
24    ws_Mar_WE <- filter( ws,
25                         month == 3 &
26                         (date %% 7 == 0 | date %% 7 == 1) )
27    ws_Mar_WE
```

실행 결과

```
  month date supply
1     3    1  90400
2     3    7  96320
3     3    8  96160
4     3   14 119480
5     3   15 121600
6     3   21 125760
7     3   22 122760
8     3   28  98160
9     3   29  99320
```

26줄에서 |로 결합한 두 조건식을 소괄호로 묶어 먼저 수행하라고 R에게 알려주었습니다. R 자체에도 연산자의 우선순위가 있긴 하지만 먼저 수행할 연산을 소괄호로 묶으면 코드를 작성하기에도 좋고 가독성도 높아집니다.

원하는 열만 모으기 : select

방금 구한 3월 주말 데이터셋은 이미 모든 데이터가 3월 데이터임을 알고 있습니다. 그렇다면 월 정보는 필요 없을 수도 있습니다. 이처럼 분석에 사용하지 않는 열을 제거하면 컴퓨터 자원 관리와 데이터셋 탐색에서도 유리합니다. 이제 필요한 열로만 구성된 데이터셋을 만들어 봅시다.

3월 주말 데이터셋에서 날짜(date)와 상수도 공급량(supply) 열로 구성한 데이터셋을 구하는 과정을 살펴봅시다. dplyr 패키지는 열을 선택하는 방식tidy-select을 다양하게 지원합니다. 이 중에서 몇 가지 방식을 소개합니다. [코드 3-9]는 추출을 원하는 열 이름의 위치 값으로 구성된 벡터를 인수로 전달합니다.

코드 3-9 01.five_verbs.R

```
select( ws_Mar_WE, 2:3 )
```

실행 결과

```
  date supply
1    1  90400
2    7  96320
     ...
```

[코드 3-10]은 추출을 원하지 않는 열 이름의 위치 값 앞에 -를 붙인 벡터를 인수로 전달합니다.

코드 3-10 01.five_verbs.R

```
select( ws_Mar_WE, -1 )
```

실행 결과

```
  date supply
1    1  90400
2    7  96320
     ...
```

[코드 3-11]은 추출을 원하는 열 이름 벡터를 인수로 전달합니다. 이때 열 이름은 따옴표 없이 사용합니다.

코드 3-11 01.five_verbs.R

```
select( ws_Mar_WE, c(date, supply) )
```

실행 결과

```
  date supply
1    1  90400
2    7  96320
     ...
```

[코드 3-12]는 추출을 원하지 않는 열 이름 앞에 -를 붙인 벡터를 인수로 전달합니다.

코드 3-12 01.five_verbs.R

```
select( ws_Mar_WE, -month )
```

실행 결과

```
  date supply
1    1  90400
2    7  96320
   ...
```

[코드 3-13]처럼 열 이름에 숫자에만 사용하는 연산자 콜론(:)을 사용할 수 있습니다. date의 위치 값은 2이고 supply의 위치 값은 3으로 2:3과 똑같이 인식합니다. 열 이름으로 생각하면 date 열부터 supply 열까지 가져오라는 뜻입니다.

코드 3-13 01.five_verbs.R

```
select( ws_Mar_WE, date:supply )
```

실행 결과

```
  date supply
1    1  90400
2    7  96320
   ...
```

select(ws_Mar_WE, -(date:supply))를 입력해 보고 [코드 3-13]과 비교하여 결과를 확인해 봅시다. 또한 select( ) 함수의 인수에 열 선택 함수를 넣을 수 있습니다.

돌연변이를 만들자! : mutate

뮤턴트가 나오는 영화 엑스맨 시리즈를 본 적이 있나요? 뮤턴트의 영어 철자는 mutant로 돌연변이라는 뜻입니다. 이번에 사용할 mutate( ) 함수는 mutant와 어원이 같습니다. 이 함수는 기존 데이터의 돌연변이를 만듭니다. 즉, 기존 데이터를 이용하여 새로운 데이터를 만듭니다.

[코드 3-14]와 [코드 3-15]는 supply 열의 단위가 톤이지만 대부분 값이 커서 천 톤 단위로 바꾼 새로운 열 supply2를 만드는 과정입니다. 42줄의 mutate( ) 함수를 보면 두 번째 인수부터는 "새로운 열 이름 = 계산식"의 형태를 가지며 콤마(,)를 이용하여 여러 개의 열을 새로 만들 수 있습니다. 이 결과로 기존 데이터프레임에 새로 생성한 열이 추가된 데이터프레임이 반환됩니다.

코드 3-14 01.five_verbs.R

```
ws_Mar_WE <- mutate( ws_Mar_WE, supply2 = supply / 1000 )
head( ws_Mar_WE, n=3 )
```

실행 결과

```
  month date supply supply2
1     3    1  90400   90.40
2     3    7  96320   96.32
3     3    8  96160   96.16
```

새로 만든 열로만 구성한 데이터프레임이 필요하면 transmute( ) 함수를 사용합니다.

코드 3-15 01.five_verbs.R

```
transmute( ws_Mar_WE, supply2 = supply / 1000 )
```

실행 결과

```
  supply2
1   90.40
2   96.32
3   96.16
   ...
```

줄을 서시오~ : arrange

데이터셋은 저장된 순서대로 데이터가 위치하지만, 이 순서는 크게 의미가 없습니다. 우리가 원하는 대로 데이터를 정렬할 수 있기 때문입니다(이는 열도 마찬가지입니다. select( ) 함수가 있기 때문이죠!). [코드 3-16]과 같이 상수도 공급량 데이터를 공급량이 많은 순서대로 정렬해 봅시다. arrange( ) 함수의 두 번째 인수에 정렬할 열 이름을 넣어줍니다. 기본 정렬 방식은 작은 값에서 큰 값의 순으로 정렬하는 오름차순입니다.

코드 3-16 01.five_verbs.R

```r
arrange( ws_Mar_WE, supply )
```

실행 결과

```
  month date supply supply2
1     3    1  90400   90.40
2     3    8  96160   96.16
3     3    7  96320   96.32
      ...
```

실행 결과를 내림차순으로 정렬하려면 [코드 3-17]처럼 보조함수 desc( )를 사용합니다.

코드 3-17 01.five_verbs.R

```r
arrange( ws_Mar_WE, desc(supply) )
```

실행 결과

```
  month date supply supply2
1     3   21 125760  125.76
2     3   22 122760  122.76
3     3   15 121600  121.60
      ...
```

정렬 조건이 두 개일 때 첫 번째 정렬 조건이 같은 값이면 두 번째 정렬 조건을 적용합니다. [코드 3-18]은 날짜를 오름차순으로 정렬하고, 동일한 날짜는 월의 내림차순으로 정렬하는 예입니다.

코드 3-18 01.five_verbs.R

```r
arrange( ws, date, desc(month) )
```

실행 결과

```
     month date supply
1       12    1 104700
2       11    1  97540
3       10    1  98270
          ...
```

데이터를 요약하라! : summarise

2장에서 데이터의 특성인 평균, 중앙값, 분산, 사분위수에 대해 알아보았습니다. 데이터 특성을 구하는 것은 데이터를 값 하나로 요약하는 과정입니다. summarise( )는 데이터를 요약하는 함수로, 인수로 전달한 데이터프레임에서 알고 싶은 열의 특성 값을 결과로 하는 데이터프레임을 만들어 줍니다.

상수도 공급량 데이터의 특성을 파악해 보겠습니다. [코드 3-19]의 summarise( ) 함수를 이용하여 요약하는 5개의 열을 만듭니다. 첫 번째 인수에는 데이터프레임을 지정하고, 두 번째 인수부터는 "열 이름 = 요약함수 및 식"의 형태로 사용합니다. 65줄의 mean2 열은 mean( ) 함수를 이용한 supply2 열의 평균값입니다. 이 열을 64줄에서 구한 mean 열과 비교해 보세요. summarise( ) 함수는 값이 한 개일 때만 사용할 수 있지만 66줄에서 사용한 fivenum( ) 함수는 원소가 5개인 벡터를 반환하므로 이 중에서 3번째 원소를 이용합니다. summarise( ) 함수의 실행 결과는 요약한 값으로 구성된 데이터프레임입니다.

코드 3-19 01.five_verbs.R

```
61    summarise( ws_Mar_WE,                  # 첫 번째 인수는 데이터프레임
62               n = n(),                    # 보조함수 n()으로 행의 수를 구함
63               sum = sum(supply2),         # 상수도 공급량의 총합을 sum 열에 저장
64               mean = sum / n,             # sum 열 값을 n 열 값으로 나누어 mean 열에 저장
65               mean2 = mean(supply2),
66               median = fivenum(supply2)[3] ) # fivenum() 결과에서 3번째 원소 이용
```

실행 결과

```
  n     sum     mean    mean2  median
1 9  969.96 107.7733 107.7733   99.32
```

지금까지 summarise( ) 함수를 사용하는 방법을 살펴봤습니다. 실제로 sum( ), mean( ), median( ) 등의 함수를 사용하는 것과 별반 차이가 없어 보입니다.

데이터 과학에서 자주 사용하는 방법으로 split-apply-combine 기법이 있습니다. 이 기법은 데이터를 특정 열의 값별로(예를 들어 국가별, 시도별, 성별 등) 나누고split, 각각에 요약함수를 적용apply한 결과를 다시 하나의 데이터셋으로 합치는combine 방법입니다. 이 기법을 구현하기 위해 tidyverse의 dplyr 패키지는 특정 열의 값별로 데이터를 그룹화하는 group_by( ) 함수를 제공합니다. 이 함수는 데이터셋을 그룹별로 나누는 기능split을 수행합니다. 이렇게 나눈 데이터셋을 summarise( ) 함수가 인수로 사용하여 원하는 열을 요약하고apply, 그룹별 결과로 구성한 데이터셋을 만듭니다combine.

group_by( ) 함수가 어떤 기능을 수행하는지 확인해 봅시다. [코드 3-20]은 상수도 공급량 데이터셋에서 월(month)별 상수도 공급량의 공급 일수, 평균과 표준편차를 구하는 과정입니다.

71줄은 변수 ws에 저장한 상수도 공급량 데이터프레임을 month 열의 값별로 그룹 지어 변수 ws_grp에 저장합니다. 실행 결과는 변수 ws_grp에 월별로 그룹 지어 저장한 데이터프레임을 다음과 같이 요약합니다.

- 첫 번째 열은 group_by( ) 함수로 그룹을 만든 월(month)을 나타냅니다.
- 두 번째 열(days 열)에서는 월별 일수를 구합니다.
- 세 번째 열(m 열)에서는 공급량의 평균을 구합니다.
- 네 번째 열(sd 열)에서는 공급량의 표준편차를 구합니다.

코드 3-20 01.five_verbs.R

```
71    ws_grp <- group_by( ws, month )
72    summarise( ws_grp,
73               days = n(), m = mean(supply), sd = sd(supply) )
```

실행 결과

```
# A tibble: 12 x 4
   month  days       m     sd
   <int> <int>   <dbl>  <dbl>
 1     1    31 105890. 13178.
 2     2    29 107544. 13269.
 3     3    31 107884. 13427.
 4     4    30  98050. 17403.
 5     5    31 102174. 17983.
 6     6    30 112616. 14034.
 7     7    31 114785. 12297.
 8     8    31 116369. 13376.
 9     9    30 123972. 15363.
10    10    31 122377. 13862.
11    11    30 115354. 14028.
12    12    31 128863. 11878.
```

group_by( )를 통해 월별 요약 값을 그룹 지었습니다. 결과의 데이터 구조는 tidyverse의 일원인 tibble 패키지에서 지원하는 **티블**tibble[2]입니다. 티블은 데이터프레임을 개선한 구조로, 데이터프레임의 기본 성질을 모두 갖고 있어 데이터프레임과 똑같이 다룰 수 있습니다. 티블인 변수를 출력하면 str( ) 함수를 사용하지 않고 행과 열의 수(12×4), 각 열의 데이터형(열 이름 하단의 "〈데이터형 이름〉")을 확인할 수 있습니다.

[코드 3-20]과 같이 단 두 줄로 월별 일수, 평균, 표준편차를 구했습니다. 만일 이 기능이 없다면, 데이터프레임을 각 월(month)에 해당하는 값으로 12번을 나누고 각각에 대해 요약함수를 적용해야 할 것입니다. 더군다나 그룹 지을 값들이 몇 개인지 모를 수도 있기 때문에 더욱 복잡한 R 코드를 만들었을지도 모릅니다.

지금까지 데이터셋을 다룰 때 중요한 다섯 가지 동사를 구현하는 함수에 대해 간단하게 살펴봤습니다. 이제 중요한 연산자를 소개하려고 합니다. 데이터 과학에서 행을 선택하고, 열을 선택하고, 필요한 열을 새롭게 만들고, 데이터셋을 정렬하고, 요약하는 작업은 하나의 흐름으로 만들어지는 경우가 대부분입니다.

[코드 3-21]은 각 함수의 수행 결과를 변수에 저장하고, 그 변수를 다음 함수가 이용하는 형태입니다.

- **81줄 :** 상수도 공급량 데이터셋(ws)에서 봄에 해당하는 3, 4, 5월 데이터만으로 데이터셋을 만들고 변수 ws_Spring에 저장합니다.
- **82줄 :** 데이터셋 ws_Spring에서 supply 값을 1000으로 나눈 값을 새로운 열 supply2로 생성하고, 이를 변수 ws_Spring_sp2에 저장합니다.
- **83줄 :** 데이터셋 ws_Spring_sp2에서 supply 열을 제외한 데이터셋을 변수 ws_Spring_sp2_ds에 저장합니다.
- **84줄 :** 데이터셋 ws_Spring_sp2_ds에서 month 변수의 값별로 그룹 지은 데이터셋을 변수 ws_Spring_sp2_ds_grp에 저장합니다.
- **85~88줄 :** 데이터셋 ws_Spring_sp2_ds_grp의 그룹별로 일수(n), 평균(m), 표준편차(sd)를 구한 데이터셋을 변수 ws_Spring_summary에 저장합니다.
- **89줄 :** 요약한 결과 데이터셋을 월의 내림차순(desc(month))으로 출력합니다.

2 티블을 처음 소개한 해들리 위컴의 블로그 글 : https://blog.rstudio.com/2016/03/24/tibble-1-0-0/

코드 3-21 01.five_verbs.R

```
ws_Spring <- filter( ws, month==3 | month==4 | month==5 )
ws_Spring_sp2 <- mutate( ws_Spring, supply2 = supply / 1000 )
ws_Spring_sp2_ds <- select( ws_Spring_sp2, -supply )
ws_Spring_sp2_ds_grp <- group_by( ws_Spring_sp2_ds, month )
ws_Spring_summary <- summarise( ws_Spring_sp2_ds_grp,
                                n = n(),
                                m = mean(supply2),
                                sd = sd(supply2) )
arrange( ws_Spring_summary, desc(month) )
```

실행 결과

```
# A tibble: 3 x 4
  month     n     m    sd
  <int> <int> <dbl> <dbl>
1     5    31 102.   18.0
2     4    30  98.0  17.4
3     3    31 108.   13.4
```

[코드 3-21]의 각 줄은 각 함수의 수행 결과를 다음 함수의 첫 번째 인수로 사용합니다. 이렇게 앞선 함수의 결과를 다음 함수의 첫 번째 인수로 사용하는 연산자가 있습니다. 2장에서 살펴본 파이프 연산자 |>와 tidyverse 패키지의 일원인 magrittr 패키지에서 제공하는 파이프 연산자 %>%입니다.[3] 여기서는 연산자 %>%를 이용해 봅시다.

[코드 3-21]처럼 변수를 여러 개 사용하지 않고 연산자 %>%를 이용하면 [코드 3-22]와 같이 하나의 작업 단위로 만들 수 있습니다. [코드 3-22] 역시 여러 줄로 구성되어 있으나, 실행 단위는 하나입니다. 91~99줄을 한 번에 읽어 %>% 연산자 왼쪽의 결과를 오른쪽 함수의 첫 번째 인수로 전달하고, 순차적으로 마지막 %>% 연산자 오른쪽의 함수(여기서는 99줄 arrange( ) 함수)를 수행하고 결과를 반환합니다.

3 R 4.1.0 버전부터 %>% 연산자와 같은 역할을 수행하는 |> 연산자가 기본으로 제공됩니다.

코드 3-22 01.five_verbs.R

```
91    ws %>%
92     filter( month==3 | month==4 | month==5 ) %>%
93      mutate( supply2 = supply / 1000 ) %>%
94      select( -supply ) %>%
95      group_by( month ) %>%
96      summarise( n = n(),
97                 m = mean( supply2 ),
98                 sd = sd( supply2 ) ) %>%
99      arrange( desc( month ) )
```

실행 결과

```
# A tibble: 3 x 4
  month     n     m    sd
  <int> <int> <dbl> <dbl>
1     3    31 108.   13.4
2     4    30  98.0  17.4
3     5    31 102.   18.0
```

[그림 3-5]처럼 01.five_verbs.R 파일을 열어서 91~99줄을 마우스로 드래그하여 선택하고 실행해 봅시다.

```
91  ws %>%
92    filter( month==3 | month==4 | month==5 ) %>%
93    mutate( supply2 = supply / 1000 ) %>%
94    select( -supply ) %>%
95    group_by( month ) %>%
96    summarise( n = n(),
97               m = mean( supply2 ),
98               sd = sd( supply2 ) ) %>%
99    arrange( desc( month ) )
```

그림 3-5 마우스로 여러 줄을 드래그하여 선택

축하합니다! 데이터를 다루는 동사를 배웠으니 이제 R을 사용할 기초 체력이 만들어졌습니다. 아직 다루지 않은 부분도 있지만, 계속 진행해가며 필요할 때마다 다루겠습니다.

지금부터 데이터를 본격적으로 분석하기 위해 수집한 원데이터를 정리하고 변환하여 분석 데이터로 만드는 데이터 길들이기 data wrangling 과정을 수행해 봅시다.

3.2 데이터 과학자는 깔끔쟁이

깔끔한 데이터란

깔끔한 데이터 tidy data는 원데이터를 데이터 분석에 활용할 수 있도록 행과 열로 구성된 테이블 구조에 맞춰 데이터셋에 저장하는 표준 방식을 말합니다. 분석할 데이터가 깔끔한 데이터라면 데이터 구조를 변경하고, 값을 재배치 하는 등 복잡한 과정을 수행하지 않고 분석에 사용할 수 있어 편리합니다.

해들리 위컴은 저서 『R for Data Science』에서 깔끔한 데이터를 만드는 규칙 세 가지를 소개했습니다.

- 변수마다 열을 가져야 한다.
- 관찰 대상마다 행을 가져야 한다.
- 각 값은 셀 cell을 가져야 한다(각 값은 셀에 저장한다).

우리가 지금까지 다룬 모든 데이터셋이 이 조건을 만족한다고 보입니다. 하지만 그렇지 않은 데이터(지저분한 데이터 messy data)도 행과 열로 구성된 표 구조를 갖추고 있기에 외형만으로 판단할 수 없습니다.

[그림 3-6]은 1장과 2장에서 사용한 상수도 공급량의 원데이터입니다. 데이터의 저장 구조를 살펴보겠습니다.

- 첫 번째 행에 열 이름이 있습니다.
- 첫 번째 열은 일자(day)를 저장합니다. 두 번째 열부터 2020년의 월(month)별 상수도 공급량을 저장합니다.
- 각 행은 일자(day)별 공급량을 저장하며, 월별로 일수가 다릅니다. 31일이 없는 2, 4, 6, 9, 11월은 31일이 결측이며, 2020년 2월은 30일이 결측입니다.

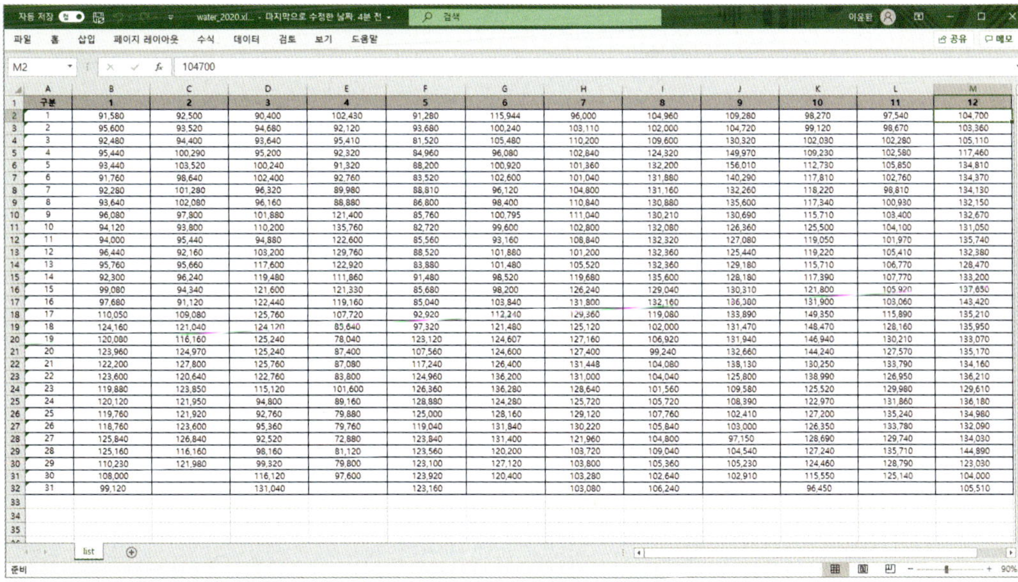

구분	1	2	3	4	5	6	7	8	9	10	11	12
1	91,580	92,500	90,400	102,430	91,280	115,944	96,000	104,960	109,280	98,270	97,540	104,700
2	95,600	93,520	94,680	92,120	93,680	100,240	103,110	102,000	104,720	99,120	98,670	103,360
3	92,480	94,400	93,640	95,410	81,520	105,480	110,200	109,600	130,320	102,030	102,280	105,110
4	95,440	100,290	95,200	92,320	84,960	96,080	102,840	124,320	149,970	109,230	102,580	117,460
5	93,440	103,520	100,240	91,320	88,200	100,920	101,360	132,200	156,010	112,730	105,850	134,810
6	91,760	98,640	102,400	92,760	83,520	102,600	101,040	131,880	140,290	117,810	102,760	134,370
7	92,280	101,280	96,320	89,980	88,810	96,120	104,800	131,160	132,260	118,220	98,810	134,130
8	93,640	102,080	96,160	88,880	86,800	98,400	110,840	130,880	135,600	117,340	100,930	132,150
9	96,080	97,800	101,880	121,400	85,760	100,795	111,040	130,210	130,690	115,710	103,400	132,670
10	94,120	93,800	110,200	135,760	82,720	99,600	102,800	132,080	126,360	125,500	104,100	131,050
11	94,000	95,440	94,880	122,600	85,560	93,160	108,840	132,320	127,080	119,050	101,970	135,740
12	96,440	92,160	103,200	129,760	88,520	101,880	101,200	132,360	125,440	119,220	105,410	132,380
13	95,760	95,660	117,600	122,920	83,880	101,480	105,520	132,360	129,180	115,710	106,770	128,470
14	92,300	96,240	119,480	111,860	91,480	98,520	119,680	135,600	128,180	117,390	107,770	133,200
15	99,080	94,340	121,600	121,330	85,680	98,200	126,240	129,040	130,310	121,800	105,920	137,650
16	97,680	91,120	122,440	119,160	85,040	103,840	131,800	132,160	136,380	131,900	103,060	143,420
17	110,050	109,080	125,760	107,720	92,920	112,240	129,360	119,080	133,890	149,350	115,890	135,210
18	124,160	121,040	124,120	85,640	97,320	121,480	125,120	102,000	131,470	148,470	128,160	135,950
19	120,080	116,160	125,240	78,040	123,120	124,607	127,160	106,920	131,940	146,940	130,210	133,070
20	123,960	124,970	125,240	87,400	107,560	124,600	127,400	99,240	132,660	144,240	127,570	135,170
21	122,200	127,800	125,760	87,080	117,240	126,400	131,448	104,080	138,130	130,250	133,790	134,160
22	123,600	120,640	122,760	83,800	124,960	136,200	131,000	104,040	125,800	138,990	126,950	136,210
23	119,880	123,850	115,120	101,600	126,360	136,280	128,640	101,560	109,580	125,520	129,980	129,610
24	120,120	121,950	94,800	89,160	128,880	124,280	125,720	105,720	108,390	122,970	131,860	136,180
25	119,760	121,920	92,760	79,880	125,000	128,160	129,120	107,760	102,410	127,200	135,240	134,980
26	118,760	123,600	95,360	79,760	119,040	131,840	130,220	105,840	103,000	126,350	133,780	132,090
27	125,840	126,840	92,520	72,880	123,840	131,400	121,960	104,800	97,150	128,690	129,740	134,030
28	125,160	116,160	98,160	81,120	123,560	120,200	103,720	109,040	104,540	127,240	135,710	144,890
29	110,230	121,980	99,320	79,800	123,100	127,120	103,800	105,360	105,230	124,460	128,790	123,030
30	108,000		116,120	97,600	123,920	120,400	103,280	102,640	102,910	115,550	125,140	104,000
31	99,120		131,040		123,160		103,080	106,240		96,450		105,510

그림 3-6 상수도 공급량의 원데이터

이 데이터셋은 깔끔한 데이터인가요? 행과 열, 그리고 셀에 데이터가 있으니 구조상 깔끔한 데이터로 보입니다. 그렇다면 이 데이터셋은 데이터 분석에 활용할 수 있게 구조에 맞춰 저장하였을까요? 데이터를 생성하는 시점인 상수도 공급량 측정 시기를 생각해 봅시다(가상의 상황입니다).

- 각 날짜가 시작하는 시점에 공급량 측정기를 0으로 초기화합니다.
- 측정 종료 시점에 전체 공급량을 측정합니다.
- 측정한 데이터의 정보로 공급한 날짜의 월과 일을 공급량과 함께 저장합니다.

이 데이터셋은 개별 날짜의 공급량을 저장하고자 했을 것입니다. 그러나 [그림 3-6]의 데이터는 사람이 보기 편하도록 정리한 형태이며 지저분한 데이터의 한 예입니다. 자세히 살펴보면 두 번째 열부터 측정한 월(month)이 열 이름으로, 실제로는 열 이름이 아니라 측정한 값이 되어야 합니다. 깔끔한 데이터가 아닌 지저분한 데이터에는 다음과 같은 유형이 있습니다.[4]

4 출처 : Hadley Wickham Tidy data, The Journal of Statistical Software, vol. 59, 2014.

- 열 이름이 측정값인 경우
- 하나의 셀에 여러 값이 들어 있는 경우
- 측정값이 행과 열에 모두 포함된 경우
- 같은 데이터셋에 구분되지 않은, 전혀 다른 관찰 대상이 있는 경우
- 하나의 관찰 대상이 여러 데이터셋으로 나뉜 경우

지저분한 데이터는 사람이 보기 편할 뿐 R이 데이터 구조를 이해하고 처리하는 데 불편함이 많아집니다.

long format과 wide format

새로운 데이터를 추가하기 위해 행으로 증가하는 경우를 **long format 데이터**라 하고, 새로운 데이터 추가로 열이 증가하는 경우를 **wide format 데이터**라고 합니다. 깔끔한 데이터는 long format 데이터, 지저분한 데이터는 wide format 데이터 형태를 따릅니다. 지저분한 데이터를 분석하려면 깔끔한 데이터로 형태를 변환하는 데이터 다루기 과정을 수행해야 합니다. 이 과정은 결국 wide format 데이터를 long format 데이터로 변환한다고 볼 수 있습니다. tidyverse 패키지에 포함된 tidyr 패키지는 데이터 형태를 변환하는 함수를 제공합니다.

상수도 공급량([그림 3-7] 참고)은 wide format 데이터로, 일자를 행으로 고정하고 월별 데이터를 새로운 열로 저장한 경우입니다. 이 데이터의 형태를 행으로 데이터를 추가하는 long format 데이터로 변환하기 위해 다음 과정을 수행합니다.

❶ 열 이름으로 사용한 값을 특정한 열의 값이 되도록 합니다. [그림 3-6]의 원데이터를 변환하는 과정에서는 열 이름인 1~12를 `name` 열의 값이 되어 새롭게 만들어지는 데이터셋의 행(일자)으로 재배치했습니다.

❷ [그림 3-6]의 각 셀에 저장한 날짜별 상수도 공급량을 `names` 열과 '구분' 열의 값(일과 월의 값)에 따라 재배치하고, 이를 `value` 열이라 지정합니다.

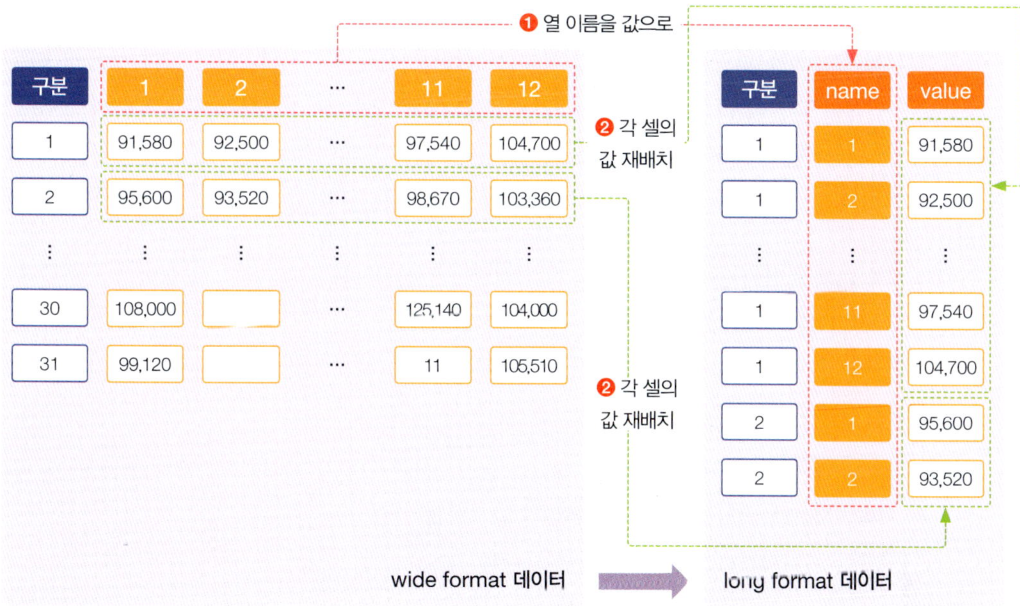

그림 3-7 wide format 데이터를 long format 데이터로 변환하기

자, 이제 R로 wide format 데이터를 long format 데이터로 변환해 봅시다. 원데이터는 확장자가 xlsx인 Microsoft Excel 파일이므로, R이 바로 읽을 수 없습니다. 그러나 우리에겐 패키지가 있습니다. 이 책에서는 readxl 패키지[5]를 통해 Excel 파일을 읽어보겠습니다.

우선 패키지를 설치하고 작업공간과 연결하기 위해 [코드 3-23]과 같이 `library( )` 함수를 수행합니다. `02.wide2long.R` 파일을 열어보면 1줄의 패키지 설치 명령이 주석으로 처리되어 있습니다. readxl 패키지 설치를 위해 주석을 제거하고 실행한 후 다시 주석 처리합니다. 패키지는 한 번만 설치하면 되기 때문에 명령을 내린 이후 주석으로 처리했습니다.

코드 3-23 02.wide2long.R

```
1    install.packages( "readxl" )
2    library( tidyverse )
3    library( readxl )
```

5 https://readxl.tidyverse.org/

readxl 패키지가 제공하는 read_excel( ) 함수를 이용하겠습니다. read_excel( ) 함수는 (파일의 경로를 포함한) 파일명을 필수 인수로 사용하며, Excel 파일을 읽고 사용자에게 티블로 전달합니다. [코드 3-24]의 5줄은 Excel 파일을 읽어 변수 ws_wide에 저장합니다. read_excel( )은 파일을 읽어 티블 형태로 만듭니다. 티블 형태인 데이터는 한 번에 전체 구조를 알아보기 쉽습니다. [코드 3-24]의 실행 결과로 다음 내용을 알 수 있습니다.

- 31개의 행과 13개의 열이 있습니다.
- 각 열의 데이터형을 보여줍니다.
- 화면에 보이는 10개의 행 외에도 21개의 행이 더 있습니다.

코드 3-24 02.wide2long.R

```
5    ws_wide <- read_excel( "./data/water_2020.xlsx" )
6    ws_wide
```

실행 결과

```
# A tibble: 31 x 13
   구분    `1`    `2`   ...   `11`    `12`
   <chr> <dbl>  <dbl>   ...  <dbl>   <dbl>
 1 1     91580  92500   ...  97540  104700
 2 2     95600  93520   ...  98670  103360
                        ...
 9 9     96080  97800   ... 103400  132670
10 10    94120  93800   ... 104100  131050
# ... with 21 more rows
```

read_excel( ) 함수는 Excel 파일에 저장된 데이터를 읽기 위해 다양한 인수를 사용합니다. 이 장에서는 필수 인수만 사용하였으며, 다른 인수는 추후 소개하겠습니다.

wide format 데이터를 long format 데이터로 변환해 주는 다른 패키지도 있지만, 이 책에서는 tidyverse의 tidyr 패키지를 사용하겠습니다. tidyr 패키지의 pivot_longer( ) 함수를 이용하면 wide format 데이터를 long format 데이터로 변환할 수 있으며, 다음 두 개의 인수를 사용합니다.

- data : 변환할 데이터프레임(%>% 연산자를 이용해 처리 가능)
- cols : 값으로 변환할 열

[코드 3-25]를 통해 어떻게 R에게 일을 시키는지 확인해 봅시다. 이 코드는 %>% 연산자를 이용하여 변환할 데이터를 pivot_longer( ) 함수의 첫 번째 인수로 전달합니다. pivot_longer( ) 함수는 %>% 연산자로 전달받은 데이터셋을 변환합니다. 이때 2열부터 13열까지(1월부터 12월)의 열 이름을 새로운 열(name 열)의 값으로 지정합니다. '구분' 열과 name 열의 값에 해당하는 상수도 공급량은 새로운 열(value 열)의 값으로 재배치합니다.

변환한 데이터셋은 372개의 행과 '구분', 'name', 'value'의 3개 열을 갖습니다.

코드 3-25 02.wide2long.R

```
ws_wide %>%
  pivot_longer( cols = 2:13 )
```

실행 결과

```
# A tibble: 372 x 3
   구분  name  value
   <chr> <chr> <dbl>
 1 1     1      91580
 2 1     2      92500
 3 1     3      90400
 4 1     4     102430
 5 1     5      91280
 6 1     6     115944
 7 1     7      96000
 8 1     8     104960
 9 1     9     109280
10 1     10     98270
# ... with 362 more rows
```

3.3 문자 데이터 다루기

숫자 데이터를 다루는 방법으로 연산자, 요약함수 등이 있음을 알아보았습니다. 이 절에서는 문자 데이터를 다루는 방법에 대해 알아보겠습니다. 문자 데이터는 계산하는 대상이 아니므로 기존과 다른 방법으로 데이터를 다룹니다. 예를 들면 기존 문자 데이터에서 새로운 문자 데이터를 만들거나 원하는 문자를 탐색하고, 필요하면 다른 데이터로 변경하는 작업 등을 수행합니다.

데이터 과학에서는 문자 데이터에 대해 **문자열**string이라는 표현을 많이 사용합니다. 문자열은 개별 문자가 순서대로 위치한 **수열**sequence입니다. 데이터 과학에서 문자 데이터는 대부분 여러 문자의 수열로 이루어져 있습니다.

기본 함수

R이 기본으로 제공하는 문자열 관련 함수를 사용해 봅시다. 이번 절에서 다루는 함수는 [표 3-1]과 같습니다.

표 3-1 R의 문자열 관련 함수

함수명	인수	설명
nchar(x)	x : 문자벡터	문자의 수를 세는 함수
paste(str 1, …, str n, sep, collapse)	str 1, … , str n : 합칠 문자 데이터 sep : 문자 데이터를 합칠 때 사용할 결합 문자 collapse : 결과를 하나의 문자 데이터로 합칠 때 사용할 결합 문자	전달한 문자 데이터를 sep으로 지정한 문자를 이용하여 하나의 문자 데이터로 반환
substr(x, start, end)	x : 문자 데이터 start : 추출할 문자 데이터의 시작 위치 end : 추출한 문자 데이터의 종료 위치	문자 데이터 x의 start부터 end까지 문자열을 추출
strsplit(x, split)	x : 문자 데이터 split : 구분자	문자 데이터 x를 전달한 구분자로 분리

[코드 3-26]은 2020년 12월 13일을 세 변수에 연월일로 나누어 저장한 데이터입니다. 이를 이용하여 [표 3-1]의 함수를 사용해 보겠습니다.

코드 3-26 03.strings.R

```
year <- "2020"    # 변수 year에 문자열 2020을 저장합니다.
month <- "12"     # 변수 month에 문자열 12를 저장합니다.
day <- "13"       # 변수 day에 문자열 13을 저장합니다.
```

각 문자열이 몇 개의 문자로 구성되었는지(문자열의 길이가 얼마인지) [코드 3-27]에서 확인해 봅시다. 5줄의 실행 결과에 따르면 변수 year가 저장한 문자열의 길이는 4입니다. 6줄처럼 여러 문자열로 구성된 벡터를 인수로 받으면 원소별로 문자열의 길이를 구한 뒤 벡터로 반환합니다.

코드 3-27 03.strings.R

```
5    nchar( year )
6    nchar( c(year, month) )
```

실행 결과

```
[1] 4
[1] 4 2
```

서로 다른 문자열을 하나의 문자열로 연결하는 기능은 자주 사용하는 기능입니다. [코드 3-28]에서 paste( ) 함수는 변수 year, month, day 사이에 대시(-)를 넣어 연결합니다. 이때 대시는 문자열을 서로 붙이는 풀과 같은 역할을 합니다.

코드 3-28 03.strings.R

```
date1 <- paste( year, month, day, sep="-" )
date1
```

실행 결과

```
[1] "2020-12-13"
```

여러 개의 문자열을 담은 벡터를 합칠 때에는 [코드 3-29]처럼 벡터의 원소별로 문자열을 합칩니다. 원소가 하나인 year와 month가 1:3 벡터의 원소 1, 2, 3과 각각 결합한 벡터 c ("2020-1-13", "2020-2-13", "2020-3-13")을 결과로 내보냅니다.

코드 3-29 03.strings.R

```
date2 <- paste( year, 1:3, day, sep="-" )
date2
```

실행 결과

```
[1] "2020-1-13" "2020-2-13" "2020-3-13"
```

[코드 3-30]은 결과 벡터의 각 원소를 collapse 인수로 전달한 문자열에 연결하여 하나의 문자열로 만듭니다.

코드 3-30 03.strings.R

```
paste( year, 1:3, day, sep="-", collapse = "," )
```

실행 결과

```
[1] "2020-1-13,2020-2-13,2020-3-13"
```

[코드 3-31]의 paste0( )은 paste( ) 함수의 인수를 빈 문자열(sep="")로 지정한 함수입니다. 즉, 문자열을 연달아 붙이는 함수입니다.

코드 3-31 03.strings.R

```
date3 <- paste0( year, month, day )
date3
```

실행 결과

```
[1] "20201213"
```

기존 문자열 내에서 특정 위치의 문자열을 추출하고 변경해 봅시다. [코드 3-32]의 substr( ) 함수는 문자열에서 start 위치의 문자부터 end 위치의 문자까지를 추출한 문자열을 추출합니다.

코드 3-32 03.strings.R

```
substr( date3, 5, 6 )
```

실행 결과

```
[1] "12"
```

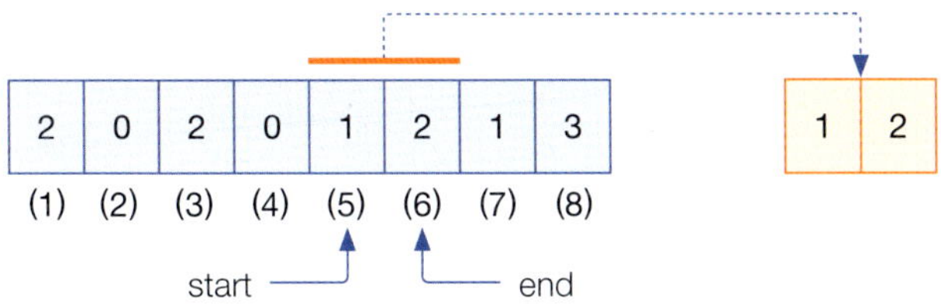

그림 3-8 substr() 함수 사용 예

[코드 3-33]은 nchar( ) 함수를 이용하여 마지막 문자의 위치를 확인하고 start 위치의 문자부터 마지막 문자까지를 추출한 문자열을 구해줍니다.

코드 3-33 03.strings.R

```
substr( date3, 5, nchar(date3) )
```

실행 결과

```
[1] "1213"
```

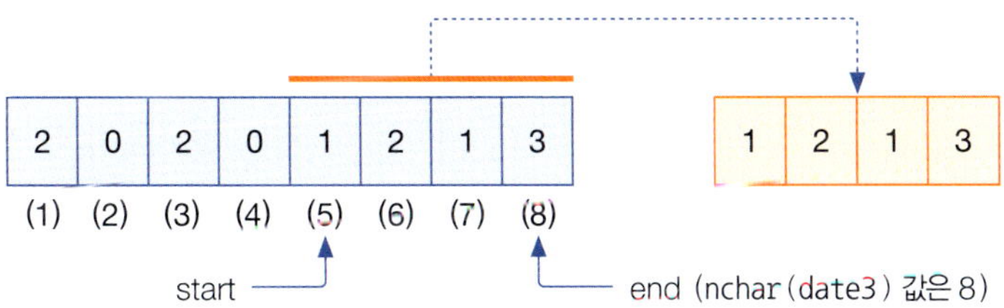

그림 3-9 nchar()를 이용하여 마지막 문자까지 가져오기

[코드 3-34]의 20줄은 기존 문자열에서 start 위치부터 end 위치까지의 문자열(12)을 할당 연산자 오른쪽의 문자열(03)로 치환합니다.

코드 3-34 03.strings.R

```
20    substr( date3, 5, 6 ) <- "03"
21    date3
```

실행 결과

```
[1] "20200313"
```

[코드 3-34]의 20줄과 같이 입력하면 기존 문자열 자체가 변경된다는 점에 주의하세요. substr( ) 함수를 통해 5번째에서 6번째 문자열을 가리키고, 해당 위치의 문자열을 새로운 문자로 치환하여 원래 갖고 있던 데이터를 변경합니다.

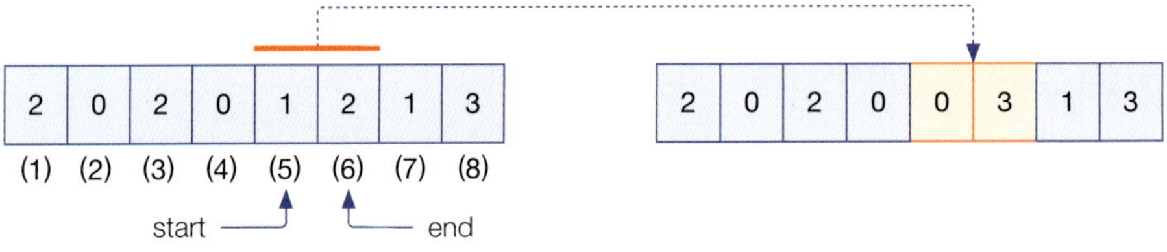

그림 3-10 문자열의 일부 치환하기

마지막으로 문자열을 나누는 함수를 사용해 봅시다. [코드 3-35]는 split으로 전달한 문자를 기준으로 기존 문자열을 자른 뒤, 그 결과를 리스트로 만듭니다.

코드 3-35 03.strings.R

```
strsplit( date1, split="-" )
```

실행 결과

```
[[1]]
[1] "2020" "12"   "13"
```

[코드 3-36]처럼 여러 개의 문자열을 담은 벡터를 자르면 그 결과를 리스트의 하위 요소로 만들어 줍니다. 벡터의 개별 문자열을 나눈 개수가 동일하지 않을 수 있기 때문에 실행 결과의 구조가 리스트인 것은 타당합니다.

코드 3-36 03.strings.R

```
strsplit( date2, split="-" )
```

실행 결과

```
[[1]]
[1] "2020" "1"    "13"

[[2]]
[1] "2020" "2"    "13"

[[3]]
[1] "2020" "3"    "13"
```

[코드 3-37]의 **simplify( )** 함수는 리스트를 인수로 받아 하나의 벡터로 만듭니다.

코드 3-37 03.strings.R

```
simplify( strsplit(date2, split="-") )
```

실행 결과

```
[1] "2020" "1"    "13"   "2020" "2"    "13"   "2020" "3"    "13"
```

원하는 문자열을 찾아라! : 정규표현식

정규표현식 regular expression은 문자열이 갖는 패턴을 정의하는 표현식입니다. 주민등록번호를 생각해 봅시다.

220630-3000118

주민등록번호는 우리나라 정부가 모든 국민에게 발급하는 일종의 일련번호입니다. 그 값은 사람마다 모두 다르지만 패턴은 다음과 같이 일정합니다.

"6개의 숫자"-"7개의 숫자"

정규표현식은 이와 같이 문자열의 패턴을 표현한 식입니다.

R에는 정규표현식을 위해 사용하는 grep( ), grepl( ), regexpr( ), gregexpr( ), sub( ), gsub( ), regexec( ), strsplit( )과 같은 함수가 내장되어 있습니다. 그러나 이 절에서는 tidyverse의 구성원인 stringr 패키지에서 제공하는 함수들을 이용해 보겠습니다.

stringr 패키지를 사용하기 위해 tidyverse 패키지를 작업공간에 연결합니다. 그리고 변수 rno에 두 개의 원소로 구성된 문자열 벡터를 저장합니다. 두 문자열의 차이는 중간에 대시(-) 여부입니다.

```
> library( tidyverse )
> rno <- c( "790101-1234517", "7901011234517" )
```

stringr 패키지의 함수는 대부분 str_xxx와 같은 형태이며, 첫 번째 인수는 문자벡터입니다. 먼저 특정 문자가 포함되어 있는지 확인하고, 해당 문자를 가져오는 함수를 사용해 봅시다.

[코드 3-38]의 5줄에 사용한 str_detect( ) 함수는 문자벡터 rno 안에 두 번째 인수로 받은 문자열의 포함 여부에 따라 논리벡터(원소가 TRUE 또는 FALSE인 벡터)를 반환합니다. 6줄의

str_extract( ) 함수는 문자벡터 rno에서 두 번째 인수로 받은 문자열을 추출합니다. 만약 첫 번째 인수에 추출하려는 문자열이 없으면 NA를 반환합니다.

코드 3-38 03-1.re.R

```
str_detect( rno, "-" )
str_extract( rno, "-" )
```

실행 결과

```
[1]  TRUE FALSE
[1] "-" NA
```

주민등록번호 규칙에 따르면 대시(-) 이후에 나오는 첫 번째 문자는 1부터 8까지의 수 중에서 하나입니다. 즉, 문자가 나오는 범위가 정해져 있습니다. 정규표현식에서는 여러 문자 중 하나를 나타내는 표현으로 대괄호 쌍("[", "]")을 이용합니다. 예를 들어 1부터 8까지 임의의 한 문자를 나타내는 패턴은 [12345678]입니다. 이를 이용하여 문자열을 찾아보겠습니다.

[코드 3-39]의 9줄에 사용한 str_detect( ) 함수를 살펴봅시다. 두 번째 인수 "-[12345678]"에서 첫 문자는 -이고 두 번째 문자는 1부터 8까지 중 한 문자가 나오는 패턴을 나타냅니다. str_detect( ) 함수는 첫 번째 인수로 받은 문자벡터 안에 두 번째 인수로 전달한 패턴에 맞는 문자열 포함 여부를 논리벡터로 반환합니다. 10줄의 str_extract( ) 함수는 두 번째 인수로 받은 패턴과 일치하는 문자열을 찾아서 반환합니다.

코드 3-39 03-1.re.R

```
9     str_detect( rno, "-[12345678]" )
10    str_extract( rno, "-[12345678]" )
```

실행 결과

```
[1]  TRUE FALSE
[1] "-1" NA
```

지금처럼 1부터 8까지 숫자를 모두 일일이 쓰면 힘들고 귀찮습니다. 프로그래머들은 이런 단순 작업을 싫어하기에 한 번에 표현할 방법을 찾았습니다. 이제 대괄호 쌍 안에서[6] 대시(-)를 사용하면 정규표현식을 더욱 간단하게 나타낼 수 있습니다. 12345678은 값을 순서대로 나열한 것이므로 [코드 3-40]과 같이 [12345678] 대신 [1-8]로 쓸 수 있습니다.

6 대괄호 쌍 밖에서 사용하는 대시는 문자 "-"를 나타냅니다.

코드 3-40 03-1.re.R

```
str_detect( rno, "-[1-8]" )
str_extract( rno, "-[1-8]" )
```

실행 결과

```
[1]  TRUE FALSE
[1] "-" NA
```

일반 문자열도 같은 방식으로 범위를 나타낼 수 있습니다. [a-z], [A-Z], [가-힣]은 각각 알파벳 소문자 전체, 알파벳 대문자 전체, 한글의 모든 문자 중 한 문자를 나타냅니다. 더욱 다양한 문자 데이터로 작업해 봅시다. 예제로 사용할 데이터는 "제목-가수" 형태인 문자열 벡터입니다.

```
> titles <- c( "Butter-방탄소년단", "Don't Start Now-Dua Lipa" )
```

[코드 3-41]에서 각 줄마다 두 번째 인수에 사용된 패턴에 주목합시다. 18줄과 19줄의 패턴은 -와 임의의 한글 한 문자로 이루어진 문자열입니다. 20줄과 21줄의 패턴은 알파벳 소문자 b부터 z까지 중 한 문자와 소문자 a로 이뤄진 문자열입니다. 21줄의 문자열 추출 결과는 패턴을 만족하는 문자열 중에서 가장 처음 나오는 문자열만 반환합니다.

코드 3-41 03-1.re.R

```
18    str_detect( titles, "-[가-힣]" )
19    str_extract( titles, "-[가-힣]" )
20    str_detect( titles, "[b-z]a" )
21    str_extract( titles, "[b-z]a" )
```

실행 결과

```
[1]  TRUE FALSE
[1] "-방" NA
[1] FALSE  TRUE
[1] NA    "ta"
```

[코드 3-42]의 str_extract_all( ) 함수는 패턴과 일치하는 모든 문자열을 반환합니다. 문자열 벡터 내 원소별로 찾아지는 문자열의 개수가 다를 수 있으므로 리스트로 결과물을 반환합니다.

코드 3-42 03-1.re.R

```
str_extract_all( titles, "[b-z]a" )
```

실행 결과

```
[[1]]
character(0)

[[2]]
[1] "ta" "ua" "pa"
```

R은 대괄호 쌍을 이용하여 특정 문자들을 지칭하는 문자열 클래스를 지원하며, 이를 "[:클래스명:]" 형태로 정의하여 제공[7]합니다. [표 3-2]에서 다양한 문자열 클래스를 확인할 수 있습니다.

표 3-2 문자열 클래스

문자열 클래스	설명
[:punct:]	임의의 구두점(. , ! ? 외 키보드 상 특수문자 #@$ 등)
[:digit:]	임의의 숫자
[:lower:]	임의의 알파벳 소문자
[:upper:]	임의의 알파벳 대문자
[:alpha:]	임의의 알파벳(R에서는 국가별 문자를 모두 포함하여 한글도 포함)
[:alnum:]	임의의 알파벳이나 숫자
[:space:]	임의의 공백문자 (빈칸, 탭, 엔터 등)
[:blank:]	빈칸 혹은 탭 중 하나

이 문자는 다르게 다뤄주세요 : 이스케이프 문자

만일 사칙연산 기호를 찾기 위해 패턴으로 [+-*/]를 사용한다면, 결과가 제대로 나오지 않을 것입니다. -는 대괄호 내에서 범위를 나타내기 때문입니다. [코드 3-43]을 살펴봅시다. 25줄의 변수 expression은 수식 두 개를 문자열로 구성한 벡터를 저장합니다. 이 문자열 벡터에 사칙연산 기호가 포함되어 있는지 알아보고자 26줄에 str_detect( ) 함수를 사용했습니다. 이 코드의 실행 결과로 나온 오류 메시지는 +-*에서 +가 *보다 (순서가) 더 앞서 있어 범위를 구할 수 없음을 보여줍니다.

코드 3-43 03-1.re.R

```
25    expression <- c( "y = ax + b", "y = a^x" )
26    str_detect( expression, "[+-*/]" )
```

7 R은 UNIX에서 표준으로 사용하는 POSIX 클래스를 사용합니다. 더 많은 문자열 클래스는 https://www.petefreitag.com/cheatsheets/regex/character-classes/를 참고합니다. POSIX는 다음 절에서 조금 더 알아보겠습니다.

실행 결과

```
Error in stri_detect_regex(string, pattern, negate = negate, opts_regex = opts(pattern)) :
  In a character range [x-y], x is greater than y. (U_REGEX_INVALID_RANGE, context=`[+-*/]`)
```

이 오류 메시지를 조금 더 살펴보겠습니다. 범위를 나타내는 - 앞에는 ASCII 코드표(2장 참고)처럼 문자열 저장을 위한 코드표에서 더 작은 값이 나와야 합니다. 앞서 살펴본 'a-z'도 코드표에서 "a"가 "z"보다 앞에 있고, '가-힣'도 코드표에서 "가"가 "힣"보다 앞에 있기 때문에 가능한 표현이었습니다. 문자열도 코드표 상의 순서를 이용하여 정렬합니다. [코드 3-43]의 26줄에서는 -를 연산자(대시)로 나타내려 했으나, 대괄호 쌍 안에 -를 사용하면 범위를 나타내도록 지정되어 있어 원하는 결과를 얻지 못했습니다. 즉, R은 -를 범위를 지정하는 기호로 받아들였기 때문에 오류 메시지를 반환했습니다.

이와 같이 정규표현식에서 사전에 정의된 역할을 나타내는 문자가 아닌 순수 문자로써 사용할 경우 역슬래시backslash "\"[8]를 사용해 원하는 문자를 사용합니다. 이를 이스케이프escape 문자 처리라고 합니다.

[코드 3-44]는 역슬래시를 두 개 사용했습니다. 역슬래시를 한 번만 사용하여 \-로 나타내면, R의 문자열 데이터 내에서 -를 특수기호로 인식합니다. 즉, 정규표현식의 패턴으로 인식하지 않습니다. 그래서 -를 문자로 사용하기 위해 역슬래시를 두 번 연달아 사용했습니다. 첫 번째 역슬래시는 R 문자열에서 이스케이프 문자로 처리하고, 두 번째 역슬래시를 통해 -를 문자로 인식합니다.

코드 3-44 03-1.re.R

```
str_detect( expression, "[+\\-*/]" )
```

실행 결과

```
[1] TRUE FALSE
```

똑같은 것을 여러 번 입력하면 낭비다 : 반복수

아이돌 그룹명 중 두 개의 문자가 연속되는 경우를 생각해 봅시다. 문자열 클래스를 이용하여 [코드 3-45]와 같은 코드를 생각할 수 있습니다. 32줄의 변수 idol은 아이돌 그룹명을 원소로 하는 문자열 벡터를 저장합니다. 33줄은 각 그룹명 중에서 두 문자가 연속되는([:alpha:]

8 역슬래시는 코드를 작성하는 편집기의 글꼴에 따라 원화(₩)와 같은 통화 기호로 나타나기도 합니다.

[:alpha:]) 패턴을 보이는지 확인합니다. 이때 H.O.T.는 구두점이 각 문자 사이에 있어 이 패턴을 보이지 않으므로 R이 FALSE를 반환합니다. 브레이브걸스는 한글로 구성되었으며 [:alpha:] 클래스에 해당합니다. 이 클래스를 [a-zA-Z]로 바꾸면 어떤 결과가 나오는지 각자 확인해 보세요.

코드 3-45 03-1.re.R

```
idol <- c( "H.O.T.", "2NE1", "브레이브걸스", "BTS" )
str_detect( idol, "[:alpha:][:alpha:]" )
```

실행 결과

```
[1] FALSE  TRUE  TRUE  TRUE
```

[코드 3-45]는 알파벳(여기서는 국가별 문자 포함)이 두 개 연속으로 나오는 패턴을 찾는 것으로 잘 작동합니다. 하지만 알파벳 10개가 연속으로 나오는지 찾기 위해 동일한 방법으로 코드를 반복하는 것은 불편합니다. 이러한 문제를 해결하기 위해 정규표현식에서는 [코드 3-46]과 같이 중괄호를 이용하여 특정 문자의 반복을 설명합니다.

중괄호 안에 반복수가 하나 있으면 바로 앞 문자 형태가 몇 번 반복하는지를 나타냅니다. [코드 3-46]의 35줄은 임의의 알파벳이 2개 연달아 나타나는지 판단합니다. 중괄호 안에 반복수가 두 개 있으면 앞의 수는 최소 반복수를, 뒤의 수는 최대 반복수를 나타냅니다. 36줄은 임의의 알파벳이 3개 연달아 나타나거나 4개 연달아 나타나는지를 판단합니다. 중괄호 안에 반복수 하나와 콤마가 있으면(최대 반복수가 지정되어 있지 않으면) 최소 반복수 이상의 모든 문자를 나타냅니다. 37줄은 임의의 알파벳이 2개 이상 존재하는지를 나타냅니다.

코드 3-46 03-1.re.R

```
35    str_detect( idol, "[:alpha:]{2}" )
36    str_detect( idol, "[:alpha:]{3,4}" )
37    str_detect( idol, "[:alpha:]{2,}" )
```

실행 결과

```
[1] FALSE  TRUE  TRUE  TRUE
[1] FALSE FALSE  TRUE  TRUE
[1] FALSE  TRUE  TRUE  TRUE
```

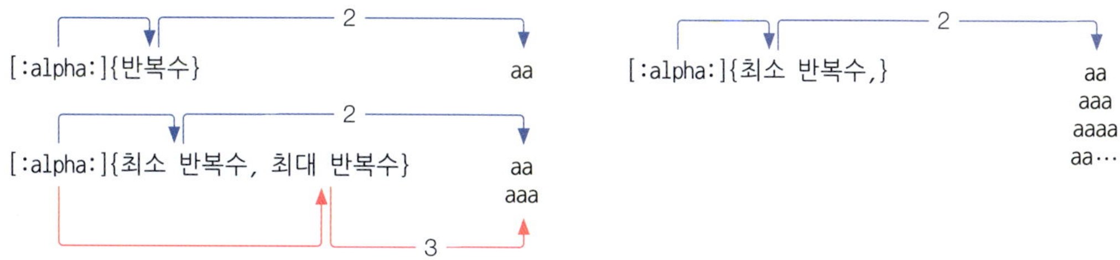

그림 3-11 반복수 정의하기

두 글자 입력하기도 귀찮아 : 특수한 기호

정규표현식에서는 특정 상태를 나타내는 기호를 사용합니다. 자주 사용하는 특수한 기호 몇 가지를 알아보겠습니다.

정규표현식에서 점(.)은 임의의 한 문자를 나타냅니다. [코드 3-47]은 문자열이 알파벳, 임의의 문자, 알파벳의 패턴으로 구성되어 있는지를 확인합니다. 2NE1은 숫자, 알파벳, 알파벳, 숫자로 구성되어 이 패턴에 해당하지 않습니다.

코드 3-47 03-1.re.R

```
str_detect( idol, "[:alpha:].[:alpha:]" )
```

실행 결과

```
[1] TRUE FALSE  TRUE  TRUE
```

[표 3-3]은 반복수와 관련한 특수기호를 나타냅니다. 기호 ?, +, *를 이용하면 반복수 중에서 자주 사용하는 패턴을 대신할 수 있습니다.

표 3-3 반복수와 관련있는 특수기호

기호	설명	반복수 표현
?	앞의 문자가 없거나 한 번	{0,1}
+	앞의 문자가 1회 이상 반복	{1,}
*	앞의 문자가 0회 이상 반복. 즉, 아예 나타나지 않거나 나타났을 경우 여러 번 반복하는 경우	{0,}

[코드 3-48]을 통해 확인해 봅시다. 44줄은 구두점([:punct:])이 없거나 한 번 나온 후 알파벳이 나오는 패턴을 확인합니다. 구두점이 안 나와도 되기에, 알파벳만 있는 경우와 구두점 뒤에 알파벳이 있는 경우가 해당합니다. idol의 각 문자열이 위 패턴을 만족하므로 모두 TRUE입니

다. 46줄은 구두점([:punct:])이 한 번 이상 나온 후 알파벳이 나오는 패턴을 확인합니다. 구두점이 꼭 한 번은 나와야 하기에 H.O.T.만 여기에 해당합니다. 48줄은 구두점([:punct:])이 없거나 여러 번 나온 후 알파벳이 나오는 패턴입니다. 구두점이 안 나와도 되기에 알파벳만 있는 경우와 구두점 하나 이상과 알파벳이 있는 경우가 여기에 해당하고 모두 TRUE입니다.

코드 3-48 03-1.re.R

```
44    str_detect( idol, "[:punct:]?[:alpha:]" )
45
46    str_detect( idol, "[:punct:]+[:alpha:]" )
47
48    str_detect( idol, "[:punct:]*[:alpha:]" )
```

실행 결과

```
[1] TRUE TRUE TRUE TRUE

[1] TRUE FALSE FALSE FALSE

[1] TRUE TRUE TRUE TRUE
```

지금까지 문자 데이터를 다루면서 정규표현식을 소개했습니다. 정규표현식은 방대하여 이 절에서는 간략하게 패턴을 만드는 것 중심으로 살펴보았습니다. 이후에 소개하는 예와 [PROJECT 1]에서 정규표현식을 어떻게 활용하는지 확인해 보세요.

3.4 날짜와 시간

날짜와 시간은 데이터를 관찰한 시점을 기록하는 기본 수단으로, 데이터 과학에서 자주 접하는 데이터의 형태입니다. 2.3절에서 살펴본 R의 기본 데이터형에는 날짜와 시간이 빠져 있지만, 별도의 방법으로 다룰 수 있습니다. 이제 R에서 날짜와 시간을 어떻게 다루는지 살펴봅시다.

컴퓨터가 인식하지 못하는 날짜와 시간

아래와 같은 문자열은 무엇을 나타낼까요?

"2020-12-25 00:00:01 KST"

KST가 정확히 무엇인지 몰라도, 여러분은 이 문자열을 보고 자연스럽게 2020년 12월 25일 1초라는 시간을 떠올렸을 것입니다. 이처럼 날짜와 시간은 문자열로 표현합니다. 그러나 컴퓨터는 이 데이터 자체를 날짜와 시간이 아닌 문자열로만 받아들일 겁니다. 그렇다면 R이 주어진 데이터를 날짜와 시간으로 인식하게 만들어 봅시다.

R은 날짜와 시간을 서로 다른 유형으로 저장합니다. 먼저 날짜형 데이터부터 살펴보겠습니다. as.Date( ) 함수는 날짜형 데이터를 만드는 함수로 다음은 1970년 1월 1일을 표현한 문자열 "1970-01-01"을 날짜형 데이터로 변환하고 변수 d1에 저장하는 예입니다.

```
> d1 <- as.Date( "1970-01-01" )
```

[코드 3-49]를 살펴봅시다. 3줄에서 typeof( ) 함수로 d1의 데이터형을 물어보니 double이라는 결과를 얻었습니다. 이를 통해 날짜는 숫자로 저장함을 알 수 있습니다. 4줄의 class( ) 함수는 객체의 유형을 보여줍니다. 실행 결과에 따르면 컴퓨터상에 날짜의 원데이터를 숫자 자료로 저장하고 날짜를 위한 형태인 Date 클래스로 관리함을 알 수 있습니다. 5줄처럼 Date 클래스 데이터를 출력하면 일반 문자열처럼 보입니다.

코드 3-49 04.datetime.R

```
3    typeof( d1 )
4    class( d1 )
5    d1
```

실행 결과

```
[1] "double"
[1] "Date"
[1] "1970-01-01"
```

참고

객체

R에서는 모든 것이 객체입니다. 객체란 무엇인지에 관해 몇 줄만으로 설명하기는 어렵습니다. 지금은 저장하고자 하는 데이터의 특징과 함수들을 제공함으로써 데이터를 더욱 유연하게 다루는 방식이라고 하겠습니다.

이번에는 시간형 데이터를 살펴보겠습니다. 시간형 데이터를 위한 클래스에는 POSIXct와 POSIXlt 두 가지가 있습니다. POSIX Portable Operating System Interface는 IEEE[9]가 제정한 유닉스 계열의 운영체제가 사용하는 API 규격으로, 서로 다른 운영체제 간의 호환성을 높이는 표준으로 작동합니다. 이와 같은 표준이 있다면 서로 다른 운영체제 사이의 전환이 쉽게 이루어져 사용성이 높아집니다.

9 전기 전자 기술자 협회 IEEE; Institute of Electrical and Electronics Engineers는 전기·전자공학 전문가들의 국제조직으로 전기·전자 분야의 표준 회의를 통하여 산업 기기 간의 표준화를 이끌고 있습니다(출처: 위키피디아).

날짜와 시간은 실세계에서처럼 국가나 문화권 차이에 따라 표현하는 방법이 다르므로, 기준을 세우지 않고 컴퓨터에 적용한다면 사용자 간에 큰 혼란이 생길 것입니다. 이를 방지하기 위해 대부분의 컴퓨팅 환경에서는 날짜와 시간을 저장하는 표준을 따릅니다. POSIX에서 제안하는 표준 시간 정보는 단일 문자열로 저장하는 ct continuous time와 날짜 및 시간을 구성하는 '연/월/일 시:분:초' 등을 개별 리스트로 저장하는 lt list time 두 가지가 있습니다.

먼저 POSIXct 클래스부터 살펴봅시다.

[코드 3-50]에서 8줄의 `Sys.time( )` 함수는 현재 시각을 알려줍니다. 실행 결과는 이 원고를 작성한 시간으로, `Sys.time( )` 함수를 수행할 때마다 그 때의 시각이 출력될 것입니다. 10줄의 실행 결과에 따르면 `Sys.time( )` 함수가 구한 현재 시각은 `POSIXt` 클래스이면서 `POSIXct` 클래스입니다(`POSIXct`와 `POSIXlt` 클래스는 모두 `POSIXt` 클래스). `Sys.time( )` 함수로 구한 시각을 11줄처럼 숫자로 변경해 보면 1970년 1월 1일 00:00:00을 기준으로 초 단위로 나타낸 시간이 되며, 이를 유닉스 시간 UNIX time이라고 합니다.[10]

코드 3-50 04.datetime.R

```
8     t1 <- Sys.time()
9     t1
10    class( t1 )
11    as.numeric( t1 )
```

실행 결과

```
[1] "2021-07-30 20:28:08 KST"
[1] "POSIXct" "POSIXt"
[1] 1627644488
```

다음으로 `POSIXlt` 클래스를 살펴봅시다. `POSIXct`만으로도 충분하지만, `POSIXlt`는 조금 더 다양한 정보를 담고 있습니다. [코드 3-51]의 13~14줄을 실행한 결과는 앞서 알아본 `POSIXct`의 결과와 다르지 않습니다. 15줄의 `class( )` 함수를 통해 `t1`이 `POSIXlt` 클래스임을 확인할 수 있습니다.

코드 3-51 04.datetime.R

```
13    time.list <- as.POSIXlt( t1 )
14    time.list
15    class( t1 )
```

실행 결과

```
[1] "2021-07-30 20:28:08 KST"
[1] "POSIXlt" "POSIXt"
```

10 위키피디아에서 '유닉스 시간' 내용을 참고하세요.

클래스는 속성attributes을 갖습니다. [코드 3-52]의 attributes( ) 함수는 해당 클래스가 지닌 속성을 보여줍니다. POSIXlt 클래스의 속성에는 names, class, tzone 세 가지가 있으며, 다음 성질을 확인할 수 있습니다.

- names 속성의 각 원소는 [코드 3-54]와 같이 접근할 수 있습니다.
- class 속성의 값은 class() 함수를 통해 확인하는 클래스 이름입니다.
- tzone 속성은 해당 시각의 시간대timezone 정보를 저장합니다.

코드 3-52 04.datetime.R

```
attributes( time.list )
```

실행 결과

```
$names
 [1] "sec"    "min"    "hour"   "mday"   "mon"    "year"   "wday"
 [2] "yday"   "isdst"  "zone"   "gmtoff"

$class
[1] "POSIXlt" "POSIXt"

$tzone
[1] ""    "KST" "KDT"
```

attr( ) 함수는 첫 번째 인수로 전달한 클래스에 대해 두 번째 인수로 전달한 속성의 값을 출력합니다. 이때 두 번째 인수는 큰따옴표를 이용하여 문자열로 전달합니다. names 속성은 다양한 시간 관련 정보를 저장하는 리스트입니다(POSIXlt의 리스트). [코드 3-53]의 실행 결과를 통해 names 속성 몇 가지를 살펴봅시다.

- **mon** : 월을 나타내며, months() 함수는 이 값을 추출하여 월의 문자 표현을 출력합니다.
- **wday** : 요일을 나타내며, 일요일은 0, 토요일은 6입니다. weekdays() 함수는 이 값을 추출하여 요일의 문자 표현을 출력합니다.
- **yday** : 1년 중 몇 번째 날인지를 표현하며, 1월 1일이 0입니다.
- **zone** : 전 세계의 시간대를 구분하여 저장합니다.

- **isdst** : 서머타임summer time 적용 여부를 나타내며, 서머타임을 실시하면 1이고, 그렇지 않으면 0입니다. 참고로 우리나라는 서머타임을 실시하지 않습니다.

코드 3-53 04.datetime.R

```
attr( time.list, "names" )
```

실행 결과

```
[1] "sec"    "min"    "hour"   "mday"   "mon"    "year"   "wday"
[2] "yday"   "isdst"  "zone"   "gmtoff"
```

POSIXlt 객체는 리스트이며 names 속성 아래의 원소에 접근할 수 있습니다. [코드 3-54]에서 요일 정보를 담고 있는 wday 원소의 값을 가져왔습니다. wday 원소는 0부터 6까지 각각 일, 월, 화, 수, 목, 금, 토요일을 나타내는데, 여기서 5는 금요일이므로 2021년 7월 30일이 금요일임을 알 수 있습니다.

코드 3-54 04.datetime.R

```
time.list$wday
```

실행 결과

```
[1] 5
```

POSIXlt의 시간 정보는 월과 요일을 추출하는 함수를 제공합니다. [코드 3-55]에서 19줄의 months( )는 월 정보를 추출하고, 20줄의 weekdays( )는 요일 정보를 추출합니다. 그리고 그 결과를 시스템 언어 설정에 맞게 문자로 출력합니다.

코드 3-55 04.datetime.R

```
19    months( t1 )
20    weekdays( t1 )
```

실행 결과

```
[1] "7월"
[1] "금요일"
```

[코드 3-56]의 unlist( ) 함수는 리스트를 풀어 이름 있는 벡터로 만듭니다. 여기서 이름 있는 벡터는 벡터의 각 원소에 접근할 때 위치정보 외에도 이름표를 이용할 수 있습니다. 이름표는 대괄호 안에 문자열로, 즉 ["wday"]와 같은 형태로 사용합니다. unlist(time.list)["wday"]를 입력한 결과를 [코드 3-56]의 실행 결과와 비교해 봅시다.

코드 3-56 04.datetime.R

```
unlist( time.list )
```

실행 결과

```
     sec        min       hour       mday        mon       year
"8.8821"       "28"       "20"       "30"        "6"      "121"
    wday       yday      isdst       zone     gmtoff
     "5"      "210"        "0"      "KST"    "32400"
```

프로그래머를 힘들게 하는 다양한 시간 표현

국가나 문화권 차이에 따라 날짜를 나타내는 방식이 다릅니다. 연월일, 일월년, 월일년 순으로 표기하는 순서가 다르거나, 같은 날짜를 2021년 12월 1일, 2021-12-01, 2021/12/01과 같이 구분 기호를 달리하기도 합니다. 이럴 경우 날짜 정보를 어떻게 제대로 가져올지 알아봅시다.

우선 기존에 저장된 날짜 표현은 문자라고 가정하겠습니다. [코드 3-57]은 2021년 12월 1일에 대한 서로 다른 표현입니다. 세 변수에 날짜를 다양하게 표현하여 문자열로 저장합니다.

코드 3-57 04.datetime.R

```
dt1 <- "2021년 12월 1일 13시 00분 11초"
dt2 <- "12/01/2021"
dt3 <- "2021 12 01"
```

[코드 3-58]의 실행 결과를 봅시다. dt3 문자열은 사용자가 보기엔 날짜 정보를 담고 있으나, R은 날짜로 판단하지 못해서 오류 메시지를 반환했습니다. R은 형식을 통해 날짜를 구분하는데, 날짜와 시간을 나타내는 표준 서식은 YYYY-mm-dd hh:MM:ss입니다.

코드 3-58 04.datetime.R

```
as.Date( dt3 )
```

실행 결과

```
Error in charToDate(x) : 문자열이 표준 서식을 따르지 않습니다
```

데이터셋을 구한 후 날짜 정보를 추출할 때 이와 같은 일이 자주 일어납니다. 저장한 시간 정보를 날짜형으로 변환하기 전에 데이터가 어떤 형태인지 반드시 확인해야 합니다. 특히 날짜 정보는 문화권에 따라 여러 가지 방법으로 표현하기 때문에 반드시 사전에 확인합니다.

이제 날짜와 시간을 구분하는 구분자를 지정하여 문자열에서 시간 정보를 추출해 봅시다. R에서는 strptime( ) 함수가 이를 지원합니다. strptime( ) 함수는 다음의 두 인수를 사용합니다.

- 시간 정보를 담고 있는 문자열 벡터
- 시간 정보의 포맷

여기서 시간 정보의 포맷은 [표 3-4]와 같습니다.

표 3-4 시간 정보의 포맷

포맷	설명
%Y	네 자릿수 연도
%m	두 자릿수 월
%d	두 자릿수 일
%H	두 자릿수 시간(00-23)
%M	두 자릿수 분(00-59)
%S	두 자릿수 초(00-59)

strptime( ) 함수 사용법을 알아봅시다. strptime( ) 함수의 첫 번째 인수는 기존 시간, 두 번째 인수는 변경할 시간 정보의 형식(format)을 사용합니다. 여기서 시간 정보는 [표 3-4]의 포맷에 문자를 덧붙인 형태이며, 이를 [그림 3-12]에 도식화하였습니다. 이때 시간 정보를 각각 띄어쓰기(Space bar)로 구분합니다. 이 포맷에 맞는 기존 문자열에서 POSIXlt의 시간 정보를 가져옵니다.

```
> sdt1 <- strptime( dt1, format="%Y년 %m월 %d일 %H시 %M분 %S초" )
```

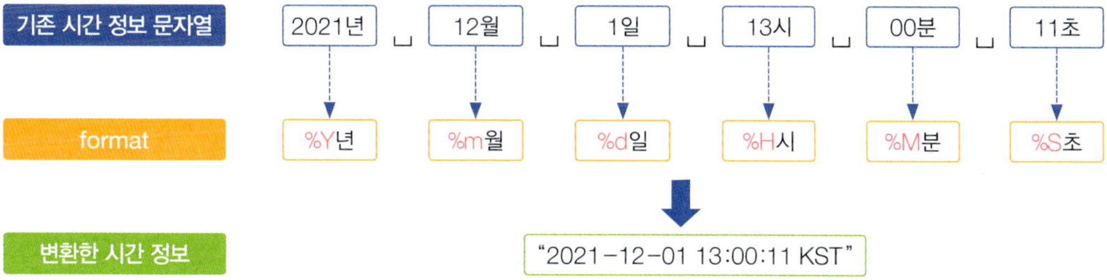

그림 3-12 기존 문자열에서 날짜와 시간 정보 가져오기

[코드 3-59]는 문자열로 저장한 데이터를 format에서 지정한 형식을 이용하여 시간 정보를 추출한 뒤, POSIXlt 클래스의 시간 데이터를 생성하는 코드입니다.

코드 3-59 04.datetime.R

```
class( sdt1 )
sdt1
```

실행 결과

```
[1] "POSIXlt" "POSIXt"
[1] "2021-12-01 13:00:11 KST"
```

dt1과 다른 날짜 표현으로 저장된 dt2, dt3에서도 날짜 정보를 가져올 수 있습니다. [코드 3-60]의 36줄은 dt2에 시간 정보가 담긴 문자열 벡터가 "월(두 자릿수)/일(두 자릿수)/연(네 자릿수)"의 형식이면 POSIXlt 클래스로 변환합니다. 이 형식을 따르지 않으면 결측(NA)이 됩니다. 37줄은 dt3에 시간 정보가 담긴 문자열 벡터가 연(네 자릿수), 월(두 자릿수), 일(두 자릿수)이 각각 띄어쓰기로 구분되어 있으면 POSIXlt 클래스로 변환합니다.

코드 3-60 04.datetime.R

```
36    strptime( dt2, format="%m/%d/%Y" )
37    strptime( dt3, format="%Y %m %d" )
```

실행 결과

```
[1] "2021-12-01 KST"
[1] "2021-12-01 KST"
```

두 시간의 차이는 얼마나 될까?

두 시간 정보의 차를 계산하는 방법을 알아보겠습니다. 시간 계산이 어려운 점은 1분과 1시간이 각각 60초와 60분으로 단위만 다르고 크기가 0부터 60으로 같지만, 1일이 60시간이 아닌 데에서 기인합니다. 매월 일수도 다르고 윤년이면 2월이 29일까지입니다. 이런 점이 바로 시간 계산을 어렵게 합니다. 다행히 R은 시간의 차를 계산할 수 있게 연산자와 함수를 제공합니다.

연산자는 기존 숫자 계산에 사용한 연산자를 그대로 사용합니다. 연산자 "-"를 Date 클래스와 POSIXt 클래스[11]에 사용하면 시간의 차를 구하는 연산자로 작동합니다.

먼저 Date 클래스일 때 두 시간의 차를 구해 봅시다. 이를 [코드 3-61]에서 구현합니다. 2021년 12월 25일과 2020년 6월 30일을 두 변수 t2, t3에 Date 클래스로 저장합니다. 두 날짜의 차이를 변수 diff에 저장합니다. 44줄의 실행 결과에 따르면 Date 클래스의 차이는 difftime 클래스입니다. 그리고 Date 클래스 간에 사용한 연산자 "-"는 두 날짜의 차를 구해줍니다.

코드 3-61 04.datetime.R

```
41    t2 <- as.Date( "2021-12-25" )
42    t3 <- as.Date( "2020-06-30" )
43    diff <- t2 - t3
44    class( diff )
45    diff
```

실행 결과

```
[1] "difftime"
Time difference of 543 days
```

이번에는 [코드 3-62]와 같이 POSIXt 클래스일 때 두 시간의 차를 구해 봅시다. 2021년 12월 25일 0시 0분 0초를 변수 t4에 POSIXct로 저장하고, 2020년 6월 30일 12시 0분 0초를 변수 t5에 POSIXlt로 저장합니다. 두 시간의 차이를 변수 diff2에 저장합니다. 50줄의 실행 결과에 따르면 시간 차이는 difftime 클래스이며, POSIXct와 POSIXlt는 서로 간에 차이를 구할 수 있습니다.

코드 3-62 04.datetime.R

```
47    t4 <- as.POSIXct( "2021-12-25 00:00:00" )
48    t5 <- as.POSIXlt( "2020-06-30 12:00:00" )
49    diff2 <- t4 - t5
50    class( diff2 )
51    diff2
```

실행 결과

```
[1] "difftime"
Time difference of 542.5 days
```

두 시점의 차가 며칠인지 궁금할 수도 있지만 때로는 몇 시간 차이인지, 몇 주 차이인지도 알고 싶을 때도 있습니다. 이와 같이 원하는 시간 차이의 단위를 구하고 싶을 때 difftime( ) 함수를

11 POSIXct, POSIXlt 두 클래스를 POSIXt로 통칭해 부르겠습니다.

사용합니다. difftime( ) 함수는 아래와 같은 두 인수를 통해 원하는 차를 구해줍니다.

- 첫 번째 인수와 두 번째 인수 : Date 혹은 POSIXt 클래스의 데이터를 전달받습니다.
- 인수 units : 초("secs"), 분("mins"), 시간("hours"), 일자("days"), 주("weeks") 단위로 차를 구해줍니다.

[코드 3-63]은 difftime( ) 함수에서 단위를 지정하는 예입니다. 53줄은 t4와 t5의 차이를 초 단위로 구해줍니다. 54줄은 t4와 t5의 차이를 시간 단위로 구해줍니다. 55줄은 t4와 t5의 차이를 주 단위로 구해줍니다. 값만 얻고 싶다면 difftime( ) 함수가 반환하는 difftime 클래스를 숫자 벡터로 변환하면 됩니다. 이를 위해 57줄에서는 as.numeric( ) 함수를 사용했습니다.

코드 3-63 04.datetime.R

```
53    difftime( t4, t5, units="secs" )
54    difftime( t4, t5, units="hours" )
55    difftime( t4, t5, units="weeks" )
56
57    as.numeric( difftime(t4, t5, units="secs") )
```

실행 결과

```
Time difference of 46872000 secs
Time difference of 13020 hours
Time difference of 77.5 weeks

[1] 46872000
```

difftime( ) 함수를 논리 연산자와 함께 사용하면 주어진 데이터가 특정 기간 내에 있는지를 확인할 수 있습니다. 주어진 데이터가 최근 1주 이내의 값인지 확인해 봅시다. 2022년 1월 9일에 2022년 1월 1일이 한 주 이내인지 [코드 3-64]로 확인한 결과 FALSE로 나타났으며, 이는 1주를 초과한 차이임을 알 수 있습니다.

코드 3-64 04.datetime.R

```
t6 <- as.Date("2022-01-01")
t7 <- as.Date("2022-01-09")
difftime(t7, t6, units="weeks") <= 1
```

실행 결과

```
[1] FALSE
```

지금까지 데이터 길들이기 과정을 수행하며 미주할 수 있는 대표적인 상황을 몇 가지 보았습니다. 아직은 모든 데이터셋을 다 길들일 수는 없지만, 이제 기초는 튼튼하다고 생각합니다. 여러분이 쌓은 기초를 바탕으로 5장에서 내공을 더 쌓아보겠습니다.

3.5 프로그래밍 언어로서의 R

R의 기본 함수와 패키지에서 제공하는 함수를 이용하여 데이터를 더욱 쉽고 빠르게 다루는 방법을 알아보았습니다. 분석을 위해 데이터 길들이기 과정을 잘 수행했다면 이런 함수를 이용해서 대부분 원하는 결과를 빠르게 얻을 수 있습니다. 그러나 우리가 실제로 접하는 데이터는 각자의 필요 때문에 축적되어 우리에게 필요한 형태가 아닐 때도 많고, 특수한 상황에 맞춰 작성된 데이터일 때도 많습니다. 이때 R이 가진 프로그래밍 언어 기능을 활용하면 큰 도움이 됩니다.

지금까지 R 코드는 위에서 아래로 순차적으로 실행했습니다. 이번에는 상황에 따라 실행하는 순서를 달리하는 방법을 알아보려고 합니다. 프로그래밍 언어로서 R은 다음과 같이 세 가지 기능을 가집니다.

- 원하는 코드 덩어리를 반복 실행
- 원하는 코드 덩어리만 실행
- 코드 덩어리를 원하는 시점에 실행

여기서 원하는 **코드 덩어리** code block는 중괄호 쌍으로 구분한 코드이며, 하나의 실행 단위입니다. 즉, 각 코드를 개별로 실행하지 않고 하나의 결과를 얻기 위해 모아놓은 코드들의 모임입니다.[12] [코드 3-65]를 통해 코드 덩어리가 어떻게 작동하는지 살펴봅시다.

코드 3-65 05.flow_control.R

```
4    test <- "Hi"
5    {
6      print( test )
7      cat( paste0(test, " { ... }") )
8      cat( paste0(test, " { ... }\n") )
9      cat( paste0(test, "\n") )
10   }
```

코드를 [그림 3-13]과 같이 4~6줄만 실행하고 Console 패널의 결과를 살펴보면, `print( test )` 코드는 실행하지 않고 다음 명령을 기다리고 있음을 확인할 수 있습니다.

12 코드 덩어리는 프로그래밍 언어에 따라 저장공간을 달리하는 등 여러 기능을 수행합니다. 여기서는 간단하게 하나의 목적을 위해 작성하는 코드들의 모임으로 정의하겠습니다.

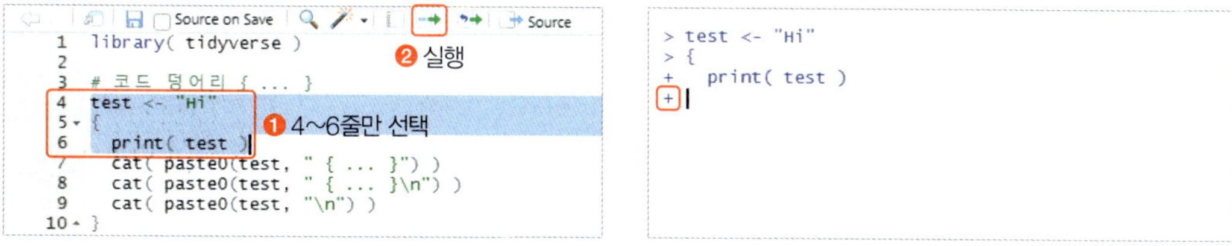

(a) 마우스로 4~6줄만 드래그하여 선택

(b) 실행 결과

그림 3-13 코드의 일부만 실행한 결과

이제 [그림 3-14]처럼 7줄부터 닫는 중괄호가 있는 10줄까지 선택하여 실행하면, 6~9줄을 한 번에 실행한 결과가 나타납니다.

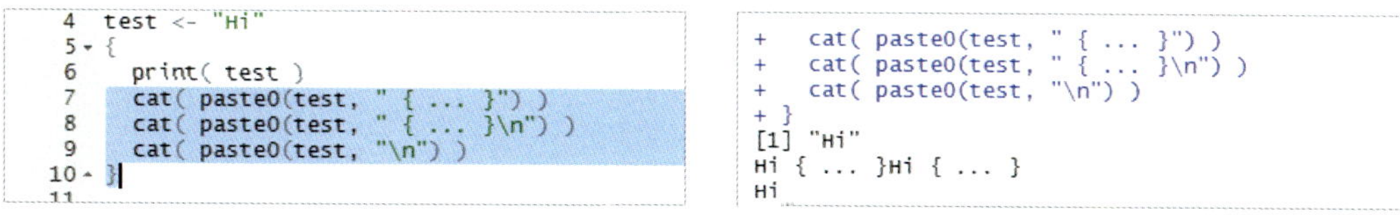

(a) 마우스로 7~10줄까지 드래그하여 선택

(b) 실행 결과

그림 3-14 코드의 나머지까지 실행한 결과

[코드 3-65]를 살펴보면 RStudio가 들여쓰기를 지원함을 알 수 있습니다. 들여쓰기는 여는 중괄호({)를 입력하고 줄을 바꾸면 다음 줄에서 탭 한 번(RStudio 기본값은 빈칸 두 칸)만큼 띄워 주는 기능입니다. 들여쓰기를 이용하여 코드를 작성하면 더욱 쉽게 읽을 수 있습니다. 이 기능은 코드를 다시 살펴볼 때 유용하기 때문에 규칙을 지켜서 사용하기를 추천합니다.

[코드 3-65]에서 사용한 함수 `print( )`는 인수로 전달한 값을 출력하고, 함수 `cat( )`은 값이 아니라 단순 메시지로서의 출력물을 Console 패널에 출력합니다. 두 함수의 출력 결과를 보면 `print( )`에서는 벡터의 출력을 알리는 대괄호 쌍(`[ , ]`)이 있는 반면에 `cat( )` 함수는 결과가 데이터가 아닌 메시지로 화면에 나타납니다. `cat( )` 함수를 출력할 때에는 사용자가 줄바꿈을 직접 지정하는데, 8줄처럼 "\n"을 넣으면 됩니다.

지금까지 중괄호 쌍으로 묶인 코드 덩어리에 대해 알아보았습니다. 이제부터 소개하는 프로그래밍 언어로서의 기능은 함수 형태와 같이 각각 이름과 소괄호 쌍((,))을 가지며 코드 덩어리를 반복하거나, 실행을 원하는 코드 덩어리를 선택하는 구조입니다.

특정 코드를 반복 실행하기 : 반복문

구구단을 구하는 과정을 생각해 봅시다. 예를 들어 3단은 3 곱하기 1, 3 곱하기 2, 3 곱하기 3, …, 3 곱하기 8, 3 곱하기 9이므로 다음과 같이 표현할 수 있을 것입니다.

$$3 \times i \quad (i=1, 2, 3, 4, \cdots, 9)$$

이제 3단을 R로 구해 보겠습니다. 1에서 9까지 곱하면 너무 많으니 몇 가지만 구하겠습니다.

코드 3-66 05.flow_control.R

```
3 * 2
3 * 3
3 * 8
3 * 9
```

실행 결과

```
[1] 6
[1] 9
[1] 24
[1] 27
```

이렇게 일일이 구구단을 구해야 한다면 "뭐하러 컴퓨터를 사용하지?"라는 의문이 생길 겁니다. 3단을 구하는 과정을 가만히 살펴보겠습니다.

"3 * "는 고정되어 있고 뒤에 곱하는 수가 1부터 9까지 변한다.

[코드 3-66]에서 표현했듯이 "3 * 곱하는 값"에서 곱하는 값이 1부터 9까지 변화하며 3단의 결과를 출력하고, 이때 고정한 3 *는 총 9번 **반복**됩니다. 이 내용은 **반복문**을 이용하여 구현할 수 있습니다.

반복문을 사용하려면 고정된 부분과 변하는 부분을 잘 파악해야 합니다. R의 반복문 중 하나인 `for( )`[13]를 알아보겠습니다.

`for( )` 문은 중괄호({ ··· }) 안의 코드 덩어리를 `in` 이후에 지정한 벡터의 원소 수만큼 반복합니다.

- 벡터의 원소별로 순서대로 방문하고, 방문할 때마다 코드 덩어리를 수행합니다.
- 벡터의 원소가 3개이면 중괄호 쌍으로 묶은 코드 덩어리를 3번 반복합니다.

13 R에는 `while( )`, `repeat( )` 등의 반복문이 있습니다. 반복문은 함수처럼 소괄호를 가지고, 반복할 대상인 코드 덩어리가 들어갈 중괄호 쌍({, })도 갖고 있습니다.

그리고 현재 방문한 벡터의 원소 값을 저장합니다.

```
for( 변수 in 벡터 ) {
    반복할 R 코드 덩어리
}
```

그림 3-15 for() 문

반복문으로 3단을 구하는 코드를 보면서 어떻게 작동하는지 확인해 봅시다. [그림 3-16]은 3단에서 1을 곱하는 것을 제외하고 2부터 9까지 곱하는 코드입니다.

❶ 2:9 : 반복에 사용할 벡터로, 벡터 2:9의 각 원소를 순서대로 방문하고 R 코드 덩어리를 수행합니다.
❷ i : 벡터의 각 원소를 순서대로 방문할 때 원소 값을 저장하는 변수입니다.
❸ 코드 덩어리는 i 값이 2, 3, …, 8, 9로 변하면서 총 8번 반복 수행합니다.

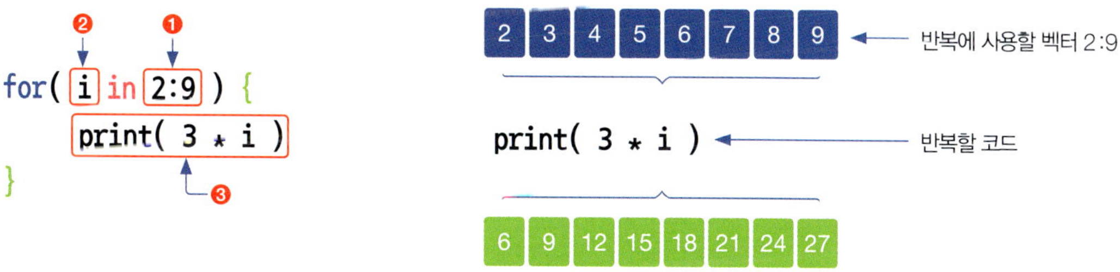

(a) for() 문 (b) 벡터 2:9의 각 원소를 순서대로 방문

그림 3-16 2부터 9까지 3을 반복하여 곱하는 for() 문

반복문을 포함하는 반복문 : 중첩된 반복문

반복문은 다른 반복문을 포함할 수 있습니다. [코드 3-67]은 반복문을 이용하여 구구단 전체를 출력합니다. 이 코드는 벡터 2:9를 사용하며 각 단의 정보를 변수 dan에 저장하고, 각 단을 반복할 때마다 곱하는 수를 2에서부터 9까지(벡터 2:9) 반복하며(구하고자 하는 단은 변수 times에 저장) 출력합니다.

코드 3-67 05.flow_control.R

```
for( dan in 2:9 ) {
  for( times in 2:9 ) {
    print( dan * times )
  }
}
```

실행 결과

```
[1] 4
[1] 6
[1] 8
…
[1] 63
[1] 72
[1] 81
```

참고

반복문을 사용하지 않는 경우

구구단 3단만 구하고 싶다면 벡터 연산 3 * (2:9)를 통해 결과 벡터를 얻을 수 있습니다. 단순 계산만 한다면 반복문을 사용하지 않는 것이 작동 속도에 유리하므로 추천합니다. 또한 tidyverse의 일원인 purrr 패키지는 함수형 프로그래밍functional programming을 지원하는 map( ) 계열의 함수를 이용해 반복문을 사용하지 않고 빠르게 수행할 수 있는 방법을 제공합니다. 이 함수의 작동 원리는 이 책의 수준을 벗어나므로, 자세히 알고 싶으면 해들리 위컴의 『R for Data Science』 21장[14]을 참고하세요.

원하는 코드만 실행하기 : 조건문

조건문은 조건에 따라 원하는 코드를 수행하는 구문입니다. R의 대표적인 조건문인 `if( )`에 대해 알아보겠습니다. `if( )` 구문은 양자택일 함수이며 다음과 같은 형태로 사용할 수 있습니다.

14 21장 본문 링크 : https://r4ds.had.co.nz/iteration.html

- 주어진 조건이 참일 때만 코드 수행하기
- 주어진 조건이 참일 때와 거짓일 때 각각 다른 코드 수행하기
- if() 구문을 중첩하여 양자택일이 아닌 다양한 상황에 따라 코드 수행하기

예를 통해 if( ) 구문의 사용법을 살펴보겠습니다. [코드 3-68]에 사용할 데이터셋은 국가통계포털KOSIS[15]에서 제공하는 2018년부터 2020년까지 시도별 세대수입니다. 38줄은 변수 pops에 데이터셋을 저장하고 첫 번째 열 이름을 sido로 하였습니다. 43줄과 같이 변수 pops를 변수 pops2에 복사하고 작업 데이터셋으로 사용합시다. 44줄은 작업 데이터셋에 시와 도를 구분하기 위해 sido_group 열을 만듭니다. 이때 초깃값으로 문자 "시"를 사용했습니다.

코드 3-68 05.flow_control.R

```
38    pops <- read.csv( "./data/pop_2018_2020.csv",
39                      fileEncoding = "CP949" )
40    names( pops )[1] <- c( "sido" )
41    names( pops )
42
43    pops2 <- pops
44    pops2$sido_group <- "시"
```

if( ) 조건문은 다음과 같이 조건식과 코드 덩어리를 포함하는 형태로 작성합니다.

- 조건식 : if()의 소괄호 안에 조건식을 넣습니다. 조건식은 참(TRUE) 또는 거짓(FALSE)을 반환하는 수식이나 함수가 올 수 있습니다.
- 코드 덩어리 : 조건식이 참일 때 수행할 코드 덩어리를 넣습니다.

```
if ( 조건식 ) {
      R 코드 덩어리
}
```

그림 3-17 if() 조건문

15 국가통계포털(https://kosis.kr/) 사이트에서 [국내 통계] → [수제별 통계] → [인구] → [주민등록인구현황]에서 행정구역(시군구별) 주민등록세대수로 찾아볼 수 있습니다.

반복문 for( )를 통해 sido 열의(데이터프레임의 각 열은 벡터이므로) 벡터의 개별 값을 방문하면서 조건문 if( )로 시도명이 "도"로 끝나면 sido_group의 값을 "도"로 변경하는 예를 [코드 3-69]에서 살펴보겠습니다.

46줄은 i 값이 1부터 pops2 데이터프레임의 행의 수가 될 때까지 for( ) 구문을 반복합니다. 즉, pops2 데이터프레임의 어떤 열의 첫 번째 원소부터 마지막 원소까지 방문하면서 반복합니다.

tip 데이터를 따라 반복할 때 seq_along() 함수를 사용할 수 있습니다. 이 코드는 46줄을 for(i in seq_along(pops2)) 라고 작성해도 같은 결과를 얻을 수 있습니다.

47줄은 for( ) 구문의 코드 덩어리로 if( ) 조건문이 들어간 형태입니다. if( ) 조건문은 sido 열 i번째 값(pops2$sido[i])의 마지막 문자에 따라 코드 덩어리를 수행할지 결정합니다. 이 코드는 마지막 문자가 "도"로 끝나면 코드 덩어리를 수행하라는 뜻입니다. 여기에 3.3절에서 사용한 함수 str_detect( )를 사용해 "도"로 끝나는지의 여부를 판별합니다.

48줄에서 if( ) 조건문의 코드 덩어리는 sido_group 열 i번째 값을 "도"로 변경하는데, 조건식이 참일 때만 수행합니다. 조건식이 거짓이면("도"로 끝나지 않으면) sido_group 열 i번째 값을 그대로 유지합니다. 마지막으로 51줄은 pops2 데이터프레임의 sido_group 열을 출력합니다.

코드 3-69 05.flow_control.R

```
46    for( i in 1:nrow(pops2) ) {
47      if( str_detect(pops2$sido[i], "도$") ) {
48          pops2$sido_group[i] <- "도"
49      }
50    }
51    pops2$sido_group
```

실행 결과

```
[1] "시" "시" "시" "시" "시" "시" "시" "시" "도"
[10] "도" "도" "도" "도" "도" "도" "도" "도"
```

지금까지 조건식이 참일 때만 수행하는 조건문을 살펴보았습니다. 그런데 조건식의 결과에 따라 수행하는 작업이 달라지는 조건문도 있습니다. 이때 [그림 3-18]처럼 else 지시어를 사용합니다. else를 사용한 if( ) 조건문을 if~else 문이라고도 합니다.

- else 지시어는 두 코드 덩어리 사이에 위치합니다.
- else 앞의 코드 덩어리는 조건식이 참일 때 수행하고, else 뒤의 코드 덩어리는 조건식이 거짓일 때 수행합니다.

```
if ( 조건식 ) {
    조건식이 참일 때 수행할 R 코드 덩어리
} else {
    조건식이 거짓일 때 수행할 R 코드 덩어리
}
```

그림 3-18 if~else 문

[코드 3-70]은 시도명이 "도"로 끝나면 sido_group 열의 값으로 "도지역"을 저장하고, 그렇지 않으면 "시지역"을 저장합니다. 57줄은 if( )의 조건식이 참일 때 수행할 코드입니다. 58줄의 else는 조건식의 값에 따라 수행할 두 코드 덩어리를 구분합니다. 59줄은 if( )의 조건식이 거짓일 때 수행할 코드입니다.

코드 3-70 05.flow_control.R

```
55  for( i in 1:nrow(pops2) ) {
56    if( str_detect(pops2$sido[i], "도$") ) {
57      pops2$sido_group[i] <- "도지역"
58    } else {
59      pops2$sido_group[i] <- "시지역"
60    }
61  }
62
63  pops2$sido_group
```

실행 결과

```
 [1] "시지역" "시지역" "시지역" "시지역" "시지역" "시지역"
 [7] "시지역" "시지역" "도지역" "도지역" "도지역" "도지역"
[13] "도지역" "도지역" "도지역" "도지역" "도지역"
```

if~else 문을 확실하게 이해하기 위해 학생의 점수(score)에 따라 변수 grade에 학점을 A, B, C, D, F를 부여하는 코드를 작성해 보겠습니다. 점수가 91점 이상이면 A, 81~90점이면 B, 71~80점이면 C, 61~70점이면 D를 부여하고, 그 외(60점 이하)에는 F를 부여하려고 합니다. 어떤 학생의 점수가 45점이면 R이 학점을 어떤 방식으로 판정하는지 다음 순서대로 알아봅시다. [그림 3-19]의 코드는 05.flow_control.R 파일의 67~80줄에 있습니다.

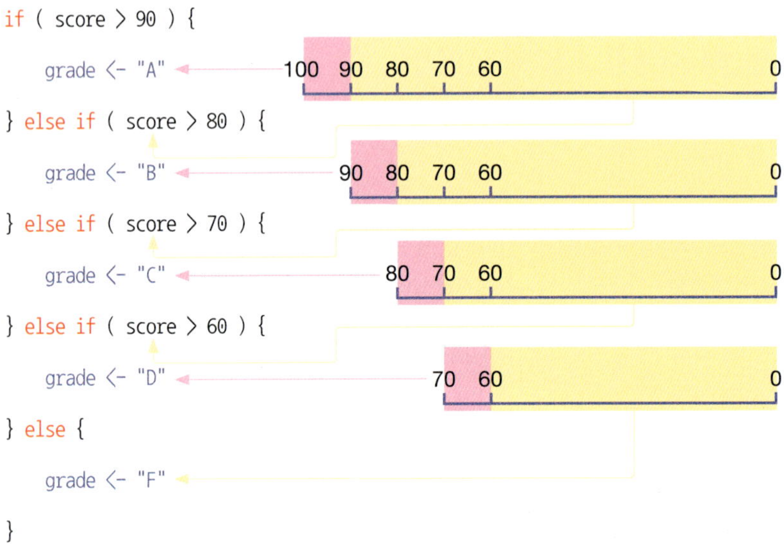

그림 3-19 if~else 문을 여러 번 중첩하여 사용하기

1 score가 90점을 초과하는지 확인합니다. 처음에는 0~100점 사이의 모든 값이 판정 범위입니다. 90점을 초과하면 변수 grade에 A를 저장하고, 그렇지 않으면 다음의 else if( ) 문을 통해 값을 판별합니다.

2 score가 80점을 초과하는지 확인합니다. 이제 0~90점 사이의 모든 값이 판정 범위입니다. 80점을 초과하면 변수 grade에 B를 저장하고, 그렇지 않으면 다음의 else if( ) 문을 통해 값을 판별합니다.

3 score가 70점을 초과하는지 확인합니다. 이제 0~80점 사이의 모든 값이 판정 범위입니다. 70점을 초과하면 변수 grade에 C를 저장하고, 그렇지 않으면 다음의 else if( ) 문을 통해 값을 판별합니다.

4 score가 60점을 초과하는지 확인합니다. 앞서 if( ) 문을 통해 이 문장이 수행될 때 판정 값의 범위는 0~70점 사이의 값이 됩니다. 70점 초과이면 변수 grade에 D를 저장합니다. 70점 초과가 아니면 나머지 점수는 모두 70점 이하로 이들에 대해 변수 grade에 F를 저장합니다.

조건식에 따른 결과의 벡터화 함수 : ifelse

지금까지 전통적인 프로그래밍 요소로서 조건문을 학습했다면, 이제는 R에서 사용하는 독특한 조건 처리 방법을 알아보겠습니다.

[그림 3-20]과 같이 4개의 원소 1, 3, −2, 4로 구성된 벡터에 3을 더한 결과는 똑같이 원소가 4개인 벡터이며, 벡터의 각 원소에 3을 더한 값으로 구성됩니다. 여기서 연산을 수행한 결과 벡터가 연산에 사용한 벡터의 원소 순서를 유지하고 있음을 기억합시다.

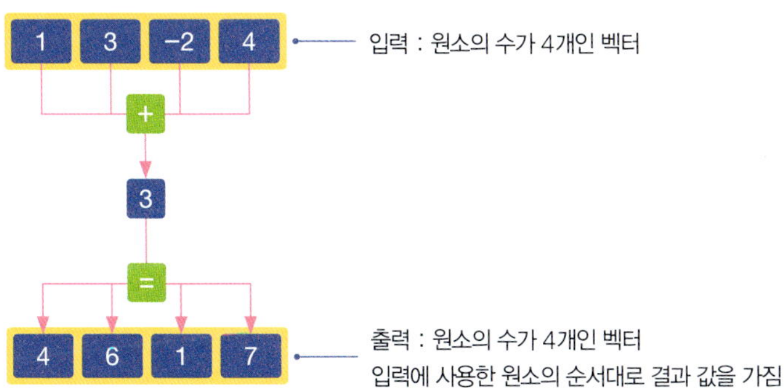

그림 3-20 벡터 연산

함수 ifelse( )는 조건식 벡터를 첫 번째 인수로 가지며 원소별로 조건식을 판단하여 참이면 두 번째 인수로 지정한 값을, 거짓이면 세 번째 인수로 지정한 값을 할당합니다.

```
ifelse ( 조건식, 조건식이 참일 때 값, 조건식이 거짓일 때 값 )

ifelse( c(1, 3, -2, 4) %% 2 == 0, "짝수", "홀수")

→ c( "홀수", "홀수", "짝수", "짝수" )
```

그림 3-21 ifelse( )의 작동

조건식을 판단하고 처리하는 과정이 복잡하지 않다면 ifelse( ) 함수가 효과적입니다. 그리고 mutate( ) 함수와 함께 사용할 수도 있습니다. [코드 3-71]은 if~else 문에서 사용한 예([코드 3-69] 참고)와 반복문 없이도 똑같이 작동합니다.

코드 3-71 05.flow_control.R

```
pops2 %>%
  mutate( sido_group2 =
            ifelse( str_detect(sido, "도$"),
                    "도지역",
                    "시지역" )
        )
```

실행 결과

```
        sido      X2018    X2019    X2020    sido_group  sido_group2
1   서울특별시   4263868  4327605  4417954           시       시지역
2   부산광역시   1480468  1497908  1530431           시       시지역
...
```

내가 만드는 함수 : 사용자 정의 함수

R에서는 다양한 연산자와 함수를 이용하여 복잡한 분석을 쉽고 빠르게 수행할 수 있습니다. 예를 들어 함수 mean( )과 sd( )를 실행하면 각각 평균과 표준편차를 얻을 수 있지만, 함수를 한 번만 실행해서 평균과 표준편차를 모두 얻을 수 있다면 더 편리할 것입니다.

이를 구현하기 위해 **사용자 정의 함수**를 만들어 봅시다. R에서는 function 지시어를 이용해 사용자 정의 함수를 만듭니다. [그림 3-22]에서 사용자 정의 함수를 만드는 개별 요소에는 다음과 같은 것들이 있습니다.

❶ **함수 이름** : 사용자 정의 함수의 이름으로, 각자 사용하고자 하는 이름을 지정합니다.

❷ **function 지시어** : 사용자 정의 함수를 만들기 위한 지시어입니다.

❸ **인수 목록** : 사용자 정의 함수에 사용할 인수를 나열합니다.

- **기본 인수** : 인수를 지정하지 않을 경우 함수를 만들 때 사용한 인수의 값을 사용합니다. 여기서는 na 인수의 값을 사용하지 않으면 TRUE를 사용합니다.

❹ **함수 몸체(코드 덩어리) :** 전달받은 인수의 값을 이용하여 새로운 계산 등을 수행합니다.

❺ **함수 수행 결과 반환 :** return() 함수의 인수로 전달할 값을 사용하며, 함수 작동을 멈추고 함수를 작동한 코드에 값을 반환합니다. return() 함수를 사용하지 않고 반환할 값을 저장한 변수명을 사용할 수 있습니다.

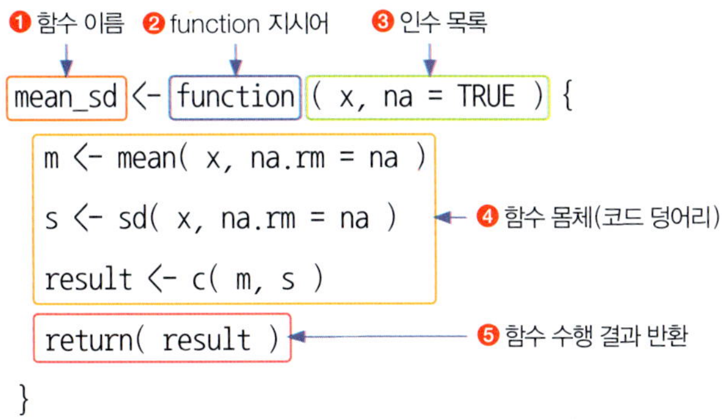

그림 3-22 사용자 정의 함수 만들기

[코드 3-72]를 실행하고 결과를 살펴봅시다. 이 코드는 사용자 정의 함수 mean_sd( )를 만드는 것으로 각각 다음과 같은 요소로 이루어져 있습니다.

❶ **함수 이름 :** mean_sd

❷ **function 지시어**

❸ **인수 목록**

- 첫 번째 인수의 이름은 x이며 필수로 입력해야 하는 값입니다.
- 두 번째 인수의 이름은 na이며 기본값은 TRUE입니다. 함수 사용 시 두 번째 인수를 지정하지 않으면 TRUE를 사용하고, 함수 사용 시 두 번째 인수를 지정하면 해당 값을 사용합니다. 기본 인수는 이처럼 등호(=)를 이용하여 기본값을 정의합니다. 기본 인수가 아닌 인수는 필수 인수가 됩니다.

❹ **함수 몸체**

- 전달한 x의 평균과 표준편차를 구하기 위해 mean()과 sd() 함수를 사용합니다. 해당 함수가 필요로 하는 인수인 na.rm의 값으로 사용자 정의 함수 사용 시 지정한 인수인 na에 전달한 값(112줄에서는 na 인수를 전달하지 않으므로 여기서 기본값으로 지정한 TRUE)를 사용합니다.
- c() 함수를 이용해 평균과 표준편차를 하나의 벡터로 만들고 result에 저장합니다.

❺ **결과 반환 :** return() 함수를 이용해 result를 반환합니다. return() 함수를 사용하지 않고 result 변수를 입력하여 결과를 반환할 수 있습니다

코드 3-72 05.flow_control.R

```
mean_sd <- function( x, na = TRUE ) {
  m <- mean( x, na.rm = na )
  s <- sd( x, na.rm = na )
  result <- c( m, s )
  return( result )
}

mean_sd( pops2$X2019 )
```

실행 결과

```
[1] 1322439 1410999
```

사용자 정의 함수는 [그림 3-23]과 같은 원리로 작동합니다.

❶ 인수로 2019년의 인구를 저장한 pops2$X2019를 사용하여 사용자 정의 함수 mean_sd()를 사용합니다.

❷ 함수를 사용할 때 인수 na는 사용하지 않았으므로 기본값인 TRUE를 함수 몸체에서 변수 na에 저장하고 사용합니다.

❸ 함수 수행을 마치고 결과 값을 저장한 result를 함수 사용 위치에 반환합니다.

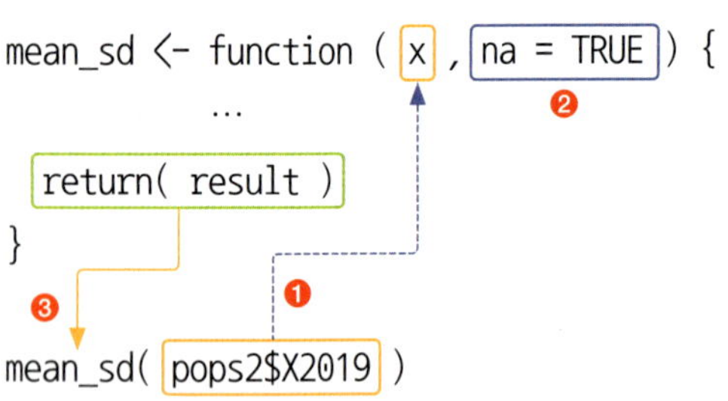

그림 3-23 사용자 정의 함수의 작동

기본적인 사용자 정의 함수에 대해 알아보았습니다. 사용자 정의 함수는 R이 제공하는 다양한 기능을 이용하여 새로운 기능을 만들 수 있으며 자주 사용하는 기능입니다. 간단한 것부터 시작해서 여러분만의 함수를 만들어 봅시다!

3.6 일해라 R!

이번 장에서 배운 내용을 바탕으로 R 파일로 사용한 데이터를 함께 만들어 보겠습니다. 필요한 부분은 3.2절에서 다시 살펴보세요.

long format으로 데이터 구조 변경하기

Excel 파일의 wide format 데이터를 long format 데이터로 변경하고 이를 csv 파일로 저장해 봅시다. 일, 월, 상수도 공급량을 나타내는 열로 이루어진 2020년 고양정수장의 일별 상수도 공급량 데이터(3.2절 참조)를 그대로 사용하겠습니다.

코드 3-73 06.doR.R

```
library( tidyverse )
library( readxl )

ws_wide <- read_excel( "./data/water_2020.xlsx" )
ws_wide

ws_wide %>%
  pivot_longer( cols = 2:13 )
```

실행 결과

```
# A tibble: 372 x 3
   구분  name  value
   <chr> <chr> <dbl>
 1 1     1     91580
 2 1     2     92500
 3 1     3     90400
         ...
# ... with 362 more rows
```

이 데이터셋을 2장에서 사용한 데이터셋으로 저장해 봅시다. [코드 3-74]처럼 열의 위치를 일, 월 순에서 월, 일 순으로 변경합니다.

코드 3-74 06.doR.R

```
ws_wide %>%
  pivot_longer( cols = 2:13 ) %>%
  select( name, 구분, value )
```

실행 결과

```
# A tibble: 372 x 3
   name  구분   value
   <chr> <chr>  <dbl>
 1 1     1      91580
 2 2     1      92500
 3 3     1      90400
          ...
# ... with 362 more rows
```

열 이름 변경하기

tidyverse의 dplyr 패키지가 제공하는 rename( ) 함수를 이용하여 열 이름을 바꿉니다. rename( ) 함수의 첫 번째 인수는 변경할 열 이름이 담긴 데이터프레임(혹은 티블)이지만, 파이프 연산자(%>%)를 통해 첫 번째 인수를 앞에서 만든 데이터프레임으로 대신할 것입니다. 그다음 인수부터 이름을 재정의하는 표현식은 다음과 같습니다.

바꿀 열 이름 = 기존 열 이름

[코드 3-75]를 통해 확인해 봅시다.

코드 3-75 06.doR.R

```
ws_wide %>%
  pivot_longer( cols = 2:13 ) %>%
  select( name, 구분, value ) %>%
  rename(
    month = name,
```

```
      day = 구분,
      supply = value
    )
```

실행 결과

```
# A tibble: 372 x 3
  month day   supply
  <chr> <chr>  <dbl>
1 1     1      91580
2 2     1      92500
3 3     1      90400
          ...
# ... with 362 more rows
```

데이터 정렬하기

현재 데이터의 순서는 1차 정렬 조건이 일자의 오름차순이고, 2차 정렬 조건이 월의 오름차순입니다. 이제 1차 정렬 조건을 월의 오름차순으로, 2차 정렬 조건을 일자의 오름차순으로 변경하여 데이터를 시간의 흐름에 맞게 조정합시다.

코드 3-76 06.doR.R

```
ws_wide %>%
  pivot_longer( cols = 2:13 ) %>%
  select( name, 구분, value ) %>%
  rename(
    month = name,
    day = 구분,
    supply = value
  ) %>%
  arrange( month, day )
```

실행 결과

```
# A tibble: 372 x 3
   month day   supply
   <chr> <chr> <dbl>
 1 1     1     91580
 2 1     10    94120
 3 1     11    94000
          ...
# ... with 362 more rows
```

문자열 포맷 변경하기

[코드 3-76]에 대한 정렬 결과가 조금 이상합니다. 1일 다음에 2일이 아니라 10일이 왔습니다. 이는 문자열 "1", "2", "10"을 정렬하면 첫 번째 문자 순으로 정렬되어 "1", "10", "2"가 되기 때문입니다. 이를 해결하려면 문자를 숫자로 바꿀 수도 있지만 [코드 3-77]처럼 문자열 포맷 함수를 이용하는 방법도 있습니다. 41줄에 사용한 `sprintf( )` 함수는 포맷에 따라 문자열을 만들어 주는 함수로 다음 인수를 사용합니다.

❶ **첫 번째 인수 :** 문자열 포맷으로 % 이후 s(문자열), d(정수), f(실수)를 사용합니다.

❷ **두 번째 이후 인수 :** 첫 번째 인수에서 지정한 포맷이 위치할 값

코드 3-77 06.doR.R

```
33    ws_wide %>%
34      pivot_longer( cols = 2:13 ) %>%
35      select(name, 구분, value) %>%
36      rename(
37        month = name,
38        day = 구분,
39        supply = value
40      ) %>%
41      mutate( day = sprintf( "%02d", as.numeric(day) ) ) %>%
42      arrange( month, day )
```

실행 결과

```
# A tibble: 372 x 3
   month day   supply
   <chr> <chr>  <dbl>
 1 1     01     91580
 2 1     02     95600
 3 1     03     92480
          ...
# ... with 362 more rows
```

sprintf( ) 함수는 다양한 포맷을 지원하므로 여기서는 몇 가지만 사용해 보겠습니다. 먼저 세 변수를 다음과 같이 지정합니다.

```
> int <- 3
> dbl <- 123.4567
> str <- "Hi"
```

[코드 3-78]에서 sprintf( ) 함수를 다양하게 다뤄봅시다. 49줄은 포맷에 %S라 지정하였으므로 문자열 데이터가 들어옵니다. 데이터형을 지정하는 %는 50줄처럼 여러 번 나올 수 있습니다. 포맷이 여러 번 나오면 지정한 순서에 따라 두 번째 이후 인수의 순서를 맞춥니다. 50줄에서 첫 번째 %s 자리에 들어갈 변수 str은 두 번째 인수로, 두 번째 %d 자리에 들어갈 변수 int는 세 번째 인수로 지정하였습니다.

51줄처럼 %와 데이터형을 나타내는 문자 사이에 숫자를 넣어 길이를 지정할 수 있습니다. 실수 데이터는 "전체 길이.소수점 이하의 길이" 형태로 길이를 지정할 수 있습니다. %5.2f는 소수점 아래 두 자리 수를 포함해 전체 다섯 자리 실수를 표현하라는 뜻입니다. 이 경우 소수점 아래 셋째 자리에서 반올림합니다.

52줄처럼 문자 데이터 포맷에 숫자를 넣으면 전체 문자열의 길이가 지정됩니다. %7s는 전체 문자열의 길이를 7로 조정하라는 뜻이므로, 빈칸(띄어쓰기)이 5개 나타난 뒤 Hi를 출력합니다.

포맷에 채움문자를 지정할 수도 있습니다. 정수는 앞자리 숫자를 0으로 채울 수zero-fill 있습니다. 53줄은 포맷을 두 자리 수로 지정하였습니다. 이때 변수 int가 한 자리 수이므로 앞자리 숫자를 0으로 채울 것입니다.

코드 3-78 06.doR.R

```
sprintf( "%s R!", str )
sprintf( "%s %d!", str, int )
sprintf( "%5.2f", dbl )
sprintf( "%7s", str )
sprintf( "%02d", int )
```

실행 결과

```
[1] "Hi R!"
[1] "Hi 3!
[1] "123.46"
[1] "     Hi"
[1] "03"
```

csv 파일로 데이터 저장하기

마지막으로 csv 파일에 저장해 봅시다. 이번 예에서는 R이 기본으로 제공하는 `write.csv( )` 함수를 사용하겠습니다. `write.csv( )` 함수는 다음 인수를 사용합니다.

❶ **첫 번째 인수(x) :** 저장할 데이터프레임입니다. 이 예에서는 파이프 연산자(%>%)로 전달받기 때문에 첫 번째 인수를 사용하지 않습니다.

❷ **두 번째 인수(file) :** 저장할 경로와 파일 이름. output 폴더에 2020_water.csv로 저장하겠습니다.

- 파일을 저장할 디렉터리가 사전에 존재해야 합니다. 해당 디렉터리명이 존재하지 않으면 오류가 발생합니다.

❸ **[row.names 인수] :** 기본값은 TRUE이며, 행 이름을 저장합니다. 행 이름은 저장하지 않는 것을 추천합니다. FALSE를 전달하면 행 이름을 저장하지 않습니다.

- 행 이름은 단순히 1씩 증가하는 수이므로 굳이 사용할 필요가 없습니다. 만약 행 이름이 필요하다면, 데이터를 저장하기 전에 행 이름이 들어갈 열을 하나 만들어 두는 게 좋습니다.

[코드 3-79]와 같이 수행하고 결과를 확인해 봅시다.

코드 3-79 06.doR.R

```
ws_wide %>%
  pivot_longer( cols = 2:13 ) %>%
  select( name, 구분, value ) %>%
  rename(
    month = name,
    day = 구분,
    supply = value
  ) %>%
  mutate( day = sprintf( "%02d", as.numeric(day) ) ) %>%
```

```
arrange( month, day ) %>%
write.csv( "./output/2020_water.csv", row.names=FALSE )
```

이 명령으로 저장된 파일을 RStudio에서 다음 순서대로 확인할 수 있습니다.

1 파일 창에서 output 디렉터리를 클릭합니다.

2 `2020_water.csv` 파일을 클릭하면 나오는 선택 창에서 [View File]을 클릭합니다.

3 Script 패널에서 csv 파일의 내용을 확인할 수 있습니다.

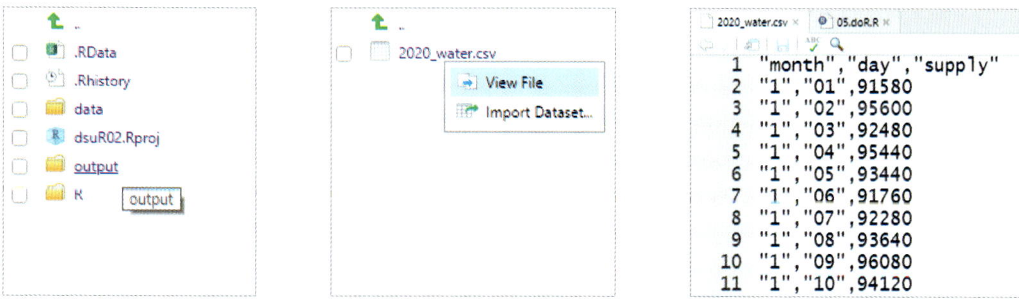

(a) 디렉터리 창 (b) 파일 선택 창 (c) csv 파일 내용

그림 3-24 RStudio에서 csv 파일 확인하기

CHAPTER 3 연습문제

1 mean( )은 산술평균을 구하는 함수로 자주 사용합니다. 그러나 증가율의 평균은 산술평균이 아닌 기하평균으로 구해야 합니다. 산술평균과 기하평균을 자주 사용한다면, 평균을 구해야 할 대상을 인수로 두는 함수를 만드는 게 더 편리합니다. 산술평균과 기하평균을 인수에 따라 구하는 사용자 정의 함수를 만들어 보세요.

tip 기하평균은 R에서 mean() 함수를 이용해 exp(mean(log(x)))로 구할 수 있습니다.

※ (문제 2~5) 2장 [연습문제 1]과 [연습문제 2]에서 다운로드한 데이터에 대하여 다음 물음에 답하세요.

2 2장에서 학습한 read.csv( ) 함수는 날짜 자료를 모두 문자열로 읽어옵니다. 이렇게 문자열로 읽어온 날짜 자료를 날짜형 데이터로 변경해 보세요.

3 일평균 기온의 월별 평균 기온을 구하고 그 결과를 temp_year_month.csv 파일로 저장해 보세요.

tip 연도는 날짜 데이터의 처음 네 글자입니다. months() 함수를 이용하여 월을 추출합니다.

참고

Mac 사용자의 월 이름 표시

한글 Windows에서는 지역locale 설정 상 월 표현이 1월, 2월, …, 12월로 나타나므로 월의 순서가 명확합니다. 그러나 Mac은 미국이 기본 지역으로 설정되어 있어 월 표현이 January, February, …, November, December와 같은 문자열이므로 순서를 정하기가 조금 어렵습니다. 대신 Mac에서도 월의 순서를 정할 수 있도록 지역 설정을 변경할 수 있습니다. Console 탭에 다음과 같이 입력하면 각 월의 이름이 '숫자+월' 형태로 나타납니다.

```
> Sys.setlocale("LC_ALL", "ko_KR.UTF-8")
```

4 2장에서는 두 데이터의 날짜를 맞추기 위해 데이터 원본 파일을 수정했습니다. 이제 날짜와 시간을 다룰 수 있으므로, 지난 1년간 평균 기온 데이터 중 최근 60일의 데이터만 추출해 보세요.

5 [연습문제 4]에서 추출한 데이터를 가지고 최근 60일간의 평균 기온을 구해 보세요.

CHAPTER 4

데이터는 어떻게 생겼을까?

프로젝트 : dsuR03/dsuR03.Rproj

학습목표

1. 데이터 시각화가 필요한 이유를 알아봅니다.
2. ggplot2 패키지에서 도표 작성 방식을 이해합니다.
3. 도표의 구성 요소를 설정하는 방법을 습득합니다.

4.1 전체 모습 살펴보기 : 데이터 시각화

2.5절에서 숫자를 이용해 데이터의 특성을 파악하는 방법으로 평균과 표준편차를 다루었습니다. 평균은 데이터의 무게중심을, 표준편차는 데이터의 모양(퍼진 정도)을 숫자로 나타낸 것임을 알았습니다. 그러나 특성만 알면 모든 데이터를 파악하지 못하고 대략적인 모습만 추측할 수밖에 없습니다. 특히 2.5절에서 살펴본 난쟁이 행진과 같이 평균이 전체의 중앙에 있지 않으면(데이터가 좌우대칭으로 분포하지 않으면) 평균의 대표성이 의심됩니다.

이번에는 조금 다른 상황을 살펴봅시다. R이 제공하는 데이터셋 anscombe은 데이터를 숫자만으로 요약할 때 어떤 의문을 가져야 하는지 잘 나타냅니다. 먼저 데이터셋을 살펴봅시다.

코드 4-1 00.intro.R

```r
anscombe %>%
  select( ends_with( c("1", "2", "3", "4") ) )
```

실행 결과

```
  x1   y1 x2   y2 x3    y3 x4   y4
1 10 8.04 10 9.14 10  7.46  8 6.58
2  8 6.95  8 8.14  8  6.77  8 5.76
3 13 7.58 13 8.74 13 12.74  8 7.71
4  9 8.81  9 8.77  9  7.11  8 8.84
```

```
5  11  8.33 11 9.26 11  7.81  8  8.47
6  14  9.96 14 8.10 14  8.84  8  7.04
7   6  7.24  6 6.13  6  6.08  8  5.25
8   4  4.26  4 3.10  4  5.39 19 12.50
9  12 10.84 12 9.13 12  8.15  8  5.56
10  7  4.82  7 7.26  7  6.42  8  7.91
11  5  5.68  5 4.74  5  5.73  8  6.89
```

이 데이터셋은 각각 (x1, y1), (x2, y2), (x3, y3), (x4, y4)의 네 좌표를 열로 저장하며, 총 11개의 행으로 구성되어 있습니다. 데이터셋을 네 좌표의 평균과 표준편차로 요약하면 다음과 같습니다.

코드 4-2 00.intro.R

```
anscombe %>%
  pivot_longer( 1:8 ) %>%
  group_by( name ) %>%
  summarise(
    mean = mean( value ),
    sd = sd( value )
  )
```

실행 결과

```
# A tibble: 8 x 3
  name   mean    sd
  <chr> <dbl> <dbl>
1 x1     9     3.32
2 x2     9     3.32
3 x3     9     3.32
4 x4     9     3.32
5 y1     7.50  2.03
6 y2     7.50  2.03
7 y3     7.5   2.03
8 y4     7.50  2.03
```

x1, x2, x3, x4의 평균과 표준편차에 큰 차이가 없고, y1, y2, y3, y4도 평균과 표준편차에 큰 차이가 없습니다. 그렇다면 이 4개의 데이터 쌍들은 어떤 모습을 하고 있을까요? 모두 똑같을까요? 아니면 다를까요? 이 데이터가 어떤 모양으로 분포하는지를 [그림 4-1]의 산점도로 확인해 봅시다.

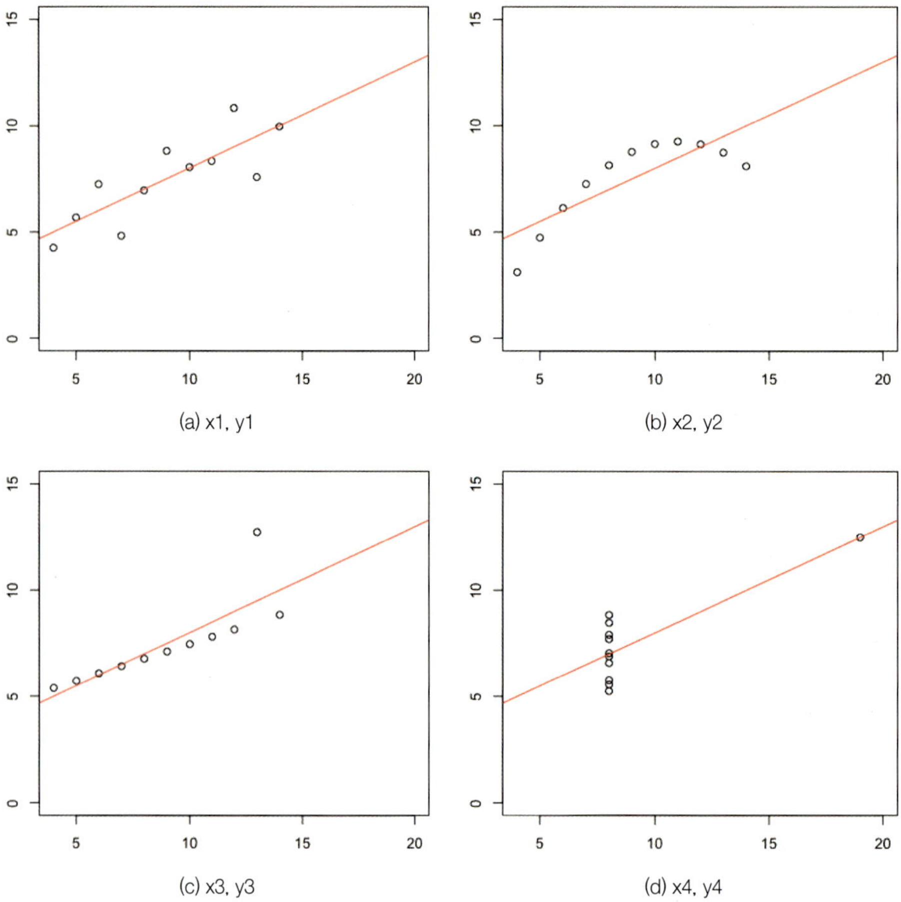

그림 4-1 평균과 표준편차가 동일한 데이터 네 쌍의 산점도

[그림 4-1]은 평균과 표준편차가 동일하지만 (x1, y1), (x2, y2), (x3, y3), (x4, y4) 쌍의 분포가 모두 다름을 알 수 있습니다. 평균과 표준편차 등을 이용하면 데이터의 특성을 숫자로 명확하고 빠르게 파악할 수 있습니다. 그러나 [그림 4-1]에서 볼 수 있듯이 데이터 전체를 살펴보려면 시각화를 꼭 수행해야 합니다.

> **참고**
>
> **데이터사우르스 도즌**
>
> 데이터사우르스 도즌datasaurus dozen[1]에서는 통계량이 같지만 데이터 분포가 모두 다른 13쌍의 데이터셋을 보여줍니다.

이제부터는 R에서 시각화 도구로 가장 많이 사용하는 ggplot2 패키지를 다루는 방법을 알아보겠습니다. 데이터 시각화는 데이터 분석 결과를 어려운 통계 용어 없이 시각적으로 표현하므로, 데이터 안에 숨어 있는 통찰을 누구나 쉽게 발견할 수 있도록 돕는 유용한 도구입니다. 시각화에 관한 내용이 워낙 방대하다 보니 이번 장에 모두 다루는 것은 어렵습니다. 여기에서는 도표 작성 방법과 이를 구현하는 명령어 위주로 차근차근 알아보겠습니다.

4.2 시각화를 위한 ggplot2 패키지 빠르게 살펴보기

[표 4-1]의 데이터를 이용하여 [그림 4-2]의 모눈종이에 도표를 직접 작성해 봅시다.

표 4-1 계절별 기온변화 현황(단위 : ℃)[2]

구분	2012	2014	2016	2018	2020
연평균	12.3	13.1	13.6	13.0	13.2
봄	12.2	13.1	13.2	13.1	12.2
여름	24.7	23.6	24.8	25.4	24.0
가을	13.7	14.9	15.1	13.8	14.4
겨울	−1.0	0.7	1.6	1.3	1.2

그림 4-2 모눈종이

1 https://www.autodesk.com/research/publications/same-stats-different-graphs

2 e-나라지표 : https://www.index.go.kr/potal/main/EachDtlPageDetail.do?idx_cd=1400&param=001의 데이터 중 일부

도표를 손으로 그리는 과정을 생각해 봅시다. 그중 아래와 같은 순서로 그리는 방법이 있습니다.

❶ (깔끔한) 데이터를 준비합니다.
❷ x축과 y축에 사용할 변수를 지정합니다.
❸ 각 축의 단위와 시각적으로 보일 크기 등을 결정합니다.
❹ 그리려는 도표의 형태로 그립니다.
❺ 범례 등 필요한 요소를 넣습니다.

이번에는 컴퓨터가 도표 그리기를 수행한다고 생각해 봅시다. R은 기본으로 제공하는 그래픽 함수를 사용하여 도표를 작성합니다. 그러나 이 책에서는 시각화에 적절한 방법을 따로 소개하려고 합니다. tidyverse의 일원이자, 손으로 도표를 그리는 방법을 유사하게 구현한 ggplot2 패키지[3]입니다. ggplot2는 R 사용자가 많이 이용하는 패키지로, 그래픽 문법이라는 방식에 맞춰 필요한 요소를 쌓아가며 시각화를 진행합니다. 이 과정을 함께 알아봅시다.

도표 영역 생성하기

ggplot2 패키지로 도표를 그리는 첫 과정은 `ggplot( )` 함수를 사용하는 것입니다. `ggplot( )` 함수는 도표 영역을 생성하는 함수이며, 이 위에 도표를 그리는 과정은 손으로 도표를 그릴 때 모눈종이를 준비하는 과정과 비슷합니다. 결과는 RStudio의 Plots 패널에서 확인할 수 있습니다. 도표를 그릴 때 변수 `year2019`에 저장한 데이터를 사용한다고 `ggplot( )` 함수에 알려주었습니다.

코드 4-3 01.first_ggplot.R

```
ggplot( data = year2019 )
```

실행 결과

3 해들리 위컴이 리랜드 윌킨슨Leland Wilkinson의 저서 『The Grammar of Graphics』(Springer, 2005)에서 제안한 그래픽 문법grammar of graphics에 착안하여 동료와 함께 개발한 패키지입니다. 2014년에 버전 1.0.0으로 정식 배포되었습니다. https://ggplot2.tidyverse.org/에서 자세한 내용을 확인할 수 있습니다.

기하학적 요소 추가하기

ggplot2에서 기하학적 요소는 도표 영역에 표시되는 시각 요소(도표의 종류, 문자, 선 등)를 의미합니다. ggplot2 패키지의 시각화는 빈 도표 영역에 기하학적 요소를 레이어로 한장한장 쌓는 과정을 나타냅니다. 먼저 가장 기본적인 산점도를 작성하면서 기하학적 요소를 어떻게 사용하는지 살펴봅시다.

[코드 4-4]는 ggplot2 패키지를 이용해 도표를 그리는 방법 중 가장 단순한 코드의 구성입니다. 이 코드는 ggplot( ) 함수로 만든 도표 영역 위에 산점도를 더한 것으로, 다음과 같습니다.

- **+ 연산자 :** 도표 영역 위에 나타내려는 요소를 추가합니다.
- **geom_point() 함수 :** 산점도를 그리는 함수입니다. 기하학적 요소를 나타내는 함수의 이름은 geom_xxx()와 같은 형태입니다. 두 좌표 값을 이용하여 점을 찍는 산점도는 함수 이름이 geom_point인 것으로도 그 모양을 짐작할 수 있습니다.

도표를 그리는 함수들은 mapping 인수를 가지며, 인수에 전달하는 값은 aes( ) 함수를 사용하여 지정합니다. aes( ) 함수는 ggplot2 패키지의 함수 안에서 사용하며, 시각 요소들을 데이터와 연결mapping합니다. 연결하는 방법에 대해서는 4.3절에서 자세히 살펴보겠습니다. [코드 4-4]에서는 x축과 y축 값으로 사용할 데이터를 ggplot( ) 함수에 전달한 데이터(year2019)가 가진 두 열인 income과 cafes로 선택했습니다.

코드 4-4 01.first_ggplot.R

```
ggplot( data = year2019 ) +
  geom_point( aes(x = income, y = cafes) )
```

실행 결과

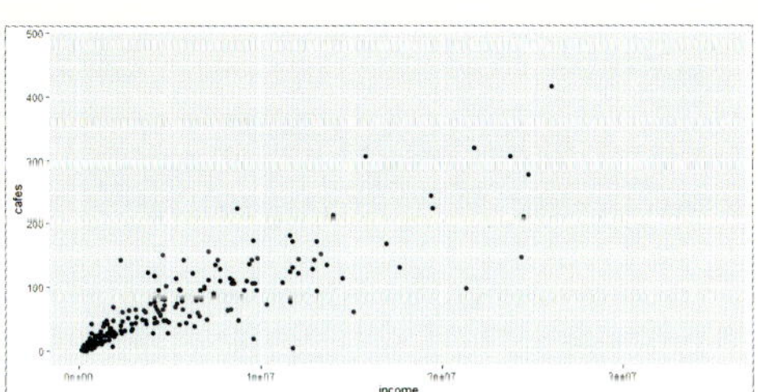

ggplot( ) 함수로 만든 도표는 변수에 저장할 수 있고, 저장한 도표를 그리고 싶으면 변수 이름을 사용합니다. [코드 4-5]를 살펴봅시다. 여기서 aes( ) 함수를 첫 인수로 사용하면 인수 이름 mapping은 생략할 수 있습니다. 15줄에서 변수 p는 ggplot( ) 함수로 만든 도표 영역의 정보를 저장하고 실행하지 않습니다. 즉, 도표 영역을 그리지 않습니다. 16줄은 변수 p에 저장된 도표 정보에 + 연산자를 이용하여 산점도를 추가하고 도표를 작성합니다. [코드 4-5]를 실행한 결과는 [코드 4-4]의 실행 결과와 동일합니다.

코드 4-5 01.first_ggplot.R

```
14    p <- ggplot( data = year2019 )
15    p + geom_point( aes(x = income, y = cafes) )
```

이제 산점도에 색을 입혀봅시다. [코드 4-6]은 인수 color를 이용해 시도(sido) 값에 따라 색을 다르게 지정합니다. 실행 결과에 범례(legend)가 기본으로 표시됩니다.

코드 4-6 01.first_ggplot.R

```
17    ggplot( data = year2019 ) +
18      geom_point( aes(x = income, y = cafes, color = sido) )
```

실행 결과

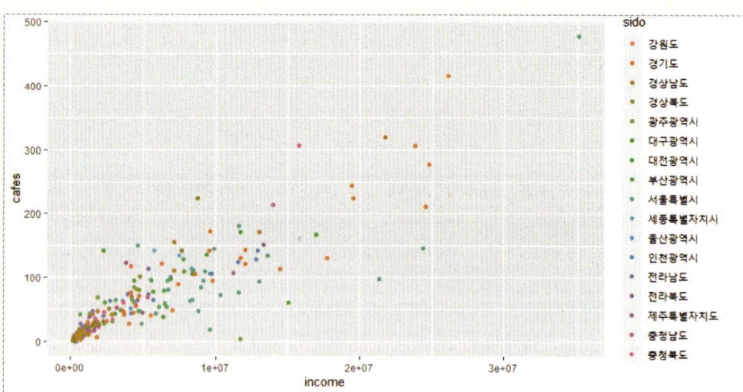

작성한 산점도에 점별로 시군구 이름을 표시해 봅시다. ggplot2 패키지의 `geom_text( )` 함수는 도표 위에 원하는 문자열을 출력해 줍니다. [코드 4-7]은 `label` 인수로 `sigungu` 열의 데이터를 전달하여 시군구명을 도표 위에 출력합니다.

코드 4-7 01.first_ggplot.R

```
ggplot( data = year2019 ) +
  geom_point( aes(x = income, y = cafes, color=sido) ) +
  geom_text( aes(x = income, y = cafes, label = sigungu ) )
```

실행 결과

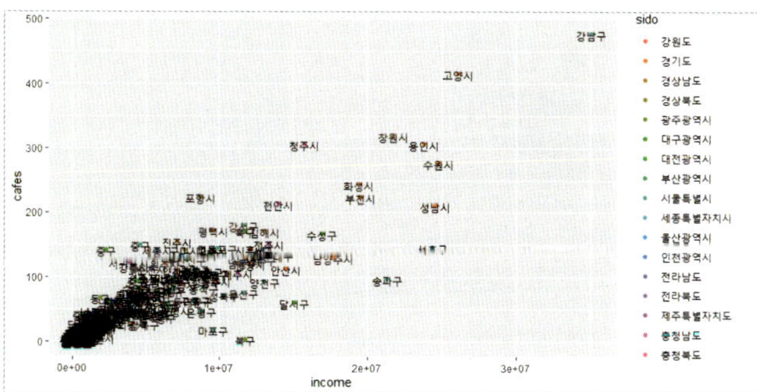

이번에는 시도별로 도표를 그려 봅시다. [코드 4-8]처럼 17개 시도의 이름을 바꿔가면서 도표를 그리는 방법이 있습니다. 26~28줄의 실행 결과는 왼쪽 도표이고, 30~32줄의 실행 결과는 오른쪽 도표입니다. 두 도표에 어떤 차이가 있는지 확인해 보세요.

코드 4-8 01.first_ggplot.R

```
26  ggplot( data = year2019 %>% filter(sido == "강원도") ) +
27    geom_point( aes(x = income, y = cafes) ) +
28    geom_text( aes(x = income, y = cafes, label = sigungu ) )
29
```

```
30    ggplot( data = year2019 %>% filter(sido == "서울특별시") ) +
31      geom_point( aes(x = income, y = cafes) ) +
32      geom_text( aes(x = income, y = cafes, label = sigungu ) )
```

실행 결과

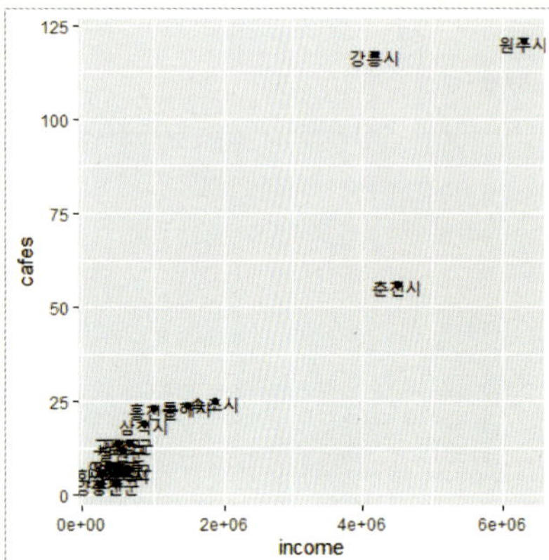

26~28줄 실행 결과

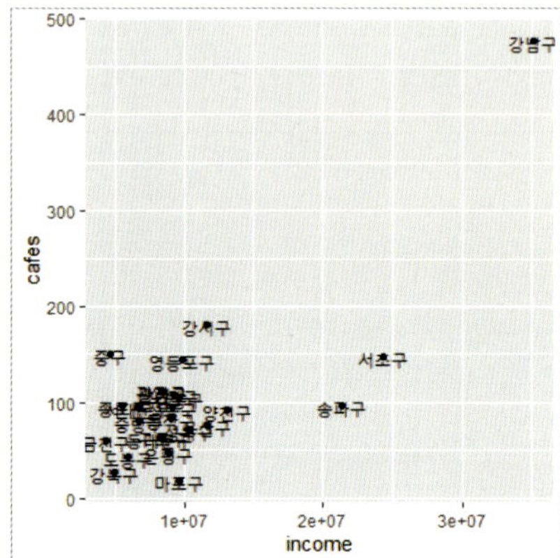

30~32줄 실행 결과

17개 시도를 그리기 위해 데이터만 바꿔가면서 동일한 코드를 반복하는 작업은 상당히 지루한 일입니다. 하지만 걱정하지 마세요. ggplot2 패키지는 이를 위해 도표를 분할하는 방법을 제공합니다.

열의 값에 따라 분할도표 만들기

방금 살펴본 산점도는 x축과 y축에 두 열의 값을 연결하여 작성했습니다. 여기에 다른 정보를 반영하여 데이터가 주는 통찰을 더 확장할 수 있습니다.

[코드 4-9]의 `facet_wrap( )` 함수는 시도별 이름(sido)에 따라 4개의 열로 분할(ncol=4)한 도표를 작성합니다. 이때 도표는 17개이므로 총 5개의 행으로 표시됩니다. 분할 변수는 `vars( )`를 이용합니다.

코드 4-9 01.first_ggplot.R

```
ggplot( data = year2019 ) +
  geom_point( aes(x = income, y = cafes) ) +
  geom_text( aes(x = income, y = cafes, label = sigungu ) ) +
  facet_wrap( vars( sido ), ncol=4 )
```

실행 결과

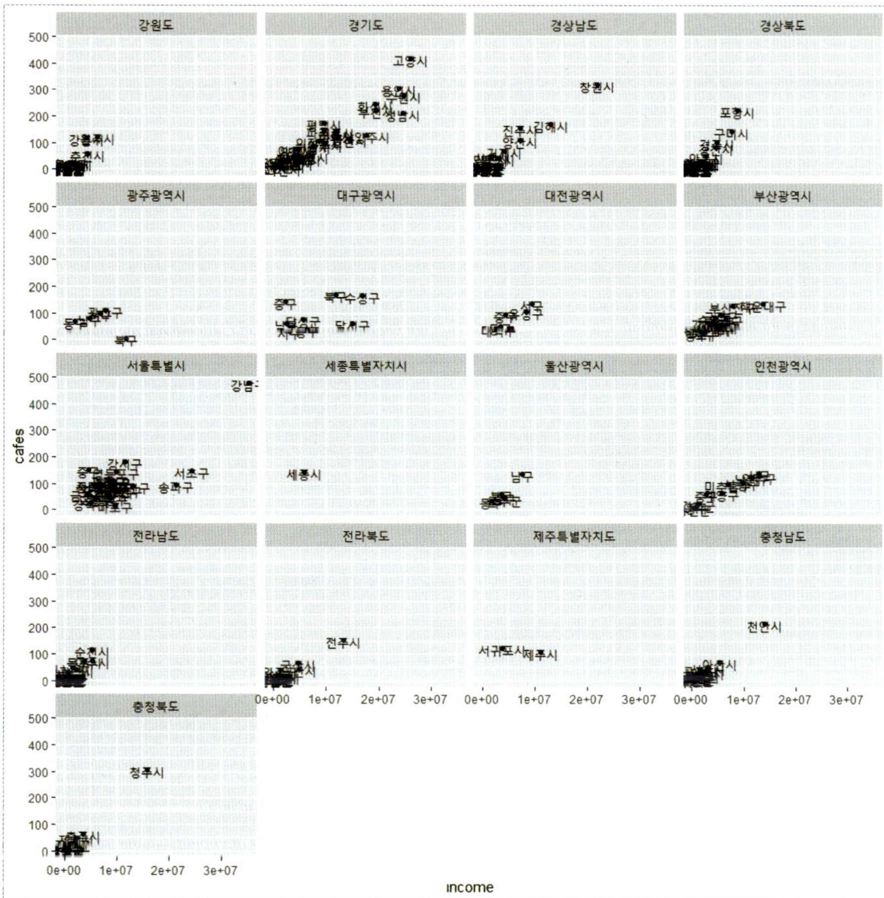

테마와 제목, 축 변경하기

지금까지 만들어 본 도표는 모두 회색 바탕에 흰색 축과 흰색 눈금으로 이루어져 있습니다. 이는 ggplot2 패키지의 기본 테마로 변경할 수 있습니다.

[코드 4-10]은 최소한의 요소로 구성한 테마인 theme_minimal( )을 적용했습니다. 실행 결과의 배경은 흰색으로, 눈금은 회색으로 바뀌었음을 확인할 수 있습니다.

코드 4-10 01.first_ggplot.R

```
ggplot( data = year2019 ) +
  geom_point( aes(x = income, y = cafes) ) +
  geom_text( aes(x = income, y = cafes, label = sigungu ) ) +
  theme_minimal()
```

실행 결과

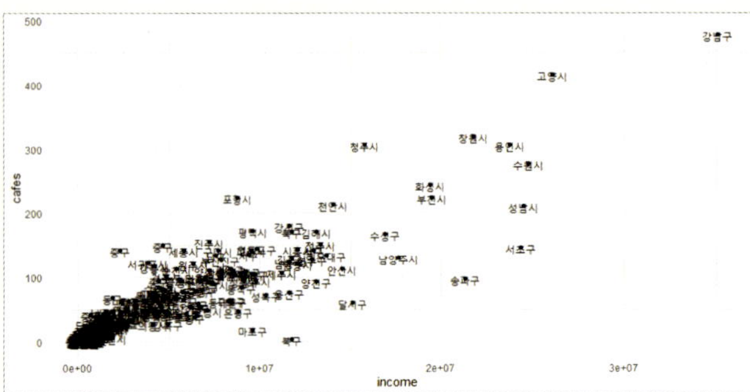

끝으로 [코드 4-11]처럼 x축과 y축의 제목을 수정하고, x축의 눈금 값을 R이 지정한 방식에서 천 단위 구분 기호(",")가 있는 값으로 변경해 봅시다.

도표 제목은 labs( ) 함수에 다음과 같은 인수를 넣어 지정합니다.

- **인수 title** : 전체 도표 제목
- **인수 x, y** : x축과 y축의 제목

`scale_x_continuous()` 함수는 x축 값이 연속형일 때 사용합니다. [코드 4-11]에서는 labels 인수에 scales 패키지의 comma() 함수를 전달하여 천 단위마다 콤마를 표시합니다. 이때 labels 인수는 함수명을 값으로 사용하므로 함수의 이름 부분인 scales::comma를 사용합니다(소괄호를 넣지 않습니다).

코드 4-11 01.first_ggplot.R

```
ggplot( data = year2019 ) +
  geom_point( aes(x = income, y = cafes) ) +
  geom_text( aes(x = income, y = cafes, label = sigungu ) ) +
  labs( x = "Total Income", y = "No. of Cafes" ) +
  scale_x_continuous( labels = scales::comma ) +
  theme_minimal()
```

실행 결과

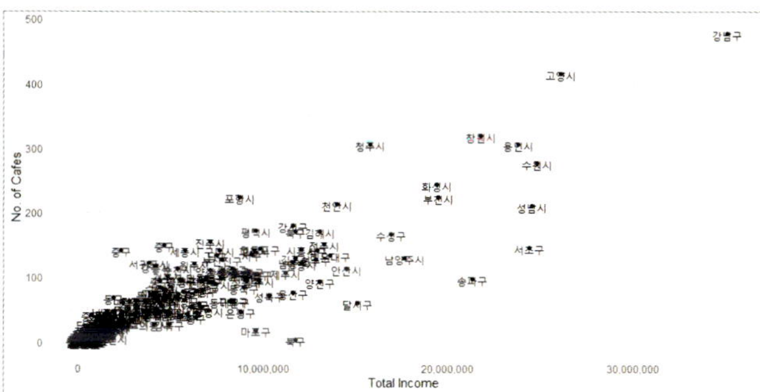

한글 글꼴 사용하기

Mac 환경에서 도표를 그리면 한글이 깨져서 나올 것입니다. 이를 해결하려면 한글 글꼴을 지정해 주어야 합니다. 운영체제에 설치된 글꼴을 사용하기 위해서는 extrafonts, showtext와 같은 패키지가 필요합니다. 이 책에서는 showtext 패키지를 기준으로 설명하겠습니다.

먼저 showtext 패키지를 설치합니다.

```
> install.packages( "showtext"  )
```

library( ) 함수를 사용하여 패키지를 작업공간에 불러옵니다.

```
> library( showtext )
```

글꼴을 추가하기 위해 font_add( ) 함수를 사용합니다. 첫 번째 인수 family에 지정한 문자열은 R에서 해당 글꼴을 사용하기 위한 이름표입니다. 두 번째 인수는 글꼴의 파일명을 전달합니다. 두 번째 인수에는 다음과 같은 특징이 있습니다.

- 표준 글꼴은 regular로 나타내며, 볼드체는 bold, 이탤릭체는 italic으로 지정하는 등 글꼴의 물리적 특성을 지정할 수 있습니다.
- 글꼴이 운영체제의 표준 위치에 설치되어 있지 않으면 파일 이름과 경로를 함께 나타냅니다.
- 한국출판인회의가 제공하는 KoPub World 글꼴[4] 중에서 KoPubWorld 돋움체를 사용했습니다.

```
> font_add( family = "KWD", regular = "KoPubWorld Dotum Medium.ttf")
```

R 사용자마다 운영체제에 설치한 글꼴이 다양하기 때문에, R을 실행하는 환경에 따라 font_add( ) 함수가 제대로 작동하지 않을 수도 있습니다. 만일 글꼴을 인터넷에 두고 사용한다면 사용환경(운영체제, 설치된 글꼴 등)에 관계 없이 사용할 수 있을 것입니다. 인터넷 기업인 구글은 세계 각국의 언어로 이루어진 글꼴을 인터넷상에서 사용할 수 있도록 서비스를 제공합니다. 또한 showtext 패키지는 구글의 인터넷 글꼴 서비스를 사용할 수 있도록 함수를 지원합니다. showtext 패키지를 이용하여 구글에서 제공하는 한글 글꼴인 Noto Sans Korean을 사용해 봅시다. 먼저 다음 순서와 같이 글꼴을 확인합니다.

4 한국출판인회의 KoPub 글꼴 다운로드 : https://www.kopus.org/biz-electronic-font2/

1 구글의 인터넷 글꼴 서비스 사이트 (https://fonts.google.com)에 접속합니다.

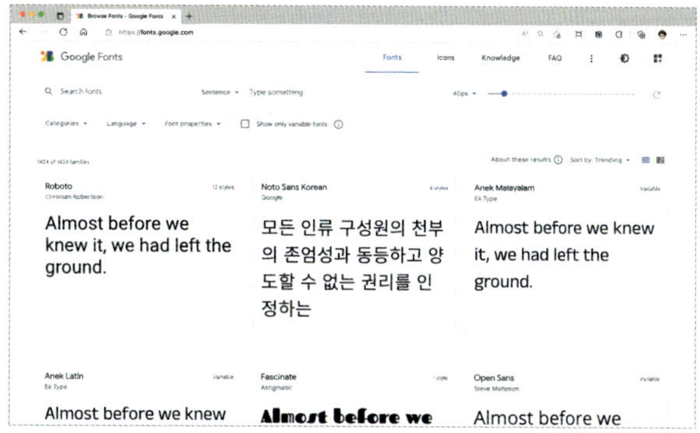

그림 4-3 구글의 글꼴 서비스

2 Language 목록에서 'Korean'을 선택합니다.

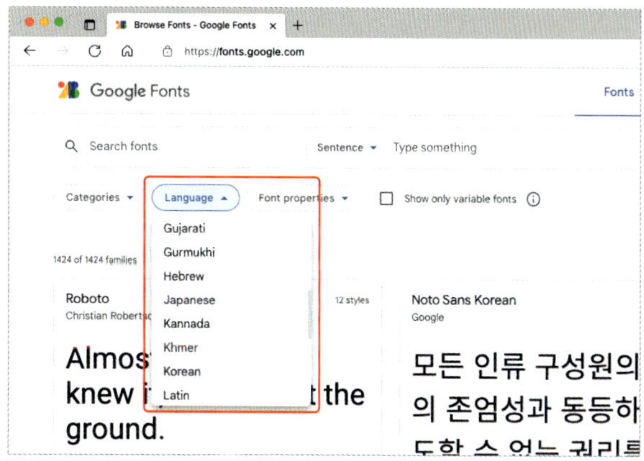

그림 4-4 언어 선택

3 글꼴 목록 중에서 'Noto Sans Korean'을 클릭합니다.

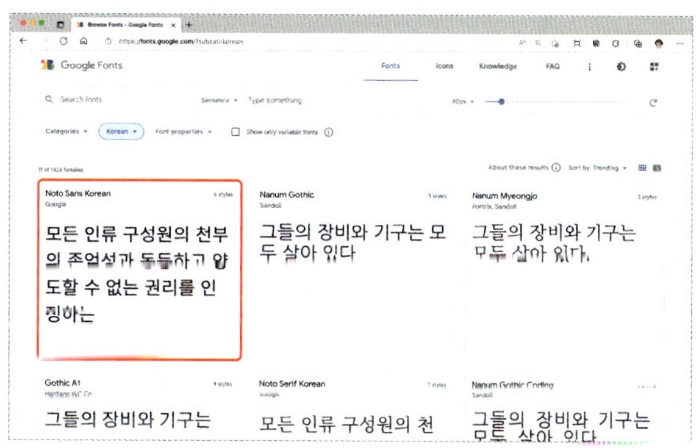

그림 4-5 Noto Sans Korean 선택

4 Noto Sans Korean 글꼴에 대한 페이지로 이동합니다. 글꼴을 종류별로 미리볼 수 있으며 연습해 볼 수도 있습니다.

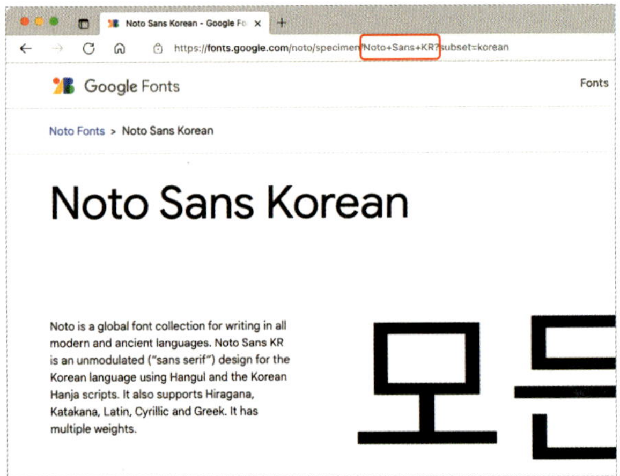

그림 4-6 글꼴 확인

글꼴의 이름은 대부분 글꼴 목록과 동일하지만, Noto Sans Korean의 실제 이름은 Noto Sans KR입니다. [그림 4-7]과 같은 화면에서 주소창을 보면 'Noto+Sans+KR'이 적혀 있어 실제 이름을 확인할 수 있습니다. 인터넷 주소창에서 + 기호는 띄어쓰기를 나타냅니다.

이 글꼴을 사용하기 위해 `font_add_google( )` 함수를 사용합니다. 첫 번째 인수에는 글꼴 이름을, 두 번째 인수에는 작업공간에서 부를 이름을 전달합니다.

```
> font_add_google("Noto Sans KR", "NSK")
```

추가한 글꼴을 사용하기 위해 다음 함수를 실행합니다.

```
> showtext_auto()
```

`font_add( )` 함수와 `font_add_google( )` 함수로 추가한 글꼴을 실제로 사용해 봅시다. [코드 4-12]는 `font_add( )` 함수를 통해 운영체제에 설치한 KoPubWorld 돋움체를 사용하는 과정을 나타냅니다.

코드 4-12 01.first_ggplot.R

```
ggplot( data = year2019 ) +
  geom_point( aes(x = income, y = cafes, color = sido) ) +
  labs( x = "소득", y = "개업 카페 수") +
  theme(
    text = element_text( family = "KWD" )
  )
```

실행 결과

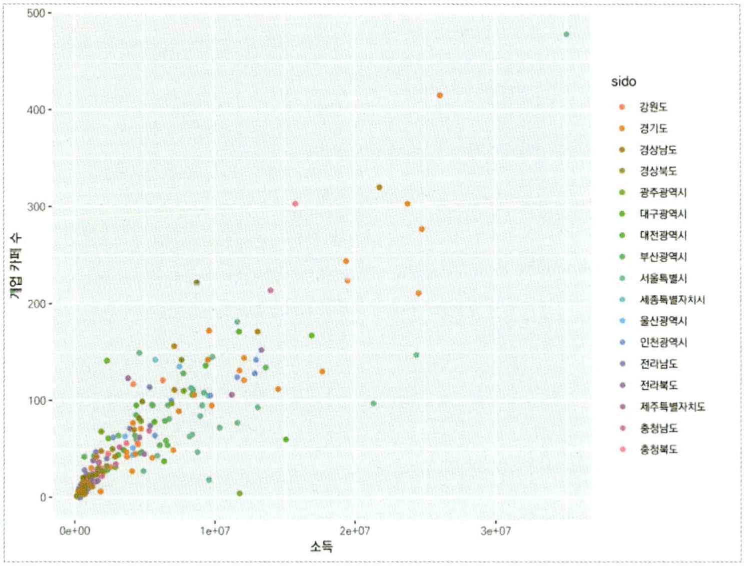

[코드 4-13]은 font_add_google( ) 함수를 통해 구글이 제공하는 Noto Sans KR 글꼴을 사용하는 과정을 나타냅니다. [코드 4-12]와 [코드 4-13]은 사용자가 지정한 이름을 제외하면 동일합니다.

코드 4-13 01.first_ggplot.R

```
ggplot( data = year2019 ) +
  geom_point( aes(x = income, y = cafes, color = sido) ) +
  labs( x = "소득", y = "개업 카페 수") +
  theme(
    text = element_text( family = "NSK" )
  )
```

실행 결과

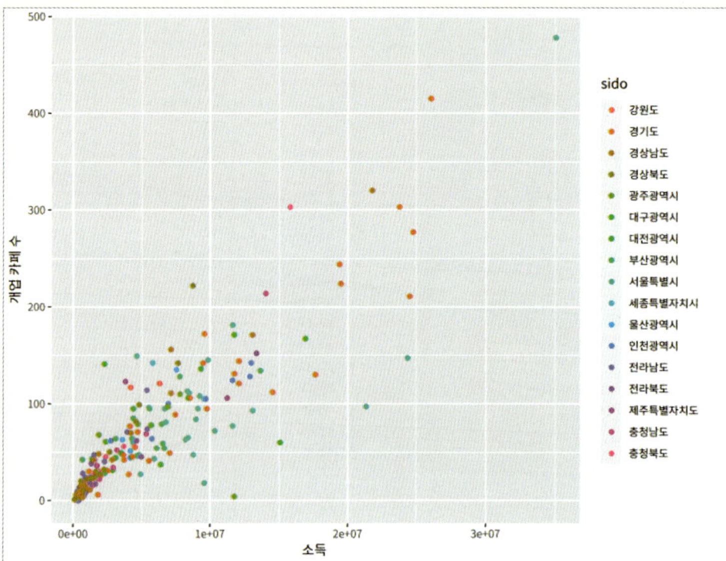

ggplot2 패키지를 이용하여 도표를 그리는 과정을 빠르게 살펴봤습니다. 이 과정을 도식으로 표현하면 [그림 4-7]과 같습니다. 여기에서 도표를 그리기 위한 가장 최소한의 요소이자 필수 구성 요소는 도표 영역을 만드는 ggplot( ) 함수와 기하학적 요소를 나타내는 geom_xxx 계열 함수입니다. 이 위에 구성 요소를 추가하여 도표를 사용하려는 목적이 잘 드러나게 최적의 형태로 만들어 줍니다.

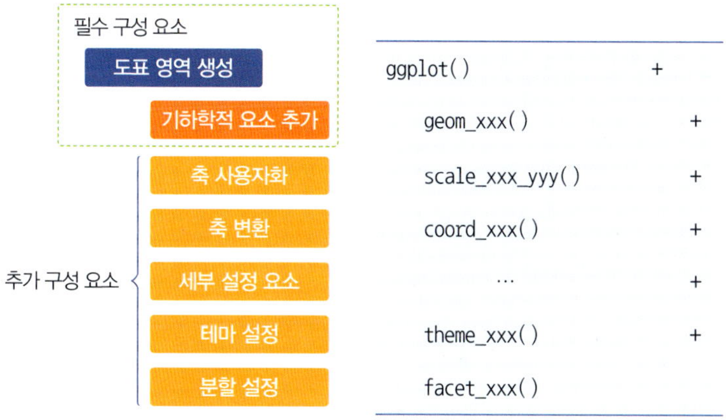

그림 4-7 ggplot2 패키지의 구성 요소

지금부터 각각의 요소를 깊이 있게 살펴봅시다.

4.3 ggplot2 톺아보기

ggplot2와 데이터

도표는 데이터를 시각적으로 표현한 것이므로 도표를 작성할 때는 당연히 데이터가 필요합니다. ggplot2 패키지에서는 데이터프레임 형태의 데이터를 사용하며, 데이터프레임의 각 열을 시각화합니다. ggplot2 패키지에서 열 값을 이용하는 과정을 **매핑**mapping이라 합니다. 이때 aes( ) 함수의 인수를 이용하여 원하는 시각적 요소를 열 값과 매핑합니다.

[코드 4-14]는 강원도의 소득과 개업한 카페 수의 산점도를 그리는 코드입니다. 8~9줄, 11~12줄, 14~15줄은 각각 데이터와 매핑을 다르게 사용했지만 실행 결과가 동일합니다. 각 코드를 하나씩 살펴보겠습니다.

[코드 4-14]의 8~9줄은 ggplot( ) 함수에 인수로 전달한 데이터를 geom_point( )에서 사용합니다. aes( ) 함수를 이용해서 gw2019 데이터셋의 income 열 값을 x축에, cafes 열 값을 y축에 각각 매핑합니다.

[코드 4-14]의 11~12줄은 데이터와 매핑을 모두 geom_point( )에서 정의합니다. ggplot( )은 인수 없이 사용할 수 있지만 추가하려는 geom_xxx( ) 함수마다 데이터와 매핑을 인수로 전달해야 합니다.

[코드 4-14]의 14~15줄은 ggplot( ) 함수에서 데이터와 매핑을 모두 지정하고, 이를 geom_point( ) 함수가 상속받아 그대로 사용합니다(ggplot( )에서 데이터와 매핑을 지정하면 geom_xxx( ) 함수는 이를 그대로 이어받아 사용할 수도 있고, 별도의 데이터와 매핑을 가질 수도 있습니다).

코드 4-14 02.more_ggplot2.R

```
8	ggplot( data = gw2019 ) +
9	  geom_point( aes(x = income, y = cafes) )
10
11	ggplot() +
12	  geom_point( data = gw2019, aes(x = income, y = cafes) )
13
14	ggplot( data = gw2019, aes(x = income, y = cafes) ) +
15	  geom_point()
```

실행 결과

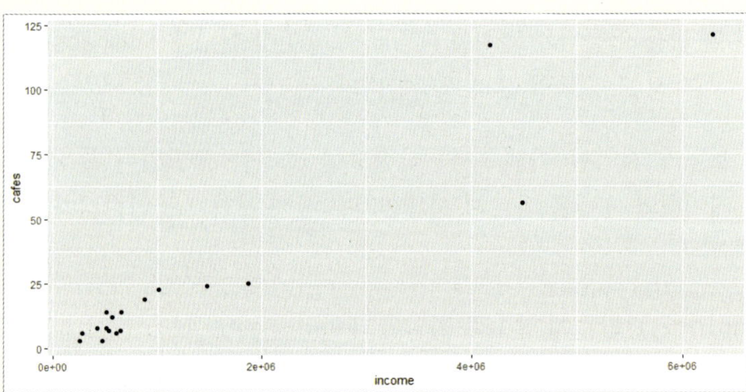

[코드 4-15]는 income의 최댓값과 최솟값으로 구성한 데이터를 바탕으로 시군구의 이름을 label 인수에 매핑합니다. 시군구명을 확인할 수 있으므로 어느 시군구가 income이 가장 낮고 높은지 쉽게 확인할 수 있습니다.

코드 4-15 02.more_ggplot2.R

```
ggplot( data = gw2019, aes(x = income, y = cafes) ) +
  geom_point() +
  geom_text( data = gw2019 %>%
               filter(income == max(income) | income == min(income)),
             aes(x = income, y = cafes, label = sigungu) )
```

실행 결과

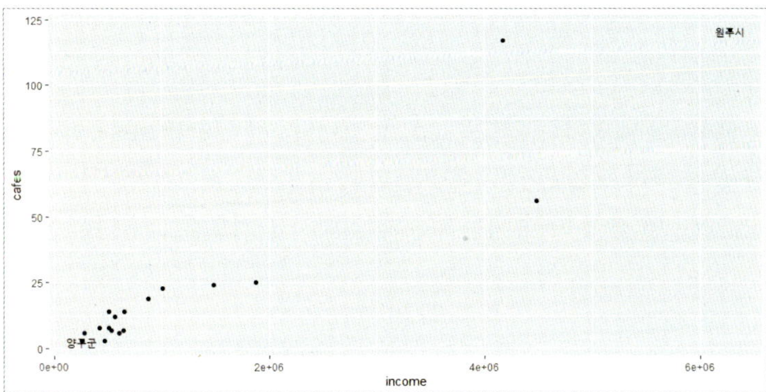

aes( ) 함수는 [그림 4-8]과 같이 도표로 나타낼 시각적 요소(축, 색깔, 모양 등)와 데이터를 매핑합니다. 이때 시각적 요소의 이름을 인수로 하고 데이터셋의 열 이름을 값으로 사용합니다. [코드 4-15]에서 geom_point( ) 함수는 ggplot( )에서 사용한 데이터와 매핑을 전달받으며, 도표의 x축에 income 열 값을, y축에 cafes 열 값을 각각 매핑합니다

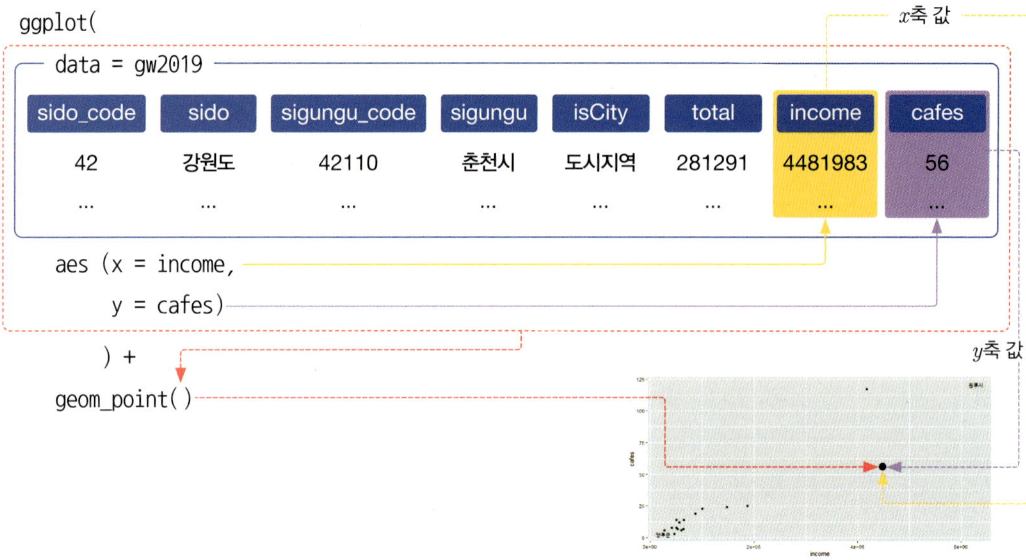

그림 4-8 aes( ) 함수를 이용한 매핑

시각적 요소 중에 색을 입힐 데이터를 매핑하는 인수는 color입니다. 이 인수를 aes( ) 함수 안에서 사용하면 데이터셋의 열 값에 따라 색깔을 다르게 표현합니다. [코드 4-16]에서는 도시 지역과 비도시 지역을 구분한 isCity 열 값에 따라 색을 다르게 입혀서 산점도를 그립니다.

코드 4-16 02.more_ggplot2.R

```
ggplot( data = gw2019, aes(x = income, y = cafes) ) +
  geom_point( aes( color = isCity ) )
```

실행 결과

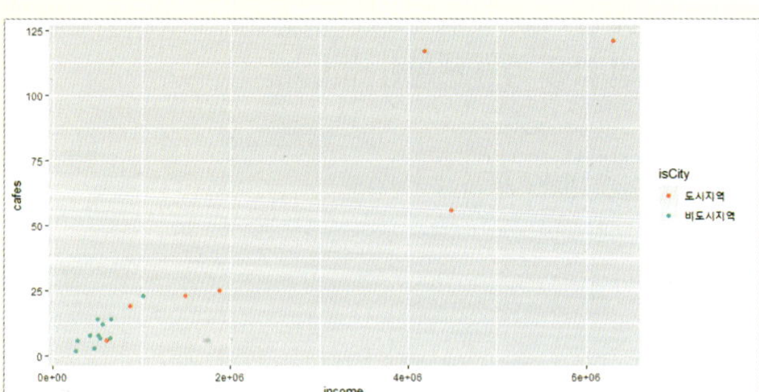

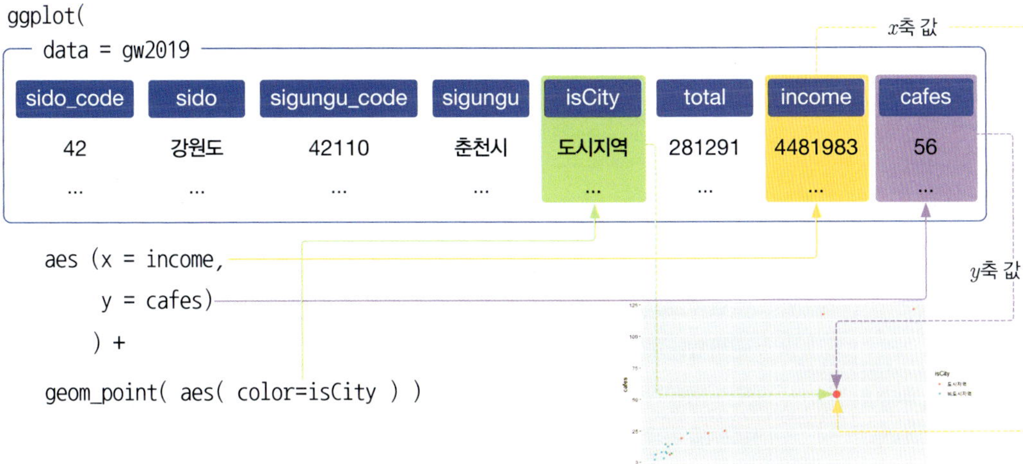

그림 4-9 aes( ) 함수를 이용한 매핑

color 인수는 aes( ) 함수 밖에서 사용할 수 있습니다. 주로 시각적 요소를 일정하게 표현할 때 사용하며, 이때는 매핑을 하지 않고 값을 직접 지정합니다.[5] [코드 4-17]은 산점도의 점 크기를 기존의 2배가 되게 인수 size로 지정하고, 색깔은 모두 강청색(steelblue)으로 지정합니다.

코드 4-17 02.more_ggplot2.R

```
ggplot( data = gw2019, aes(x = income, y = cafes) ) +
  geom_point( color = "steelblue", size = 2 )
```

실행 결과

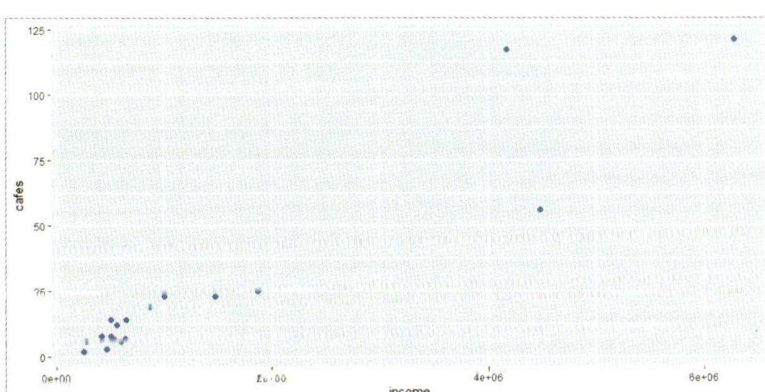

5 예를 들어 인수에 데이터 개수와 동일한(그리고 R에서 사용하는 색깔 표현 방식으로 구성된) 벡터를 전달하면 개별 점의 색을 다르게 구현할 수 있습니다. 이렇게 하면 매핑과 동일한 결과를 얻을 수 있지만, 매핑을 이용하는 것이 더욱 편리합니다.

size 인수를 aes( ) 함수 안에 사용하면 데이터 크기에 따라 점 크기를 매핑하여 표현할 수 있습니다.

aes( ) 함수에서 많이 사용하는 시각적 요소를 [표 4-2]에 소개하였습니다.

표 4-2 aes( )에서 사용하는 인수

인수명	간략한 설명
color(또는 colour)	색상을 지정합니다. 채움 색은 외곽선의 색상입니다.
fill	채움이 있는 대상의 채움 색을 지정합니다.
alpha	0부터 1 사이의 값으로 투명도를 지정합니다. 0이 완전 투명입니다.
shape	점 모양을 지정합니다.
size	대상의 크기나 선 두께를 지정합니다.
linetype	선 종류를 지정합니다.
group	그룹을 구분할 변수를 지정합니다. 시각적 변화는 상황에 따라 다릅니다.

참고

색상을 지정하는 세 가지 방법

color 인수를 조금 더 살펴보겠습니다. 색상을 지정하는 방법은 세 가지가 있습니다.

- **색을 나타내는 문자열 :** colors( ) 함수로 결과를 확인합니다.[6]
- **RGB 표현 방식 :** 색의 3원색인 빨간색Red, 초록색Green, 파란색Blue의 농도를 지정하여 색상을 나타내는 표기법입니다. 여기서 각 색상의 농도는 # 뒤에 16진수 숫자[7] 여섯 개를 이용하며, 각각 두 개씩 끊어서 빨간색, 초록색, 파란색의 농도를 나타냅니다. 00은 가장 농도가 낮고 ff는 농도가 가장 높습니다.
- **rgb(red, green, blue, alpha) 함수 :** 인수에 red, green, blue의 농도를 십진수 0~255의 값으로 지정합니다. alpha는 투명도를 나타내며, 0이 완전 투명이며 255가 완전 불투명입니다.

6 미국 컬럼비아대학교의 텐정Tian Zheng 교수가 정리한 문서를 참고하세요. http://www.stat.columbia.edu/~tzheng/files/Rcolor.pdf

7 0부터 9까지는 10진수와 16진수가 동일합니다. 10은 a, 11은 b, 12는 c, 13은 d, 14는 e, 15는 f로 나타냅니다.

도표를 그리는 기하학적 객체 : geom_ 계열 함수

ggplot2는 도표 영역에 나타낼 기하학적 객체를 다양하게 제공합니다.[8] 이 중에서 자주 사용하는 객체 몇 가지를 알아보겠습니다.

■ 가장 기본이 되는 산점도 : geom_point( )

산점도는 점을 찍어 표현하는 도표로 geom_point( ) 함수를 이용합니다. geom_point( )는 점의 좌표인 x축과 y축 값을 필요로 합니다. 산점도를 그리기 위해 [코드 4-18]에서 mtcars라는 데이터셋을 가져왔습니다. mtcars는 자동차 잡지인 Motor Trend US가 1974년에 자동차 32대의 연비, 설계 및 성능과 관련한 속성 11개를 측정한 자료입니다. 이 데이터셋의 열에는 무게 wt(단위는 1,000파운드), 연비 mpg(단위는 miles/gallon), 실린더 수 cyl(숫자형 데이터), 기어 수 gear(숫자형 데이터), 엔진 모양 vs(1은 1자형 엔진, 0은 v형 엔진) 등이 있습니다.

코드 4-18 03.geom_.R

```
ggplot( mtcars, mapping = aes(wt, mpg) ) +
  geom_point( ) +
  labs( x = "Weight(1,000lbs)", y= "Mile/Gallon" )
```

실행 결과

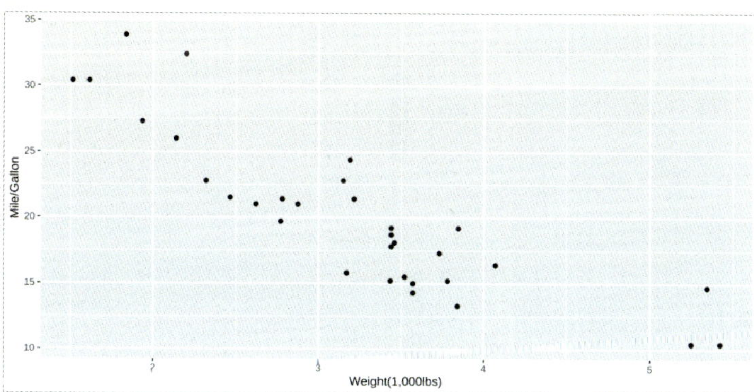

8 https://ggplot2.tidyverse.org/reference/

산점도를 시각적으로 잘 표현하기 위해 시각적 요소를 적절히 적용합니다. [코드 4-19]는 aes( )를 이용하여 산점도의 시각적 요소를 변경하는 코드입니다.

14줄은 color 인수로 cyl(실린더 수)을 전달하여 실린더의 개수별로 색깔을 다르게 합니다. 15줄은 마력수를 저장하는 hp 값에 따라 점의 크기(원의 면적)를 다르게 하기 위해, 원의 크기를 원주율× $(hp)^2$을 size 인수에 전달합니다. 16줄은 변속기 종류를 저장하는 am 값에 따라 점의 모양을 다르게 합니다. 이때 factor( ) 함수를 이용하여 am을 팩터로 변환합니다.

코드 4-19 03.geom_.R

```
13    ggplot( mtcars, mapping = aes(wt, mpg) ) +
14      geom_point( aes( color = cyl,
15                       size = pi*hp^2,
16                       shape = factor( am ) ) ) +
17      labs( x = "Weight(1,000lbs)", y= "Mile/Gallon" )
```

실행 결과

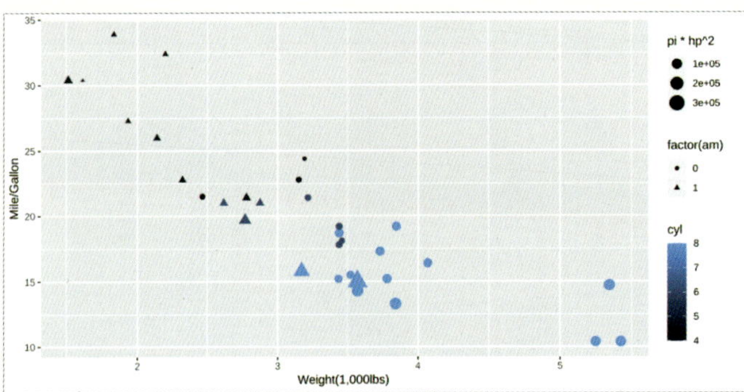

■ 막대도표 : geom_bar( )

막대도표는 범주형 자료의 수준별로 응답한 개수를 높이로 하는 그래프입니다.[9] ggplot2에서는 geom_bar( ) 함수를 사용합니다. geom_bar( )에 x, y 인수를 이용하여 막대도표의 위치와 높이를 매핑합니다. 20~21줄의 실행 결과는 왼쪽 도표이고, 23~24줄의 실행 결과는 오른쪽 도표입니다. 두 도표에 어떤 차이가 있는지 확인해 보세요.

9 이산형 데이터 시각화에도 사용합니다.

코드 4-20 03.geom_.R

```
20  ggplot( mtcars, mapping = aes( x = gear ) ) +
21    geom_bar()
22
23  ggplot( mtcars, mapping = aes( y = gear ) ) +
24    geom_bar()
```

실행 결과

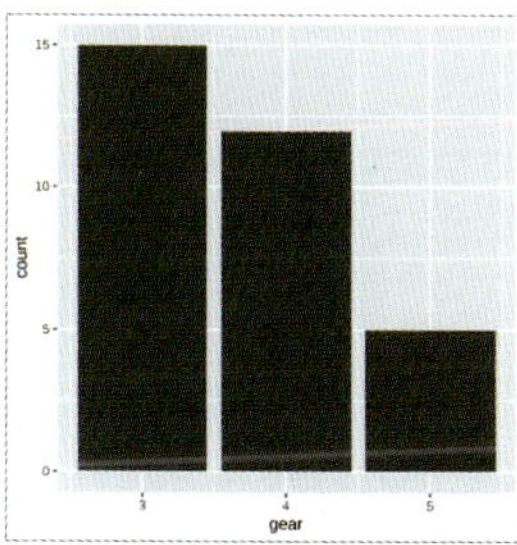

20~21줄 실행 결과

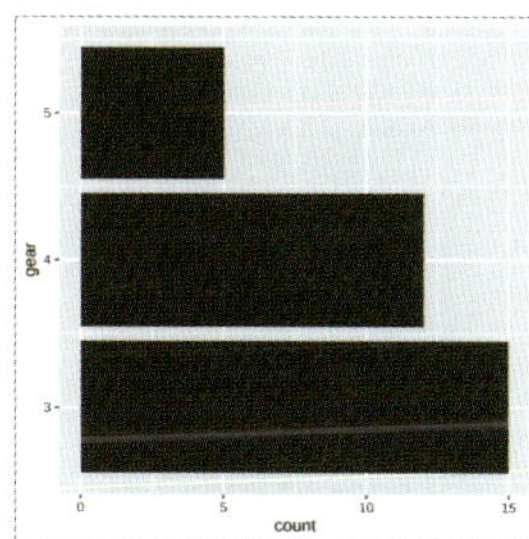

23~24줄 실행 결과

막대의 높이를 데이터의 개수가 아니라 다른 값으로 정할 수 있습니다. [코드 4-21]은 weight 인수를 이용하여 gear별로 차량 무게(wt 열)의 합을 막대의 높이로 사용합니다.

코드 4-21 03.geom_.R

```
26  ggplot( mtcars, mapping = aes(gear) ) +
27    geom_bar( aes(weight = wt) )
```

실행 결과

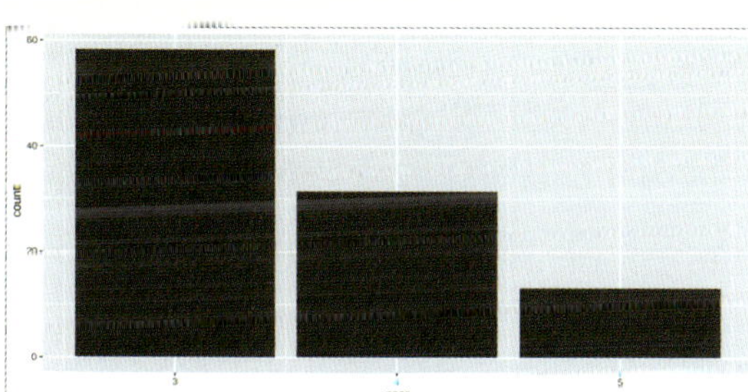

[코드 4-21]의 실행 결과에 나온 도표를 더 잘 구분할 수 있도록 [코드 4-22]와 같이 표현해 보겠습니다. 채움 색(fill)은 매핑을 통해 엔진 모양에 따라 다르게 색을 입힙니다. 외곽선의 색(color)과 두께(size)는 매핑하지 않고 각각 고정 값을 지정합니다. 실행 결과에서 막대가 모두 동일한 색과 두께를 가진 선으로 둘러싸여 있음을 알 수 있습니다. 33줄의 position 인수는 fill 인수로 구분한 막대를 배치하는 방법을 지정합니다. 여기서는 막대가 옆으로 놓이는 "dodge"를 적용했습니다. position 인수를 생략하면 막대가 위로 쌓이는 기본 형태("stack")로 표시됩니다.

코드 4-22 03.geom_.R

```
29  ggplot( mtcars, mapping = aes(gear)) +
30    geom_bar( aes( fill = factor(vs) ),
31              color = "lightgray",
32              size = 2,
33              position = "dodge" )
```

실행 결과

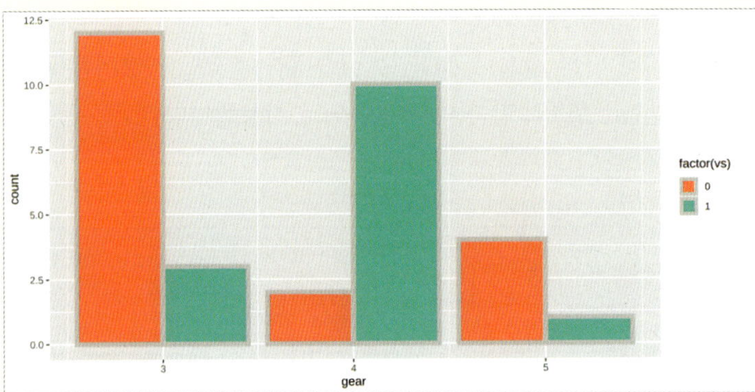

geom_col( ) 함수는 높이를 지정하여 막대도표를 그리는 함수로, geom_bar( )와 동일한 결과를 나타냅니다. geom_bar( )는 x축과 y축 중 하나를 사용했지만 geom_col( )은 x축과 y축 모두 사용합니다. [코드 4-23]은 mtcars 데이터셋에서 gear마다 엔진 모양(vs)별로 개수를 구한 뒤 geom_col( )을 이용하여 막대도표를 그립니다. aes( )의 인수는 [코드 4-22]의 30~33줄과 동일하게 설정하였습니다.

코드 4-23 03.geom_.R

```
43  mtcars %>%
44    group_by( gear, vs ) %>%
45    summarise(
46      n = n()
47    ) %>%
48    ggplot( mapping = aes(x = gear, y = n) ) +
49    geom_col( aes( fill = factor(vs) ),
50              color = "lightgray",
51              size = 2,
52              position = "dodge" )
```

실행 결과

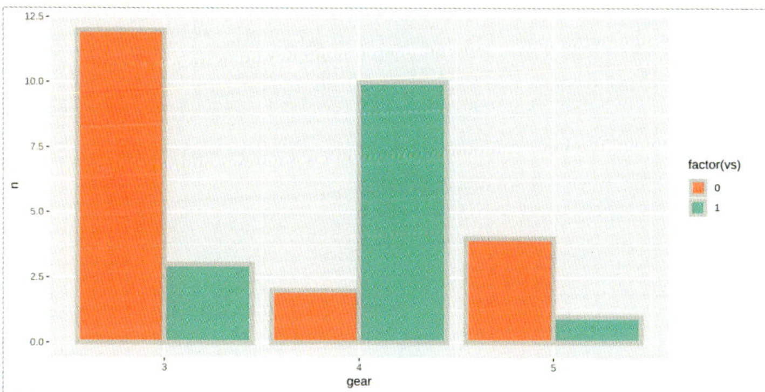

참고

데이터셋 그룹화 알림

[코드 4-23]을 실행하면 Console 패널에 `'summarise()' has grouped output by 'gear'. You can override using the '.groups' argument.`와 같은 메시지가 나옵니다. 이는 `group_by()`를 통해 gear별로 그룹화되었음을 알려줍니다. [코드 4-23]의 45~47줄에서 `summarise()` 함수의 `.groups` 인수에 "drop"을 넣어 요약결과 데이터셋이 그룹화하지 않게 할 수 있습니다.

```
mtcars %>%
  group_by( gear, vs ) %>%
  summarise(
      n = n(),
      .groups = "drop"
  ) %>%
```

범주형 데이터를 시각화하는 막대도표를 간략하게 살펴봤습니다. 연속형 데이터에도 막대도표와 같은 모습을 하는 히스토그램이 있습니다. ggplot2에서는 geom_histogram( )을 사용합니다.

■ 추세를 알아보는 평활 도표 : geom_smooth( )

주가나 기온을 나타내는 도표는 변화가 많아 추세를 확인하기 힘들 때가 많습니다. 이럴 때 평활smoothing 기법을 이용한 도표를 보면 도움이 됩니다. 이를 위해 ggplot2 패키지는 함수 geom_smooth( )를 제공합니다. [코드 4-24]에서는 기존 산점도 geom_point( ) 위에 평활 도표를 그려 보겠습니다.

코드 4-24 03.geom_.R

```
ggplot( mtcars, mapping = aes( wt, mpg ) ) +
  geom_point( ) +
  geom_smooth( )
```

실행 결과

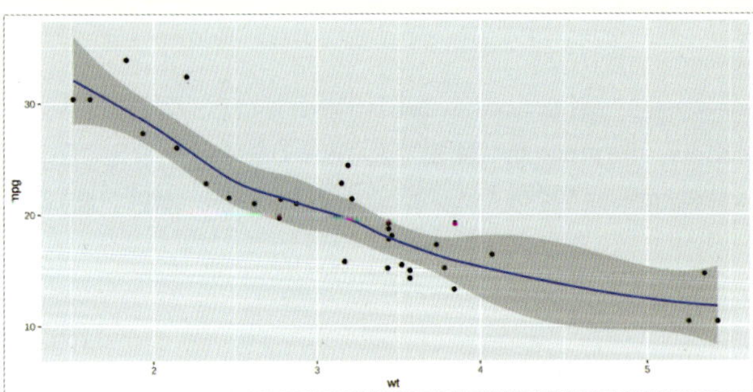

[코드 4-24]를 수행하면 다음과 같은 메시지가 나옵니다.

```
'geom_smooth()' using method = 'loess' and formula 'y ~ x'
```

이 메시지는 평활 기법으로 loess를 사용하였다고 알려줍니다. loess 기법은 구간을 나눈 뒤 구간별로 추세선을 그려서 서로 연결한 방법으로 통계기법인 회귀분석의 한 방법입니다. 평활 기법은 복잡한 통계 계산이 필요하지만 geom_smooth( )에서는 method 인수를 통해 lm, glm, gam과 같은 평활 기법을 지정할 수 있으며, 심지어 사용자가 만든 평활 함수를 지정할 수도 있습니다. 평활 기법은 이 책의 범위를 넘어가므로 여기서는 기본 방법인 loess 기법을 사용하겠습니다.

[코드 4-24]의 실행 결과를 보면 추세를 나타내는 중앙의 파란색 주위로 어떤 영역이 표시되어 있습니다. 이 영역은 추세선의 오차로 이해하면 됩니다. 폭이 좁으면 오차가 작으므로 추세가 정밀하다는 뜻이며, 폭이 넓으면 오차가 크다는 뜻입니다. 만약 해당 구간에 관측한 값이 많으면 오차가 작아집니다.

오차 영역을 나타내지 않으려면 인수 se에 FALSE를 전달합니다. [코드 4-25]는 데이터를 엔진 모양별로 그룹화하여 추세선만 나타낸 예입니다.

코드 4-25 03.geom_.R

```
ggplot( mtcars, mapping = aes(wt, mpg) ) +
  geom_point( aes(color = factor(vs)) ) +
  geom_smooth( aes(color = factor(vs)), se=FALSE )
```

실행 결과

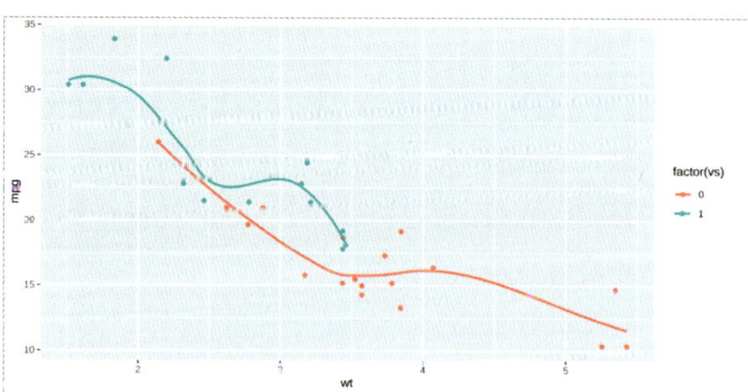

■ 다섯 개의 숫자만으로 그린 상자 도표 : geom_boxplot()

2장에서 살펴본 상자 도표를 ggplot2에서 작성하는 함수는 geom_boxplot( )입니다. [코드 4-26]의 76줄처럼 fill 인수를 이용하면 그룹별로 색이 다른 상자 도표를 그릴 수 있습니다. 72~73줄의 실행 결과는 왼쪽 도표이고, 75~76줄의 실행 결과는 오른쪽 도표입니다.

코드 4-26 03.geom_.R

```
72    ggplot( mtcars, mapping = aes( y = mpg ) ) +
73      geom_boxplot()
74
75    ggplot( mtcars, mapping = aes( y = mpg ) ) +
76      geom_boxplot( aes( fill = factor(gear) ) )
```

실행 결과

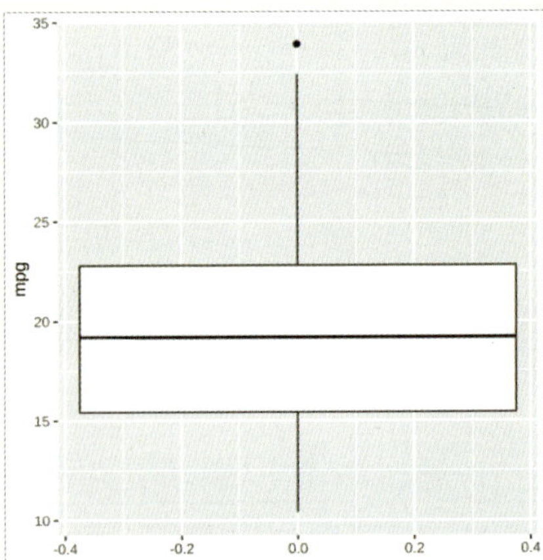

72~73줄 실행 결과

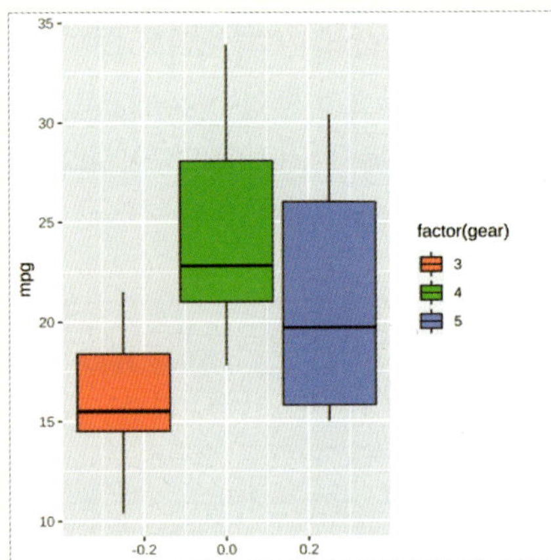

75~76줄 실행 결과

지금까지 자주 사용하는 기하학적 객체를 살펴봤습니다. ggplot2는 더 많은 기하학적 객체를 지원합니다. RStudio가 제공하는 요약집cheat sheet을 통해 다양한 객체에 대한 설명과 ggplot2 사용법을 빠르게 살펴보세요. 요약집은 RStudio의 [Help]-[Cheat Sheets]-[Data Visualization with ggplot2] 메뉴를 클릭하면 확인할 수 있습니다.

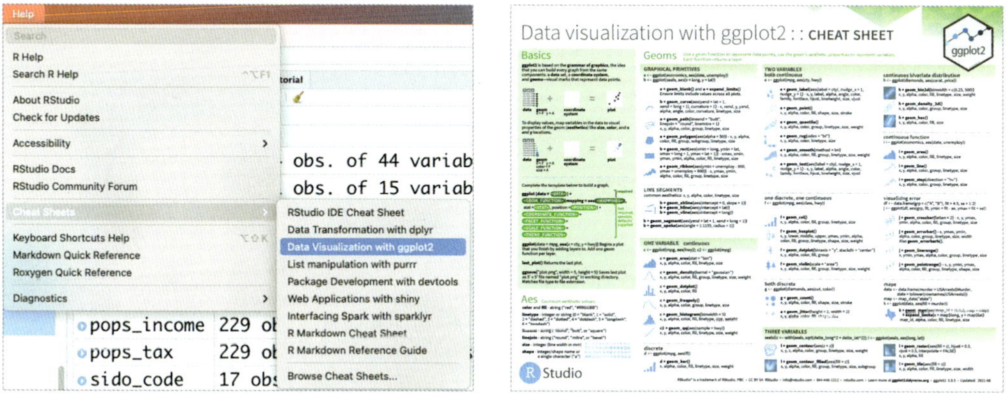

(a) 메뉴 (b) 다운로드 페이지

그림 4-10 ggplot2 요약집

좌표계와 척도

백의의 천사로 잘 알려진 플로렌스 나이팅게일Florence Nightingale은 영국 왕립통계학회 최초로 여성 회원이라는 영예를 누리고 있습니다. 간호사이자 통계학자이지요. 또한 나이팅게일은 크림 전쟁(1853~1856)에 참전하여 부상당한 병사를 돌본 것으로도 유명합니다. 당시 스쿠타리 야전병원에 근무한 나이팅게일은 영국군 환자의 사망 원인이 대부분 비위생적인 환경 때문임을 파악했습니다. 병원 환경을 개선하고 병원의 규율을 세워 환자의 사망률을 42%에서 2%로 줄일 수 있었습니다. 이 과정에서 사망 원인을 체계적으로 조사하고 데이터를 관리하여 군과 정부를 설득하는 데 활용하였습니다. 나이팅게일은 [그림 4-11]과 같이 장미 도표rose diagram를 작성하여 병원의 위생 관리가 얼마나 중요한지 잘 보여주었습니다.[10]

[그림 4-11]의 오른쪽 도표는 1854년 4월부터 1855년 3월까지 사망 원인별 사망자수를, 왼쪽 도표는 1855년 4월부터 1856년 3월까지 사망 원인별 사망자수를 나타냅니다. 전체적으로는 사망자수를 부채꼴 크기로, 사망의 원인을 색깔로 표현함으로써 시간이 흐를수록 파란색 원인에 의한 사망자수가 현저히 줄어들었음을 잘 보여줍니다. 여기서 빨간색은 전장에서 부상으로 인해 사망한 경우이며, 파란색은 사망을 예방하거나 증상을 완화할 수 있었으나 위생이 좋지 않아 사망한 경우를 나타내고, 검은색은 기타 원인으로 인한 사망을 나타냅니다. 이러한 시각적 자료 덕분에 병원의 위생을 개선해야 한다는 나이팅게일의 주장이 군과 정부에게 인정받을 수 있었습니다.

10 출처 : 위키피디아 – 플로렌스 나이팅게일

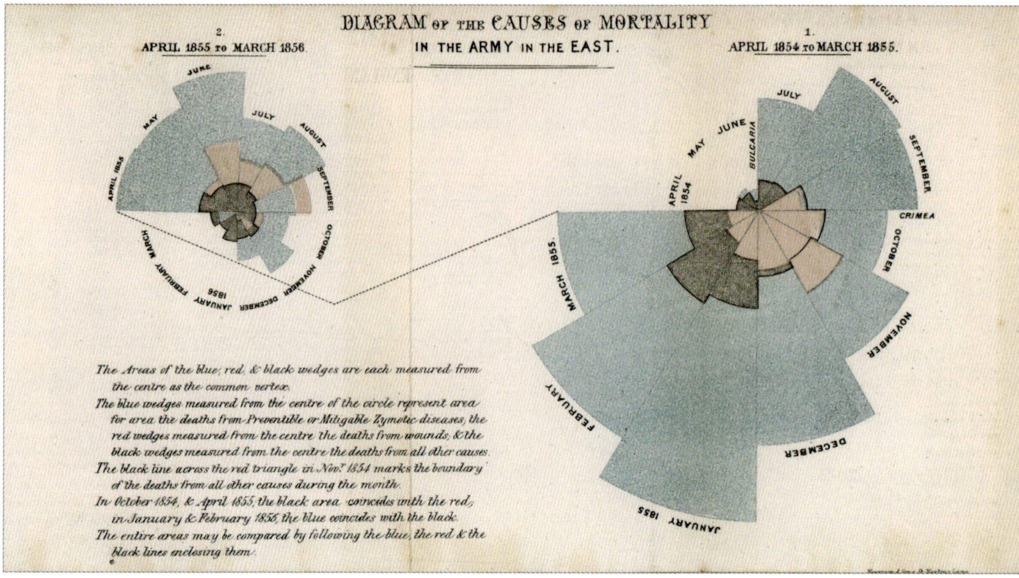

그림 4-11 크림 전쟁에서 영국군 환자의 사망 요인을 보여주는 장미 도표

이와 같은 도표를 R에서 그려 볼까요? 좌표계를 변경하면 쉽게 그릴 수 있습니다.

■ 좌표를 마음대로! : coord_ 계열 함수

coord_xxx( )와 같은 형태의 함수는 좌표계를 변경합니다. [표 4-3]에서 함수 목록을 살펴볼 수 있습니다.

표 4-3 coord_ 계열(좌표계 관련) 함수

함수	설명
coord_cartesian()	카테시안 좌표계 혹은 데카르트 좌표계. 일반적으로 사용하는 직교좌표계로, 2차원은 x축과 y축이 직교하고 3차원은 x축, y축, z축이 서로 직교
coord_fixed()	고정 좌표계. 가로-세로 비율aspect ratio을 지정(y/x)하여 사용
coord_flip()	x축과 y축을 서로 바꾸어(뒤집어) 사용하는 좌표계
coord_map() coord_quickmap()	지도를 그리기 위한 좌표계
coord_polar()	극좌표계. 원 모양으로 도표 생성
coord_trans()	변환 좌표계. x축과 y축의 변환을 통해 도표 생성

나이팅게일의 장미 도표는 coord_polar( ) 함수를 사용하여 기존의 막대도표를 극좌표계로 바꾸는 방법으로 작성할 수 있습니다. [코드 4-27]과 같이 데이터를 준비하는 과정부터 보겠습니다.

[코드 4-27]의 4~5줄은 dsuR03\data 폴더에서 rosechart_before_1855_march.csv 파일을 읽어옵니다. 이 파일은 R이 제공하는 역사적으로 유명한 데이터 패키지 HistData를 일부 수정한 데이터입니다. stringsAsFactors 인수는 읽어올 데이터프레임의 문자열을 팩터로 변환할지 결정합니다. R 3.x에서는 TRUE가 기본값이었으나, R 4.x에서는 FALSE가 기본값으로 조정되었습니다. 5줄에서는 문자열이 아닌 구분 기호로 쓰기 위해 사용했습니다. 8~9줄의 fct_relevel( )은 forcats 패키지의 함수로 기존 팩터의 수준level 순서를 다시 정렬할 때 사용합니다. 여기에서는 팩터 수준이 Disease, Other, Wounds 순으로 정렬됩니다.

코드 4-27 05.coord_.R

```
4    ng <- read.csv( "./data/rosechart_before_1855_march.csv",
5                    stringsAsFactors = TRUE )
6
7    ng <- ng %>%
8      mutate( Month = fct_relevel(Month, "Jul", "Aug", "Sep", "Oct",
     "Nov", "Dec", "Jan", "Feb", "Mar", "Apr", "May", "Jun") ) %>%
9      mutate( Cause = fct_relevel(Cause, "Disease", "Other", "Wounds") )
```

막대도표를 그려봅시다. [코드 4-28]의 14줄에서는 높이 값이 정해진 막대도표를 그리기 위해 geom_col( )을 사용했습니다. position 인수에 identity를 넣어 각각의 Cause를 나타내는 세 막대가 모두 높이 0에서 시작하도록(그래프가 겹쳐서 그려지도록) 하였습니다. 15줄은 scale_fill_manual( ) 함수를 이용하여 각 막대의 색상을 하늘색(skyblue3), 회색(gray50), 벽돌색(firebrick)으로 지정하였습니다. 16줄은 도표 구성 요소를 모두 제거하는 theme_void( ) 함수를 사용하여 아무것도 없는 도표 영역을 만듭니다.

코드 4-28 05.coord_.R

```
12   ng %>%
13     ggplot( aes( Month, sqrt(Rate) ) ) +
14     geom_col(aes(fill = Cause), width = 1, position = "identity") +
15     scale_fill_manual(values = c("skyblue3", "gray50", "firebrick")) +
16     theme_void()
```

실행 결과

이 실행 결과에 극좌표계를 지정하겠습니다. [코드 4-29]의 23줄처럼 theme_void( ) 앞에 coord_polar( )를 추가합니다.

코드 4-29 05.coord_.R

```
19  ng %>%
20    ggplot( aes( Month, sqrt(Rate) ) ) +
21    geom_col(aes(fill = Cause), width = 1, position = "identity") +
22    scale_fill_manual(values=c("skyblue3", "gray50", "firebrick")) +
23    coord_polar() +
24    theme_void( )
```

실행 결과

[코드 4-29]를 실행하니 막대도표가 나이팅게일의 장미도표로 바뀌었습니다. 자세한 설정을 추가하여 도표를 더욱 근사하게 표현할 수 있습니다. R 도움말에서 coord_polar( ) 함수를 검색해 보세요.

도표 분할 : facet

[코드 4-9]에서 도표 영역을 분할하여 여러 도표를 한 번에 그리는 방법을 살펴보았습니다. 여기서 사용한 facet_wrap( ) 함수를 조금 자세히 살펴보겠습니다. 함수의 인수는 [표 4-4]와 같습니다.

표 4-4 facet_wrap( ) 함수의 인수

인수	설명
nrow 혹은 ncol	행과 열의 수를 지정합니다. 두 인수 중 하나만 사용합니다.
scales	데이터 범위를 설정합니다. 기본값은 "fixed"이며, 분할된 도표는 모두 데이터 범위가 같습니다. 되도록 기본값을 사용하지만 개별 도표의 패턴을 살펴보고 싶으면 데이터에 따라 인수 값을 다음과 같이 자유롭게 변경할 수 있습니다. • free : 도표별로 데이터 범위를 설정합니다. • free_x : x축은 데이터 범위를 도표별로 적용하고 y축은 동일하게 합니다. • free_y : y축은 데이터 범위를 도표별로 적용하고 x축은 동일하게 합니다.
strip.position	각 도표의 제목 영역을 지정합니다. 기본값은 "top"이고 "bottom", "left", "right"를 선택할 수 있습니다.
dir	개별 도표를 채우는 방식을 지정합니다. 기본값은 "h"이며 행 단위로 채웁니다. "v"로 설정하면 열 단위로 채웁니다.

[코드 4-30]은 facet_wrap( ) 함수를 이용하여 실린더 수(cyl)에 따라 산점도를 나눠서 한 장의 ggplot2 도표 영역에 그리는 예입니다.

코드 4-30 06.facet_.R

```
ggplot( mtcars, aes( wt, mpg ) ) +
  geom_point() +
  facet_wrap( vars( cyl ),
              ncol=2,
              scales = "free",
              strip.position = "right",
              dir="v" )
```

실행 결과

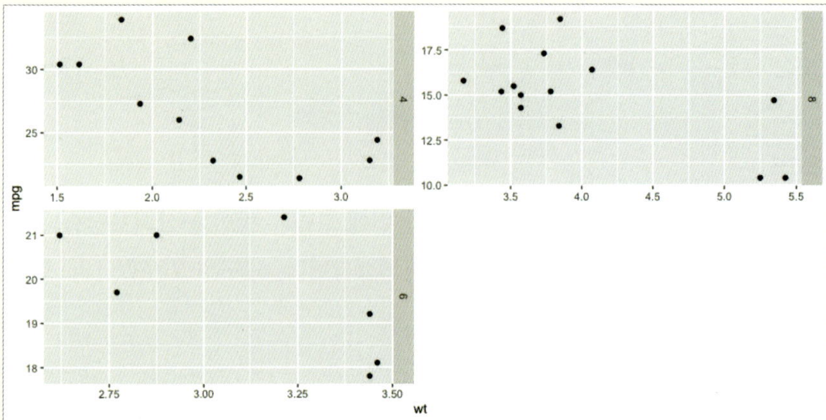

facet_grid( ) 함수는 명목형 변수 값별로 도표 영역을 분할합니다. [코드 4-31]은 엔진 모양("v"와 "l")과 변속기 종류("0"과 "1")에 따라 도표 영역을 2행(엔진 모양 개수)과 2열(변속기 종류 개수)로 분할합니다.

도표 영역을 분할하는 방법으로 facet_wrap( )과 같이 vars( ) 함수를 이용하는 방법과 ~를 이용하여 수식처럼 표현하는 방법이 있습니다. [코드 4-31]의 12~14줄과 17~19줄의 실행 결과는 모두 같습니다.

코드 4-31 06.facet_.R

```
11  # facet_grid( ) : vars( ) 이용
12  ggplot( mtcars, aes( wt, mpg ) ) +
13    geom_point( ) +
14    facet_grid( rows = vars(vs), cols= vars(am) )
15
16  # facet_grid( ) : ~ 이용
17  ggplot( mtcars, aes( wt, mpg ) ) +
18    geom_point( ) +
19    facet_grid( vs ~ am )
```

실행 결과

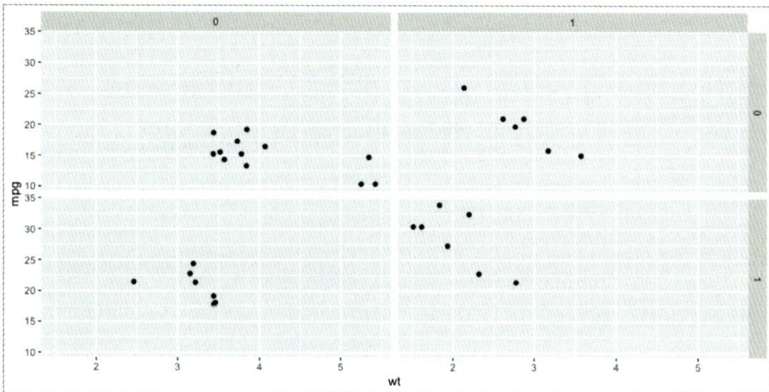

~로 표현하는 방식에 변수를 추가할 수 있습니다. [코드 4-32]는 각 행을 엔진 모양(vs)과 변속기 종류(am)에 따라 구분합니다.

코드 4-32 06.facet_.R

```
ggplot( mtcars, aes( wt, mpg ) ) +
  geom_point() +
  facet_grid( vs + am ~ gear)
```

실행 결과

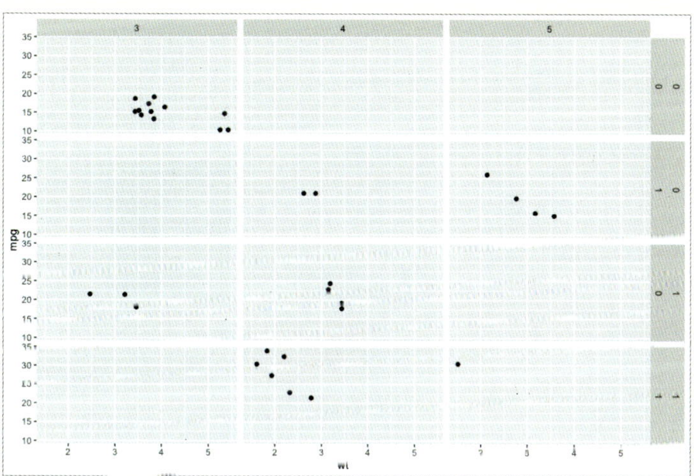

도표를 보기 좋게 만들기 : theme_ 계열 함수

■ ggplot 제공 테마 사용하기

장미 도표를 그릴 때 theme_void( ) 함수를 사용한 것이 기억나나요? theme_void( ) 함수는 ggplot2가 제공하는 테마 중 하나로, 도표에서 x축과 y축 표시, 도표 배경, 축 제목 등의 문자, 주 눈금과 보조 눈금 등의 격자 표시 등을 모두 비워서 도표를 그립니다.

ggplot2가 지원하는 테마를 확인해 봅시다. [코드 4-33]은 mtcars 데이터셋에서 자동 기어인지 수동 기어인지에 따라 상자 도표(geom_boxplot( ))를 그리는 코드입니다. 도표 정보는 변수 p에 저장했습니다.

코드 4-33 07.theme_.R

```
p <- ggplot( mtcars ) +
  geom_boxplot( aes(y = mpg, fill = factor(am)) )
```

ggplot2에서 제공하는 테마는 기본값인 grey 외에 void, classic, minimal, linedraw, bw, light, dark로 총 여덟 가지가 있으며 각각 theme_테마명( ) 형태의 함수로 지정합니다. [코드 4-34]를 통해 도표 정보를 저장한 변수 p에 각 테마를 적용한 결과를 함께 살펴봅시다. 각 도표의 이름을 지정하기 위해 labs( ) 함수 외에도 ggtitle( ) 함수를 같이 사용했습니다. 코드에서 사용법을 함께 확인해 보세요.

코드 4-34 07.theme_.R

```
p +
theme_grey( ) +
labs(title = "Default, theme_grey( )")
```

실행 결과

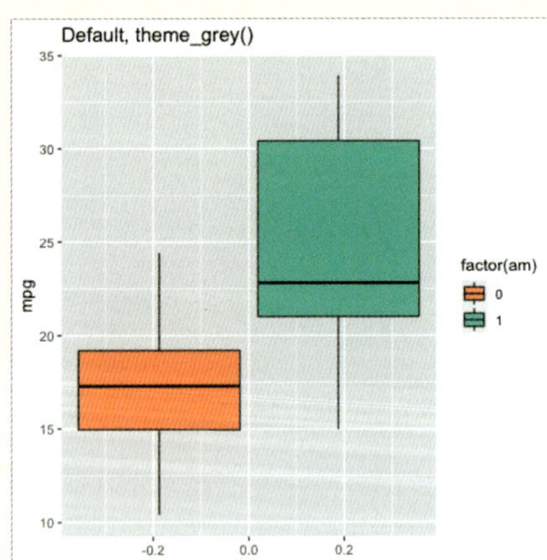

7
```
p +
theme_void() +
ggtitle("theme_void()")
```

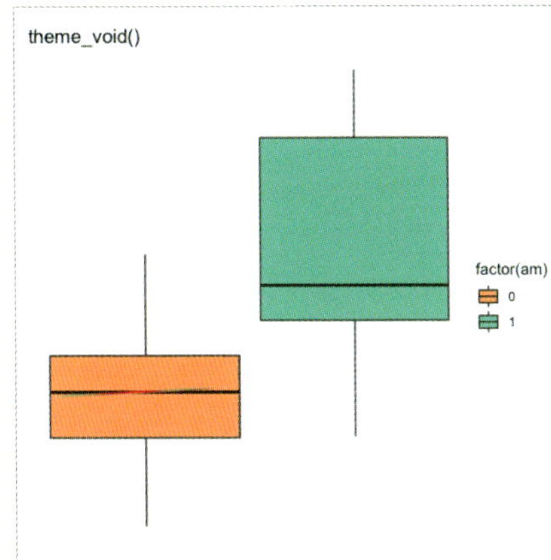

8
```
p +
theme_classic() +
ggtitle("theme_classic()")
```

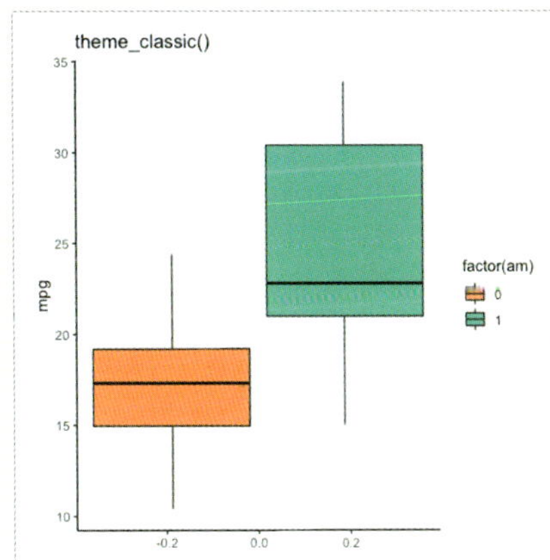

9
```
p +
theme_minimal() +
ggtitle("theme_minimal()")
```

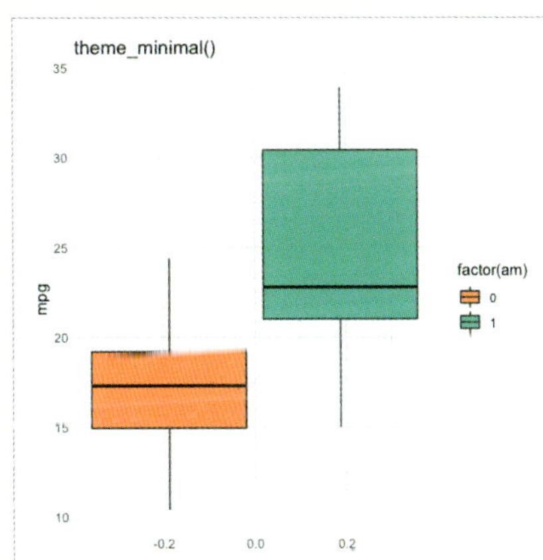

11
```
p +
theme_linedraw() +
 ggtitle("theme_linedraw()")
```

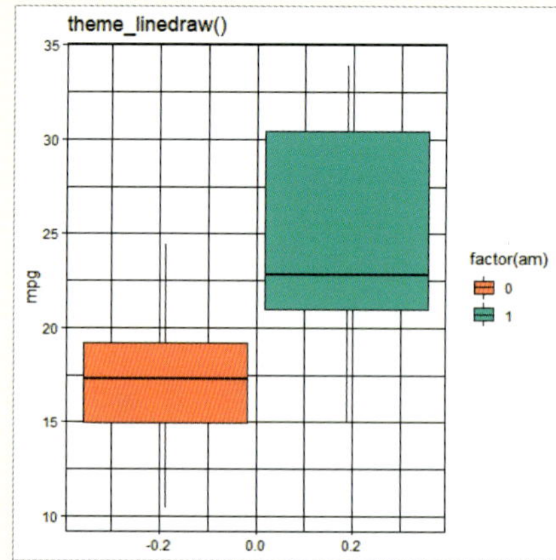

12
```
p +
theme_bw() +
ggtitle("theme_bw()")
```

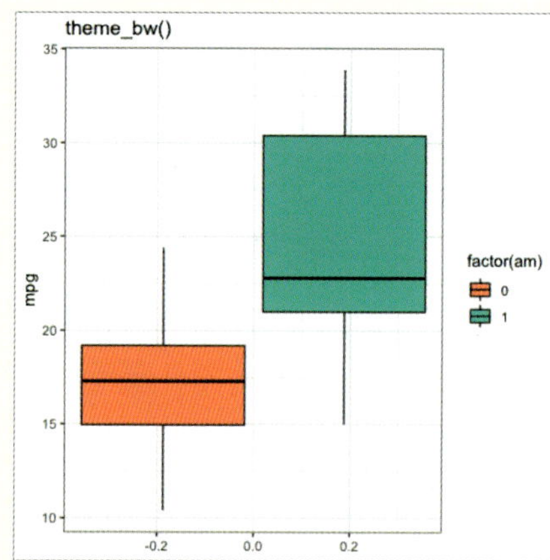

13
```
p +
theme_light() +
ggtitle("theme_light()")
```

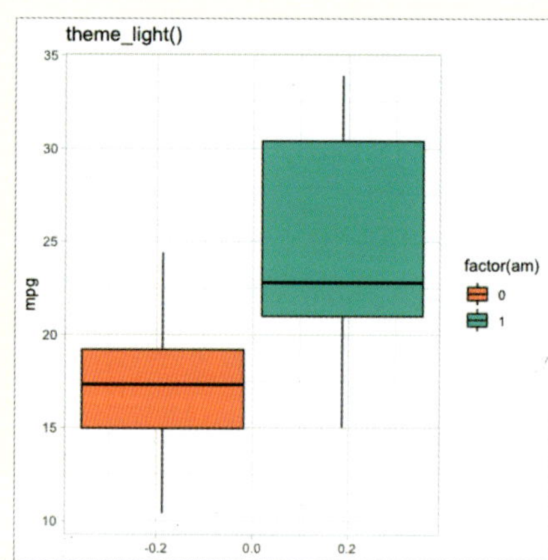

```
p +
theme_dark() +
ggtitle("theme_dark()")
```

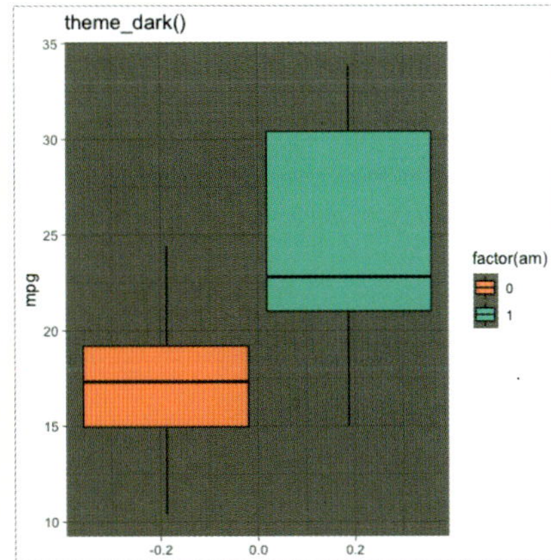

■ 확장 테마 사용하기 : ggthemes 패키지

언론사, 증권사, 연구기관 등은 중요한 정보를 효과적으로 알리기 위해 시각화를 적극적으로 활용해 왔습니다. 어떤 도표들은 모양만 보고도 어느 기관에서 제작했는지 알 수 있도록 기관의 정체성을 잘 나타냅니다. 이 중에서도 몇 가지 테마는 널리 알려져 많은 일반 사용자들이 활용하기도 합니다. R에서도 유명한 테마 몇 가지를 ggthemes 패키지로 만나볼 수 있습니다.

먼저 ggthemes 패키지를 설치하고 작업공간과 연결합니다.

코드 4-35 07.theme_.R

```
install.packages("ggthemes")
library( ggthemes )
```

ggthemes를 사용할 준비가 되었습니다. ggthemes에서 제공하는 테마는 ggplot2 패키지와 마찬가지로 `theme_xxx( )` 형태의 함수로 지정합니다. [코드 4-36]을 통해 도표 정보를 담고 있는 변수 p에 각 테마를 적용한 결과를 함께 살펴봅시다.

코드 4-36 07.theme_.R

실행 결과

```
19  # 일간지인 《월 스트리트 저널》 테마
    p +
    theme_wsj() +
    ggtitle("Wall Street Journal")
```

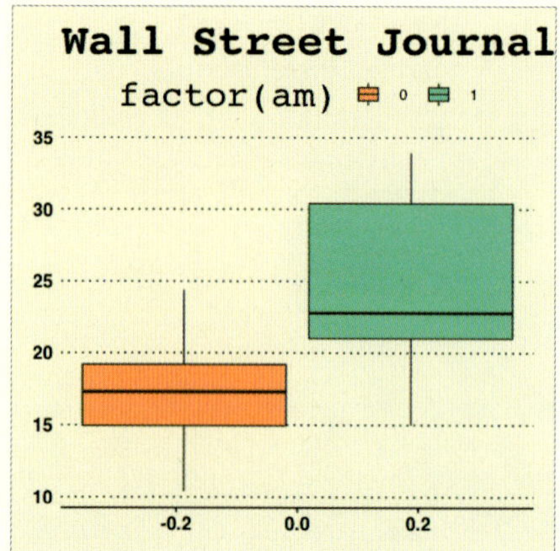


```
20  # 경제 주간지인 《이코노미스트》 테마
    p +
    theme_economist() +
    ggtitle("Economist")
```

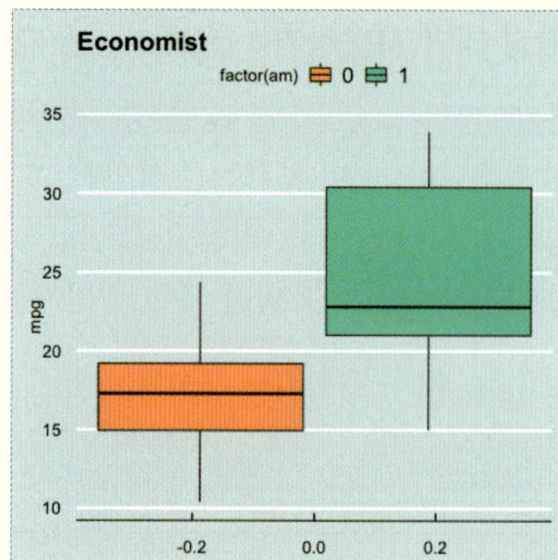


```
21  # 정치, 경제, 스포츠 분야의 데이
    터 기반 언론인 파이브서티에이트
    (FiveThirtyEight) 테마
    p +
    theme_fivethirtyeight() +
    ggtitle("fivethirtyeight")
```

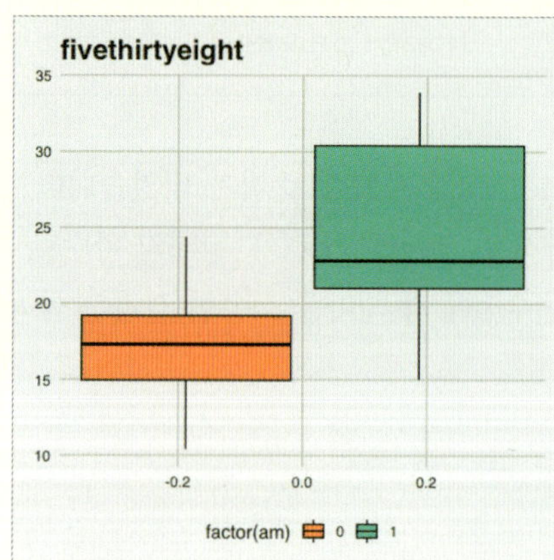

23

```
# 스프레드시트 프로그램인 Excel 기본 도표 테마
# scale_fill_excel_new(), scale_color_excel_new() 등 색상 변환 함수와 함께 사용하면 Excel의 기본 색상과 같아집니다.
p +
theme_excel_new() +
ggtitle("Microsoft Excel")  +
scale_fill_excel_new()
```

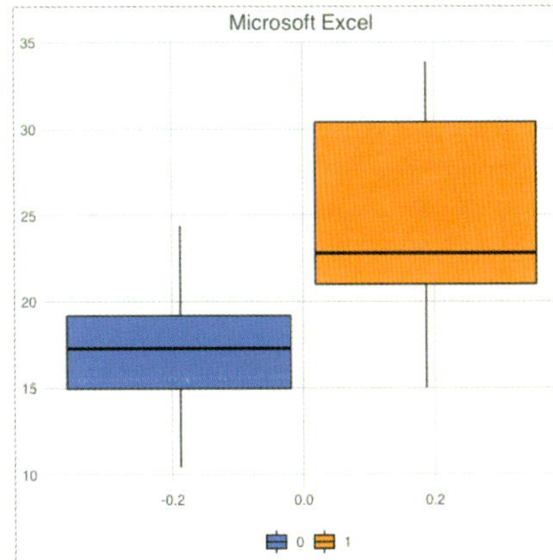

24

```
# 통계 분석 프로그램인 stata의 기본 도표 테마
p +
theme_stata() +
ggtitle("Stata")
```

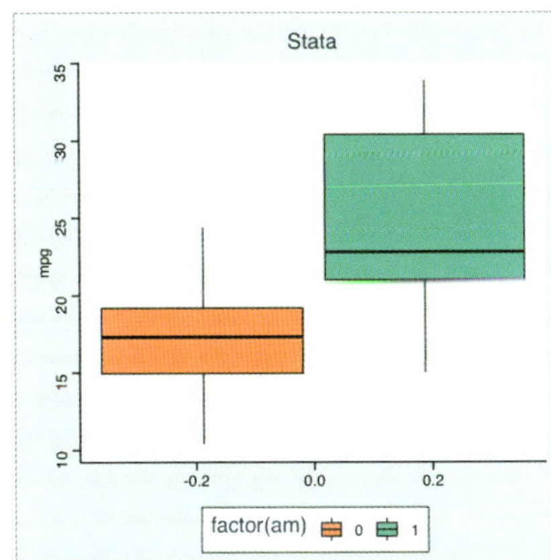

ggthemes 패키지에는 더욱 다양한 테마가 존재하며, 테마마다 보조 함수를 제공합니다.[11] 도표를 작성할 때 원하는 형태와 가장 가까운 테마를 선택해 사용해 보세요.

■ 도표 테마 요소 사용자화

theme_xxx( ) 계열 함수를 이용해 도표의 외형을 변경해 보았습니다. 처음에 ggplot2로 그린 것보다 멋진 도표를 얻었지만 마음에 들지 않는 요소도 있을 것입니다. 이럴 때 도표를 구성하는 요소를 직접 변경할 수 있습니다.

11 히로아키 유타니Hiroaki Yutani의 사이트 https://yutannihilation.github.io/allYourFigureAreBelongToUs/ggthemes/를 참고하세요.

[코드 4-36] 20줄의 실행 결과로 나온 도표를 통해 어떤 요소가 있는지 살펴보겠습니다. [그림 4-12]와 같이 **개별 요소**와 각 요소를 모아 구성하는 **영역**으로 크게 나눌 수 있습니다.

개별 요소에는 글자, 선, 사각형이 있습니다.

- **글자 요소(text)** : 도표 제목, x축 제목, y축 제목, 도표의 눈금 값, 범례 속 글자 등
- **선 요소(line)** : 도표 내에 선으로만 구성된 요소로 주 눈금선과 보조 눈금선 등의 선
- **사각형 요소(rect)** : 범례 영역, 전체 도표 영역, 도표 작성 영역을 나타내는 사각형

영역에는 축, 범례, 도표 작성, 전체 도표, facet_xxx( ) 계열 함수로 구분하는 영역이 있습니다.

- **축 영역(axis)** : 도표의 각 축을 구성하는 눈금이나 눈금 표시 글자 등
- **범례 영역(legend)** : 범례와 범례 제목 등
- **도표 작성 영역(panel)** : 그림을 실제로 그리는 영역의 배경색이나 외곽선 등
- **전체 도표 영역(plot)** : 전체 영역의 배경색이나 외곽선 등
- **facet을 구성하는 영역(strip)** : facet_xxx( ) 계열 함수를 이용해 나뉜 각 도표를 구분하는 영역. [그림 4-12]에는 해당 사항이 없습니다.

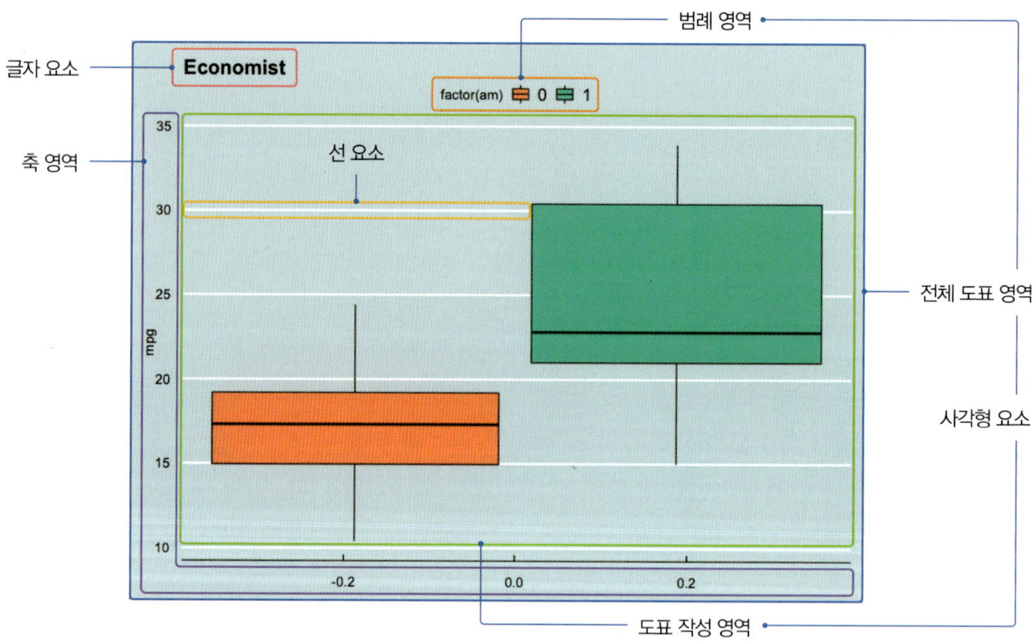

그림 4-12 도표의 개별 요소와 영역

이러한 요소들을 변경하는 방법을 알아보겠습니다. 사용자는 theme( ) 함수를 이용해 요소를 원하는 대로 변경할 수 있습니다. 각 요소를 변경하려면 다음과 같이 element_xxx( ) 계열 함수를 이용합니다.

- **글자 요소 변경 :** element_text( )
- **선 요소 변경 :** element_line( )
- **사각형 요소 변경 :** element_rect( )
- **빈 요소로 변경 :** element_blank( )

테마를 변경하려면 원하는 구성 요소에 요소 변경 함수를 적용합니다. [코드 4-37]은《이코노미스트》테마로 작성한 도표를 변경하는 예입니다. 코드를 한 줄씩 살펴봅시다.

- **28줄 :**《이코노미스트》테마를 적용한 geom_boxplot( )을 작성합니다.
- **29줄 :** theme( ) 함수를 시작하여 변경하려는 요소들을 지정합니다.
- **30줄 :** 전체 도표 영역의 제목은 plot.title로 지정합니다. 제목은 글자 요소이므로 element_text( )로 글자 크기를 지정합니다. 여기서 글꼴 크기(size)는 20 포인트(pt)로 지정하였습니다.
- **31줄 :** 도표 영역의 배경(panel.background)을 흰색(white)으로 변경합니다. 도표 영역의 배경은 사각형이므로 element_rect( ) 함수를 사용합니다. 채움 색(fill) 인수에 흰색(white)을 전달합니다.
- **32줄 :** element_line( ) 함수로 y축의 주 눈금선(panel.grid.major.y)을 변경합니다. 선은 회색(color="gray") 점선(linetype=2)으로, 선 굵기는 0.25mm(size=0.25)로 지정합니다.
- **33줄 :** element_blank( )를 사용하여 축의 모든 눈금(panel.ticks) 요소를 제거합니다.
- **34줄 :** 범례의 위치(legend.position)를 도표 아래로 변경합니다. 다른 요소와 달리 문자열 "bottom"을 넣어줍니다.

코드 4-37 07.themes.R

```
28  p + theme_economist() + ggtitle("Economist") +
29    theme(
30      plot.title = element_text( size = 20 ),
31      panel.background = element_rect( fill = "white"),
32      panel.grid.major.y = element_line( color="lightgrey", linetype=2, size=0.25 ),
33      axis.ticks = element_blank(),
34      legend.position = "bottom"
35    )
```

실행 결과

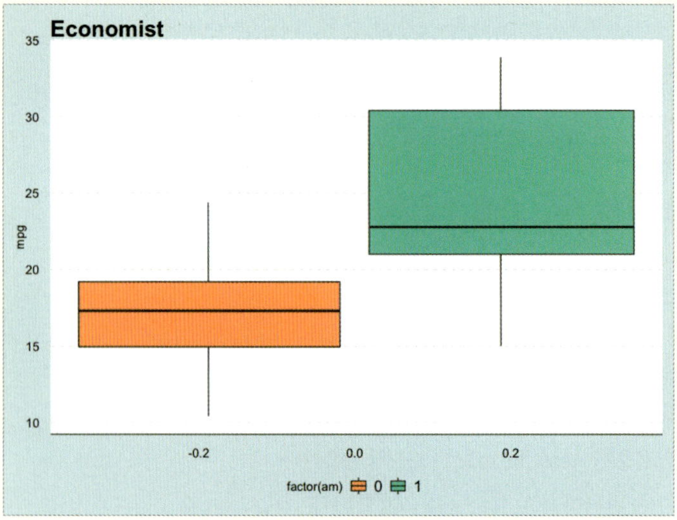

지금까지 간략하게 테마를 수정하는 방법을 알아보았습니다. 도표를 이루는 요소는 해들리 위컴의 『ggplot2: Elegant Graphics for Data Analysis』[12] 18장에 자세하게 설명되어 있습니다.

12 『ggplot2 : R로 분석한 데이터를 멋진 그래픽으로』(프리렉, 2017). 원서 본문이나 전체 코드는 https://ggplot2-book.org/에서 확인할 수 있습니다.

CHAPTER 4 연습문제

1 3장 [연습문제 3]에서 저장한 temp_year_month.csv 파일을 불러와 [그림 4-13]과 같이 각 월별 평균 온도의 도표를 작성해 보세요. 이때 테마는 theme_stata( )를 사용하고, 산점도(geom_point( ))와 선 도표(geom_line( ))를 그립니다.

tip 날짜 데이터를 순서대로 출력하기 위해 연도와 월을 이용하여 새로운 날짜형 데이터를 만듭니다. 이때 일은 1일로 합니다.

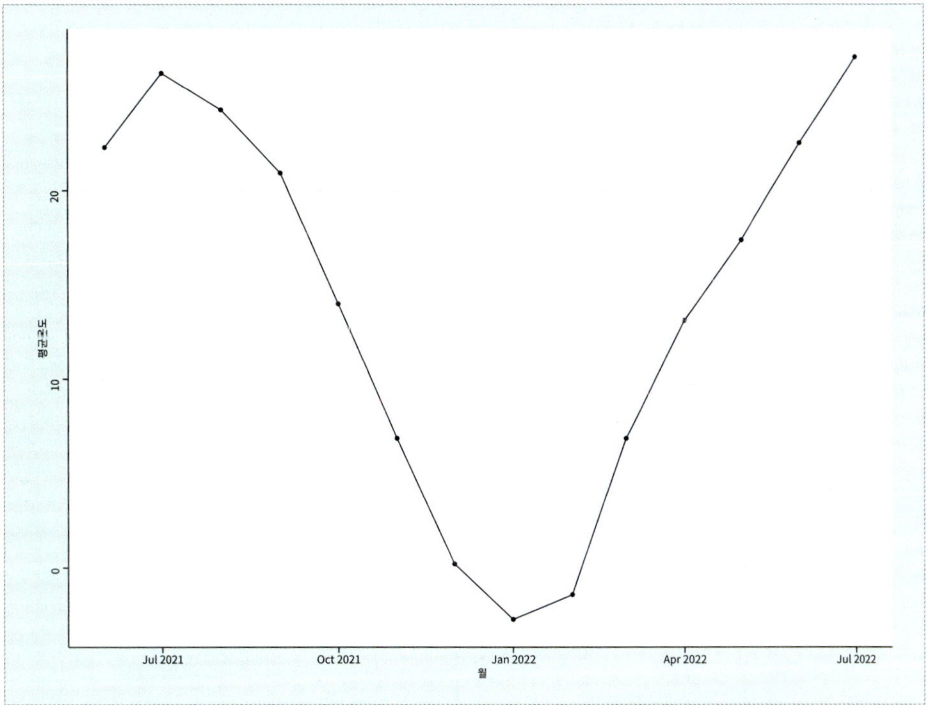

그림 4-13 [연습문제 1]의 도표

CHAPTER 4 연습문제

※ **(문제 2~3)** 2장 [연습문제 2]에서 저장한 충청남도 천안시 백석동 관측소의 일평균 대기정보 데이터에 대하여 다음 물음에 답하세요.

2 일평균 대기정보 데이터셋에서 대기오염물질별 상자 도표를 [그림 4-14]와 같이 작성해 보세요.

tip 이 데이터셋에서 '최종확정.여부' 열은 불필요합니다. `select()` 함수를 이용해 분석에 사용할 열을 선택할 수 있지만, Console 패널에 `데이터프레임이름$최종확정.여부 <- NULL`이라고 명령하여 '최종확정.여부' 열을 제거할 수도 있습니다.

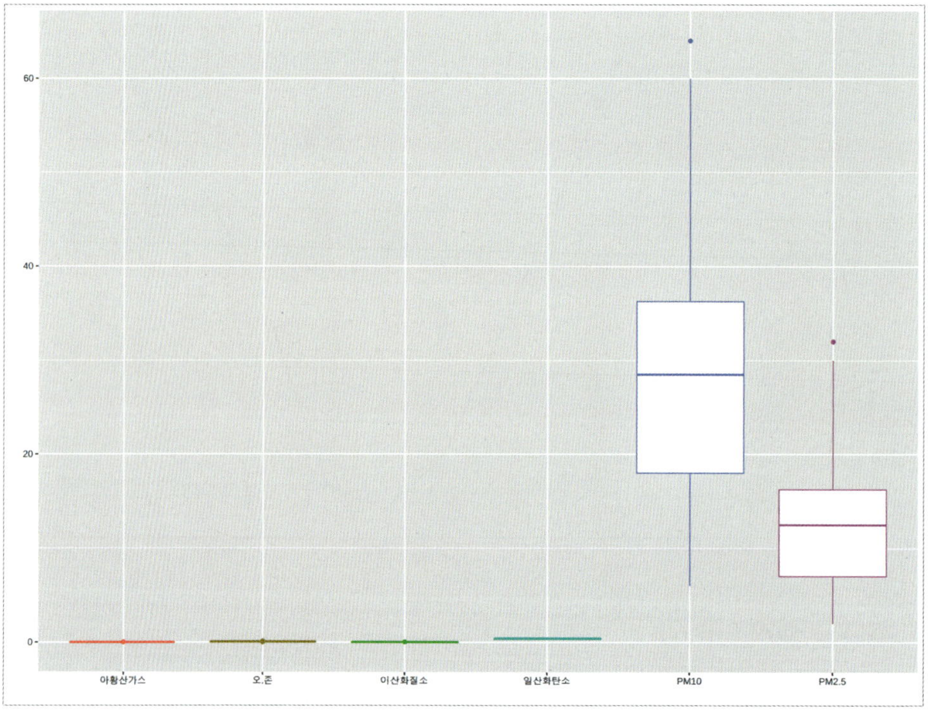

그림 4-14 [연습문제 2]의 도표

3 [연습문제 2]와 같이 서로 다른 단위를 사용하는 데이터를 하나의 도표로 나타내면 그 의미를 잘 표현할 수 없습니다. 이러한 문제를 해결하려면 대기오염물질마다 농도를 다른 도표에 나타내야 합니다. [그림 4-15]와 같이 6개의 도표로 나타내보세요.

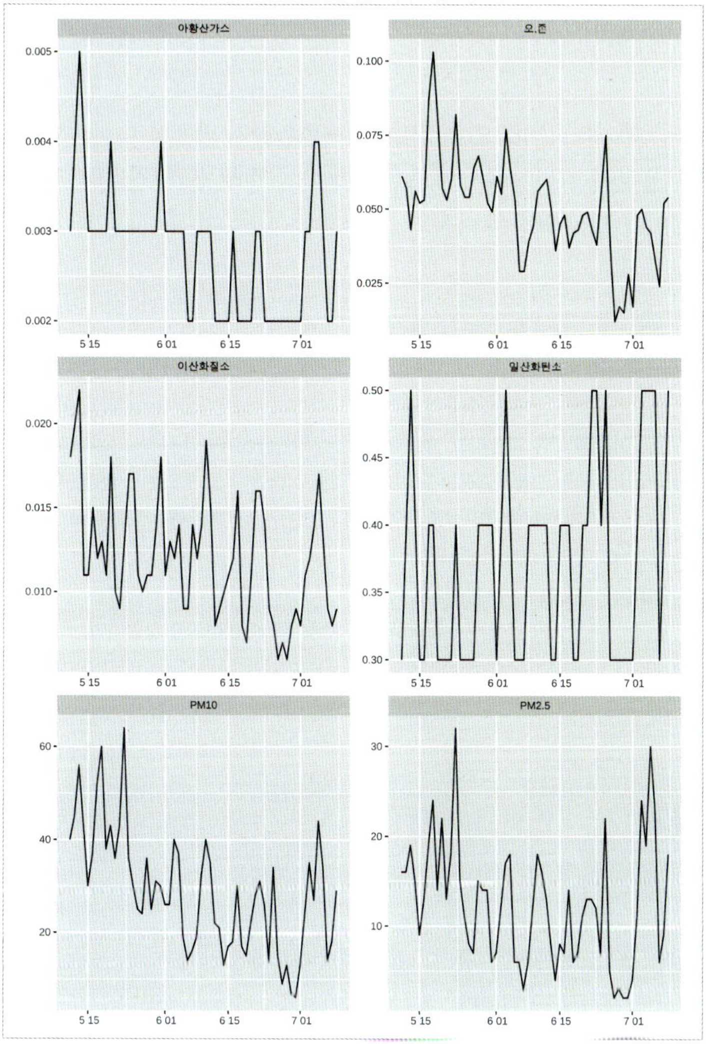

그림 4-15 [연습문제 3]의 도표

PROJECT 1

데이터 정리와 요약하기

프로젝트 : dsuRprj1/dsuRprj1.Rproj

지금까지 데이터 과학 과정 중 데이터 가져오기 – 정리하기 – 변환하기 과정까지 살펴보았습니다. 이번에서는 공공데이터를 이용하여 2~4장에서 학습한 내용을 구현해 볼 것입니다. [PROJECT 1]을 통해 수행하고 싶은 데이터 분석 과정은 다음과 같습니다.

1. 두 가지 공공데이터를 실제로 수집하고 제대로 불러왔는지 확인합니다.
2. 날짜, 시간 정보를 날짜형 데이터로 변환합니다.
3. 팩터가 되어야 할 문자열을 선별하고 팩터로 변환합니다.
4. 숫자형 데이터를 요약하여 주간과 야간에 따른 교통사고 경상자수, 사망자수, 중상자수의 특성을 살펴봅니다.
5. 범주형 데이터를 요약하여 사망자가 발생한 교통사고에는 요일별, 유형별로 어떤 특징이 있는지 살펴봅니다.
6. 두 데이터셋을 이용해 교통사고 사망자수의 변화를 연도별로 확인하거나 2020년 사망자수를 시도별로 확인합니다.
7. 두 데이터셋을 결합하여 인구 100,000명당 사망자수를 구합니다.
8. 인명피해 정도에 따른 피해자수를 사고유형별로 시각화합니다.
9. 시도별 사망자수를 시각화하고, 더 나아가 시도별 인구수와 교통사고 사망자수의 산점도를 그립니다.

P1.1 데이터 수집하기

1.4절

이번 프로젝트에 사용할 데이터는 다음 두 가지입니다.

1. **교통사고 사망자수 데이터** : 도로교통공단 교통사고정보 개방시스템에서 제공
2. **1인당 자동차 등록대수(시도/시/군/구) 데이터** : 통계청 국가통계포털에서 제공

이제 각 데이터를 수집하는 방법을 살펴봅시다.

교통사고 사망자수 데이터 수집하기

먼저 교통사고 사망자수 데이터를 수집하기 위해 도로교통공단 교통사고정보 개방시스템[1] 사이트에 접속합니다. 홈페이지 왼쪽에서 [오픈 API] – [사망사고정보(+)] – [사망교통사고정보] 메뉴를 차례대로 클릭합니다. 화면에서 '사망사고정보 CSV' 항목의 [CSV 다운로드] 버튼을 클릭한 뒤, 프로젝터 폴더 하위의 data 폴더에 저장합니다. 이 파일은 다운로드하는 시기에 따라 이름이 바뀔 수 있으므로, 작업 편의에 따라 이름을 `da.csv`로 변경합니다.

이 csv 파일은 2012년부터 2020년까지 사망자가 발생한 전국 교통사고 데이터로, 연 단위로 갱신됩니다. 데이터를 이루는 열은 [표 P1-1]에 설명하였습니다.

표 P1-1 교통사고 사망자수 데이터 열

열 이름	설명	예
발생년	사고 연도	2020
발생년일시	월일시(간)	2020020222
주야	주간 및 야간	야간
요일	요일(일~토)	일
사망자수	사망자수	1
사상자수	사망자수와 부상자수의 합	1
중상자수	중상자수	0
경상자수	경상자수	0
부상신고자수	부상신고자수	0
발생지시도	시도명	서울
발생지시군구	시군구명	강동구
사고유형_대분류	사고유형 대분류명	차대차
사고유형_중분류	사고유형 중분류명	기타
사고유형	사고유형명	기타
법규위반	가해자 법규 위반명	안전운전 의무 불이행
도로형태_대분류	도로 형태 대분류명	교차로
도로형태	도로 형태명	교차로내
당사자종별_1당_분류	가해 당사자 차종별 대분류명	화물차
당사자종별_2당_분류	피해 당사자 차종별 대분류명	보행자

1 https://taas.koroad.or.kr/api/main.do

발생위치X_UTMK	위치 X좌표 (EPSG 5179)	966978
발생위치Y_UTMK	위치 Y좌표 (EPSG 5179)	1949134
경도	경도 좌표 (EPSG4326)	127.1262656
위도	위도 좌표 (EPSG4326)	37.54077827

1인당 자동차 등록대수 데이터 수집하기

이번에는 1인당 자동차 등록대수 데이터를 수집하기 위해 통계청 국가통계포털[2] 사이트에 접속합니다. 홈페이지 상단에서 [국내통계] – [e–지방지표(통계표)] 메뉴를 선택합니다. 주제별 목록에서 '주거와 교통'을 클릭하고 드롭다운으로 나온 목록 중에서 '1인당 자동차 등록대수(시도/시/군/구)'를 선택합니다.

이 데이터 파일은 국토교통부의 자동차 등록현황보고와 행정안전부의 주민등록 인구현황을 이용하여 통계청에서 작성한 자료입니다. 자동차 등록대수, 주민등록인구, 1인당 자동차 등록대수에 대해 2003년부터 연단위로 시도 및 시군구별 자료를 제공합니다. 이 데이터에서 연도별로 확인할 수 있는 열은 [표 P1–2]에 설명하였습니다.

표 P1–2 시군구 자동차 등록대수와 인구 데이터 열

열 이름		설명	예
행정구역별		시도 및 시군구	춘천시
연단위	1인당 자동차등록대수	1인당 자동차 등록대수	0.5
	자동차등록대수	자동차 등록대수(단위 : 대)	139,153
	주민등록인구	주민등록인구(단위 : 명)	282,765

기본 설정으로는 시도별 자료만 제공하고 있어, 시군구별 데이터를 받으려면 설정을 변경해야 합니다. 먼저 [그림 P1–1(a)]와 같이 조회설정 탭을 클릭합니다. [그림 P1–1(b)]와 같이 조회설정 창이 뜨면 ❶ 행정구역별 항목에서 ❷ 2레벨을 선택한 후 ❸ [조회]를 클릭하여 시군구별 데이터를 다운로드할 수 있습니다.

2 https://kosis.kr/

(a) 조회설정 클릭

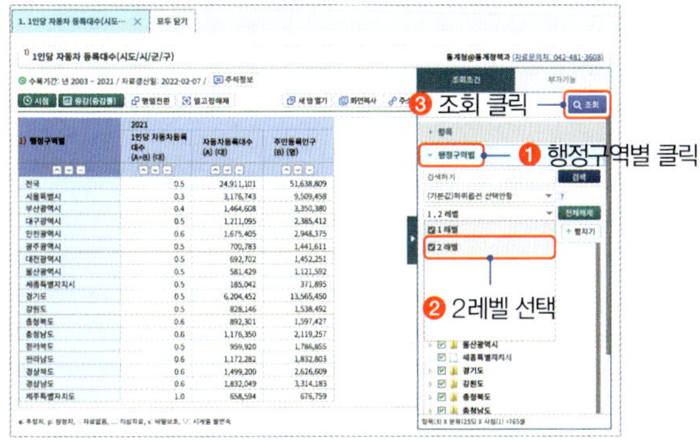

(b) 행정구역별-2레벨 선택 후 조회

그림 P1-1 시군구별 데이터 받기 설정

데이터셋은 [그림 P1-2(a)]처럼 코드를 포함한 데이터로 다운로드합니다. 예를 들어 중구는 서울특별시에도 있고 대전광역시에도 있기 때문에, 코드를 포함하지 않은 데이터를 다운로드하면 시군구를 구분하기 어렵습니다. 코드를 포함한 데이터는 [그림 P1-2(a)]와 같이 "행정구역코드"+빈칸+"행정구역명"의 형태로 제공합니다.

SGG 행정구역별	Y2020 2020
SGG 행정구역별	T10 1인당 자동차등록대수 (A÷B) (14STD04190 대)
00 전국	0.5
11 서울특별시	0.3
11010 종로구	0.3
11020 중구	0.4
11030 용산구	0.3
11040 성동구	0.4
11050 광진구	0.3
11060 동대문	0.3
11070 중랑구	0.3
11080 성북구	0.3
11090 강북구	0.2
11100 도봉구	0.3

코드(빈칸)데이터

(a) 코드를 포함한 데이터

행정구역별	2020
행정구역별	1인당 자동차등록대수 (A÷B) (대)
전국	0.5
서울특별시	0.3
종로구	0.3
중구	0.4
용산구	0.3
성동구	0.4
광진구	0.3
동대문구	0.3
중랑구	0.3
성북구	0.3
강북구	0.2
도봉구	0.3

(b) 코드를 포함하지 않은 데이터

그림 P1-2 코드를 포함한 데이터와 그렇지 않은 데이터

[그림 P1-3]처럼 다운로드 창에서 코드포함 체크 상자를 클릭합니다.

그림 P1-3 통계청 데이터의 코드포함 여부 선택

통계청 데이터는 다양한 파일 형태를 지원합니다. 이 중에서 Excel 파일인 xlsx 파일이나 xls 파일에는 셀 병합이라는 기능이 있습니다. 셀 병합을 허용한 파일은 Excel에서 여러 열을 병합하여 한 개의 열로 나타납니다. 이는 시각적으로 한 개의 열처럼 보이는 것이며 병합한 각 열에는 모두 동일한 데이터가 있습니다.

시군구 데이터를 포함하고 코드를 포함한 xlsx 파일을 다운로드합시다. 작업 편의에 따라 파일 이름을 `cars_pops.xlsx`로 변경하고 프로젝트 폴더 하위의 data 폴더에 저장합니다.

P1.2 데이터 읽기와 확인하기

2.6절

데이터 읽기

데이터 분석을 하려면 분석할 데이터가 있어야 하므로, 데이터 읽기부터 시작합니다. 여기서는 두 개의 서로 다른 데이터셋을 읽습니다. [코드 P1-1]의 5줄은 tidyverse의 일원인 readr 패키지가 제공하는 `read_csv( )` 함수를 사용하여 csv 파일을 읽고, 6줄에서 CP949로 인코딩한 파일을 읽기 위해 `locale( )` 함수를 locale 인수에 전달합니다. 여기서 `locale( )` 함수의 첫 번째 인수로 날짜 단위를 위한 국가 코드를 지정하고, 두 번째 인수 `encoding`은 파일의 인코딩 방식을 지정합니다. [코드 P1-1]에서는 첫 번째 인수로 우리나라를 지정하는 `"ko"`와 한글 인코딩 방식인 CP949를 전달했습니다. 7줄은 readxl 패키지의 `read_excel( )` 함수를 이용해 xlsx 파일로 저장한 파일을 읽습니다(3.2절 참고). `skip` 인수에 1을 전달한 이유는 `cars_pops.xlsx` 파일의 첫 줄에 연도가 기록되어 있으므로 두 번째 줄을 헤더로 읽고 세 번째 줄부터 데이터로 읽어들이기 위함입니다.

코드 P1-1 01.data_preparation.R

```
accident <- read_csv("./data/da.csv",
                     locale=locale("ko", encoding="CP949"))
cars_pops <- read_excel("./data/cars_pops.xlsx", skip=1)
```

데이터를 읽는 read_csv( ) 함수를 조금 더 살펴보겠습니다. read_csv( ) 함수는 read.csv( ) 함수보다 csv 파일을 빠르게 읽고 tidyverse 패키지에서 기본으로 사용하는 티블tibble 형태로 만들어 줍니다. 하지만 read_csv( ) 함수는 locale 인수 때문에 사용하기 까다로운 편입니다. 데이터 파일을 utf-8로 인코딩했다면 locale 인수를 변경하지 않아도 되지만, 공공데이터는 대부분 CP949로 인코딩되어 있으므로 locale 인수를 사용해야 하는 불편함이 있습니다.[3]

데이터 확인하기

R이 각 데이터를 잘 불러왔는지 확인해 보겠습니다. 불러온 데이터의 개수, 열 개수, 각 데이터의 값을 확인할 것입니다. 데이터는 티블 형태이며, 변수명을 실행하여 데이터를 확인하면 데이터 앞부분 일부와 함께 몇 행 몇 열인지, 그리고 각 열의 이름과 데이터형까지 확인할 수 있습니다.

먼저 accident를 확인해 보겠습니다.

```
> accident
# A tibble: 37,128 x 23
  발생년 발생년월일시 주야  요일  사망자수 사상자수 중상자수 경상자수
  <dbl>        <dbl> <chr> <chr>    <dbl>    <dbl>    <dbl>    <dbl>
1  2012   2012010101 야간  일           1        1        0        0
2  2012   2012010101 야간  일           1        6        5        0
3  2012   2012010108 주간  일           1        1        0        0
4  2012   2012010110 주간  일           2        2        0        0
5  2012   2012010103 야간  일           1        1        0        0
6  2012   2012010116 주간  일           1        1        0        0
7  2012   2012010210 주간  월           2        2        0        0
```

3 locale 인수는 단순히 인코딩만 지정하는 것은 아닙니다. 해당 국가에서 사용하는 요일, 시간, 통화 단위 등을 지정하여 저장 파일의 각 열을 국가 설정에 맞춰 읽는 기능을 지원합니다.

```
 8   2012   2012010104  야간    일        1        1        0        0
 9   2012   2012010104  야간    일        1        2        1        0
10   2012   2012010102  야간    일        1        4        0        3
# … with 37,118 more rows, and 15 more variables: 부상신고자수<dbl>,
#   발생지시도 <chr>, 발생지시군구 <chr>, 사고유형_대분류 <chr>,
#   사고유형_중분류 <chr>, 사고유형 <chr>, 법규위반 <chr>,
#   도로형태_대분류 <chr>, 도로형태 <chr>, 당사자종별_1당_대분류 <chr>,
#   당사자종별_2당_대분류 <chr>, 발생위치X_UTMK <dbl>,
#   발생위치Y_UTMK <dbl>, 경도 <dbl>, 위도 <dbl>
```

accident에는 37,128개의 행과 23개의 열이 있습니다. 각 열의 이름 아래에 데이터형이 표시됩니다.[4] accident에 열이 많으므로 화면에 보이지 않는 열도 있습니다. 모든 열을 확인하려면 str(accident)라고 입력하면 됩니다.

cars_pops 데이터셋도 확인해 보겠습니다.

```
> cars_pops
# A tibble: 246 × 4
   'SGG 행정구역별'          'T10 1인당 자동… 'T001 자동차등… 'T002 주민등록…
   <chr>                          <dbl>           <dbl>           <dbl>
 1 00 전국                          0.5        24365979        51829023
 2 11 서울특별시                    0.3         3157361         9668465
 3       11010 종로구               0.3           50267          149384
 4       11020 중구                 0.4           51126          125240
…
```

cars_pops에 저장한 데이터는 정리를 해야 할 것 같습니다. 각 열 이름에 이름 외에 코드가 존재하며, 행정구역 열에는 코드와 시군구명만 있는 게 아니라 불필요한 공백도 있습니다. 이 데이터는 뒤에서 정리하겠습니다.

이번에는 tail( ) 함수를 통해 accident 데이터셋의 뒷부분도 잘 불러왔는지 확인해 봅시다. 가장 마지막 데이터 5개를 확인하기 위해 인수 n에 5를 전달했습니다.

4 데이터 제공 시점에 따라 행과 열의 수는 달라질 수 있습니다.

```
> tail( accident, n=5 )
# A tibble: 5 × 23
  발생년 발생년월일시 주야  요일  사망자수 사상자수 중상자수 경상자수
   <dbl>        <dbl> <chr> <chr>    <dbl>    <dbl>    <dbl>    <dbl>
1   2020   2020102800  야간   수         1        1        0        0
2   2020   2020110415  주간   수         1        1        0        0
3   2020   2020121513  주간   화         1        6        0        5
4   2020   2020122021  야간   일         1        1        0        0
5   2020   2020112407  주간   화         2        2        0        0
# … with 15 more variables: 부상신고자수 <dbl>, 발생지시도 <chr>,
#   발생지시군구 <chr>, 사고유형_대분류 <chr>, 사고유형_중분류 <chr>,
#   사고유형 <chr>, 법규위반 <chr>, 도로형태_대분류 <chr>,
#   도로형태 <chr>, 당사자종별_1당_대분류 <chr>,
#   당사자종별_2당_대분류 <chr>, 발생위치X_UTMK <dbl>,
#   발생위치Y_UTMK <dbl>, 경도 <dbl>, 위도 <dbl>
```

cars_pops 데이터셋의 뒷부분은 여러분이 각자 확인해 보세요.

P1.3 데이터 정리하기

2.4절, 2.5절, 3.1절, 3.3절, 3.4절

accident 데이터셋 정리하기

accident 데이터셋을 확인하면서 발생년월일시 열은 날짜 정보와 시간 정보를 숫자(double 데이터)로 저장한다는 사실을 알았습니다. 이를 발생 연도와 시간으로 구분하여 각각의 열에 저장하고, 날짜별로 데이터를 정리하기 위해 날짜형 데이터로 저장하겠습니다. [코드 P1-2]를 확인해 봅시다.

발생년월일시 열 값은 총 10자리 숫자이며, 처음 8자리는 연월일, 다음 2자리는 시간입니다. 날짜와 시간을 구분하는 기호가 없으므로 자릿수에 따라 데이터를 구분합니다. [코드 P1-2]의 16줄은 데이터의 8자리 숫자까지는 날짜 열인 date로 만들고, 9자리부터 10자리까지 숫자는 시간 열인 hour로 만듭니다.

substr( ) 함수로 추출한 date 열 값은 YYYYmmdd(YYYY : 네 자릿수 연도, mm : 두 자릿수 월, dd : 두 자릿수 일) 형태로 저장한 문자열입니다. 이를 날짜형 데이터인 "YYYY-mm-dd" 꼴로 변경해 봅시다. 18줄은 as.Date( ) 함수의 인수 포맷에 "%Y%m%d"를 전달합니다. 이 형태는 strptime( ) 함수[5]에서 지원하는 포맷과 동일합니다.

이렇게 작업한 데이터는 원본은 유지하고, 작업용 데이터셋 acc_wk에 저장합니다.

코드 P1-2 01.data_preparation.R

```
15  accident %>%
16    mutate( date = substr(발생년월일시, 1, 8),
17            hour = substr(발생년월일시, 9, 10) ) %>%
18    mutate( date = as.Date( date, format="%Y%m%d") ) -> acc_wk
```

이번에는 문자열 데이터 중에서 팩터로 변환이 필요한 열을 변경해 보겠습니다. [코드 P1-3]을 확인해 봅시다. 우선 23~24줄처럼 주야 열과 요일 열을 팩터로 변경합니다. 그 다음에는 사고유형_대분류 열, 사고유형_중분류 열, 사고유형 열은 문자열이 아닌 팩터로 변경하겠습니다. 22줄은 mutate( ) 함수를 이용해서 팩터의 level을 (주간, 야간), (월, 화, 수, 목, 금, 토, 일), (차대사람, 차량단독, 차대차, 철길걸널목), (단일로, 교차로, 주차장, 철길건널목, 불명, 기타, 기타/불명)의 순서로 결정합니다.

tip factor( ) 함수에서 인수 labels를 지정하지 않으면 인수 levels에서 지정한 값이 이름표label가 됩니다.

이 팩터를 각각 day_night 열, days 열, acc_cat 열, road_cat 열로 새롭게 만들고, 작업한 내용을 acc_wk에 반영하기 위해 할당연산자(->)를 이용하여 acc_wk에 다시 저장합니다.

코드 P1-3 01.data_preparation.R

```
21  acc_wk %>%
22    mutate(
23      day_night = factor( 주야, levels=c("주간", "야간") ),
24      days = factor( 요일, levels=c("월", "화", "수", "목", "금", "토", "일") ),
25      acc_cat = factor( 사고유형_대분류, levels=c("차대사람", "차량단독", "차대차",
                          "철길건널목") ),
26      road_cat = factor( 도로형태_대분류, levels=c("단일로", "교차로", "주차장",
                          "철길건널목", "불명", "기타", "기타/불명") ) ) -> acc_wk
```

5 3.4절의 [표 3-4]를 참고하세요.

이제 변경한 내용이 잘 적용되었는지 확인해 봅시다. [코드 P1-4]처럼 table( ) 함수를 이용하여 기존 값과 새로운 값이 잘 매칭되었는지 확인합니다.

코드 P1-4 01.data_preparation.R

```
table(acc_wk$주야,
acc_wk$day_night)
```

실행 결과

```
       주간  야간
야간      0 18794
주간  18334     0
```

```
table(acc_wk$요일,
acc_wk$days)
```

```
       월     화     수     목     금     토     일
금      0      0      0      0   5576      0      0
목      0      0      0   5287      0      0      0
수      0      0   5319      0      0      0      0
월   5473      0      0      0      0      0      0
일      0      0      0      0      0      0   4632
토      0      0      0      0      0   5423      0
화      0   5418      0      0      0      0      0
```

사고유형_대분류 열과 acc_cat 열, 도로형태_대분류 열과 road_cat 열에 대해서도 각자 확인해 봅시다.

이제 데이터 분석에 필요한 열만 남기고 불필요한 열을 제거하겠습니다.

acc_wk 데이터셋에서 사망자수 열, 중상자수 열, 경상자수 열, 발생지시도 열, 발생지시군구 열, 사고유형_대분류 열, 사고유형_중분류 열, 사고유형 열, 법규위반 열, 도로형태_대분류 열, 도로형태 열, 당사자종별_1당_대분류 열, 당사자종별_2당_대분류 열, 경도 열, 위도 열, date 열, hour 열, day_night 열, days 열, acc_cat 열, road_cat 열을 사용하려고 합니다. 이 경우 데이터 분석에 필요한 열만 선택하는 것보다 불필요한 열을 제거하는 것이 더 빠르게 작업할 수 있습니다. [코드 P1-5]와 같이 발생년 열, 발생년월일시 열, 주야 열, 요일 열, 사상자수 열, 부상신고자수 열, 발생위치X_UTMK 열, 발생위치Y_UTMK 열을 제거합니다

코드 P1-5 01.data_preparation.R

```
acc_wk %>%
  select( -c(발생년, 발생년월일시, 주야, 요일, 사상자수, 부상신고자수, 발생위치X_UTMK,
  발생위치Y_UTMK) ) -> acc_wk
names( acc_wk )
```

실행 결과

```
[1] "사망자수"                 "중상자수"         "경상자수"
[4] "발생지시도"               "발생지시군구"     "사고유형_대분류"
[7] "사고유형_중분류"          "사고유형"         "법규위반"
[10] "도로형태_대분류"         "도로형태"         "당사자종별_1당_대분류"
[13] "당사자종별_2당_대분류"   "경도"             "위도"
[16] "date"                    "hour"             "day_night"
[19] "days"                    "acc_cat"          "road_cat"
```

cars_pops 데이터셋 정리하기

먼저 각 열의 이름을 살펴봅시다.

```
> names( cars_pops )
[1] "SGG 행정구역별"
[2] "T10 1인당 자동차등록대수<br>(A÷B) (14STD04190 대)"
[3] "T001 자동차등록대수<br>(A) (14STD04190 대)"
[4] "T002 주민등록인구<br>(B) (14STD04565 명)"
```

각 열의 이름이 조금 복잡합니다. 열 이름을 간략하게 변경할 필요가 있어 보입니다. [코드 P1-6]처럼 names( ) 함수를 이용하겠습니다. 행정구역 열은 region 열로, 1인당 자동차등록대수 열은 cpp 열로, 자동차등록대수 열은 reg_cars 열로, 주민등록인구 열은 pops 열로 변경합니다.

코드 P1-6 01.data_preparation.R

```
names( cars_pops ) <- c("region", "cpp", "reg_cars", "pops")
names( cars_pops )
```

실행 결과

```
[1] "region"   "cpp"         "reg_cars" "pops"
```

cars_pops 데이터셋에서 발견한 불필요한 공백을 정리할 때입니다. region 열(행정구역 열)을 다시 확인해 보겠습니다.

```
> cars_pops$region
[1] "00 전국"                    "11 서울특별시"        "        11010 종로구"
[4] "        11020 중구"         "        11030 용산구"  "        11040 성동구"
[7] "        11050 광진구"       "        11060 동대문구" "        11070 중랑구"
...
```

trimws( ) 함수를 이용하여 공백을 제거하겠습니다.

```
> trimws(cars_pops$region)
[1] "00 전국"                    "11 서울특별시"        "        11010 종로구"
[4] "        11020 중구"         "        11030 용산구"  "        11040 성동구"
[7] "        11050 광진구"       "        11060 동대문구" "        11070 중랑구"
...
```

하지만 공백문자가 제거되지 않았습니다. 이 데이터에 포함된 공백문자는 빈칸 문자가 아니라 특수문자이기 때문입니다. 앞으로도 이런 경우를 종종 만날 수 있습니다. 이럴 때에는 [그림 P1-4]와 같이 해당 글자를 복사해서 제거해 보겠습니다.

```
> trimws(cars_pops$region)
  [1] "00 전국"                    "11 서울특별시"        "        11010 종로구"
  [4] "        11020 중구"         "        11030 용산구"  "        11040 성동구"
  [7] "        11050 광진구"       "        11060 동대문구" "        11070 중랑구"
```

그림 P1-4 공백으로 나타나는 특수문자

[코드 P1-7] 40줄의 str_replace_all( ) 함수는 문자를 치환하는 함수입니다. [그림 P1-4]에서 복사한 특수문자를 두 번째 인수 값에 복사한 뒤, 큰 따옴표로 묶어 문자열 처리를 합니다. 세 번째 인수에 ""를 대입하여 특수문자를 모두 제거합니다.

코드 P1-7 01.data_preparation.R

```
cars_pops %>%
  mutate(
    region = str_replace_all( region, "  ", "")
  ) -> cars_pops
cars_pops$region
```

실행 결과

```
[1] "00 전국"            "11 서울특별시"      "11010 종로구"
[4] "11020 중구"         "11030 용산구"       "11040 성동구"
[7] "11050 광진구"       "11060 동대문구"     "11070 중랑구"
```

region 열 값은 코드와 행정구역명 두 가지로 구성되어 있습니다. 이를 분리하여 별도의 열로 저장하겠습니다. [코드 P1-8]의 45~46줄은 separate( ) 함수를 이용하여 열을 분리합니다. cars_pops 데이터셋은 코드와 행정구역명을 빈칸으로 구분하고 있으므로 빈칸을 구분자(sep)로 두어 regionCode와 regionName으로 분리합니다. 47줄은 작업한 데이터를 cars_pops_wk에 저장합니다.

코드 P1-8 01.data_preparation.R

```
44  cars_pops %>%
45    separate(
46      region, into=c("regionCode", "regionName"), sep=" "
47    ) -> cars_pops_wk
48  cars_pops_wk
```

실행 결과

```
# A tibble: 246 × 5
  regionCode regionName   cpp  reg_cars     pops
       <chr>      <chr> <dbl>     <dbl>    <dbl>
1         00       전국   0.5  24365979 51829023
```

```
2         11  서울특별시   0.3    3157361   9668465
3      11010      종로구   0.3      50267    149384
...
```

데이터셋을 결합하기 위해 정리하기

지금까지 accident와 cars_pops 데이터셋을 정리하여 각각 acc_wk와 cars_pops_wk 데이터셋을 만들었습니다. 이번에는 두 데이터셋을 서로 결합join하여 정보를 확장하겠습니다. 여기서 두 데이터셋은 시도명과 시군구명 두 가지를 이용하여 결합할 수 있습니다. 우선 시도별로 결합할 준비를 해 봅시다.

먼저 두 데이터셋이 시도명을 동일하게 사용했는지 확인하겠습니다. 사고 정보를 저장한 acc_wk 데이터셋은 [코드 P1-9]의 실행 결과에서 볼 수 있듯이 시도명을 '서울', '경북' 등으로 단축했습니다.

코드 P1-9 01.data_preparation.R

```
table( acc_wk$발생지시도 )
```

실행 결과

```
강원  경기  경남  경북  광주  대구  대전  부산  서울  세종  울산  인천  전남
1850  7004  3255  3963   790  1335   813  1416  2989   152   733  1172  3215
전북  제주  충남  충북
2546   731  3158  2006
```

반면에 시군구별로 인구와 자동차 등록대수를 저장한 cars_pop_wk 데이터셋은 [코드 P1-10]의 실행 결과에서 볼 수 있듯이 시도명을 '서울특별시', '경상북도' 등으로 사용했습니다.

tip regionCode 열은 각 시도및 시군구의 행정 분류 코드를 저장합니다. 시도 수준은 2자리, 시군구 수준은 시도 코드에 3자리 수를 더한 5자리입니다.

코드 P1-10 01.data_preparation.R

```
cars_pops_wk %>%
  filter( str_length( regionCode ) == 2 ) %>%
  select( regionCode, regionName )
```

실행 결과

```
# A tibble: 18 × 2
   regionCode regionName
   <chr>      <chr>
 1 00         전국
 2 11         서울특별시
 3 21         부산광역시
 4 22         대구광역시
         ...
16 37         경상북도
17 38         경상남도
18 39         제주특별자치도
```

두 데이터셋의 시도명을 맞추기 위해 단축어 사전을 만들겠습니다. 통계청에서 제공하는 데이터는 이미 한 번 집계한 자료이므로 소계 등의 요약한 데이터도 포함하고 있습니다. 데이터 분석 시에는 요약 값이 필요하지 않으므로 요약 값을 제거하는 과정도 같이 진행해 봅시다.

먼저 cars_pops_wk 데이터셋의 시도명을 추출해 봅시다. 앞서 tip 에서 설명했듯이 regionCode 열은 행정 분류 코드를 담고 있으므로 시도명 자료만 추출하여 벡터로 만들겠습니다.

코드 P1-11 01.data_preparation.R

```
cars_pops_wk %>%
  filter( str_length( regionCode ) == 2 ) %>%
  filter( regionCode != "00" ) %>%
  pull( regionName )
```

실행 결과

```
 [1] "서울특별시"       "부산광역시" "대구광역시"     "인천광역시"
 [5] "광주광역시"       "대전광역시" "울산광역시"     "세종특별자치시"
 [9] "경기도"           "강원도"     "충청북도"       "충청남도"
[13] "전라북도"         "전라남도"   "경상북도"       "경상남도"
[17] "제주특별자치도"
```

63줄의 `pull( )` 함수는 %>%으로 전달한 데이터셋 중에서 원하는 열을 벡터로 변환해 줍니다. [코드 P1-11]에서는 regionName 열을 벡터로 반환합니다. 여기서 추출한 시도명에 acc_wk 데이터셋의 발생지시도 열 값을 대응하는 데이터셋을 만듭니다.

[코드 P1-12]를 확인해 보겠습니다. 66~69줄은 `fullName` 열에 [코드 P1-11]에서 구한 시도명을 저장합니다. 70줄은 `fullName` 열과 똑같은 순서로 시도 축약 이름을 작성한 벡터를 abbrName 열에 저장합니다. 전체적으로는 `tibble( )` 함수를 이용하여 변수 abbr_tab을 티블로 저장합니다.

코드 P1-12 01.data_preparation.R

```
65  abbr_tab <- tibble(
66    fullName = cars_pops_wk %>%
67                 filter( str_length( regionCode ) == 2 ) %>%
68                 filter( regionCode != "00" ) %>%
69                 pull( regionName ),
70    abbrName = c("서울","부산", "대구", "인천", "광주", "대전", "울산", "세종", "경기",
    "강원", "충북", "충남", "전북", "전남", "경북", "경남", "제주") )
71  abbr_tab
```

실행 결과

```
# A tibble: 17 x 2
  fullName    abbrName
  <chr>       <chr>
1 서울특별시  서울
2 부산광역시  부산
3 대구광역시  대구
     ...
```

```
15 경상북도         경북
16 경상남도         경남
17 제주특별자치도 제주
```

abbr_tab 데이터셋에 시도별 행정 분류 코드 열을 추가하겠습니다. cars_pops_wk에서 조건에 맞는 regionCode 열 값을 가져와서 결합할 것입니다. [코드 P1-13]에서 데이터셋을 결합하는 함수 left_join( )을 어떻게 사용하는지 확인해 봅시다. 75줄은 cars_pops_wk 데이터셋에서 regionCode 열과 regionName 열만 추출합니다. left_join( ) 함수의 결합 조건은 76줄에 있으며, abbr_tab의 fullName 열과 cars_pops_wk의 regionName 열이 대상입니다. 마지막으로 데이터셋을 결합한 결과를 다시 abbr_tab에 저장합니다.

코드 P1-13 01.data_preparation.R

```
73    abbr_tab %>%
74      left_join( cars_pops_wk %>%
75                   select(regionCode, regionName),
76                 by=c("fullName" = "regionName") ) -> abbr_tab
77    abbr_tab
```

실행 결과

```
# A tibble: 17 × 3
   fullName         abbrName  regionCode
   <chr>            <chr>     <chr>
 1 서울특별시       서울      11
 2 부산광역시       부산      21
 3 대구광역시       대구      22
   ...
15 경상북도         경북      37
16 경상남도         경남      38
17 제주특별자치도   제주      39
```

정리한 데이터셋 저장하기

cars_pops_wk 데이터셋에 시도명 대신 행정 분류 코드로 이루어진 열을 추가하겠습니다. [코드 P1-14] 80줄과 같이 regionCode에서 처음 두 숫자를 추출하여 sidoCode 열에 저장합니다.

코드 P1-14 01.data_preparation.R

```
79  cars_pops_wk %>%
80    mutate( sidoCode = substr(regionCode, 1, 2) ) -> cars_pops_wk
```

분석에 사용할 데이터를 "./data" 폴더에 rds 파일로 저장하겠습니다. rds 파일은 R에서 사용하는 데이터 저장 형태 중 하나로 saveRDS( ) 함수를 이용하여 저장합니다. [코드 P1-15]에서 저장하는 파일은 acc_wk, cars_pops_wk 데이터셋과 시도명 단축 사전인 abbr_tab 데이터셋입니다.

코드 P1-15 01.data_preparation.R

```
saveRDS(acc_wk, "./data/acc_wk.rds")
saveRDS(cars_pops_wk, "./data/cars_pops_wk.rds")
saveRDS(abbr_tab, "./data/abbr_tab.rds")
```

P1.4 데이터 요약하기

2.5절, 3.1절, 3.4절

데이터 요약하기는 데이터가 어떤 모양인지 그 특성을 파악하는 단계입니다. 숫자 자료는 평균, 중앙값, 표준편차, 사분위수 등으로 특성을 파악하며, 범주형 자료는 데이터 값의 개수와 그 비율로 특성을 파악합니다.

2장에서는 데이터 특성을 파악하는 방법으로 평균, 중앙값, 표준편차, 사분위수를 알아보았고, 3장에서는 dplyr 패키지의 summarise( ) 함수로 데이터를 요약해 보았습니다. 이 프로젝트에서는 summarytools 패키지를 사용하여 기존보다 편리하고 빠르게 데이터 특성을 파악해 보겠습니다.

먼저 summarytools 패키지를 설치하고 필요한 패키지를 작업공간에 연결하며 시작합니다.

코드 P1-16 02.summarise.R

```
1 install.packages( "summarytools" ) # 설치한 후에는 주석 처리(#)합니다.
2 library( tidyverse )
3 library( summarytools )
```

참고

Mac OS에서 summarytools 패키지를 사용하려면

Mac OS 사용자라면 [코드 P1-16]의 3줄을 수행하고 다음과 같은 오류 메시지를 받을 수도 있습니다.

```
> library( summarytools )
Error: package or namespace load failed for ‘summarytools’:
  .onLoad failed in loadNamespace() for 'tcltk', details:
  call: fun(libname, pkgname)
error: X11 library is missing: install XQuartz from www.xquartz.org
```

이는 그래픽 환경을 제공하는 XQuartz가 설치되지 않아 발생한 오류입니다. [그림 P1-5]와 같이 XQuartz 사이트(https://www.xquartz.org)에서 Quick Download 목록에 있는 XQuartz-x.y.z.dmg 파일을 다운로드하고 설치한 뒤 RStudio를 다시 실행합니다.

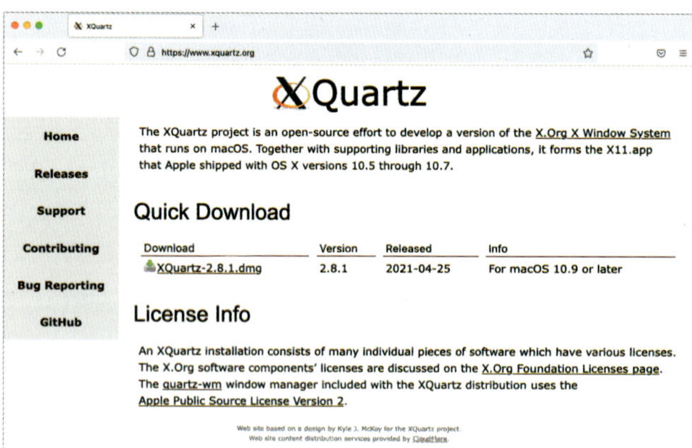

그림 P1-5 XQuartz 홈페이지

P1.3절에서 준비한 데이터셋을 readRDS( ) 함수로 불러옵니다.

코드 P1-17 02.summarise.R

```
acc_wk <- readRDS("./data/acc_wk.rds")
cars_pops_wk <- readRDS("./data/cars_pops_wk.rds")
abbr_tab <- readRDS("./data/abbr_tab.rds")
```

숫자형 데이터 요약하기

summarytools 패키지를 이용하여 데이터셋에서 숫자형 데이터를 먼저 요약해 봅시다. 이때 이용하는 함수는 `descr( )` 함수로, [표 P1-3]의 인수를 사용할 수 있습니다.

표 P1-3 descr( ) 함수의 인수

인수	설명
x	첫 번째 인수. 숫자 벡터 또는 데이터프레임을 사용. 데이터형이 숫자인 열에 대해서만 요약
stats	데이터 특성인 평균, 표준편차, 중앙값 등의 이름을 벡터로 전달
na.rm	결측값 제거 여부. mean(), sum(), sd()처럼 특성 값을 구하는 집계함수와 다르게 기본값이 TRUE
round.digits	화면상에 출력할 소수점 자릿수. 기본값은 2
transpose	열이 많아서 행과 열을 바꿔서 출력하고 싶을 때 TRUE를 전달. 기본값은 FALSE
heading	결과물의 제목 포함 여부. 기본값은 TRUE

stats 인수로 얻을 수 있는 데이터 특성으로 [표 P1-4]가 있습니다.

표 P1-4 descr( ) 함수의 stats 인수

인수	데이터 특성	인수	데이터 특성
mean	평균	sd	분산
min	최솟값	q1	제1사분위수
med	중앙값	q3	제3사분위수
max	최댓값	mad	중앙값 절대편차
iqr	사분위 범위	cv	변동계수
skewness	왜도	se.skewness	왜도의 표준오차
kurtosis	첨도	n.valid	유효 데이터 개수
pct.valid	유효 데이터 비율		

[표 P1-4]의 특성을 그룹화하여 다음과 같이 쓸 수도 있습니다.

- all : stats 인수로 사용할 수 있는 모든 특성 출력
- common : 평균, 표준편차, 중앙값, 최솟값, 최댓값, 유효 데이터의 개수와 비율
- fivenum : 다섯자리 숫자요약

이제 [코드 P1-18]과 같이 acc_wk 데이터셋 중에서 숫자형 데이터를 요약해 봅시다. 10줄에서 stats는 "common"으로 지정하고 11줄에서 소수점 이하 1자리까지 출력하도록 지정합니다.

코드 P1-18 02.summarise.R

```
9    descr( acc_wk,
10          stats="common",
11          round.digits = 1 )
```

실행 결과

```
Non-numerical variable(s) ignored: 발생지시도, 발생지시군구, 사고유형_대분류, 사고유형_중분류, 사고유형, 법규위반, 도로형태_대분류, 도로형태, 당사자종별_1당_대분류, 당사자종별_2당_대분류, date, hour, day_night, days
Descriptive Statistics
acc_wk
N: 37128

                       경도   경상자수   사망자수       위도   중상자수
--------------- --------- ---------- ---------- --------- ----------
           Mean     127.6        0.3        1.0      36.4        0.3
        Std.Dev       0.9        1.2        0.2       1.1        1.0
            Min     118.0        0.0        1.0      19.7        0.0
         Median     127.2        0.0        1.0      36.4        0.0
            Max     130.9       68.0       10.0      38.5       54.0
        N.Valid   37128.0    37128.0    37128.0   37128.0    37128.0
      Pct.Valid     100.0      100.0      100.0     100.0      100.0
```

실행 결과를 살펴보니 발생지시도 열처럼 숫자형이 아닌 열은 결과로 나타나지 않았습니다. stats를 common으로 선택했기 때문에 실행 결과에 경상자수 열, 사망자수 열, 중상자수 열의 평균, 표준편차, 최솟값, 중앙값, 최댓값, 유효 데이터의 개수와 비율이 나타났습니다.

참고

데이터셋에서 원하는 열을 보다 쉽게 선택하기

acc_wk 데이터셋에서 경상자수 열, 사망자수 열, 중상자수 열은 열 이름이 '수'로 끝나기 때문에 select(ends_with("수"))로 묶어서 생각할 수도 있습니다. 이렇게 사용하기 전에 먼저 데이터셋에서 '수'로 끝나는 다른 열이 존재하는지 확인해 보세요.

데이터를 정리할 때 경상자수 열, 사망자수 열, 중상자수 열을 각각 '경상_명', '사망_명', '중상_명'으로 바꾼다면 select(ends_with("_명"))으로 보다 명확하게 해당 열을 선택할 수 있습니다. 열 이름을 잘 만들면 이처럼 특정한 열을 선택할 때 도움이 됩니다.

[코드 P1-18]의 실행 결과에서 위도 열과 경도 열은 숫자형이지만 요약 결과를 검토할 필요가 없어 보입니다. 따라서 두 열을 제외하고 데이터를 요약해 보겠습니다.

코드 P1-19 02.summarise.R

```
descr( acc_wk %>% select( 사망자수, 경상자수, 중상자수),
       stats = c("mean", "sd", "min", "q1", "med", "q3", "max"),
       round.digits = 1 )
```

실행 결과

```
Descriptive Statistics
acc_wk
N: 37128
                  경상자수   사망자수   중상자수
----------------- ---------- ---------- ----------
             Mean        0.3        1.0        0.3
          Std.Dev        1.2        0.2        1.0
              Min        0.0        1.0        0.0
               Q1        0.0        1.0        0.0
           Median        0.0        1.0        0.0
               Q3        0.0        1.0        0.0
              Max       68.0       10.0       54.0
```

이번에는 데이터셋을 주간과 야간으로 그룹화하여 데이터를 요약해 보겠습니다. summarytools 패키지의 stby( ) 함수로 데이터셋을 그룹화하고, 그룹별로 descr( ) 함수를 적용합니다.

stby( ) 함수에서 사용하는 인수는 [표 P1-5]와 같습니다.

표 P1-5 stby() 함수의 인수

인수	설명
x	첫 번째 인수. 데이터셋을 지정하며, 데이터형이 숫자인 열에 대해서만 요약
INDICES	데이터셋을 그룹화할 값을 가진 범주형 자료의 열 이름
FUN	그룹별로 적용할 함수의 이름

4번째 인수부터는 FUN에 적용한 함수가 사용하는 인수 이름과 전달할 값을 지정합니다.

데이터셋을 주간과 야간으로 나누고 데이터를 요약하겠습니다. [코드 P1-20]을 통해 stby( ) 함수를 어떻게 이용하는지 확인할 수 있습니다. 17줄은 acc_wk 데이터셋에서 사망자수 열, 경상자수 열, 중상자수 열로 이뤄진 데이터셋을 전달합니다. 18줄은 acc_wk 데이터셋을 주간과 야간으로 그룹화하기 위해 기준을 day_night 열로 설정합니다. 19줄은 descr( ) 함수를 적용했으며, 20줄은 descr( ) 함수의 stats 인수로 평균, 표준편차, 최솟값, 제1사분위수, 중앙값, 제3사분위수, 최댓값을 전달합니다.

코드 P1-20 02.summarise.R

```
17    stby( acc_wk %>% select( 사망자수, 경상자수, 중상자수 ),
18          INDICES = acc_wk$day_night,
19          FUN = descr,
20          stats = c("mean", "sd", "min", "q1", "med", "q3", "max") )
```

실행 결과

```
Descriptive Statistics
acc_wk
Group: day_night = 주간
N: 18334
```

```
              경상자수   사망자수   중상자수
------------- ---------- ---------- ----------
         Mean       0.31       1.04       0.31
      Std.Dev       1.44       0.25       1.06
          Min       0.00       1.00       0.00
           Q1       0.00       1.00       0.00
       Median       0.00       1.00       0.00
           Q3       0.00       1.00       0.00
          Max      68.00       8.00      54.00

Group: day_night = 야간
N: 18794

              경상자수   사망자수   중상자수
------------- ---------- ---------- ----------
         Mean       0.21       1.04       0.24
      Std.Dev       0.86       0.24       0.86
          Min       0.00       1.00       0.00
           Q1       0.00       1.00       0.00
       Median       0.00       1.00       0.00
           Q3       0.00       1.00       0.00
          Max      23.00      10.00      45.00
```

[코드 P1-20]의 실행 결과는 데이터셋을 여러 집단으로 구분하고 집단을 서로 비교할 수 있음을 시사합니다. 사망자가 발생한 교통사고는 낮에 18,334건, 밤에 18,794건 일어났습니다. 밤에 교통사고가 460건 더 일어났지만 낮과 밤의 차이가 큰 편은 아닙니다. 교통사고 사망자수의 평균은 낮과 밤 모두 1.04명으로 큰 차이가 없고, 경상자와 중상자수의 평균은 주간에 0.1명 정도 더 높았습니다. 중앙값은 낮과 밤에 차이가 없이 최솟값과 동일합니다.

범주형 데이터 요약하기

범주형 자료의 특성은 데이터의 개수나 비율로 살펴봅니다. 2장에서 데이터 개수를 table( ) 함수로 세고 비율을 prop.table( ) 함수로 확인하였다면, 이번에는 범주형 자료를 개수와 비율로 요약한 결과를 보여주는 함수를 사용해 보겠습니다.

summarytools 패키지의 freq( ) 함수는 범주형 자료를 요약합니다. [코드 P1-21]은 acc_wk 데이터셋에서 값이 팩터인 열들만 선택해서 요약한 결과를 보여줍니다. 팩터인 열만 선택하기 위해 select_if( )를 같이 사용하였습니다.

코드 P1-21 02.summarise.R

```
freq( acc_wk %>% select_if( is.factor ) )
```

실행 결과

```
Frequencies
acc_wk$day_night
Type: Factor

               Freq   % Valid   % Valid Cum.   % Total   % Total Cum.
----------- ------- --------- -------------- --------- --------------
       주간   18334     49.38          49.38     49.38          49.38
       야간   18794     50.62         100.00     50.62         100.00
       <NA>       0                               0.00         100.00
      Total   37128    100.00         100.00    100.00         100.00

acc_wk$days
Type: Factor

               Freq   % Valid   % Valid Cum.   % Total   % Total Cum.
----------- ------- --------- -------------- --------- --------------
         월    5473     14.74          14.74     14.74          14.74
         화    5418     14.59          29.33     14.59          29.33
         수    5319     14.33          43.66     14.33          43.66
         목    5287     14.24          57.90     14.24          57.90
         금    5576     15.02          72.92     15.02          72.92
         토    5423     14.61          87.52     14.61          87.52
         일    4632     12.48         100.00     12.48         100.00
       <NA>       0                               0.00         100.00
      Total   37128    100.00         100.00    100.00         100.00

acc_wk$acc_cat
Type: Factor
```

```
                Freq   % Valid   % Valid Cum.   % Total   % Total Cum.
----------- ------- --------- -------------- --------- --------------
   차대사람   14429    38.863         38.863    38.863         38.863
   차량단독    7962    21.445         60.308    21.445         60.308
     차대차   14727    39.665         99.973    39.665         99.973
 철길건널목      10     0.027        100.000     0.027        100.000
       <NA>       0                               0.000        100.000
      Total   37128   100.000        100.000   100.000        100.000

acc_wk$road_cat
Type: Factor

                     Freq   % Valid   % Valid Cum.   % Total   % Total Cum.
---------------- ------- --------- -------------- --------- --------------
          단일로   24364    65.622         65.622    65.622         65.622
          교차로   11708    31.534         97.156    31.534         97.156
          주차장      19     0.051         97.207     0.051         97.207
      철길건널목      10     0.027         97.234     0.027         97.234
            불명      13     0.035         97.269     0.035         97.269
            기타     443     1.193         98.462     1.193         98.462
       기타/불명     571     1.538        100.000     1.538        100.000
            <NA>       0                               0.000        100.000
           Total   37128   100.000        100.000   100.000        100.000
```

freq( ) 함수에 인수를 추가하면 데이터를 원하는 대로 요약할 수 있습니다. freq( ) 함수에서 사용하는 인수는 [표 P1-6]과 같습니다.

표 P1-6 freq( ) 함수의 인수

인수	설명
x	첫 번째 인수. 필수 인수로 팩터나 벡터, 또는 데이터프레임을 사용. 데이터프레임이면 문자열이나 팩터열에 대해 요약
order	출력 순서 결정. "name", "level", "freq"[6] 중에서 선택하며, 역순으로 정렬시 인수 앞에 - 부호 추가. "-freq"는 빈도가 낮은 것부터 높은 순으로 배열.

6 "name"은 문자열에 사용하며, 문자열 데이터 순서대로 정렬합니다. "level"은 팩터에 사용하며, 팩터의 level 순서대로 정렬합니다. "freq"는 빈도수입니다.

totals	합계 출력 여부. 기본값은 TRUE
cumul	누적값 출력 여부. 기본값은 TRUE
report.nas	결측값 정보 출력 여부. 기본값은 TRUE
missing	결측값으로 사용할 문자열 지정. 기본값은 빈 문자열(" ")
headings	요약할 열별 정보 출력 여부. 기본값은 TRUE
round.digits	화면에 출력할 소수점 자릿수. 기본값은 2

[표 P1-6]의 인수를 사용하여 freq( ) 함수를 다양하게 사용해 봅시다. [코드 P1-21]에서 각 결과를 빈도순으로 정렬하고, 합계와 누적값, 결측값 정보, 요약할 열별 정보를 출력하지 않게 설정하면 [코드 P1-22]와 같습니다. 이 코드의 실행 결과를 보면 days 열이 빈도수로 나열되어 요일별로 사고가 일어난 횟수를 확인할 수 있습니다. 또한, 34줄의 실행 결과로 Type 정보가 나오지 않음을 확인할 수 있습니다.

코드 P1-22 02.summarise.R

```
29    freq( acc_wk %>% select_if( is.factor ),
30          order = "freq",
31          totals = FALSE,
32          cumul = FALSE,
33          report.nas = FALSE,
34          heading = FALSE )
```

실행 결과

```
acc_wk$day_night

              Freq        %
---------- ------- -------
      야간   18794   50.62
      주간   18334   49.38

acc_wk$days

             Freq        %
-------- ------ -------
      금   5576   15.02
```

```
월    5473    14.74
토    5423    14.61
화    5418    14.59
수    5319    14.33
목    5287    14.24
일    4632    12.48

acc_wk$acc_cat

                     Freq         %
---------------- ------- --------
          차대차    14727    39.665
        차대사람    14429    38.863
        차량단독     7962    21.445
      철길건널목       10     0.027

acc_wk$road_cat

                     Freq         %
---------------- ------- --------
          단일로    24364    65.622
          교차로    11708    31.534
       기타/불명      571     1.538
            기타      443     1.193
          주차장       19     0.051
            불명       13     0.035
      철길건널목       10     0.027
```

[코드 P1-22]의 실행 결과를 조금 더 살펴보겠습니다. 사망자가 발생한 교통사고는 야간에 근소한 차로 더 많이 일어났습니다. 요일별로는 금요일에 가장 많이 일어났고, 일요일에 가장 적게 일어났습니다. 유형별로는 차대차, 차대사람, 차량단독, 철길건널목 순으로 일어났는데, 이 중 차대차와 차대사람이 전체의 약 80%를 차지하고 두 유형 간 발생 비율은 크지 않았습니다.

숫자 자료와 마찬가지로 범주형 자료도 열별로 빈도를 구할 수 있습니다. 통계학에서는 서로 다른 두 열의 값별로 개수와 비율을 구하는 형태를 **교차표**cross table라고 합니다. 열을 적절하게 선택하여 교차표를 작성하면 데이터에 담긴 의미를 잘 읽을 수 있습니다. summarytools 패키지의

ctable( ) 함수를 이용하면 교차표를 작성할 수 있습니다. 요일과 주야간별로 사망자가 발생한 교통사고 건수를 확인하려면 [코드 P1-23]과 같이 작성합니다. 실행 결과에 따르면 사망자가 발생한 교통사고는 주야 간에 큰 차이가 없지만, 월요일에서 일요일로 갈수록 야간에 사고 비율이 높아짐을 확인할 수 있습니다.

코드 P1-23 02.summarise.R

```
ctable( x = acc_wk$days,
        y = acc_wk$day_night )
```

실행 결과

```
Cross-Tabulation, Row Proportions
days * day_night
Data Frame: acc_wk

------- ----------- --------------- --------------- ----------------
          day_night            주간            야간            Total
   days
     월              2956 (54.0%)   2517 (46.0%)    5473 (100.0%)
     화              2770 (51.1%)   2648 (48.9%)    5418 (100.0%)
     수              2694 (50.6%)   2625 (49.4%)    5319 (100.0%)
     목              2641 (50.0%)   2646 (50.0%)    5287 (100.0%)
     금              2756 (49.4%)   2820 (50.6%)    5576 (100.0%)
     토              2531 (46.7%)   2892 (53.3%)    5423 (100.0%)
     일              1986 (42.9%)   2646 (57.1%)    4632 (100.0%)
  Total             18334 (49.4%)  18794 (50.6%)   37128 (100.0%)
------- ----------- --------------- --------------- ----------------
```

지금까지 데이터를 요약하는 데 summarytools 패키지를 이용하였습니다. summarytools 패키지를 이용하면 개별 함수보다 쉽고 빠르게 데이터의 특성을 구할 수 있어 유리합니다. 그렇지만 summarytools 패키지는 최종 단계의 결과물인 출력물을 만드는 함수로, 다른 코드에서는 summarytools의 결과를 사용하기 어렵습니다. 따라서 요약 결과를 다른 코드에서 사용하려면 개별 함수로도 데이터를 요약할 수 있어야 합니다.

두 데이터셋을 이용해 특성 파악하기

이번에는 교통사고 사망자수의 변화를 연도별로 확인해 보겠습니다. 이를 위해 acc_wk 데이터셋에서 교통사고 발생일자 정보가 담긴 date 열에서 연도 정보를 추출할 것입니다. 먼저 date 열은 다음과 같이 문자로 구성된 날짜형임을 알 수 있습니다.

```
> class( acc_wk$date )
[1] "Date"
> acc_wk$date
   [1] "2012-01-01" "2012-01-01" "2012-01-01" "2012-01-01" "2012-01-01"
   [6] "2012-01-01" "2012-01-02" "2012-01-01" "2012-01-01" "2012-01-01"
  [11] "2012-01-03" "2012-01-05" "2012-01-01" "2012-01-02" "2012-01-02"
...
 [991] "2012-07-16" "2012-04-26" "2012-04-12" "2012-02-24" "2012-05-19"
 [996] "2012-10-20" "2012-05-06" "2012-02-13" "2012-01-16" "2012-02-06"
 [ reached 'max' / getOption("max.print") -- omitted 36128 entries ]
```

format( ) 함수를 이용하면 문자로 된 날짜 정보에서 연도만 가져올 수 있습니다. [코드 P1-24]에서 두 번째 인수로 네 자릿수 연도인 %Y를 사용합니다.

코드 P1-24 02.summarise.R

```
format( acc_wk$date, "%Y" )
```

실행 결과

```
   [1] "2012" "2012" "2012" "2012" "2012" "2012" "2012" "2012"
   [9] "2012" "2012" "2012" "2012" "2012" "2012" "2012" "2012"
  [17] "2012" "2012" "2012" "2012" "2012" "2012" "2012" "2012"
...
 [985] "2012" "2012" "2012" "2012" "2012" "2012" "2012" "2012"
 [993] "2012" "2012" "2012" "2012" "2012" "2012" "2012" "2012"
 [ reached getOption("max.print") -- omitted 36128 entries ]
```

참고

lubridate 패키지

3장에서 R이 기본으로 제공하는 날짜와 시간 함수를 사용했습니다. lubridate 패키지[7]는 날짜와 시간을 다룰 때 유용합니다. 또한 시간을 계산할 때 초 단위를 기준으로 정확한 기간을 구하는 duration 기능과 '한 달 전'과 같은 인지적인 개념으로 기간을 구하는 period 기능을 모두 지원하여 날짜와 시간 계산을 정확하고 편리하게 수행할 수 있습니다.[8]

```
> install.packages("lubridate")
> library( lubridate )
> year( acc_wk$date )
```

summarise( ) 함수를 이용하면 시도별 사망자수를 구할 수 있습니다. [코드 P1-25]의 51줄은 mutate( ) 함수를 이용하여 연도를 추출한 값으로 years 열을 만듭니다.[9] group_by( )를 이용하여 연도별로 그룹을 만든 뒤 summarise( ) 함수를 통해 그룹별로 합을 구합니다.

코드 P1-25 02.summarise.R

```
50    acc_wk %>%
51      mutate( years = format( acc_wk$date, "%Y" ) ) %>%
52      group_by( years ) %>%
53      summarise(
54        n.death = sum(사망자수, na.rm=TRUE)
55      )
```

7 lubridate 패키지 사이트 : https://lubridate.tidyverse.org/

8 예를 들어 2022년 11월 1일의 한 달 전은 2022년 10월 1일이고, 이는 period로 표현할 수 있습니다. 하지만 기준 일자에 따라 '한 달 전'은 28일 전이 될 수 있고, 31일 전도 될 수 있으므로 duration 관점에서는 적합하지 않습니다. duration에서는 시간을 분(60초), 시(3,600초), 일(86,400초), 주(604,800초) 단위로 표현합니다.

9 mutate( ) 함수의 결과는 현재 수행 단위 내에서만 반영됩니다.

실행 결과

```
# A tibble: 9 × 2
  years n.death
  <chr>   <dbl>
1 2012     5392
2 2013     5092
3 2014     4762
4 2015     4621
5 2016     4292
6 2017     4185
7 2018     3781
8 2019     3349
9 2020     3081
```

실행 결과를 통해 해를 거듭할수록 사망자수가 줄고 있음을 확인할 수 있습니다.

사망자수의 감소는 운전자 의식 강화, 적절한 단속과 제도, 자동차 제조사의 안전 장치 개발 등 여러 요인을 고려해 볼 수 있습니다. 사망자가 발생하는 교통사고가 지속적으로 감소하는 원인을 정확하게 파악하려면 사고 지역 주변의 안전시설 현황, 사고 운전자의 운전 습관 및 당시 상태, 사고 발생 차량의 정보 및 상태 등 해당 사고와 관련한 다양한 데이터를 활용해야 할 것입니다.

2020년 사망자수를 [코드 P1-26]과 같이 시도별로 확인해 봅시다. 59줄은 filter( ) 함수를 이용하여 2020년 자료만 선택합니다. 60줄에서 group_by( ) 함수를 이용하여 발생지시도 열 기준으로 그룹화합니다. 61~63줄은 summarise( ) 함수를 이용하여 발생지 시도별 사망자수를 구합니다. 64줄에서 arrange( ) 함수를 이용하여 사망자수(n.death)가 많은 시도 순으로 정렬합니다.

[코드 P1-26]의 실행 결과를 해석해 봅시다. 2020년에 교통사고로 사망한 사람이 가장 많은 지역은 경기도로, 612명입니다. 그 다음으로는 경북, 경남, 전남, 충남, 전북, 서울 순으로 사망자수가 많습니다. 세종특별자치시가 7명으로 가장 적고, 이 외에 사망자가 100명 이하인 지역은 인천, 제주, 대전, 광주, 울산입니다.

코드 P1-26 02.summarise.R

```
57  acc_wk %>%
58    mutate( years = format( acc_wk$date, "%Y" ) ) %>%
59    filter( years == "2020" ) %>%
60    group_by( 발생지시도 ) %>%
61    summarise(
62      n.death = sum(사망자수, na.rm=TRUE)
63    ) %>%
64    arrange( desc(n.death) ) -> acc_wk_2020_sido
65  acc_wk_2020_sido
```

실행 결과

```
# A tibble: 17 × 2
   발생지시도 n.death
   <chr>        <dbl>
 1 경기           612
 2 경북           354
 3 경남           280
 4 전남           273
 5 충남           261
 6 전북           220
 7 서울           219
 8 충북           171
 9 강원           133
10 대구           112
11 부산           100
12 인천            91
13 제주            68
14 대전            66
15 광주            63
16 울산            51
17 세종             7
```

[코드 P1-27]과 같이 확인해 봅시다. regionCode 열은 시도 코드와 시군구 코드를 모두 가지고 있으므로, 68줄에서 시도 코드를 가진(regionCode 값이 2자리인) 데이터만 filter( ) 함수로 선택합니다. regionCode 값이 00이면 전체 인구수를 나타내므로 69줄을 통해 제외하고,

filter( ) 함수의 결과를 저장하기 전에 필요없는 열을 제거하겠습니다. 시도 코드는 sidoCode 열에 저장하였으므로 regionCode 열을 제외합니다. 마찬가지로 1인당 등록차량 수를 저장한 cpp 열도 제외합니다. 이 결과를 pops_sido_2020에 저장합니다.

코드 P1-27 02.summarise.R

```
cars_pops_wk %>%
  filter( str_length(regionCode) == 2 ) %>%
  filter( regionCode != "00" ) %>%
  select( -regionCode, -cpp ) -> pops_sido_2020
pops_sido_2020
```

실행 결과

```
# A tibble: 17 × 4
   regionName        reg_cars      pops   sidoCode
   <chr>                <dbl>     <dbl>      <chr>
 1 서울특별시          3157361   9668465         11
 2 부산광역시          1429040   3391946         21
 3 대구광역시          1219196   2418346         22
 4 인천광역시          1676442   2942828         23
 5 광주광역시           691740   1450062         24
 6 대전광역시           686429   1463882         25
 7 울산광역시           575700   1136017         26
 8 세종특별자치시       174742    355831         29
 9 경기도              6004126  13427014         31
10 강원도               809099   1542840         32
11 충청북도             865620   1600837         33
12 충청남도            1149845   2121029         34
13 전라북도             948147   1804104         35
14 전라남도            1099894   1851549         36
15 경상북도            1475389   2639422         37
16 경상남도            1787867   3340216         38
17 제주특별자치도       615342    674635         39
```

이제 acc_wk_2020_sido 데이터셋과 pops_sido_2020 데이터셋을 결합하여 인구 100,000명당 사망자수를 구해 봅시다. 두 데이터셋을 결합하기 위해 시도명 단축 사전인 abbr_tab 데이터셋을 만든 바 있습니다. [코드 P1-28]과 같이 시도 단축 이름을 저장한 abbrName 열을 이용하여 acc_wk_2020과 abbr_tab을 결합하겠습니다.

코드 P1-28 02.summarise.R

```
acc_wk_2020_sido %>%
  left_join( abbr_tab, by=c("발생지시도" = "abbrName") )
```

실행 결과

```
# A tibble: 17 × 4
   발생지시도 n.death        fullName   regionCode
       <chr>   <dbl>           <chr>        <chr>
     1 경기      612          경기도           31
     2 경북      354        경상북도           37
     3 경남      280        경상남도           38
     4 전남      273        전라남도           36
     5 충남      261        충청남도           34
     6 전북      220        전라북도           35
     7 서울      219      서울특별시           11
     8 충북      171        충청북도           33
     9 강원      133          강원도           32
    10 대구      112      대구광역시           22
    11 부산      100      부산광역시           21
    12 인천       91      인천광역시           23
    13 제주       68  제주특별자치도           39
    14 대전       66      대전광역시           25
    15 광주       63      광주광역시           24
    16 울산       51      울산광역시           26
    17 세종        7  세종특별자치시           29
```

[코드 P1-28]의 실행 결과로 얻은 데이터셋에 pops_sido_2020도 결합해 봅시다. [코드 P1-29]와 같이 sidoCode 열을 이용하여 결합합니다.

코드 P1-29 02.summarise.R

```
acc_wk_2020_sido %>%
  left_join( abbr_tab, by=c("발생지시도" = "abbrName") ) %>%
  left_join( pops_sido_2020, by=c("regionCode" = "sidoCode") )
```

실행 결과

```
# A tibble: 17 × 7
   발생지시도 n.death fullName regionCode regionName    reg_cars       pops
   <chr>        <dbl> <chr>         <chr> <chr>            <dbl>      <dbl>
 1 경기           612 경기도           31 경기도         6004126     1.34e7
 2 경북           354 경상북도         37 경상북도       1475389     2.64e6
 3 경남           280 경상남도         38 경상남도       1787867     3.34e6
 4 전남           273 전라남도         36 전라남도       1099894     1.85e6
 5 충남           261 충청남도         34 충청남도       1149845     2.12e6
 6 전북           220 전라북도         35 전라북도        948147     1.80e6
 7 서울           219 서울특별시        11 서울특별시      3157361     9.67e6
 8 충북           171 충청북도         33 충청북도        865620     1.60e6
 9 강원           133 강원도           32 강원도          809099     1.54e6
10 대구           112 대구광역시        22 대구광역시      1219196     2.42e6
11 부산           100 부산광역시        21 부산광역시      1429040     3.39e6
12 인천            91 인천광역시        23 인천광역시      1676442     2.94e6
13 제주            68 제주특별자…       39 제주특별자치…    615342     6.75e5
14 대전            66 대전광역시        25 대전광역시       686429     1.46e6
15 광주            63 광주광역시        24 광주광역시       691740     1.45e6
16 울산            51 울산광역시        26 울산광역시       575700     1.14e6
17 세종             7 세종특별자…       29 세종특별자치…    174742     3.56e5
```

[코드 P1-29]의 실행 결과에서 pops 열은 값이 커서 지수 표기법으로 표현했음을 알 수 있습니다. 이 데이터셋을 acc_pops_2020으로 저장하겠습니다. 이때, fullName 열과 regionName 열이 서로 같은 데이터를 담고 있으므로 [코드 P1-30]과 같이 fullName 열을 제외하고 저장합니다.

코드 P1-30 02.summarise.R

```
acc_wk_2020_sido %>%
  left_join( abbr_tab, by=c("발생지시도" = "abbrName") ) %>%
```

```
  left_join( pops_sido_2020, by=c("regionCode" = "sidoCode") ) %>%
  select( -fullName ) -> acc_pops_2020
```

abbr_tab을 이용하여 2020년 시도별 사망자수 데이터셋(acc_wk_2020_sido)과 2020년 시도별 인구수 데이터셋(pops_sido_2020)을 결합(join)하여 acc_pops_2020을 생성하는 과정을 [코드 P1-26]부터 [코드 P1-30]까지 순차적으로 설명했습니다. 이 과정을 정리하면 [그림 P1-6]과 같습니다(그림에서 기호 ⋈는 두 데이터프레임의 결합join을 나타내는 기호입니다).

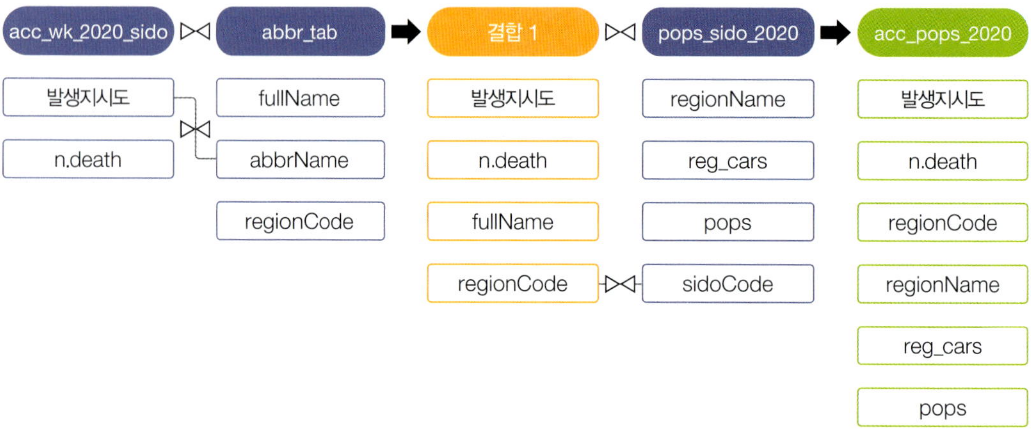

그림 P1-6 데이터셋을 결합하는 과정

acc_pops_2020 데이터셋을 이용하여 시도별 사망자수와 100,000명당 사망자수를 구해 보겠습니다. 여기서 100,000명당 사망자수는 $100,000 \times \frac{\text{시도별 사망자수}}{\text{시도별 인구수}}$(명)입니다. [코드 P1-31]과 같이 시도 코드, 시도 이름, 사망자수, 인구수, 100,000명당 사망자수만 선택하여 acc_pops_2020에 저장합니다.

코드 P1-31 02.summarise.R

```
acc_pops_2020 %>%
  mutate( dperht = 100000 * n.death / pops ) %>%
  select( regionCode, regionName, n.death, pops, dperht ) -> acc_pops_2020
acc_pops_2020
```

실행 결과

```
# A tibble: 17 x 5
   regionCode regionName     n.death     pops dperht
   <chr>      <chr>            <dbl>    <dbl>  <dbl>
 1 31         경기도             612 13427014   4.56
 2 37         경상북도           354  2639422  13.4
 3 38         경상남도           280  3340216   8.38
 4 36         전라남도           273  1851549  14.7
 5 34         충청남도           261  2121029  12.3
 6 35         전라북도           220  1804104  12.2
 7 11         서울특별시         219  9668465   2.27
 8 33         충청북도           171  1600837  10.7
 9 32         강원도             133  1542840   8.62
10 22         대구광역시         112  2418346   4.63
11 21         부산광역시         100  3391946   2.95
12 23         인천광역시          91  2942828   3.09
13 39         제주특별자치도      68   674635  10.1
14 25         대전광역시          66  1463882   4.51
15 24         광주광역시          63  1450062   4.34
16 26         울산광역시          51  1136017   4.49
17 29         세종특별자치시       7   355831   1.97
```

지금까지 데이터 요약하기 과정을 통해 2020년에 사망자가 발생한 전국 교통사고의 특성을 살펴보았습니다.

P1.5 데이터 시각화하기

4.2절

P1.4절에서 수행한 데이터 요약 과정에서는 계산을 통해 구한 몇 가지 특성 값으로 데이터의 모양을 추측할 수 있습니다. 하지만 이 과정에서 데이터를 구성하는 개별 값이 가진 정보는 모두 사라지므로 전체 데이터의 모습을 명확히 알 수 없습니다. 이러한 한계를 보완하는 방법으로 시각화가 있습니다. 이번 절에서는 P1.4절에서 정리한 데이터셋 acc_wk가 어떤 의미를 담고있는지 잘 전달하기 위해 ggplot2 패키지(4장 참고)로 시각화를 수행하겠습니다.

인명피해 정도에 따른 피해자수 시각화하기

ggplot2 패키지를 복습하는 의미로 간단한 상자 도표를 작성해 봅시다. P1.4절의 [코드 P1-20]에서 살펴봤듯이 2020년 사망자가 발생한 전국 교통사고 데이터의 사망자수, 경상자수, 중상자수는 각각 중앙값, 제3사분위수가 0 또는 1이었습니다. 이는 전체 자료의 $\frac{3}{4}$ 이상이 특정한 값(여기서는 0 또는 1)에 몰려있다는 뜻이며, 이를 상자 도표로 시각화하면 [그림 P1-7]과 같이 상자 모양은 사라지며 0 또는 1 위의 선이 되고, 이상치들이 점으로 나타날 것입니다.

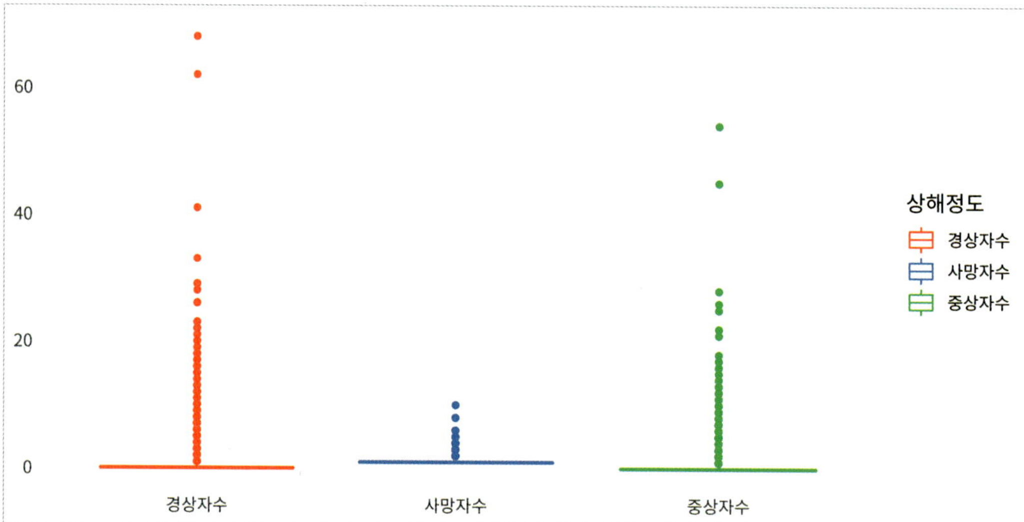

그림 P1-7 인명피해 정도에 따른 피해자수

이제 도표를 작성해 봅시다. [그림 P1-7]의 도표를 그리려면 [코드 P1-32]와 같이 데이터셋의 구조를 변경해야 합니다. 14~15줄은 데이터셋 acc_wk에서 인명피해자수를 기록한 열들을 추출하고 16줄은 wide format 데이터를 long format 데이터로 변환함으로써 깔끔한 데이터로 만듭니다. 이 과정을 통해 ggplot2에서 상해정도에 따른 시각화를 쉽게 표현할 수 있습니다.

코드 P1-32 03.visualization.R

```
14    acc_wk %>%
15      select( ends_with("수") ) %>%
16      pivot_longer( cols=everything() ) -> acc_wk_cslt
17    acc_wk_cslt
```

실행 결과

```
# A tibble: 111,384 × 2
   name     value
   <chr>    <dbl>
 1 사망자수     1
 2 중상자수     0
 3 경상자수     0
 4 사망자수     1
 5 중상자수     5
 6 경상자수     0
 7 사망자수     1
 8 중상자수     0
 9 경상자수     0
10 사망자수     2
# … with 111,374 more rows
```

[코드 P1-33]은 데이터셋을 인명피해 정도에 따라 상자 도표를 그리고 몇 가지 요소를 사용자화합니다. 20줄은 x축에 name(상해정도)을, y축에 value(피해자수)를 매핑하여 상해정도에 따른 피해자수를 막대도표로 나타내고 color 인수에 name을 매핑하여 상해정도에 따라 상자 도표가 다른 색으로 나타나게 합니다. 21줄은 20줄의 color 인수에 따라 다른 색을 지정하기 위해 scale_color_manual( ) 함수를 이용합니다. 첫 번째 인수인 "상해정도"는 범례의 제목이 되고, values 인수에 전한 값이 범례에 따른 색이 됩니다. 기본 테마는 22줄과 같이 theme_minimal( )을 지정합니다. 23줄부터 사용자 정의를 시작합니다. 24줄은 도표의 모든 텍스트를 "NSK"라고 이름을 붙인 글꼴로 지정하고[10], 글꼴 크기는 12 포인트로 지정합니다. 25~27줄은 축 제목(axis.title)과 주 눈금선(panel.grid.major), 보조 눈금선(panel.grid.minor)을 모두 제거합니다. 이 코드를 실행하면 [그림 P1-7]의 상자 도표가 생성됩니다.

코드 P1-33 03.visualization.R

```
18   acc_wk_cslt %>%
19     ggplot() +
20       geom_boxplot( aes(name, value, color=name) ) +
21       scale_color_manual( "상해정도", values=c('#e41a1c','#377eb8','#4daf4a') ) +
```

10 4.2절에서 font_add_google( ) 함수를 이용하여 구글의 인터넷 글꼴 Noto Sans Korean을 NSK로 지정한 적이 있습니다.

```
22          theme_minimal() +
23          theme(
24            text = element_text(family="NSK", size=12),
25            axis.title = element_blank(),
26            panel.grid.major = element_blank(),
27            panel.grid.minor = element_blank()
28          )
```

[그림 P1-7]을 좀 더 세분화하여 데이터셋이 사고유형 대분류별로 어떤 모양을 하는지 살펴봅시다. 데이터셋에 따르면 철길건널목에서는 사망자가 있는 사고가 드물게 발생하므로[11] 사고유형_대분류가 차대사람, 차량단독, 차대차인 경우만 [코드 P1-34]와 같이 시각화해 봅시다. 이 코드는 크게 시각화할 데이터를 준비하는 부분(31~34줄)과 ggplot2 패키지를 이용해 그림을 그리는 부분(35~45줄)으로 나뉩니다. 이제 코드를 자세히 살펴보겠습니다. 32줄은 31줄의 acc_wk 데이터셋을 전달받아 시각화에 사용할 열을 선택합니다. 이때 "수"로 끝나는 열과, 사고유형이 담긴 acc_cat 열을 선택합니다. 33줄은 상해정도(경상자수, 사망자수, 중상자수 등 "수"로 끝나는 열)를 long format 데이터로 변환합니다. 34줄은 사고유형 중에서 "철길건널목" 유형을 제외합니다. 35줄은 ggplot( ) 함수에 앞서 31~34줄까지 준비한 데이터셋을 전달합니다. 36~37줄은 [코드 P1-33]의 20~21줄과 동일합니다. 38줄은 사고유형(acc_cat)에 따라 3개의 열로 분할해서 상자 도표를 그립니다. 상자 도표는 총 3개이므로 1행 3열로 표시됩니다. 39~45줄은 [코드 P1-33]의 22~28줄과 동일합니다.

코드 P1-34 03.visualization.R

```
31      acc_wk %>%
32        select( ends_with("수"), acc_cat ) %>%
33        pivot_longer( cols=ends_with("수") ) %>%
34        filter( acc_cat !="철길건널목" ) %>%
35        ggplot() +
36          geom_boxplot( aes(name, value, color=name) ) +
37          scale_color_manual( "상해정도", values=c('#e41a1c','#377eb8','#4daf4a') ) +
38          facet_wrap( vars(acc_cat), ncol=3 ) +
39          theme_minimal() +
```

11 table(acc_wk$사고유형_대분류) 를 실행하여 확인할 수 있습니다.

```
    theme(
      text = element_text(family="NSK", size=12),
      axis.title = element_blank(),
      panel.grid.major = element_blank(),
      panel.grid.minor = element_blank()
    )
```

실행 결과

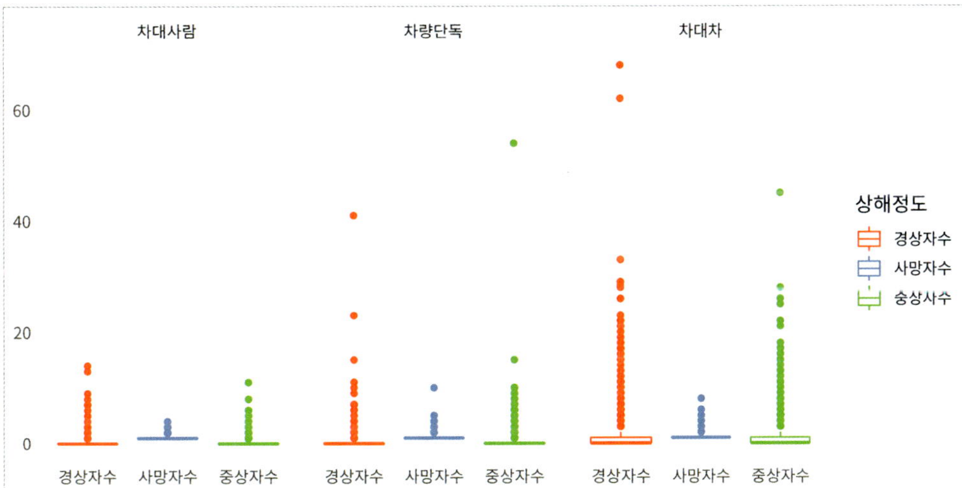

숫자를 이용한 자료 요약으로 얻은 값으로 시각화를 하지 않더라도 데이터의 모양을 유추할 수 있으며, 반대로 시각화된 데이터를 보고 데이터의 특성이 어떤 값을 가질지 예측할 수도 있습니다. 숫자를 이용한 자료 요약과 시각화를 여러 번 수행하면서 데이터가 어떤 모양을 할지 살펴보는 경험은 모두 중요합니다.

두 데이터셋을 이용하여 시각화하기

acc_wk 데이터셋에는 교통사고가 어느 시도에서 발생했는지를 알 수 있는 발생지시도 열이 있습니다. 이 열을 통해 시도별 사망자수를 살펴보고 시각화할 수 있습니다. [코드 P1-35]는 시도별 사망자수를 구하는 코드입니다.

코드 P1-35 03.visualization.R

```
acc_wk %>%
  group_by( 발생지시도 ) %>%
  summarise(
    n.deaths = sum(사망자수)
  ) -> sido_ta_death
sido_ta_death
```

실행 결과

```
# A tibble: 17 × 2
   발생지시도 n.deaths
   <chr>        <dbl>
 1 강원          1951
 2 경기          7260
 3 경남          3391
   …
15 제주           760
16 충남          3289
17 충북          2101
```

[코드 P1-36]은 시도별 사망자수를 막대도표로 그리는 과정을 나타냅니다. 55줄은 [코드 P1-35]의 시도별 사망자수 데이터 sido_ta_death를 이용합니다. 57줄은 막대도표를 그립니다. 이때 x축에 발생지시도, y축에 사망자수(n.deaths)를 매칭합니다. geom_bar( ) 함수는 데이터 요약을 위해 각 값을 세는 기능을 갖추고 있습니다. 그러나 n.death는 이미 요약한 값이므로 stat 인수에 "identity"를 지정하여 높이로 사용합니다. 또한, 채움색 없이(fill=NA) 외곽선만 하늘색("#00abff")으로 지정했습니다. 59줄의 theme_minimal( )로 그린 도표는 y축을 구분하는 선이 없어 58줄과 같이 y축 값이 0인 지점에 y축을 선으로 표현합니다. 이때 geom_hline( )은 수평선을 그리는 함수로, 함수 이름의 h는 수평선horizontal을 나타냅니다. 여기서는 y축 값이 0(yintercept = 0)인 곳을 지정하여 x축을 그립니다. 60~65줄은 사용자 정의를 지정하며, [코드 P1-33]의 23~28줄과 동일합니다.

코드 P1-36 03.visualization.R

```
55  sido_ta_death %>%
56    ggplot() +
57      geom_bar( aes(x=발생지시도, y=n.deaths), fill=NA, color="#00abff", stat="identity" ) +
58      geom_hline( yintercept = 0 ) +
59      theme_minimal() +
60      theme(
61        text = element_text(family="NSK", size=12),
62        axis.title = element_blank(),
63        panel.grid.major = element_blank(),
64        panel.grid.minor = element_blank()
65      )
```

실행 결과

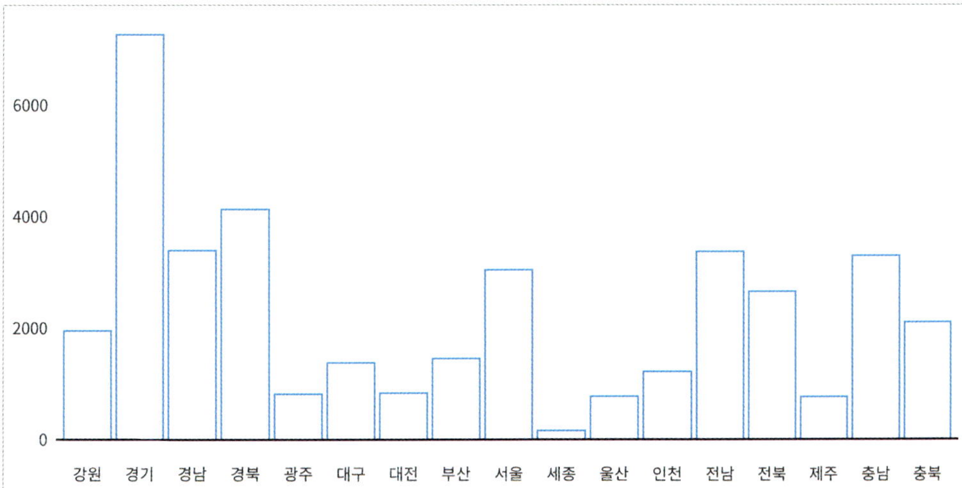

사망사고는 해당 지역의 교통량과 밀접한 연관이 있을 것이고, 교통량은 다시 해당 지역의 유동인구와 밀접한 연관이 있을 것입니다. 그러나 2022년 현재 유동인구 데이터는 서울시에서만 제공하고 있으니 여기서는 유동인구 대신 인구를 고려해 보겠습니다.

[코드 P1-37]은 행정안전부의 주민등록 인구통계에서 추출한 2021년의 시도별 인구 데이터셋을 불러오고(69~70줄) 확인하는(71줄) 코드입니다.

코드 P1-37 03.visualization.R

```
69    pops_2021 <- read_csv( "./data/2021_pops_sido.csv",
70                               locale=locale("ko", encoding="CP949") )
71    pops_2021
```

실행 결과

```
# A tibble: 17 × 7
  행정구역      행정기관코드 총인구수 총세대수 남성인구수 여성인구수 sido_abbr
  <chr>               <dbl>    <dbl>    <dbl>      <dbl>      <dbl> <chr>
1 서울특별시     1100000000  9509458  4426007    4618040    4891418   서울
2 부산광역시     2600000000  3350380  1544663    1639044    1711330   부산
```

```
 3 대구광역시       2700000000  2385412  1063893  1175632  1209780  대구
 4 인천광역시       2800000000  2948375  1298647  1476373  1472002  인천
 5 광주광역시       2900000000  1441611   645712   713015   728596  광주
 6 대전광역시       3000000000  1452251   664417   724626   727625  대전
 7 울산광역시       3100000000  1121592   482650   576217   545375  울산
 8 세종특별자치시   3600000000   371895   153649   185678   186217  세종
 9 경기도           4100000000 13565450  5841995  6827298  6738152  경기
10 강원도           4200000000  1538492   746220   774332   764160  강원
11 충청북도         4300000000  1597427   760672   810672   786755  충북
12 충청남도         4400000000  2119257  1001915  1083366  1035891  충남
13 전라북도         4500000000  1786855   849001   888994   897861  전북
14 전라남도         4600000000  1832803   903108   922221   910582  전남
15 경상북도         4700000000  2626609  1276846  1323661  1302948  경북
16 경상남도         4800000000  3314183  1505971  1668338  1645845  경남
17 제주특별자치도   5000000000   676759   307529   339177   337582  제주
```

2021_pops_sido.csv 파일로 저장한 데이터셋은 행정안전부의 주민등록 인구통계에서 다운로드한 데이터셋을 일부 수정한 것입니다. P1.1절에서 설명했듯이 데이터를 수집하는 과정에서 지역명이나 기업명, 제품명 등의 데이터는 같은 이름을 가질 수도 있으므로 구분코드(혹은 ID)를 사용하는 것이 좋습니다. 이런 이유로 행정안전부의 데이터셋은 행정구역명과 행정기관코드(구분코드)를 함께 사용하여 "행정구역명"+빈칸+"(행정기관코드)"와 같은 형태로 제공합니다. 이 책에서 다루는 데이터셋은 행정기관코드를 분리하여 별도의 열로 저장했습니다. 그리고 [코드 P1-35]에서 준비한 sido_ta_death 데이터셋은 각 시도를 서울, 충남, 제주와 같이 단축명으로 구분했지만 대응하는 행정기관코드를 제공하지 않습니다. 교통사고 데이터셋과 주민등록인구 데이터셋을 결합하려면 서로 동일한 값을 갖는 열이 필요하기 때문에 주민등록인구 데이터셋에 각 시도의 단축명을 저장한 sido_abbr 열을 추가하고 이를 이용하겠습니다.

이제 시도별 주민등록인구 데이터셋 pops_2021과 시도별 교통사고 사망자수 데이터셋 sido_ta_death를 결합해 봅시다. pops_2021 데이터셋의 sido_abbr 열에 저장한 각 시도명의 단축명을 이용해 sido_ta_death 데이터셋과 결합합니다. [코드 P1-38]의 73줄은 sido_ta_death 데이터셋을 기준으로 pops_2021 데이터셋과 결합한 데이터셋을 변수 sido_ta_death2에 저장합니다. 74줄은 sido_ta_death의 발생지시도 열과 pops_2021의 sido_abbr 값이 같은 행을 서로 결합합니다. 75줄은 결합한 데이터셋을 저장한 변수 sido_ta_death2를 출력합니다.

코드 P1-38 03.visualization.R

```
sido_ta_death2 <- sido_ta_death %>%
  left_join( pops_2021, by = c("발생지시도" = "sido_abbr") )
sido_ta_death2
```

실행 결과

```
# A tibble: 17 × 8
   발생지시도 n.deaths 행정구역       행정기관코드 총인구수 총세대수 남성인구수 여성인구수
   <chr>         <dbl> <chr>                 <dbl>    <dbl>    <dbl>      <dbl>      <dbl>
 1 강원           1951 강원도           4200000000  1538492   746220     774332     764160
 2 경기           7260 경기도           4100000000 13565450  5841995    6827298    6738152
 3 경남           3391 경상남도         4800000000  3314183  1505971    1668338    1645845
 4 경북           4127 경상북도         4700000000  2626609  1276846    1323661    1302948
 5 광주            816 광주광역시       2900000000  1441611   645712     713015     728596
 6 대구           1375 대구광역시       2700000000  2385412  1063893    1175632    1209780
 7 대전            833 대전광역시       3000000000  1452251   664417     724626     727625
 8 부산           1450 부산광역시       2600000000  3350380  1544663    1639044    1711336
 9 서울           3042 서울특별시       1100000000  9509458  4426007    4618040    4891418
10 세종            159 세종특별자치시   3600000000   371895   153649     185678     186217
11 울산            771 울산광역시       3100000000  1121592   482650     576217     545375
12 인천           1214 인천광역시       2800000000  2948375  1298647    1476373    1472002
13 전남           3365 전라남도         4600000000  1832803   903108     922221     910582
14 전북           2651 전라북도         4500000000  1786855   849001     888994     897861
15 제주            760 제주특별자치도   5000000000   676759   307529     339177     337582
16 충남           3289 충청남도         4400000000  2119257  1001915    1083366    1035891
17 충북           2101 충청북도         4300000000  1597427   760672     810672     786755
```

지금까지 시각화를 하기 위해 sido_ta_death2 데이터셋을 준비했습니다. 이 데이터셋을 이용해 [코드 P1-39]와 같이 시도별 인구수와 교통사고 사망자수의 산점도를 그려봅시다. 78줄은 sido_ta_death2 데이터셋에서 시각화에 사용할 열만 선택합니다. 79~80줄은 geom_point( ) 함수를 이용해 x축에 총인구수 열의 값을, y축에 사망자수(n.deaths) 열의 값을 좌표로 매핑하여 산점도를 그립니다

코드 P1-39 03.visualization.R

```
sido_ta_death2 %>%
  select(행정구역, 총인구수, n.deaths) %>%
  ggplot() +
    geom_point( aes(총인구수, n.deaths) )
```

실행 결과

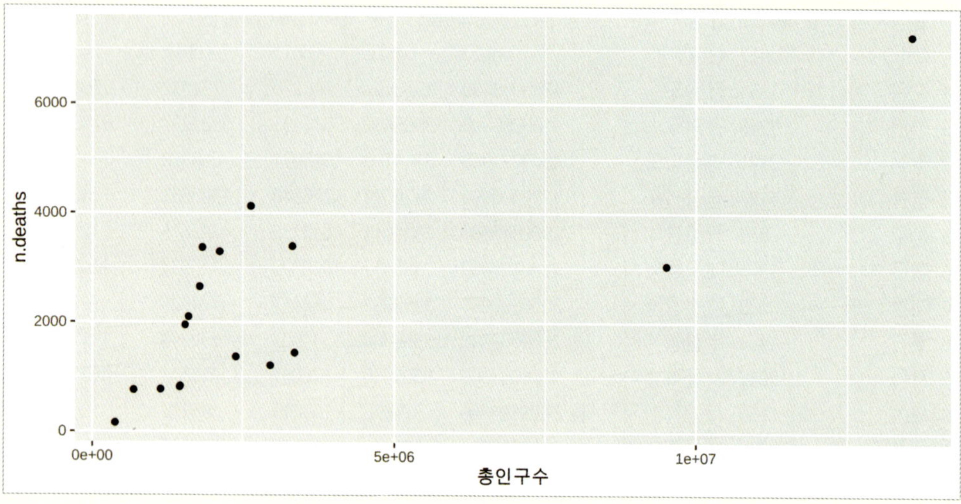

[코드 P1-39]의 실행 결과로 나온 산점도를 통해 인구가 증가함에 따라 교통사고 사망자수가 증가하는 경향을 확인할 수 있습니다. 명령 몇 줄 만으로 두 변수에 상관이 있음(상관계수는 0.766[12])을 시각적으로 확인할 수 있습니다. 그러나 이 도표는 시각적으로 밋밋하여 사람들의 시선을 끌기 힘듭니다. 이제 도표에 시각적인 요소를 추가해서 다양한 정보를 전달하고, 도표의 의미를 보다 쉽게 찾도록 도표를 제작해 봅시다.

우선 도표에서 보완해야 할 불만 요소를 몇 가지 살펴봅시다.

12 cor(sido_ta_death2$총인구수, sido_ta_death2$n.deaths)

- x축은 각 시도의 인구를 표현하기 위해 0부터 15,000,000까지를 1e+07과 같은 과학적 표기법으로 나타내는데, 이 값이 얼마인지 한 번에 알아보기 어렵습니다.
- 산점도로 표현한 각 점이 경기도와 서울특별시를 제외하면 어느 시도인지 구분하기 어렵습니다.
- y축 제목이 n.deaths인데 관련 설명이 없으면 무엇을 뜻하는지 알기 어렵습니다.
- 시도 대부분은 인구가 500만 명 이하이므로 도표의 약 $\frac{1}{3}$ 영역에 몰려있습니다. 인구가 많은 경기도나 서울특별시를 제외하면 구분하기가 조금 불편합니다.
- 도표가 시각적으로 매력이 없습니다.

이러한 불만은 다음과 같은 방법으로 해소할 수 있을 것입니다.

❶ 4장의 [코드 4-11]에서 천 단위로 전체 숫자를 표현하는 것 또한 좋은 방법이지만 여기서는 x축을 100,000명 단위로 지정하여 값의 범위를 줄입니다.

❷ 각 점에 시도를 표현합니다.

❸ 축 제목을 단위와 함께 부여합니다.

❹ x축을 적절하게 변환하여 작은 값들은 서로 간격을 띄우고 큰 값은 간격을 줄입니다.

❺ 적절한 테마를 선택하고 요소 몇 가지는 직접 변경하여 시각적으로 보기 좋게 만듭니다.

이 중에서 ❶~❸을 적용한 코드가 [코드 P1-40]입니다. 85줄은 총인구수를 100,000으로 나눈 값을 새로운 열 pops에 저장합니다. 87줄은 pops를 x축 값으로 하는 산점도를 출력합니다. 88줄의 geom_text( ) 함수는 지정한 좌표에 label 인수로 전달한 열의 값을 도표 위에 출력합니다. 여기서는 pops를 x축 좌표로, n.deaths를 y축 좌표로 하여 label 인수에 전달한 행정구역 열의 값을 출력합니다. 89줄은 x축의 제목과 y축의 제목을 각각 "인구(십만 명)", "사망자수(명)"으로 수정합니다. 제목에 단위를 포함하여 데이터를 이해하기 한결 쉬워집니다.

코드 P1-40 03.visualization.R

```
83  sido_ta_death2 %>%
84    select(행정구역, 총인구수, n.deaths) %>%
85    mutate( pops = 총인구수/100000 ) %>%
86    ggplot() +
87        geom_point( aes(pops, n.deaths) ) +
88        geom_text( aes(pops, n.deaths, label=행정구역) ) +
89        xlab("인구(십만 명)") + ylab("사망자수(명)")
```

실행 결과

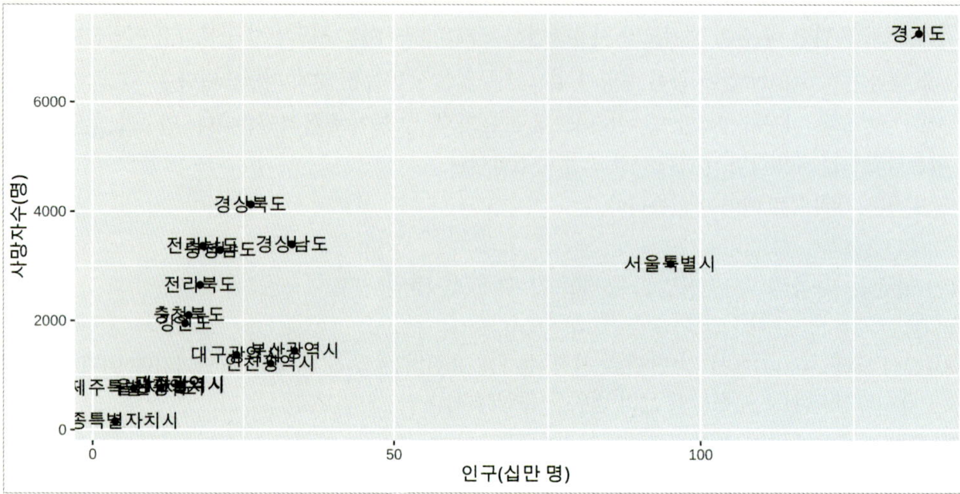

각 점이 어느 시도를 나타내는지 알기 위해 해당 좌표에 시도명을 출력했지만, 오히려 더 구분하기 어려워졌습니다. 그 이유는 두 가지입니다.

❶ geom_text( ) 함수에 사용한 좌표는 산점도와 동일하여 산점도와 시도명이 겹칩니다.

❷ 인구수가 적은 시도는 데이터 사이의 간격이 충분하지 않아 서로 겹칩니다.

이 문제를 해결하기 위해 geom_text( ) 함수의 nudge_x, nudge_y, check_overlap과 같은 인수를 사용할 수 있지만, R이 데이터를 판단하여 처리할 수 있도록 ggrepel 패키지의 geom_text_repel( ) 함수를 사용합시다. 먼저 다음 순서대로 Rstudio에서 ggrepel 패키지를 설치해 봅시다.

1 RStudio의 Packages 탭을 클릭합니다. 기본 설정 시 Packages 탭은 Files 탭과 함께 있습니다.

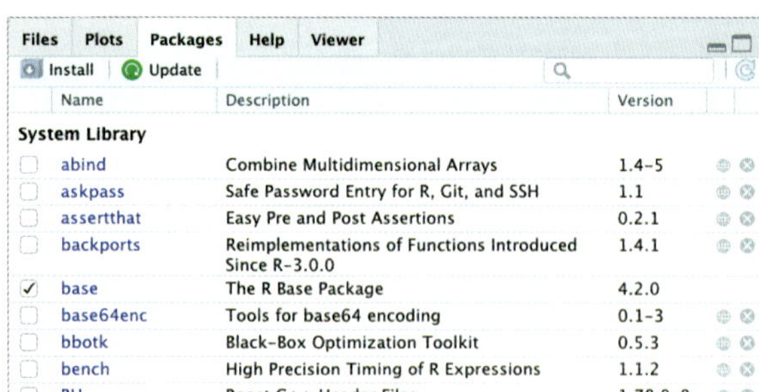

그림 P1-8 Packages 탭

2 Install 아이콘을 클릭합니다.

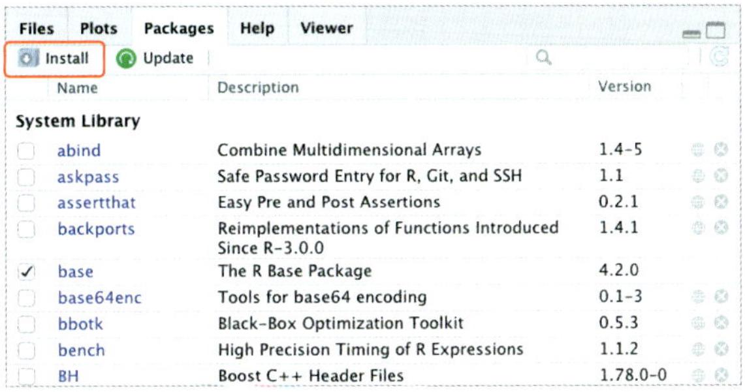

그림 P1-9 Install 아이콘

3 Install 창이 뜨면 ❶ 설치할 패키지의 이름인 ggrepel을 입력합니다. RStudio는 사용자의 입력에 따라 적절한 패키지의 이름을 추천해 줍니다. ❷ 설치할 패키지의 이름을 입력했으면 하단의 [Install]을 클릭합니다.

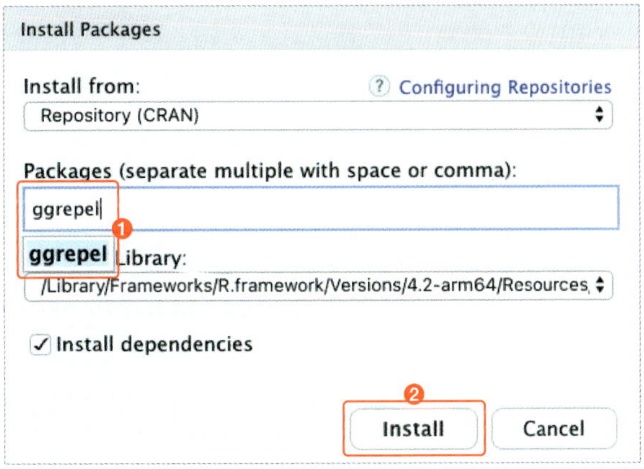

그림 P1-10 패키지 설치 창

4 Console 창으로 install.packages("ggrepel")이 전달되고 ggrepel 패키지를 설치합니다.

```
> install.packages("ggrepel")
trying URL 'https://cran.seoul.go.kr/bin/macosx/big-sur-arm64/contrib/4.2/ggrepel_0.9.1.tgz'
Content type 'application/x-gzip' length 706616 bytes (690 KB)
==================================================
downloaded 690 KB
```

필요한 패키지를 설치했으면 [코드 P1-41]을 살펴봅시다. 여기서는 [코드 P1-39]의 코드에 대해 x축을 적절하게 변환하고 적절한 테마를 적용합니다. 각 과정을 한 줄씩 살펴봅시다.

- **93줄 :** 앞서 설치한 ggrepel 패키지를 작업공간과 연결합니다.
- **94줄 :** ggthemes 패키지의 `theme_wsj()` 함수를 사용하기 위해 ggthemes 패키지를 작업공간과 연결합니다.
- **100줄 :** 산점도를 작성하기 위해 `geom_point()` 함수를 사용합니다. 여기서는 행정구역별로 점 색상을 다르게 하기 위해 `color` 인수에 행정구역 열을 매핑하고, `size` 인수에 3을 전달하여 모든 점의 크기를 3으로 키웁니다(기본값은 1.5). 마지막으로 `show.legend` 인수에 `FALSE`를 전달하여 `aes()`에 사용한 `color` 인수로 발생하는 범례를 표시하지 않습니다.
- **101줄 :** `geom_text_repel()` 함수는 표시하려는 텍스트가 산점도를 가리지 않고, 다른 텍스트에도 겹치지 않게 텍스트의 위치를 조정합니다. 이 함수는 수정된 위치를 임의로 선정하므로 함수를 실행할 때마다 결과가 다르게 나옵니다.
- **103줄 :** x축 값에 밑이 10인 로그를 취하여 큰 값을 줄입니다. 이때 축의 간격은 x 값이 커질수록 간격이 많이 줄어듭니다. 간격은 서로 일정하지 않으므로 실행 결과에 관련 설명이 같이 있어야 합니다.
- **104줄 :** 《월 스트리트 저널》 테마를 사용합니다.
- **106줄 :** 글꼴을 NSK로 지정합니다. 한편, 《월 스트리트 저널》 테마의 기본 설정에는 축 제목이 나타나지 않습니다.
- **107줄 :** 축 제목의 글꼴과 크기를 변경하기 위해 `axis.title` 인수에 글꼴을 NSK, 크기를 10 포인트(pt)로 지정합니다.
- **108줄 :** 축 눈금에 표시할 눈금 값의 크기를 7 포인트로 합니다.
- **109줄 :** y축 눈금선을 회색(gray)으로 하여 크게 눈에 띄지 않게 합니다.

코드 P1-41 03.visualization.R

```
93   library( ggrepel )
94   library( ggthemes )
95
96   sido_ta_death2 %>%
97     select(행정구역, 총인구수, n.deaths) %>%
98     mutate( pops = 총인구수/100000 ) %>%
99     ggplot() +
100      geom_point( aes(pops, n.deaths, color=행정구역), size=3, show.legend = FALSE ) +
101      geom_text_repel( aes(pops, n.deaths, label=행정구역), size=3) +
102      xlab("인구(십만 명)") + ylab("사망자수") +
103      scale_x_log10() +
```

```
    theme_wsj() +
    theme(
      text = element_text(family="NSK"),
      axis.title = element_text(family="NSK", size=10),
      axis.text = element_text(size=7),
      panel.grid.major.y = element_line( color="gray" )
    )
```

실행 결과

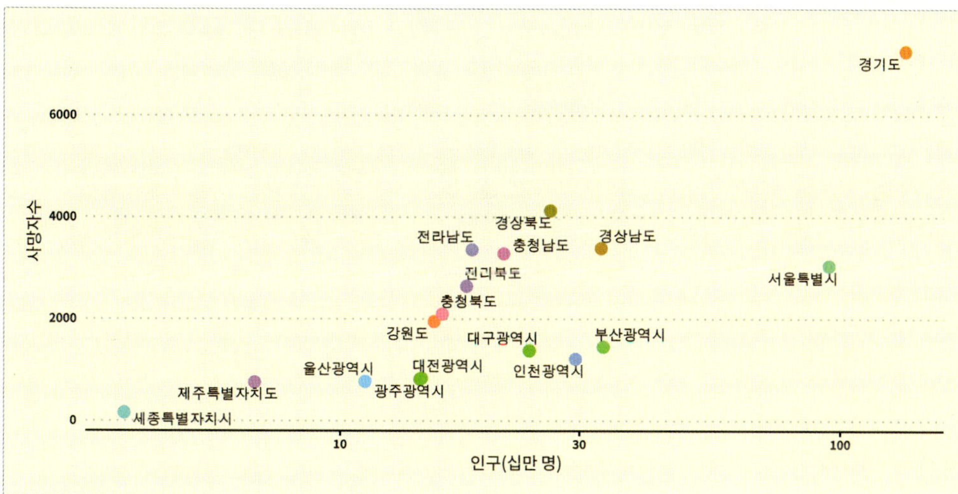

[코드 P1-41]의 실행 결과를 처음 작성한 산점도인 [코드 P1-39]의 실행 결과와 비교해 봅시다. 기본 정보는 바뀌지 않았지만 몇 가지 요소를 변경하여 보다 빠르고 보기 좋게 데이터를 파악할 수 있게 되었습니다. 즉, [코드 P1-41]의 실행 결과를 통해 인구가 많은 지역일수록 교통사고 사망자수가 많아지는 경향이 있음을 쉽게 파악할 수 있습니다. 이 결과에 또 어떤 의미가 있는지 여러분도 찾아보세요.

우리는 지금까지 공공데이터를 이용하여 데이터 분석 과정을 실습하고 분석 결과에서 의미를 찾아보는 연습을 했습니다. 다음 장에서는 조금 더 깊이 있는 데이터 분석을 하기 위해 통계를 간단히 살펴보겠습니다.

PART 2

한 단계 올라서서 데이터 과학 바라보기

CHAPTER 5
통계학과 데이터 분석

CHAPTER 6
통찰을 공유하는 좋은 방법, RMarkdown

PROJECT 2
데이터 분석 보고서 작성하기

회색 신사는 눈썹을 치켜올렸다.
"도대체 왜 그래, 응, 왜 그래? 아직도 만족 못하겠니? 요즘 애들은 정말 까다롭다니까! 대체 이 완전한 인형에게 모자라는 점이 뭐냐?"
모모는 바닥으로 시선을 떨구고 곰곰이 생각하다가 조그만 소리로 말했다.
"그 인형을 사랑할 수 없을 것 같아요."

– 미하엘 엔데, 『모모』 중에서

『모모』에서 회색 신사는 인형을 완벽하다고 생각했지만 모모는 그 인형을 사랑할 수 없을 것 같다고, 회색 신사가 전혀 예상하지 못한 의외의 답을 했습니다. 이처럼 데이터를 분석하고 의미를 도출할 때 분석가는 혼자 완벽한 분석이라고 결론을 내릴 수 있지만, 다른 사람들은 분석자가 미처 보지 못한 곳에서 보완해야 할 부분을 찾을 수도 있습니다. 데이터 과학에서는 분석 결과를 여러 사람들과 공유함으로써 더욱 적절한 방향으로 나아갈 수 있습니다.

이번 [PART 2]에서는 확률에 기반한 통계 기법을 통해 데이터를 과학적으로 추측하는 방법을 알아봅니다. 마지막으로는 데이터 과학에 필요한 과정과 결과를 기록하는 문서를 만드는 방법과 함께, 웹에 문서를 게시하며 많은 사람들과 소통하는 방법을 알아보겠습니다.

CHAPTER 5

통계학과 데이터 분석

프로젝트 : dsuR05/dsuR05.Rproj

학습목표

1. 확률과 확률변수의 개념을 이해합니다.
2. 확률함수를 이용해 모집단의 특성을 추측하는 방법에 대해 이해합니다.
3. 통계적 가설검정 과정에 대해 이해합니다.

5.1 기초 확률

확률이라 하면 여러분은 무엇이 생각나나요? 0과 1 사이의 숫자, 주사위 굴리기, 게임에서 이길 확률, 비가 올 확률, 야구에서 타자가 투수의 공을 안타로 연결한 타율 등 다양한 사례가 떠오를 것입니다. 그런데 수업 시간에 동일한 질문을 던지면 "어려운 것!"이라는 답을 많이 듣습니다. 아마 학창시절에는 문제를 푸는 데 집중했기에 확률은 부담스럽고, 고등학교를 졸업하면 확률을 더 이상 다루지 않는 교과서 속 문제라고 생각할 것입니다. 그렇지만 확률은 응용수학의 일종으로 다양한 분야에서 사용합니다. 특히 데이터 과학과 확률은 뗄래야 뗄 수 없는 사이입니다. 모집단의 특성을 추측하는 추측통계나 빅데이터와 인공지능 분야에서도 확률은 중요합니다. 이 장에서는 확률의 기초 개념을 명확하고 올바르게 이해하기 위해 예를 중심으로 살펴보겠습니다. 먼저 몇 가지 기본 용어를 살펴보겠습니다.

■ 통계 시행

주사위 한 개를 굴리는 실험을 생각해 봅시다. 이 실험에는 다음과 같은 세 가지 특징이 있습니다.

1. 주사위를 굴리기 전에는 어떤 눈이 나올지 알 수 없습니다.
2. 주사위를 굴린 결과(출현 가능한 결과)는 1의 눈부터 6의 눈까지임을 알 수 있습니다.
3. 동일한 주사위를 여러 번 반복하여 굴릴 때, 각 눈이 나올 가능성이 변하지 않습니다.

이와 같이 당장 어떤 결과가 나올지 모르지만, 나올 수 있는 모든 경우를 알고 있고 동일한 작업을 여러 번 반복할 수 있는 실험을 통계학에서는 **통계 시행**trial[1]이라고 합니다.

1 통계 시행을 통계적 실험statistical experiment이라고도 합니다. 이 책에서는 이 개념을 시행이라고 지칭하겠습니다.

주사위 한 개를 굴리는 실험은 주사위를 굴리기 전에는 어떤 결과(눈)가 나올지 모르지만, [그림 5-1]과 같이 '출현 가능한 결과'를 알고 있고 동일한 주사위를 여러 번 반복하여 굴릴 수 있으므로 시행입니다.

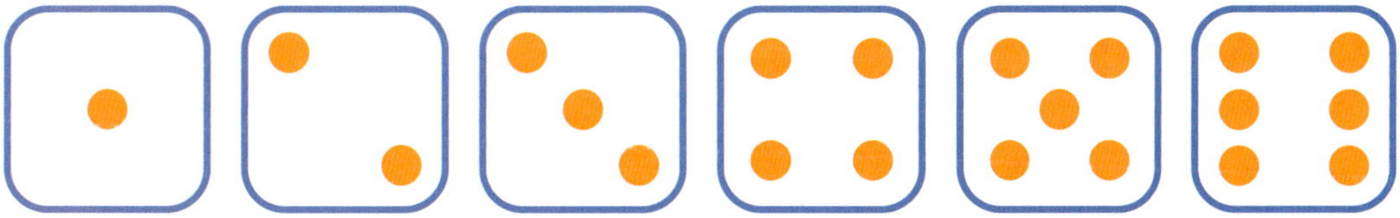

그림 5-1 주사위 한 개를 굴릴 때 출현 가능한 결과

▪ 표본공간

[그림 5-1]에서 표현한 것과 같이 어떤 시행에서 출현 가능한 결과를 모두 모은 집합을 **표본공간**sample space이라고 부르며 기호로 Ω 혹은 S로 표기합니다. 주사위 한 개를 굴리는 실험에서 표본공간은 다음과 같습니다.

$$\Omega_{\{주사위\}} = \{1의\ 눈,\ 2의\ 눈,\ 3의\ 눈,\ 4의\ 눈,\ 5의\ 눈,\ 6의\ 눈\}$$

▪ 사건

주사위 한 개를 굴려 1의 눈이 나오면 1,000원을, 짝수의 눈이 나오면 2,000원을, 5 이상의 눈이 나오면 3,000원을 상금으로 받는 시행을 생각합시다(그 외의 눈이 나오면 당연히 상금은 없습니다). 이때 우리는 시행 결과에 관심을 두고 시행 결과가 다음과 같을 때 상금을 받을 것으로 이해합니다.

- $A_1 = \{1의\ 눈\}$
- $A_2 = \{짝수의\ 눈\} = \{2의\ 눈,\ 4의\ 눈,\ 6의\ 눈\}$
- $A_3 = \{5\ 이상의\ 눈\} = \{5의\ 눈,\ 6의\ 눈\}$

이와 같이 실험 시행 결과 중에서 관심을 둔 결과를 원소로 하는 집합을 **사건**event이라고 하며 알파벳 대문자로 표기합니다. 집합으로 나타내면 사건은 표본공간의 부분집합입니다.

주사위 한 개를 굴려 상금을 받는 시행에서 A_1은 '1의 눈이 나오는 사건', A_2는 '짝수의 눈이 나오는 사건', A_3는 '5 이상의 눈이 나오는 사건' 등으로 표현할 수 있습니다. 또한 두 사건 A, B에 대해 다음과 같은 연산을 할 수 있습니다.

❶ **합사건** : 한 사건 또는 다른 사건이 발생하는 사건. 기호로 $A \cup B$라 표기합니다.

❷ **곱사건** : 두 사건이 동시에 발생하는 사건. 기호로 $A \cap B$라 표기합니다.

❸ **여사건** : A가 발생하지 않는 사건. 기호로 A^c라 표기하며 $A^c = \Omega \backslash A$가 성립합니다.

❹ **배반사건** : 두 사건이 동시에 발생하지 않는 사건. $A \cap B = \phi$인 사건입니다.

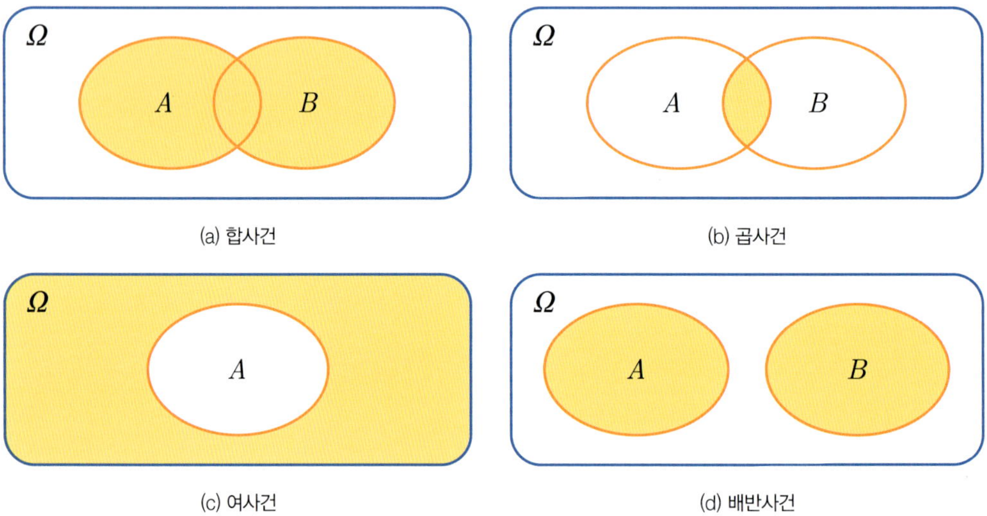

그림 5-2 벤다이어그램으로 표현한 사건

▪ 확률

주사위 한 개를 굴리는 시행에서 '1의 눈이 나오는 사건'에 관심이 있다고 해 봅시다. 주사위를 굴리기 전에 1의 눈이 나오는지 미리 알 수 있을까요? 아니요, 무엇이 나올지 알 수 없습니다. 이처럼 무엇이 나올지 모르는 상황은 1의 눈이 나올 것이라는 선택을 주저하게 만들고, 어떤 이에게는 궁금함을, 어떤 이에게는 불안감을 안겨 줄 것입니다. 어떤 사건이 발생 가능한 정도를 알 수 있다면, 1의 눈이 나올지 여부를 선택할 때 합리적인 판단의 근거를 제시해 줄 수 있을 것입니다. 이제 어떤 사건이 발생 가능한 정도를 숫자로 나타내는 방법에 대해 알아봅시다. 재료는 모두 갖추었습니다.

주사위 한 개를 굴리는 시행에서 A를 짝수의 눈이 나오는 사건, B를 5 이상의 눈이 나오는 사건이라고 합시다. 이때 표본공간 Ω와 두 사건 A, B를 구성하는 원소는 다음과 같습니다.

- Ω={1의 눈, 2의 눈, 3의 눈, 4의 눈, 5의 눈, 6의 눈}
- A={2의 눈, 4의 눈, 6의 눈}
- B={5의 눈, 6의 눈}

각 집합을 구성하는 원소의 개수는 다음과 같습니다.

- $n(\Omega)$=표본공간을 구성하는 원소의 개수=6
- $n(A)$=사건 A를 구성하는 원소의 개수=3
- $n(B)$=사건 B를 구성하는 원소의 개수=2

사건 A가 발생 가능한 정도를 구하는 함수를 다음과 같이 정의해 봅시다.

$$P(A)=\frac{\text{사건 } A \text{ 원소의 개수}}{\text{표본공간 전체 원소의 개수}}=\frac{n(A)}{n(\Omega)}$$

위 식은 표본공간을 구성하는 전체 원소의 개수 중 부분집합인 사건 A를 구성하는 원소의 개수가 차지하는 비율로 그 값은 0에서 1까지입니다. 이와 같이 실숫값을 갖는 함수 $P(A)$를 **사건 A의 확률**이라고 합니다.

경우의 수(원소의 개수)로 설명한 확률은 표본공간의 원소가 무한히 많으면 정의할 수 없습니다. 확률을 설명하는 방법은 여러 가지가 있지만, 각기 장단점을 가지고 있습니다. 이에 수학적으로 증명하지 않고도 받아들이는 명제인 공리로 정의합니다.

■ 확률 공리

러시아의 수학자 안드레이 콜모고로프Andrey Kolmogorov, 1903~1987는 1933년 저술한 『확률론 기초Foundations of the theory of Probability』에서 다음과 같이 확률 공리를 소개하였습니다.

표본공간 Ω에 정의된 함수 P가 ❶~❸을 만족할 때, 함수 P를 **확률**(측도)이라고 합니다. 이때, ❶~❸을 콜모고로프의 확률 공리라고 합니다.

❶ 임의의 사건 A가 일어날 확률은 0 이상의 실수입니다. 즉, $P(A) \geq 0$

❷ 표본공간 전체의 확률은 1입니다. 즉, $P(\Omega)=1$

❸ 표본공간에서 서로 배반인 n개의 사건(A_1, A_2, $\cdots$, A_n)에 대하여 합사건의 확률은 각 사건이 발생할 확률의 합과 같습니다.

즉, 다음이 성립합니다.

$$P\left(\bigcup_{i=1}^{n} Ai\right) = P(A_1) + P(A_2) + \cdots + P(A_n) = \sum_{i=1}^{n} P(A_i)$$

사건의 연산과 확률

앞서 확률에서 사용하는 용어와 확률에 대한 정의를 간단하게 알아봤습니다. 지금부터는 사건의 연산과 이에 대한 확률을 간단하게 살펴봅시다.

❶ 표본공간에 대한 확률은 1입니다. 즉, $P(\Omega)=1$

❷ 여사건의 확률은 표본공간에서 어떤 사건이 발생하지 않을 확률이므로
$P(A^c) = P(\Omega - A) = P(\Omega) - P(A) = 1 - P(A)$

❸ 두 사건 A, B에 대하여 합사건의 확률은 다음과 같습니다.

$$P(A \cup B) = P(A) + P(B) - P(A \cap B)$$

이를 세부적으로 살펴보겠습니다. 공사건 ϕ는 표본공간의 여사건이므로 ❷에 따르면 공사건에 대한 확률은 $P(\phi) = P(\Omega^c) = 1 - P(\Omega) = 0$입니다. 합사건의 확률 ❸은 두 사건 A, B의 확률을 각각 더하는 과정에서 곱사건 $A \cap B$가 사건 A의 확률과 사건 B의 확률에 각각 반영되었으므로 중복된 만큼을 제외하여 구합니다. 만약 두 사건이 배반사건이라면 $P(A \cap B) = P(\phi) = 0$이므로 합사건의 확률은 두 사건 A, B의 확률을 각각 더한 값과 같습니다(콜모고로프의 확률 공리 ❸ 참고).

두 사건의 곱사건의 확률을 구해 봅시다. 곱사건의 확률은 조건부 확률을 이용하여 구합니다. 조건부 확률은 두 사건 A, B에서 어떤 사건이 발생할 때 다른 사건이 발생하는 확률을 의미하며, 다음과 같이 정의합니다.

- **사건 A에 대한 사건 B의 조건부 확률** : $P(A|B) = \dfrac{P(A \cap B)}{P(B)}$
- **사건 B에 대한 사건 A의 조건부 확률** : $P(B|A) = \dfrac{P(A \cap B)}{P(A)}$

조건부 확률을 이용하면 두 사건 A, B에 대한 곱사건의 확률을 다음과 같이 구할 수 있습니다.

- $P(A \cap B) = P(B) \cdot P(A|B)$
- $P(A \cap B) = P(A) \cdot P(B|A)$

두 사건 A, B가 서로 사건 발생에 영향을 미치지 않을 때, 두 사건은 서로 **독립** independent 이라고 합니다. 이때 조건부 확률은 조건과 상관없이 사건이 발생할 확률과 같으며, 곱사건의 확률은 두 사건의 확률의 곱과 같습니다. 이 결과는 통계학에서 중요하게 사용됩니다.

- $P(A|B) = P(A)$, $P(A \cap B) = P(A) \cdot P(B)$
- $P(B|A) = P(B)$, $P(A \cap B) = P(A) \cdot P(B)$

주사위를 굴리는 시행 구현하기

`sample()` 함수는 모집단에서 사용자가 지정한 크기만큼 무작위로 표본[2]을 추출합니다. 이 함수를 이용하면 주사위를 굴리는 시행을 시뮬레이션할 수 있습니다.

주사위를 굴려봅시다. `sample()` 함수의 첫 번째 인수는 모집단을 나타내고, 두 번째 인수인 `size`를 통해 추출할 표본의 크기를 전달합니다. [코드 5-1]은 모집단에 벡터 1:6을 사용했습니다. [코드 5-1]의 5줄과 6줄은 코드가 동일하지만 출력 결과가 다릅니다.

코드 5-1 01.rolling.R

```
4    dice <- 1:6
5    sample( dice, size = 1 )
6    sample( dice, size = 1 )
```

실행 결과

```
[1] 4
[1] 2
```

`sample()` 함수는 무작위random 추출을 수행하기 때문에 실행할 때마다 다른 결과를 보여줍니다. 그래서 [코드 5-1]을 실행해 보면 이 책과 동일한 결과를 얻을 수도 있고, 그렇지 않을 수도 있습니다. 하지만 컴퓨터가 발생시키는 무작위수(난수random number)는 엄밀히 말하면 난수를 흉내내는 알고리즘으로 만든 유사난수pseudo random number[3]입니다. 난수 발생 시 초깃값random seed을 동일하게 설정하면 코드를 수행하는 누구나 똑같은 난수를 얻습니다.

2 통계학에서 표본은 모집단의 부분집합으로, 이 책에서는 모집단의 일부를 무작위로 추출한 데이터로 사용합니다. 표본 추출의 목적은 모집단의 특성을 파악하기 위함입니다.

3 유사난수 또는 의사난수(擬似亂數)라고도 합니다.

[코드 5-2]는 set.seed( ) 함수의 인수에 9를 전달함으로써 난수 발생 시 초깃값을 9로 설정하고 주사위를 두 번 굴리는 코드입니다. 여러분이 이 코드를 순서대로 실행하면 이 책의 실행 결과와 동일한 결과를 확인할 수 있을 것입니다.[4]

코드 5-2 01.rolling.R

```
set.seed(9)
sample( dice, 1 )
sample( dice, 1 )
```

실행 결과

```
[1] 3
[1] 5
```

sample( ) 함수를 [코드 5-2]에 나온 횟수보다 더 많이 실행했다면 다른 실행 결과를 얻을 수 있습니다. 이것은 당연한 결과입니다.

sample( ) 함수를 한 번만 사용하여 주사위 한 개를 여러 번 굴리는 시행을 구현할 수도 있습니다. sample( ) 함수의 size 인수(표본의 크기)를 원하는 크기로 지정하면 됩니다. [코드 5-3]은 시뮬레이션으로 주사위를 굴리는 시행을 나타냅니다. 이 코드의 14줄은 주사위를 2번 굴리고, 15줄은 주사위를 6번 굴립니다. 실행 결과를 통해 size 인수가 2일 때 6과 3의 눈이 나오고, size 인수가 6일 때 3, 6, 4, 5, 2, 1의 순서로 주사위의 눈이 추출됨을 확인할 수 있습니다.

코드 5-3 01.rolling.R

```
14      sample( dice, size = 2 )
15      sample( dice, size = 6 )
```

실행 결과

```
[1] 6 3
[1] 3 6 4 5 2 1
```

다만 다음과 같이 size 인수에 12를 사용하면 모집단 크기보다 큰 표본을 추출할 수 없다는 오류 메시지를 보여줍니다.

```
> sample( dice, size  = 12 )
Error in sample.int(length(x), size, replace, prob) :
  cannot take a sample larger than the population when 'replace = FALSE'
```

4 난수를 이용한 연구에서 사용한 코드를 다른 사람이 수행했을 때 동일한 결과를 재현할 수 있습니다.

sample( ) 함수의 replace 인수는 기본값이 FALSE로, 비복원추출without replacement을 의미합니다. 비복원추출은 추출한 표본을 모집단에 다시 넣지 않고 다음 표본을 추출하는 방법입니다. 예를 들어 1, 2, 3, 4, 5, 6이 적힌 카드를 주머니에 넣고 한 장씩 뽑는 비복원추출을 생각해 봅시다. [그림 5-3]처럼 카드를 6장 뽑으면 모집단에 더 이상 추출할 표본이 남지 않습니다.

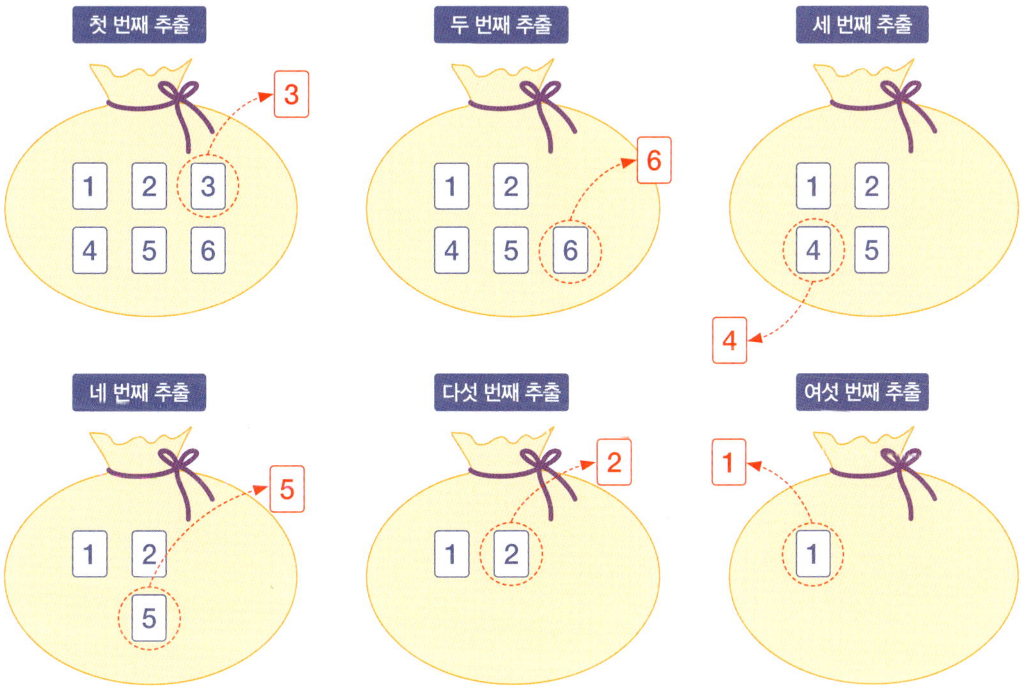

그림 5-3 비복원추출과 모집단의 변화

비복원추출에서는 표본을 추출할 때마다 모집단 수가 변하므로 각 표본의 추출확률도 변합니다. [그림 5-3]의 첫 번째 추출부터 여섯 번째 추출까지 각 추출에서 특정 숫자가 적힌 카드를 표본으로 추출할 확률은 $\frac{1}{6}$, $\frac{1}{5}$, $\frac{1}{4}$, $\frac{1}{3}$, $\frac{1}{2}$, 1입니다.

이번에는 비복원추출이 아닌 경우 즉, 복원추출with replacement에 대해 알아보겠습니다. 복원추출은 추출한 표본을 모집단에 다시 넣어 모집단을 표본추출 전으로 복원한 다음에 다시 표본을 추출하는 방법입니다. sample( ) 함수의 replace 인수에 TRUE를 지정하면 복원추출에 대한 시뮬레이션을 진행할 수 있습니다. [코드 5-4]의 19줄과 같이 복원추출을 6회 시행했더니 우리가 주사위를 실제로 굴린 것처럼 같은 눈이 여러 번 추출되기도 했습니다. 앞서 오류가 발생한 문제는 비복원추출에서 표본의 크기를 모집단보다 크게 설정했기 때문입니다. 복원추출이라면 [코드

5-4]의 20줄과 같이 표본의 크기(12)를 모집단 수(6)보다 크게 설정해도 오류 없이 표본을 추출합니다.

코드 5-4 01.rolling.R

```
19    sample( dice, size = 6, replace = TRUE )
20    sample( dice, size = 12, replace = TRUE )
```

실행 결과

```
[1] 5 2 5 2 4 3
[1] 4 6 1 6 1 1 5 6 2 2 4 6
```

5.2 상태가 아닌 숫자로 나타내기 : 확률변수

동전 한 개를 두 번 던지는 시행을 생각해 봅시다. 앞면head이 나올 경우를 H, 뒷면tail이 나올 경우를 T라 하면, 표본공간은 $\Omega=\{HH, HT, TH, TT\}$로 표현할 수 있습니다. 처음 동전을 던졌을 때 앞면이 나오는 사건을 A_1이라 하고, 동전을 두 번 던졌을 때 적어도 한 번은 앞면이 나오는 사건을 A_2라 하면 A_1, A_2를 다음과 같이 나타낼 수 있습니다.

$$A_1=\{HH,\ HT\},\ A_2=\{HH,\ HT,\ TH\}$$

그리고 두 사건의 확률은 각각 다음과 같습니다.

$$P(A_1)=\frac{n(A_1)}{n(\Omega)}=\frac{2}{4}=0.5,\quad P(A_2)=\frac{n(A_2)}{n(\Omega)}=\frac{3}{4}=0.75$$

이 자료를 바탕으로 다음 질문을 해결할 수 있는지 알아보겠습니다.

"동전을 두 번 던질 때 앞면이 나오는 횟수는 **몇 번**이지?"

동전을 두 번 던질 때 앞면이 나오는 횟수를 X라고 합시다. X가 가질 수 있는 값은 0, 1, 2입니다. X 값이 2라면 두 번 모두 앞면이 나오는 사건 {HH}를 의미합니다. 이러한 대응은 표본공간을 정의역으로 하고 실수 집합($\mathbb{R}$)을 공역으로 하는 함수이며, 이와 같은 함수를 **확률변수**random variable라고 합니다. 따라서 앞면이 나오는 횟수 X는 함수입니다.

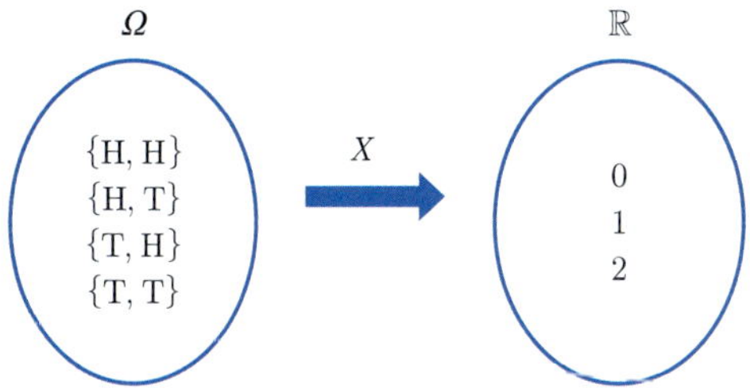

그림 5-4 확률변수 X

확률변수는 시행을 하기 전에는 어떤 결과가 나올지 알 수 없으나, 확률변수 X의 출현 가능한 결과 x의 확률 $P(X=x)$가 존재합니다. 또한 동전을 두 번 던질 때 앞면이 나오는 **횟수**인 확률변수 X는 이산형 값을 가지므로 확률변수 X를 **이산형 확률변수**라고 합니다. 확률변수가 가질 수 있는 값이 시간이나 길이 등 연속인 값이면 **연속형 확률변수**라고 합니다. 이번 절에서는 이산형 확률변수에 대해서만 알아보겠습니다.

'동전을 두 번 던질 때 앞면이 나오는 횟수'의 확률은 표본공간으로부터 정의됩니다. 예를 들어 확률변수 X가 1을 가질 확률 $P(X=1)$은 표본공간에서 적어도 한 번은 앞면이 나오는 사건 $(\{H,\ T\},\ \{T,\ H\})$의 확률로 $P(\{H,\ T\} \cup \{T,\ H\}) = \frac{1}{4} + \frac{1}{4} = \frac{1}{2}$입니다.

표 5-1 동전을 두 번 던져 앞면이 나오는 횟수 X에 대한 표본공간과 확률

출현 가능한 결과	$X=x$	$P(X=x)$
{H, H}	2	$\frac{1}{4}$
{H, T}	1	$\frac{2}{4}$
{T, H}		
{T, T}	0	$\frac{1}{4}$

확률변수 X가 가질 수 있는 값은 0, 1, 2이고 각 값을 가질 확률의 합은 1입니다. 확률변수 X의 값 x가 출현할 확률을 구하는 함수 $P(X=x)$를 확률변수 X의 **확률함수**라고 합니다.

확률변수의 평균과 분산

확률변수 X는 출현 가능한 결과 $(X=x)$가 확률 $P(X=x)$에 따라 다양하게 분포합니다. 확률변수 X의 분포가 어떤 모양인지 알아보려면 무게중심에 해당하는 평균과 퍼져있는 정도를 나타내는 분산을 이용합니다.

2.5절에서 데이터의 특성을 파악하기 위해 평균과 분산을 사용했습니다. 확률변수의 특성을 파악할 때에도 평균과 분산을 사용합니다. 이산형 확률변수의 평균을 구하기 전에 평균을 구하는 방법을 생각해 봅시다. 잘 알고 있겠지만 평균은 '다 더해서 나눈다'는 뜻입니다. 이를 조금 풀어볼까요? 여기에서 말하는 평균은 산술평균입니다. [그림 5-5]에서 볼 수 있듯이 산술평균은 가중산술평균[5]의 일종이며 가중값이 $\frac{1}{\text{데이터 개수}}$로 모두 동일합니다.

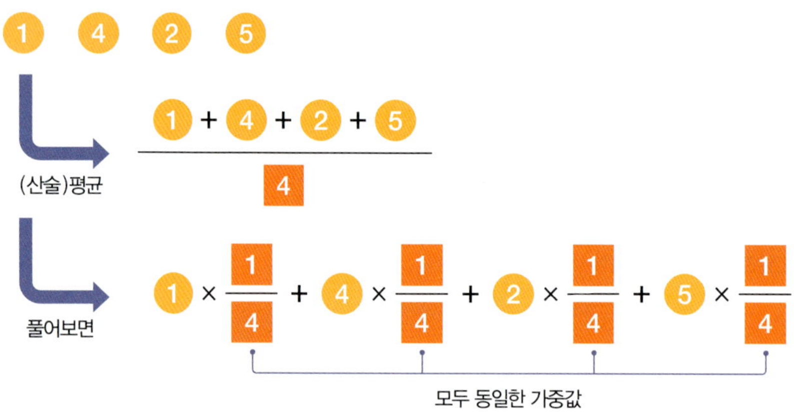

그림 5-5 1, 4, 2, 5의 평균 : 가중값이 $\frac{1}{4}$로 동일한 가중산술평균

이와 비슷하게 이산형 확률변수의 평균은 확률변수 X가 가질 수 있는 개별 값의 확률 $P(X=x)$를 가중값으로 사용하는 가중평균의 일종입니다.

이산형 확률변수의 평균

$$=x_1 \times P(X=x_1)+x_2 \times P(X=x_2)+\cdots+x_k \times P(X=x_k)+\cdots+x_n \times P(X=x_n)$$
$$=\sum_{x \in X} xP(X=x)$$

5 가중산술평균은 자료 값의 중요도나 영향 정도에 해당하는 가중치를 반영하여 구하는 평균값입니다. 링크 : https://ko.wikipedia.org/wiki/가중_산술_평균

동전을 두 번 던지는 시행에서 앞면이 나오는 횟수를 X라 할 때, 이산형 확률변수의 평균을 이용하여 확률변수 X의 평균을 구해 봅시다. 먼저 [표 5-2]는 확률변수 X가 가질 수 있는 값에 가중치인 확률을 곱한 결과를 보여줍니다.

표 5-2 이산형 확률변수의 평균을 구하는 과정

X	$P(X=x)$	$xP(X=x)$
2	$\frac{1}{4}$	$2\times\frac{1}{4}$
1	$\frac{2}{4}$	$1\times\frac{2}{4}$
0	$\frac{1}{4}$	$0\times\frac{1}{4}$

따라서 [표 5-2]의 확률변수의 평균은 $2\times\frac{1}{4}+1\times\frac{2}{4}+0\times\frac{1}{4}=\frac{2\times1+1\times2+0\times1}{4}=\frac{4}{4}=1$입니다.

확률변수는 출현 가능한 결과에 어떤 값이 있을지 알고 있지만 시행을 하기 전에는 존재하는 수가 아닙니다. 따라서 확률변수의 평균은 '시행을 통해 출현 가능한 모든 값을 대표하여, 출현하리라 기대하는 값'이라는 의미로 **기댓값**expected value이라고 표현합니다. 기댓값은 기호로 $E(X)$라고 표기합니다.

이번에는 확률변수의 출현 가능한 값이 퍼진 정도를 나타내는 분산에 대해 알아보겠습니다. 2.5절에서 분산을 편차 제곱의 평균이라고 설명했습니다. 이 관점으로 보는 확률변수의 편차와 편차 제곱, 분산은 다음과 같습니다.

- **확률변수의 편차** : $X-E(X)$
- **확률변수의 편차 제곱** : $\{X-E(X)\}^2$
- **확률변수의 편차 제곱의 평균(기댓값) = 확률변수의 분산** : $E(\{X-E(X)\}^2)$

확률변수 X의 분산은 $Var(X)$라고 표기합니다. 확률변수 X^2의 평균을 알고 있다면 분산을 다음과 같이 아주 간편하게 구할 수 있습니다.

$$Var(X)=E(X^2)-\{E(X)\}^2$$

[표 5-3]은 동전을 두 번 던져 앞면이 나오는 횟수를 확률변수 X라 할 때 분산을 구하는 과정입니다.

표 5-3 이산형 확률변수의 분산을 구하는 과정

$X=x$	$(X=x)^2$	$P(X=x)$	$xP(X=x)$	$x^2P(X=x)$
2	$2^2=4$	$\frac{1}{4}$	$2\times\frac{1}{4}$	$4\times\frac{1}{4}$
1	$1^2=1$	$\frac{2}{4}$	$1\times\frac{2}{4}$	$1\times\frac{2}{4}$
0	$0^2=0$	$\frac{1}{4}$	$0\times\frac{1}{4}$	$0\times\frac{1}{4}$
합		1	$E(X)=1$	$E(X^2)=\frac{4+2+0}{4}=\frac{6}{4}=1.5$

따라서 확률변수 X의 분산은 다음과 같습니다.

$$Var(X)=E(X^2)-\{E(X)\}^2=1.5-1^2=0.5$$

5.3 확률분포

앞서 살펴봤듯이 확률변수 X의 각 값이 출현할 확률 $P(X=x)$는 함수입니다. 이러한 함수의 형태를 **확률분포**라 하며, 확률분포를 이용하면 다양한 문제를 해결할 수 있습니다. 이번 절에서는 이산형 확률분포를 대표하는 이항분포와 연속형 확률분포의 대표적인 사례인 정규분포에 대해 알아보겠습니다.

이항분포

이항분포는 성공 확률이 p인 실험을 n번 독립시행했을 때 성공 횟수의 분포입니다. 이 설명이 참 어렵죠? 동전을 두 번 던질 때 앞면이 나오는 횟수를 확률변수 X라 두고 다시 생각해 봅시다. 앞면이 나오는 사건을 성공이라고 하면 앞면이 나올 확률 0.5가 성공 확률 p입니다. 동전을 두 번 던지는 실험이므로 시행 횟수가 $2(n=2)$이며, 앞면이 나오는 횟수 0, 1, 2는 확률변수 X가 가질 수 있는 값입니다. 따라서 확률변수 X는 $n=2$, $p=0.5$인 이항분포를 따르며, 다음과 같이 표현합니다.

$$X \sim B(n=2,\ p=0.5)$$

확률변수 X가 이항분포를 따르면 함수 $P(X=x)$는 어떤 모습을 하는지 알아보겠습니다. 이항분포처럼 확률변수 X가 가질 수 있는 값이 이산형 값일 때 확률을 구하는 확률함수를 **확률질량함수**pmf; probability mass function라고 합니다. 이항분포 $X \sim B(n,\ p)$의 확률질량함수는 다음과 같습니다. (복잡한 수식은 참고용이며 외우지 않아도 좋습니다.)

$$f(x) = P(X=x) = \binom{n}{x} p^x (1-p)^{n-x}, \qquad n \geq 1,\ x \geq 0$$

이항분포의 확률질량함수는 시행 횟수 n과 성공 확률 p를 알고 있어야 식을 계산할 수 있습니다. 이처럼 확률함수를 이용하여 확률을 구할 때 알고 있어야 하는 값을 모수parameter라고 하며, 이는 모집단의 특성입니다.

확률질량함수를 이용하면 각 값이 발생할 확률을 구할 수 있습니다. [그림 5-6]은 이항분포 $X \sim B(n,\ p)$를 확률노표로 나타낸 것입니다.

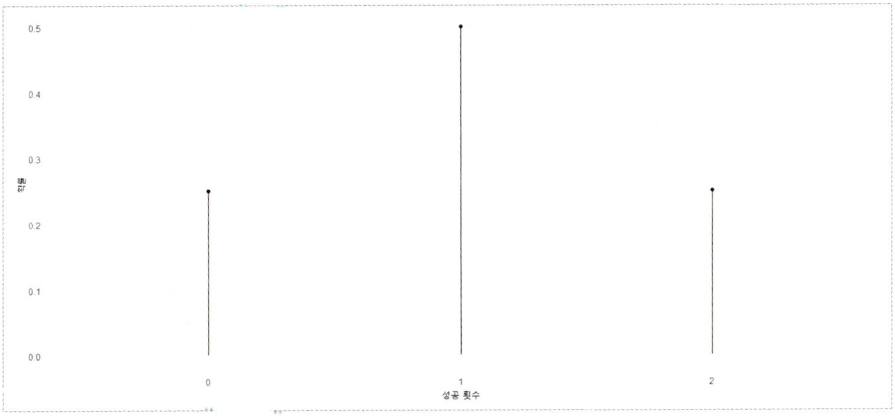

그림 5-6 시행 횟수가 2이고, 성공 확률이 0.5인 이항분포의 확률노표

이항분포의 기댓값과 분산은 5.2절에서 다룬 것처럼 이산형 확률변수의 기댓값과 분산을 구하는 과정으로도 계산할 수 있지만, 확률함수의 모수를 알고 있으면 매우 쉽게 구할 수 있습니다. 이항분포의 모수 n, p에 대하여 기댓값과 분산은 다음과 같습니다.

- **기댓값** : $E(X) = np$
- **분산** : $Var(X) = np(1-p)$

[그림 5-6]의 확률변수 X는 시행 횟수가 2이고 성공 확률이 0.5인 이항분포를 따릅니다. 이항분포의 모수를 이용하여 기댓값과 분산을 구하면 다음과 같습니다.

- $E(X) = np = 2 \times 0.5 = 1$
- $Var(X) = np(1-p) = 2 \times 0.5 \times 0.5 = 0.5$

두 값은 5.2절의 [표 5-2]와 [표 5-3]을 통해 구한 이산형 확률변수 X의 기댓값 및 분산과 일치합니다.

확률분포와 관련한 또 다른 함수로 누적분포함수cdf; cumulative distribution function가 있습니다. 누적분포함수는 확률의 누적값을 구하는 함수이자 확률분포를 결정하는 함수입니다. 이항분포의 누적분포함수는 다음과 같습니다.

$$F(x) = P(X \le x) = \sum_{x=0}^{n} \binom{n}{x} p^x (1-p)^{n-x}$$

■ 이항분포를 구현하는 R 함수

이항분포의 확률 계산을 수행해 봅시다. R은 통계 분야에서 많이 사용하는 프로그래밍 언어로, 확률분포 관련 함수를 다양하게 갖추고 있습니다. 다음과 같은 네 가지 확률 관련 계산은 데이터 과학에서 다루는 분포별로 사용할 수 있습니다. R에서 각 함수들은 특정 문자로 구분하여 사용합니다.

- **확률질량(밀도)함수 $P(X=x)$:** 특정 값의 확률을 구하는 함수입니다. d(density)로 시작합니다.
- **누적분포함수 $P(X \le x)$:** 특정 값까지의 누적확률을 구하는 함수입니다. p(probability)로 시작합니다.
- **분위수함수 :** 누적분포함수의 역관계로 $P(X \le x) = p$일 때 해당 확률분포의 특정 값 x를 구하는 함수입니다. q(quantile)로 시작합니다.
- **난수발생함수 :** 확률분포함수의 확률에 따라 표본 n개를 임의로 생성하는 함수입니다. r(random)로 시작합니다. 난수발생함수는 특정 분포를 따르는 모집단에서 무작위 표본을 추출할 때 사용합니다.

이항분포에서 사용할 수 있는 확률 관련 계산 함수는 다음과 같이 이항분포를 나타내는 binom 앞에 특정 문자를 붙여 나타냅니다.

- **확률질량함수 :** `dbinom( x, size, prob )`
- **누적분포함수 :** `pbinom( x, size, prob )`

- **분위수함수 :** `qbinom( p, size, prob )`
- **난수발생함수 :** `rbinom( n, size, prob )`

각 함수의 인수는 다음과 같습니다.

- **x** : 확률변수의 값(벡터)
- **p** : 확률 값(벡터)
- **n** : 추출할 표본의 크기
- **size** : 이항분포의 시행 횟수
- **prob** : 이항분포의 성공 확률

이번에는 시행 횟수가 2이고 성공 확률이 0.5인 이항분포를 따르는 확률변수 X의 확률 관련 계산을 R로 수행해 보겠습니다.

[코드 5-5]는 이항분포의 확률질량함수를 이용하여 확률을 구하는 코드입니다. 3줄은 이항분포의 시행 횟수를, 4줄은 성공 확률을, 5줄은 확률변수 X가 가질 수 있는 값을 벡터로 저장합니다. 7줄은 시행 횟수가 2이고 성공 확률이 0.5인 이항분포에서 확률변수 X가 0, 1, 2가 될 확률을 각각 구합니다. 이 코드를 실행하면 확률변수 X 값이 0, 1, 2가 될 확률을 원소로 하는 벡터를 얻습니다.

코드 5-5 03.binomial.R

```
3    n <- 2
4    p <- 0.5
5    x <- c(0, 1, 2)
6
7    dbinom( x, size = n, prob = p )
```

실행 결과

```
[1] 0.25 0.50 0.25
```

이항분포의 누적분포함수를 이용해 봅시다. [코드 5-6]은 확률변수 X가 각각 0, 1, 2 이하의 값을 가질 확률을 구합니다. 이 코드를 실행하면 확률변수 X 값이 0 이하, 1 이하, 2 이하가 될 확률을 원소로 하는 벡터를 얻습니다.

코드 5-6 03.binomial.R

```
pbinom( x, size = n, prob = p )
```

실행 결과

```
[1] 0.25 0.75 1.00
```

분위수함수는 특정 확률분포를 따르는 확률변수 X에서 우리가 정한 확률 p를 만족하는 누적분포함수의 값 x를 구하는 함수입니다. 분위수 중 하나인 사분위수가 이항분포에서 어떤 값으로 나타나는지 확인해 봅시다. [코드 5-7]은 인수에 4등분 값을 벡터 `c(0.25, 0.5, 0.75, 1)`로 지정하여 이항분포의 사분위수 값을 구합니다. 이항분포는 이산형 확률분포이므로, 확률변수가 가질 수 있는 값이 연속적이지 않아 분위수함수를 해석하기 어려울 수 있습니다. 따라서 분위수함수가 어떻게 작동하는지 조금 더 쉽게 이해하기 위해 [코드 5-6]의 실행 결과인 누적분포함수와 함께 살펴보겠습니다. 누적분포함수에서 0 이하의 확률이 0.25이므로 [코드 5-7] 벡터 `c`의 첫 번째 원소 `0.25`에 해당하는 값은 0입니다. 누적분포함수에서 1 이하의 확률이 0.75이므로 [코드 5-7] 벡터 `c`의 두 번째 원소 `0.5`와 세 번째 원소 `0.75`에 해당하는 값은 모두 1입니다. 마지막으로 누적분포함수에서 2 이하의 확률이 1이므로 [코드 5-7] 벡터 `c`의 네 번째 원소 `1`에 해당하는 값은 2입니다.

코드 5-7 03.binomial.R

```
qbinom( c(0.25, 0.5, 0.75, 1), size = n, prob = p )
```

실행 결과

```
[1] 0 1 1 2
```

지금까지 살펴봤듯이 분위함수와 누적분포함수는 서로 역관계입니다. 알고 있는 확률을 만족하는 확률변수의 값 x를 구할 때에는 분위함수를 사용하고, 확률변수의 값 x 이하의 확률을 알 때에는 누적분포함수를 사용합니다.

마지막으로 난수발생함수를 이용하여 이항분포에서 n개의 표본을 무작위로 추출해 봅시다. 여러 분도 같은 결과를 확인할 수 있도록 난수 발생 시 초깃값을 11로 설정하고 표본을 100개 생성했습니다. Console 패널의 크기에 따라 배열된 형태가 달라 보일 뿐, 시행 횟수가 2이고 성공 확률이 0.5인 이항분포에서 100개의 표본을 임의로 추출한 결과를 얻을 수 있습니다.

코드 5-8 03.binomial.R

```
set.seed( 11 )
rbinom( 100, size = n, prob = p )
```

실행 결과

```
 [1] 1 0 1 0 0 2 0 1 2 0 0 1 2 2 1 1 1 1 0 1 0 1 1 1 0
[26] 1 1 0 0 1 1 1 1 0 2 1 1 0 1 0 0 0 1 1 1 2 1 0 1 2
[51] 1 1 1 1 0 1 1 2 0 1 0 2 0 1 2 0 0 1 0 1 1 1 1 0 2
[76] 1 1 1 1 0 0 1 1 0 2 1 0 1 2 0 1 2 0 1 2 0 2 0 1 0
```

■ 이항분포의 확률도표 그리기

[그림 5-6]과 같은 이항분포의 확률도표를 다음 순서에 따라 그려봅시다.

1 **확률분포표 만들기** : [코드 5-9]는 이항분포의 확률분포표를 만드는 코드입니다. 먼저 tidyverse 패키지를 작업공간에 연결합니다. 그 다음 4~5줄과 같이 이항분포의 두 모수를 각각 변수로 지정합니다. 확률변수 X가 가질 수 있는 값(성공 횟수)은 0, 1, ⋯, n이므로 8줄은 벡터 0:n을 열 이름 x에 저장합니다. 9줄은 각 확률변수의 값이 발생한 확률을 dbinom( )으로 구한 뒤 열 이름 p에 저장합니다. 7줄에서 이 두 열을 갖는 티블을 만들고 변수 coins_pd에 저장합니다. 마지막으로 12줄은 결과를 출력합니다.

코드 5-9 03.binomial_doR.R

```
1    library( tidyverse )
2
3    # 이항분포의 확률도표 그리기
4    n <- 2
5    p <- 0.5
6
7    coins_pd <- tibble(
8      x = 0:n,
9      p = dbinom( x, size = n, prob = p )
10   )
11
12   coins_pd
```

실행 결과

```
> coins_pd
# A tibble: 3 × 2
      x      p
    <int>  <dbl>
1     0    0.25
2     1    0.5
3     2    0.25
```

2 coins_pd를 이용하여 확률도표 그리기 : [코드 5-10]은 확률도표를 그리는 코드입니다. 14줄은 ggplot( ) 함수에서 데이터셋 conis_pd의 두 열인 x와 p를 각각 x축과 y축에 매핑하여 도표 영역을 만듭니다. 도표의 x축에는 x 열을 매핑하고, y축에는 p 열을 매핑합니다. 15줄은 geom_col( )을 이용하여 확률이 저장된 p 열을 높이로 하는 막대도표를 그립니다.[6]

코드 5-10 03.binomial_doR.R

```
14    ggplot( coins_pd, aes(x = x, y = p) ) +
15      geom_col() +
16      theme_minimal()
```

실행 결과

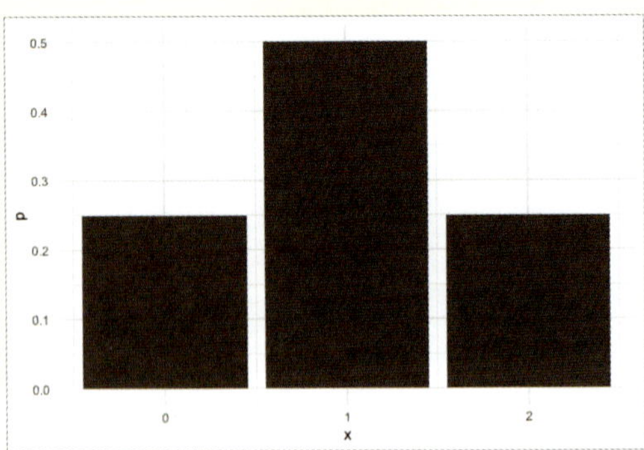

6 막대도표를 그리는 geom_bar( ) 함수를 이용할 때 stat="identity"를 넣어 확률을 높이로 사용하게 만들면 동일한 결과를 얻을 수 있습니다.

3 확률도표 꾸미기 : 확률도표는 데이터의 전체 모습을 나타내는 표현 방법이므로, 설정을 추가하여 확률도표를 더욱 보기 좋게 만들어 봅시다. [코드 5-11]은 [코드 5-10]을 기반으로 축 이름과 축의 범위 등 몇 가지 요소를 변경하는 작업을 나타냅니다. [코드 5-11]의 19줄은 geom_point( )를 이용하여 확률을 높이(y축)로 표현합니다. 20줄은 geom_segment( )를 이용하여 막대 끝점에서 x축에 내리는 수선을 그립니다. geom_segment( ) 함수는 x축의 시작점(x)과 끝점(xend)의 좌표, y축의 시작점(y)과 끝점(yend)의 좌표가 필요합니다. 21줄은 scale_y_continuous( ) 함수를 이용하여 y축 범위를 0.0부터 0.6까지 0.1씩 증가하면서 주 눈금을 그립니다. 22줄은 labs( ) 함수를 이용하여 각 축에 제목을 붙입니다. 23줄은 2차원 좌표를 나타내는 coord_cartesian( ) 함수를 이용하여 각 축이 나타낼 범위를 지정합니다. 24줄은 [코드 5-10]과 동일하게 최소한의 요소로 구성한 테마를 지정했습니다. 26줄과 27줄은 각각 x축의 주 눈금과 보조 눈금을 제거하는 명령입니다.

코드 5-11 03.binomial_doR.R

```
18  ggplot( coins_pd, aes(x = x, y = p) ) +
19    geom_point( ) +
20    geom_segment( aes(x = x, xend = x, y = 0, yend = p) ) +
21    scale_y_continuous( breaks=seq(0, 0.6, 0.1)) +
22    labs(x = "성공 횟수", y = "확률") +
23    coord_cartesian( xlim=c(-0.5, 2.5), ylim=c(0.0, 0.52) ) +
24    theme_minimal( ) +
25    theme(
26      panel.grid.major.x = element_blank( ),
27      panel.grid.minor.x = element_blank( )
28    )
```

실행 결과

다른 이항분포의 확률도표를 그려봅시다. 이번에 그리는 이항분포는 성공 확률이 0.5로 이전과 동일하고 시행 횟수가 10,000으로 큰 값입니다. 확률변수가 어떤 모양으로 분포할지 [코드 5-12]를 시행하여 확인해 보겠습니다. 32~38줄은 시행 횟수가 10,000이고 성공 확률이 p인 이항분포의 확률분포표를 만듭니다. 40~47줄은 [코드 5-11]의 19줄, 21줄, 23줄을 제외하고 동일하게 설정하여, 이항분포의 확률도표를 선분으로만 그리도록 지정합니다. [코드 5-12]의 시행 결과를 보면 성공 횟수가 이항분포의 기댓값인 5,000 근처의 값이 나올 확률이 높고 성공 횟수가 0에 가까워지거나 10,000에 가까워질 확률이 급격하게 낮아집니다.

코드 5-12 03.binomial_doR.R

```
32  n <- 10000
33  x <- 0:n
34
35  coins_pd <- tibble(
36    x = x,
37    p = dbinom( x, size = n, prob = p )
38  )
39
40  ggplot( coins_pd, aes(x = x, y = p) ) +
41    geom_segment( aes(x = x, xend = x, y = 0, yend = p) ) +
42    labs(x = "성공 횟수", y = "확률") +
43    theme_minimal() +
44    theme(
45      panel.grid.major.x = element_blank(),
46      panel.grid.minor.x = element_blank()
47    )
```

실행 결과

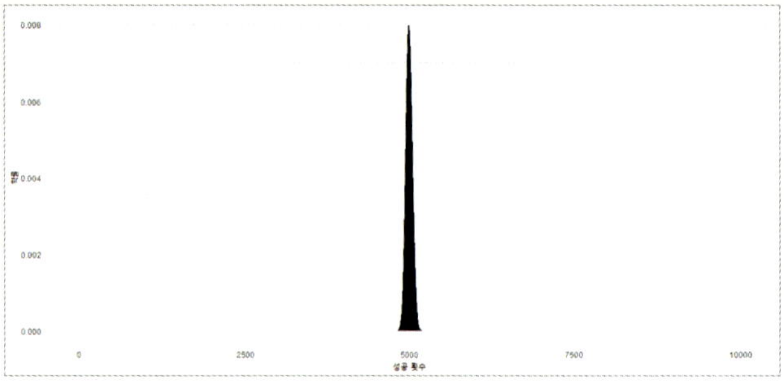

이번에는 [코드 5-12]의 실행 결과에서 기댓값 주변을 확대하여 보겠습니다. 성공 확률이 0.5이고 시행 횟수가 10,000인 이항분포의 분산은 2,500(=10,000×0.5×0.5)입니다. 분산의 제곱근은 표준편차로 이 경우 표준편차는 50입니다. [코드 5-13]의 52줄은 [코드 5-12]의 실행 결과에서 기댓값보다 작은 쪽과 큰 쪽 각각에 표준편차의 4배만큼의 범위를 확대하는 명령어입니다. 실행 결과에서 어떤 모양이 나올지 확인해 보세요.

코드 5-13 03.binomial_doR.R

```
49  ggplot( coins_pd, aes(x = x, y = p) ) +
50    geom_segment( aes(x = x, xend = x, y = 0, yend = p) ) +
51    labs(x = "성공 횟수", y = "확률") +
52    coord_cartesian( xlim=c(n/2 - 200, n/2 + 200) ) +
53    theme_minimal() +
54    theme(
55      panel.grid.major.x = element_blank(),
56      panel.grid.minor.x = element_blank()
57    )
```

실행 결과

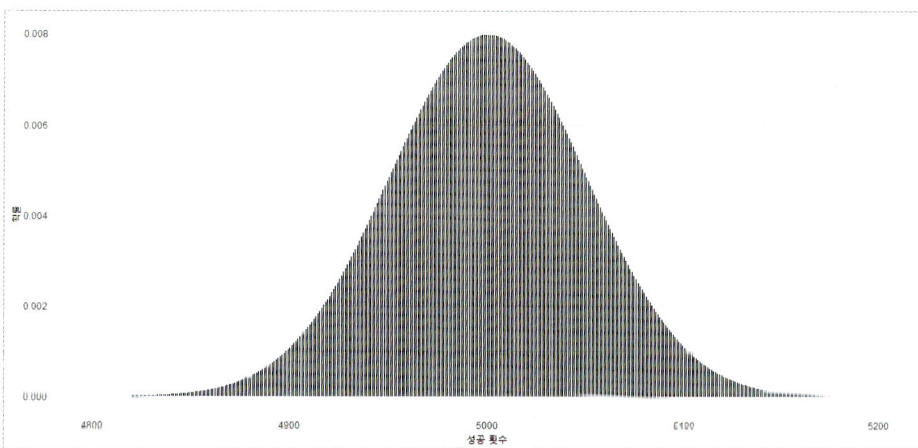

[코드 5-13]의 실행 결과가 낯설지 않지요? 이제 이와 같은 모양을 갖는 분포에 대해 알아봅시다.

정규분포

[코드 5-13]의 실행 결과와 같이, 이항분포에서 시행 횟수가 커짐에 따라 확률분포의 모양은 어떤 특정한 모양을 닮아갑니다. 그 특정한 모양을 갖는 분포를 **정규분포**normal distribution라고 합니다. 정규분포는 연속형 확률분포의 한 종류로, 모수에는 평균과 표준편차(또는 분산) 두 가지가 있습니다. 확률변수 X가 평균이 μ이고 표준편차가 σ인 정규분포를 따르는 경우 $X \sim N(\mu, \sigma^2)$으로 표현합니다.

연속형 확률분포의 경우 확률변수가 특정한 값을 가질 확률 $P(X = x)$를 구하는 함수를 **확률밀도함수**pdf; probability density function라고 합니다. 정규분포의 확률밀도함수와 누적분포함수는 각각 다음과 같습니다.

- **확률밀도함수** : $f(x) = P(X = x) = \dfrac{1}{\sigma\sqrt{2\pi}}\exp\left(-\dfrac{(x-\mu)^2}{2\sigma^2}\right)$
- **누적분포함수** : $F(x) = P(X \le x) = \displaystyle\int_{-\infty}^{x}\frac{1}{\sigma\sqrt{2\pi}}\exp\left(-\frac{(x-\mu)^2}{2\sigma^2}\right)$

예를 들어 평균이 1이고 표준편차가 2인 정규분포 $N(1, 2^2)$의 확률도표는 [그림 5-7]과 같고, 누적확률도표는 [그림 5-8]과 같습니다.

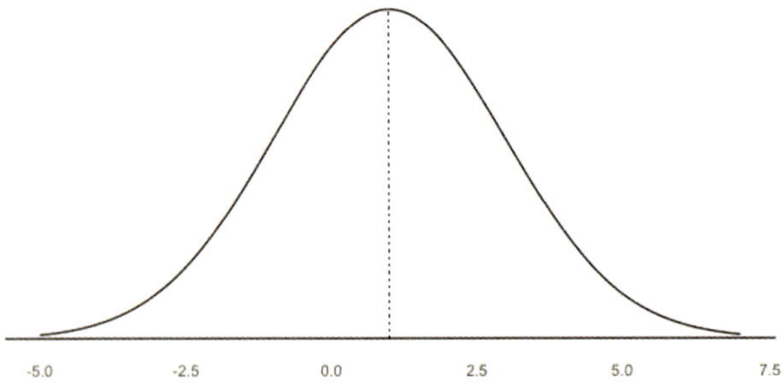

그림 5-7 정규분포 $N(1, 2^2)$의 확률도표

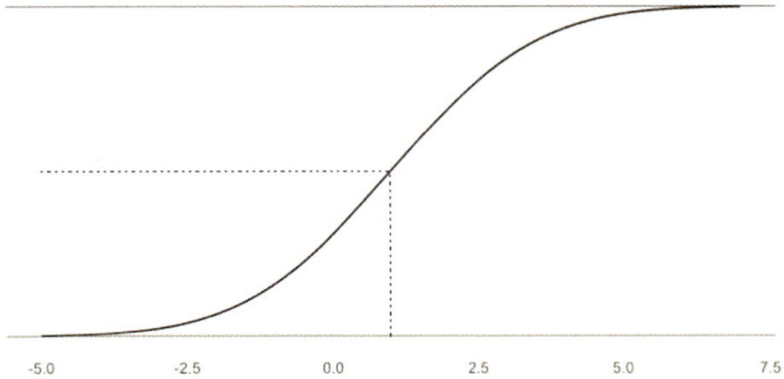

그림 5-8 정규분포 $N(1, 2^2)$의 누적확률도표

정규분포 $X \sim N(\mu, \sigma^2)$의 기댓값과 분산은 정규분포의 모수와 동일합니다.

- **기댓값** : $E(X) = \mu$
- **분산** : $Var(X) = \sigma^2$

정규분포의 특징에는 다음과 같이 세 가지가 있습니다.

❶ 정규분포는 확률변수가 될 수 있는 값이 $-\infty$에서 ∞까지입니다. 따라서 정규분포의 확률도표는 (서양의) 종 모양을 하고 있습니다.

❷ 정규분포의 확률도표는 평균을 중심으로 좌우대칭입니다. 따라서 다음이 성립합니다.

$$P(X \leq \mu) = 0.5$$
$$P(X \leq \mu - x) = 1 - P(X \leq \mu + x)$$

❸ 정규분포를 따르는 확률변수 X가 특수한 두 값 사이의 값을 가질 확률은 다음과 같습니다.

$$P(\mu - \sigma < X < \mu + \sigma) \simeq 0.67$$
$$P(\mu - 1.96\sigma < X < \mu + 1.96\sigma) \simeq 0.95$$

정규분포를 구현하는 R 함수

정규분포에서 사용할 수 있는 확률 관련 계산 함수는 다음과 같이 정규분포를 나타내는 norm 앞에 특정 문자를 붙여 나타냅니다.

- **확률밀도함수 $P(X = x)$** : `dnorm( x, mean, sd )`
- **누적분포함수 $P(X \leq x)$** : `pnorm( x, mean, sd )`
- **분위수함수** : `qnorm( p, mean, sd )`
- **난수발생함수** : `rnorm( n, mean, sd )`

각 함수의 인수는 다음과 같습니다.

- **x** : 확률변수의 값(벡터)
- **p** : 확률 값(벡터)
- **n** : 추출할 표본의 크기
- **mean** : 정규분포의 평균
- **sd** : 정규분포의 표준편차

R에서 정규분포의 확률을 구하기 위해 모수와 몇 가지 값을 [코드 5-14]와 같이 설정해 보겠습니다. 3~4줄은 평균이 1이고 표준편차가 2라고 설정합니다. 6줄은 확률변수 X 값 중 평균에서 표준편차의 1.96배를 뺀 값, 평균에서 표준편차를 뺀 값, 평균 값을 원소로 하는 벡터를 생성합니다.

코드 5-14 04.normal.R

```
1    library( tidyverse )
2
3    mu <- 1
4    sigma <- 2
5
6    x <- c(mu - 1.96*sigma, mu - sigma, mu)
7    x
```

실행 결과

```
[1] -2.92 -1.00  1.00
```

정규분포의 확률밀도함수 dnorm( )을 이용하여 각 확률변수 X의 확률밀도를 구해 봅시다. [코드 5-15]를 실행하면 벡터 x의 원소별로 확률밀도를 구하여 벡터 형태로 반환합니다. 참고로 연속형 확률변수에 확률밀도함수를 적용하여 얻은 결과는 확률밀도인데, 이는 확률도표에서 높이의 역할을 합니다. 연속형 확률변수에서 한 점이 가질 확률은 0으로 확률밀도와는 다릅니다.[7]

코드 5-15 04.normal.R

```
dnorm( x, mean = mu, sd = sigma )
```

실행 결과

```
[1] 0.02922047 0.12098536 0.19947114
```

연속형 확률변수의 확률은 [코드 5-16]과 같이 누적분포함수를 이용하여 구합니다. [코드 5-16]의 실행 결과로 다음 세 가지 사실을 확인할 수 있습니다.

❶ $P(X < 1 - 1.96 \times 2) = P(X < -2.92) = 0.0249979$

❷ $P(X < 1 - 1 \times 2) = P(X < -1) = 0.1586553$

❸ $P(X < 1) = 0.5$

7 확률도표에서 높이는 확률로 표현하지만 밑변의 길이가 0인 사각형을 의미합니다. 이 사각형의 면적은 0이며, 이 면적이 한 점에서 연속형 확률변수의 확률입니다.

코드 5-16 04.normal.R

```r
pnorm( x, mean = mu, sd = sigma )
```

실행 결과

```
[1] 0.0249979 0.1586553 0.5000000
```

이로부터 평균 μ, 표준편차 σ에 관계 없이 다음 사실이 성립함을 알 수 있습니다.

- $P(\mu-1.96\sigma < X < \mu) \simeq 0.475$($\because$ ❸ − ❶)
- 정규분포는 좌우대칭이므로 $P(\mu < X < \mu+1.96\sigma) \simeq 0.475$
- 위 식을 2배 하면 $P(\mu-1.96\sigma < X < \mu+1.96\sigma) \simeq 0.95$

연속형 확률변수는 분위수함수를 직관적으로 이해하기 좋습니다. [코드 5-17]은 $P(X < x) = 0.005$, $P(X < x) = 0.025$, $P(X < x) = 0.05$를 만족하는 x를 구하는 코드입니다. [코드 5-17]의 실행 결과로 다음 세 가지 사실을 확인할 수 있습니다.

❶ $P(X < -4.151659) = 0.005$

❷ $P(X < -2.919928) = 0.025$(앞서 구한 $P(X < -2.92)$이 결과와 비교해 보세요)

❸ $P(X < -2.289707) = 0.05$

코드 5-17 04.normal.R

```r
p <- c(0.005, 0.025, 0.05)
qnorm( p, mean = mu, sd = sigma )
```

실행 결과

```
[1] -4.151659 -2.919928 -2.289707
```

[코드 5-18]을 살펴봅시다. 16줄은 난수 발생 시 초깃값을 5로 설정하고 17줄은 평균이 1, 표준편차가 2인 정규분포에서 1,000개의 난수(표본)를 무작위로 추출합니다. 18~20줄은 추출한 난수 벡터를 열로 하는 데이터셋을 tibble( )로 만든 뒤 ggplot( )과 geom_histogram( )을 이용하여 히스토그램을 그리는 코드입니다. 이 실행 결과는 정규분포의 확률도표와 모습이 완전히 동일하지는 않지만, 평균($x=1$) 근처에 긴 막대가 몰려 있고, 양끝으로 갈수록 막대의 높이가 전반적으로 낮아지는 것을 확인할 수 있습니다.

코드 5-18 04.normal.R

```
set.seed(5)
rs <- rnorm( 1000, mean = mu, sd = sigma )
tibble(x = rs) %>%
  ggplot( aes( x ) ) +
    geom_histogram()
```

실행 결과

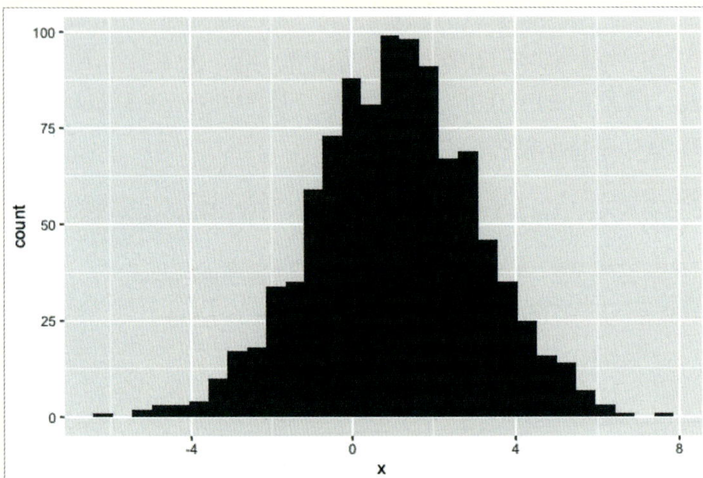

■ 평균이 0이고 분산이 1인 특수한 정규분포

모든 정규분포는 다음과 같은 과정을 통해 평균이 0이고 분산이 1인 정규분포로 변환할 수 있습니다.

$$X \sim N(\mu, \sigma^2)\text{일 때, } Z = \frac{X-\mu}{\sigma}\text{라고 두면 } Z \sim N(0, 1^2)$$

이러한 과정을 표준화라고 합니다. 표준화로 생성한 정규분포는 평균이 0이고 분산이 1인데, 이 정규분포를 **표준정규분포**standard normal distribution라고 합니다. 여기서 Z를 이용한 변환을 표준화 변환이라고 하며, 모든 정규분포는 이를 통해 표준정규분포로 변환할 수 있습니다.

다음 [코드 5-19]를 수행하고 결과를 살펴보겠습니다. 24~25줄은 정규분포의 모수를 평균 170, 표준편차 4로 설정합니다. 27~28줄은 누적확률을 구할 확률변수의 값을 (평균−2×표준편차), (평균 − 1 × 표준편차), 평균, (평균 + 1 × 표준편차), (평균 + 2 × 표준편차)로 설정합니다. 29~30줄은 x 값과 x의 누적확률을 출력합니다.

코드 5-19 04.normal.R

```
24 mu <- 170
25 sigma <- 4
26
27 x <- c( mu - 2*sigma, mu - sigma, mu,
28         mu + sigma, mu + 2 *sigma )
29 x
30 pnorm( x, mu, sigma )
```

실행 결과

```
> x
[1] 162 166 170 174 178
> pnorm( x, mu, sigma )
[1] 0.02275013 0.15865525 0.50000000 0.84134475 0.97724987
```

이제 [코드 5-20]과 같이 x를 표준화한 값을 z라 두고 표준정규분포에서 누적확률값을 구해 봅시다. 실행 결과를 보면, [코드 5-19]의 실행 결과에서 구한 누적확률과 동일함을 확인할 수 있습니다.

코드 5-20 04.normal.R

```
z <- (x - 170) / 4
z
pnorm( z, 0, 1 )
```

실행 결과

```
> z
[1] -2 -1  0  1  2
> pnorm( z, 0, 1 )
[1] 0.02275013 0.15865525 0.50000000 0.84134475 0.97724987
```

정규분포가 가질 수 있는 값 x를 표준화한 값을 z라 할 때, z는 표준화를 하기 전인 원래 정규분포의 평균에 몇 배의 표준편차를 더하고 빼는지를 나타냅니다. 컴퓨터를 본격적으로 사용하기 이전에는 표준정규분포의 누적확률을 [표 5-4]와 같이 구하고 확률을 계산했습니다.[8]

표 5-4 표준정규분포의 누적확률

z	- 0.00	- 0.01	- 0.02	- 0.03	- 0.04	- 0.05	- 0.06	- 0.07	- 0.08	- 0.09
-4.0	0.00003	0.00003	0.00003	0.00003	0.00003	0.00003	0.00002	0.00002	0.00002	0.00002
-3.9	0.00005	0.00005	0.00004	0.00004	0.00004	0.00004	0.00004	0.00004	0.00003	0.00003
-3.8	0.00007	0.00007	0.00007	0.00006	0.00006	0.00006	0.00006	0.00005	0.00005	0.00005
-3.7	0.00011	0.00010	0.00010	0.00010	0.00009	0.00009	0.00008	0.00008	0.00008	0.00008
-3.6	0.00016	0.00015	0.00015	0.00014	0.00014	0.00013	0.00013	0.00012	0.00012	0.00011
-3.5	0.00023	0.00022	0.00022	0.00021	0.00020	0.00019	0.00019	0.00018	0.00017	0.00017
-3.4	0.00034	0.00032	0.00031	0.00030	0.00029	0.00028	0.00027	0.00026	0.00025	0.00024
-3.3	0.00048	0.00047	0.00045	0.00043	0.00042	0.00040	0.00039	0.00038	0.00036	0.00035
-3.2	0.00069	0.00066	0.00064	0.00062	0.00060	0.00058	0.00056	0.00054	0.00052	0.00050
-3.1	0.00097	0.00094	0.00090	0.00087	0.00084	0.00082	0.00079	0.00076	0.00074	0.00071
-3.0	0.00135	0.00131	0.00126	0.00122	0.00118	0.00114	0.00111	0.00107	0.00104	0.00100

임의의 정규분포를 표준화하여 확률을 구한 후 $X = \mu + Z\sigma$를 이용하여 변환하기 전 정규분포에서 x 값을 구할 수 있습니다. 이 과정은 [그림 5-9]에 소개되어 있습니다. 우리는 R을 사용하여 확률을 구할 수 있으므로 이러한 과정이 불필요하지만, 프로그램의 도움을 받지 않을 땐 표준정규분포의 확률을 통해 모든 정규분포의 모양과 확률을 보다 빠르게 알 수 있습니다. 또한 1.96 또는 1.645와 같이 표준정규분포와 특정한 값의 확률을 잘 알아두면 편합니다.

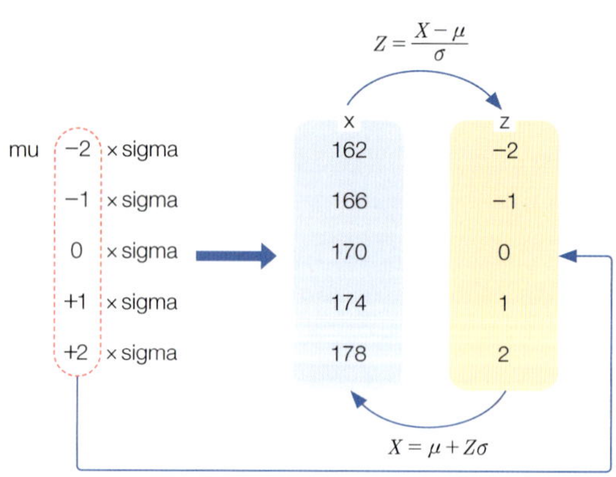

그림 5-9 표준화 변환과 역변환

8 출처 : https://en.wikipedia.org/wiki/Standard_normal_table

■ 정규분포의 확률도표 그리기

정규분포의 확률도표와 누적확률도표를 다음 순서에 따라 그려봅시다.

1 모수 및 확률 계산하기 : [코드 5-21]은 확률도표를 그리기 위한 사전 작업을 나타냅니다. 먼저 tidyverse 패키지를 작업공간에 연결합니다. 3~4줄과 같이 정규분포의 두 모수를 각각 변수로 지정합니다. 6줄은 확률변수 X가 가질 수 있는 값을 지정합니다. 7줄은 x의 각 값의 확률밀도를 dnorm( )으로 구합니다. 8줄은 x의 각 값의 누적확률을 pnorm( )으로 구합니다. 9줄에서 tibble( )을 이용하여 열 이름이 각각 x, y, cy인 데이터셋을 만들어 변수 normal에 저장합니다.

코드 5-21 04.normal_doR.R

```
1   library( tidyverse )
2
3   mu <- 1
4   sigma <- 2
5
6   x <- seq( mu - 3*sigma, mu + 3*sigma, by = 0.01)
7   p <- dnorm(x, mean = mu, sd = sigma)
8   dist <- pnorm(x, mean = mu, sd = sigma)
9   normal <- tibble( x = x, y = p, cy = dist)
```

2 확률도표 그리기 : [코드 5-22]는 normal 데이터셋을 확률도표로 그리는 코드입니다. 11~12줄은 ggplot( )에 normal 데이터셋을 전달하여 도표를 생성합니다. 13줄의 geom_line( )은 각 점을 연결하는 선을 그리는 함수입니다. 확률을 구할 각 값을 저장한 열 x를 x 좌표에 매핑하고, 각 점의 확률밀도를 저장한 열 y를 y 좌표에 매핑합니다. 14줄에서 geom_hline( )으로 x축을 그립니다. 15~16줄은 geom_segment( )를 이용하여 평균인 1에 점선으로 중심 위치를 표현합니다. 17줄은 x축 범위를 −5에서 7까지 주고 눈금 간격을 1로 지정합니다. 18줄에서 theme_minimal 테마를 지정하고, 19~23줄에서 눈금선, y축의 눈금값, 축의 제목을 모두 제거합니다.

코드 5-22 04.normal_doR.R

```
normal %>%
  ggplot( ) +
    geom_line( aes(x=x, y=y) ) +
    geom_hline( yintercept = 0 ) +
    geom_segment( aes(x=1, xend=1, y=0, yend=y[x==1]),
                  linetype=3, size=0.1 ) +
    scale_x_continuous(breaks=seq(-5, 7, by=1)) +
    theme_minimal() +
    theme(
      panel.grid = element_blank(),
      axis.text.y = element_blank(),
      axis.title = element_blank()
    )
```

실행 결과

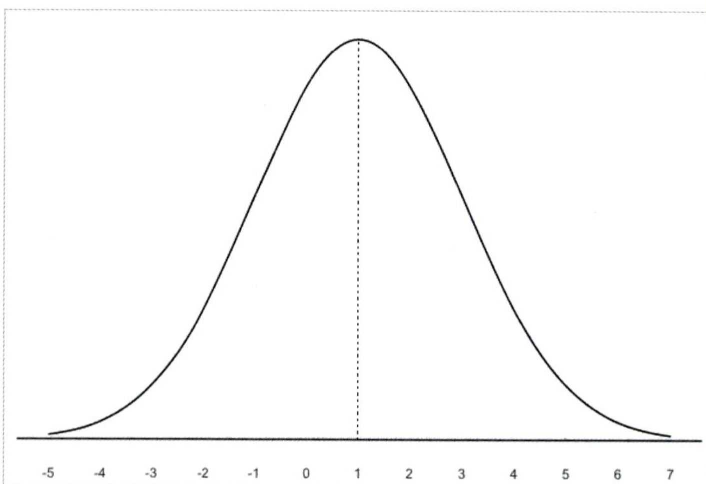

3 누적확률도표 그리기 : [코드 5-23]은 normal 데이터셋을 누적확률도표로 그리는 코드입니다. 27줄은 geom_line( )을 이용하여 누적확률을 y좌표에 매핑하고 각 점을 선으로 연결합니다. 28~31줄은 평균 1일 때 누적확률을 표현하기 위해 geom_segment( )를 이용하여 가로줄과 세로줄을 점선으로 그립니다. 이때 linetype에서 점선을 결정하고, size에서 선 굵기를 mm 단위로 지정할 수 있습니다. 32~33줄은 geom_hline( )을 이용하여 y 값

이 0과 1인 두 수평선을 그립니다. 여기에서 0, 1은 누적확률이 가질 수 있는 값의 범위입니다. 34줄에서 y축의 주 눈금을 0과 0.5, 그리고 1로 설정합니다. 마지막으로 35~39줄에서 theme_minimal 테마를 지정하고, 눈금선과 축 제목을 제거합니다.

코드 5-23 04.normal_doR.R

```
25  normal %>%
26    ggplot( ) +
27      geom_line( aes(x=x, y=cy) ) +
28      geom_segment( aes(x=1, xend=1, y=0, yend=cy[x==1]),
29                    linetype=3, size=0.1 ) +
30      geom_segment( aes(x=-5, xend=1, y=cy[x==1], yend=cy[x==1]),
31                    linetype=3, size=0.1 ) +
32      geom_hline( yintercept = 0, size=0.2 ) +
33      geom_hline( yintercept = 1, size=0.2 ) +
34      scale_y_continuous(breaks=c(0, 0.5, 1) ) +
35      theme_minimal( ) +
36      theme(
37        panel.grid = element_blank( ),
38        axis.title = element_blank( )
39      )
```

실행 결과

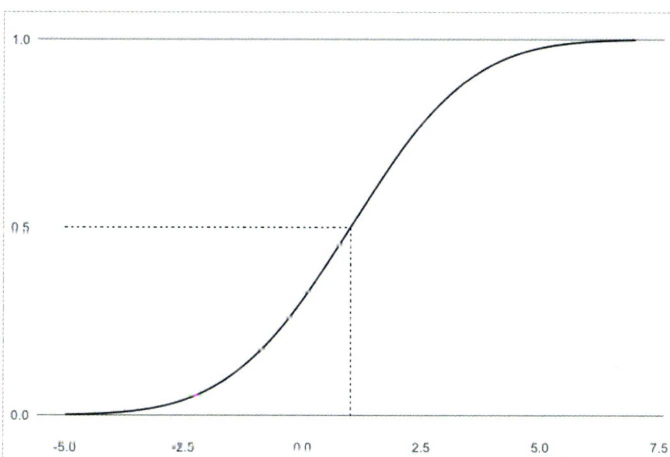

■ 정규분포에서 표본추출하기

정규분포를 따르는 모집단에서 표본을 5개 추출하는 시행을 10,000번 반복하는 모의실험을 다음 순서에 따라 실시해 봅시다.

1 실험 설정과 표본추출하기 : [코드 5-24]는 모의실험을 설정하고 표본 5개를 추출하는 시행을 10,000번 반복하는 코드입니다. 5줄은 표본의 크기 5를 변수 nos에 저장하고, 6줄은 전체 시행 횟수 10,000을 변수 tt에 저장합니다. 7줄은 표본의 크기와 시행 횟수의 곱을 samples에 저장합니다. 여기서 samples의 값은 50,000입니다. 10줄의 rnorm( )은 평균이 0이고 표준편차가 1인 표준정규분포를 따르는 난수를 samples 개수만큼 생성합니다. 11줄은 원소가 50,000개인 벡터를 열이 5개(즉, 행이 10,000개)인 행렬로 만들고 이를 변수 samp_mat에 저장합니다. 12줄은 round( ) 함수를 이용하여 samp_mat을 소수점 셋째 자리까지 출력합니다. [코드 5-24]의 출력 결과를 보면 최대 행 출력을 넘어가면 R의 설정값까지만 보여주고 출력하지 못한 행의 개수를 알려줍니다.

코드 5-24 05.doR_clt.R

```
5    nos <- 5
6    tt <- 10000
7    samples <- nos * tt
8
9    set.seed(13)
10   sampling <- rnorm( samples )
11   samp_mat <- matrix( sampling, ncol = nos, byrow=TRUE)
12   round(samp_mat, 3)
```

실행 결과

```
        [,1]   [,2]   [,3]   [,4]   [,5]
[1,]   0.554 -0.280  1.775  0.187  1.143
[2,]   0.416  1.230  0.237 -0.365  1.105
...
[199,] -0.252 -0.725 -0.033  0.295 -0.688
[200,] -0.013 -0.387  0.767  1.999  1.662
[ reached getOption("max.print") -- omitted 9800 rows ]
```

2 표본추출별 평균과 그들의 모양 확인하기 : [코드 5-25]를 살펴봅시다. 15줄은 apply( ) 함수를 이용하여 [코드 5-24]에서 만든 행렬의 행별(margin=1)로 평균을 구합니다. 이 과정은 표본의 크기가 5인 표본추출(시행)별로 평균을 구하는 과정입니다. 16줄은 10,000개의 표본평균을 소수점 셋째 자리까지 출력합니다.

코드 5-25 05.doR_clt.R

```
15    means <- apply( samp_mat, margin = 1, mean)
16    round(means, 3)
```

실행 결과

```
[1]  0.676  0.524 -0.858  0.378  0.406 -1.024 -0.069 -0.578
[9]  0.681 -0.400  0.074  0.374 -0.197  0.112 -0.693  0.212
```

참고

apply( ) 함수

apply( ) 함수는 자료의 구조가 2차원 이상일 때, 위치정보별로 원소에 지정한 함수를 각각 적용하고 그 결과를 구하는 함수입니다. 데이터프레임이나 행렬 등 2차원 구조의 데이터는 위치 정보를 행과 열 두 가지로 나타내는데, 행은 1, 열은 2라고 나타냅니다.

[코드 5-25]에서는 samp_mat 구조에 mean 함수를 행별로(margin = 1) 적용하여 원소가 총 10,000개인 벡터를 만듭니다. margin = 2였다면 mean 함수를 열별로 적용하여 원소가 총 5개인 벡터를 만듭니다.

apply( ) 함수를 적용할 대상이 데이터프레임(또는 티블)이고 margin=1이면 각 열이 서로 다른 데이터형인 경우를 주의해야 합니다. mean( )과 같은 R의 요약함수는 벡터를 인수로 사용하고, 벡터는 모두 동일한 데이터형을 가지므로 데이터프레임의 열이 모두 동일한 유형이어야 합니다.

[코드 5-26]을 이용하여 표본추출과 모집단의 특성을 살펴보겠습니다. 19줄은 표본추출별로 평균을 모아 평균을 구합니다. 이 값은 0.002816585이며, 표준정규분포의 평균인 0과 큰 차이가 나지 않습니다. 20줄은 표본의 평균에 대해 표준편차를 구하고, 21줄은 표준정규분포의 표준편차(1)를 표본의 크기의 제곱근($\sqrt{5}$)으로 구합니다. 20줄과 21줄의 실행 결과 값에 아주 큰 차이가 있지 않음을 알 수 있습니다.

코드 5-26 05.doR_clt.R

```
mean( means )
sd( means )
1 / sqrt( nos )
```

실행 결과

```
[1] 0.002816585
[1] 0.4479785
[1] 0.4472136
```

마지막으로 표준정규분포를 따르는 표본을 5개 추출하고 이들의 평균을 10,000번 구할 때, 표본의 평균은 어떤 모양으로 분포하는지 [코드 5-27]을 통해 확인해 봅시다. 24줄은 −3부터 3까지 0.01씩 증가하는 수열을 x로 지정합니다. 25줄은 평균이 0이고 표준편차가 1/sqrt(nos)인 정규분포[9]에 확률밀도함수를 적용하여, 그 값을 y에 저장합니다. 26~27줄은 [코드 5-25]에서 표본추출별로 얻은 평균 means를 sm 열에 저장한 데이터셋을 ggplot( ) 함수에 전달함으로써 sm 열을 x축에 매핑하고 도표 영역을 만듭니다. 28줄은 히스토그램을 그릴 때 높이를 밀도로 지정하기 위해 y 값에 ..density..를 매칭합니다. 그러면 전체 구간 중에서 해당 구간에 포함된 x의 비율을 높이로 둡니다. 29줄은 24~25줄에서 만든 x, y를 이용하여 확률도표를 그리기 위해 geom_line( )을 사용합니다. 이때, 데이터셋을 전달하기 위해 tibble( ) 함수를 이용하고, 좌푯값은 전달한 데이터셋의 x, y를 각각 매핑했으며 선은 빨간색으로 지정하였습니다. 30~35줄은 theme_minimal 테마에서 눈금과 y축 눈금 값, 축 제목을 제거합니다.

[코드 5-27]의 실행 결과로 나타난 도표를 살펴봅시다. 표준정규분포를 따르는 표본을 5개 추출하고 평균을 구하는 시행을 여러 번 실시하여 구한 각 표본평균은 평균이 표준정규분포의 평균인 0이고, 표준편차가 표준정규분포의 표준편차를 표본의 크기(5)의 제곱근으로 나눈 값인 정규분포와 비슷하게 분포함을 확인할 수 있습니다.

코드 5-27 05.doR_clt.R

```
24  x <- seq(-3, 3, by=0.01)
25  y <- dnorm(x, 0, 1/sqrt(nos))
26  tibble( sm = means ) %>%
27    ggplot( aes(x=sm) ) +
28    geom_histogram( aes(y = ..density.. ) )  +
29    geom_line( data = tibble(x, y), aes(x=x, y=y), color="red") +
30    theme_minimal() +
```

9 이 정규분포의 평균(0)은 표준정규분포와 같고, 표준편차는 표준정규분포의 표준편차 1을 표본의 크기의 제곱근으로 나눈 값입니다.

```
    theme(
      panel.grid = element_blank(),
      axis.text.y = element_blank(),
      axis.title = element_blank()
    )
```

실행 결과

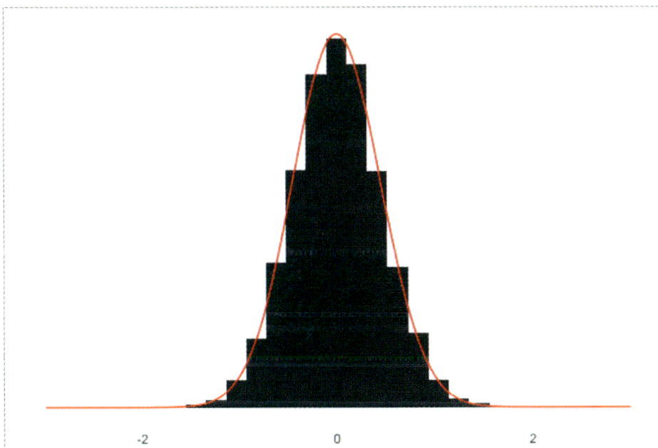

모집단이 정규분포를 따를 때 n개의 표본을 추출하여 구한 표본평균 $\overline{X}$는 다음과 같은 정규분포를 따른다고 합니다.

$$\overline{X} \sim N\left(\mu, \left(\frac{\sigma}{\sqrt{n}}\right)^2\right)$$

정규분포를 따르는 모집단에서 추출한 표본의 평균들은 확률분포이며, 특히 모집단을 따라 정규분포일 것이라고 쉽게 예측할 수 있습니다. 만일 모집단이 정규분포가 아니라면 표본평균은 어떤 확률분포가 될까요? 다시 한번 R에게 일을 시켜 어떻게 되는지 살펴봅시다.

■ 비정규분포에서 표본추출하기

성공 확률이 0.1이고, 시행 횟수가 10인 이항분포의 확률분포도표를 먼저 그려봅시다. 이를 구현하는 [코드 5-28]은 [코드 5-9]~[코드 5-11]과 유사하게 작성하였습니다. 이 코드를 실행하여 얻은 이항분포의 확률분포도표는 정규분포와 다르게 한쪽으로 치우친 모습입니다.

코드 5-28 05.doR_clt.R

```
size <- 10
p <- 0.1

x <- 0:size
dp <- dbinom( x, size, p )

ggplot( tibble(x, dp) ) +
  geom_col( aes(x, dp) ) +
  scale_x_continuous( breaks = 0:size ) +
  theme_minimal() +
  theme(
    panel.grid = element_blank(),
    axis.title = element_blank()
  )
```

실행 결과

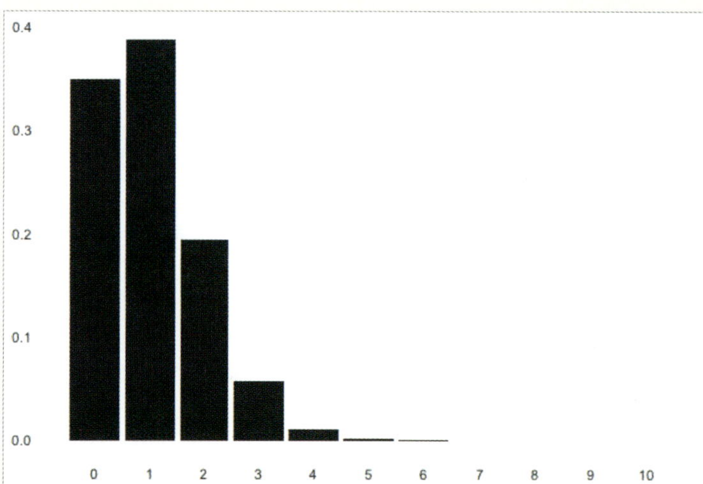

이제 한쪽으로 치우친 모집단에서 표본을 추출하고, 각 표본평균의 히스토그램을 그리려고 합니다. 우선 [코드 5-29]와 같이 데이터셋을 만들어 봅시다. 이 코드는 정규분포에서 표본을 추출하는 [코드 5-24]의 5~11줄과 유사합니다.

[코드 5-29]의 58~60줄은 이항분포를 따르는 모집단에서 표본 2개를 추출하는 시행을 10,000번 반복하는 코드입니다. 여기서 nos는 표본의 크기, 시행 횟수는 tt이며, 전체 표본추출 수는 samples입니다. 63줄은 [코드 5-28]의 42~43줄에 저장했듯이 시행 횟수가 10이고 성공 확률이 0.1인 이항분포를 따르는 난수를 samples 개수만큼 생성하고 이를 sampling에 저장합니다. 64줄은 sampling에 저장한 벡터를 열이 2개인 행렬로 행부터 채워가면서 생성하고, 이를 변수 samp_mat에 저장합니다. 66줄은 samp_mat의 행별로 평균을 구해 변수 means에 저장합니다. 68~69줄은 모집단 이항분포의 평균(기댓값)과 표준편차를 각각 ex와 sigma에 저장합니다.

코드 5-29 05.doR_clt.R

```
58    nos <- 2
59    tt <- 10000
60    samples <- nos * tt
61
62    set.seed(21)
63    sampling <- rbinom( samples, size, p )
64    samp_mat <- matrix( sampling, ncol = nos, byrow=TRUE)
65
66    means <- apply( samp_mat, 1, mean)
67
68    ex <- size * p
69    sigma <- sqrt( size * p * (1-p) )
```

이제 [코드 5-30]과 같이 모집단이 이항분포일 때 표본평균의 히스토그램을 그리고 그 위에 정규분포의 확률도표를 올려봅시다. 이 코드는 표준정규분포를 따르는 표본을 추출하여 표본평균의 분포를 살피는 [코드 5-27]과 유사합니다. 여기서 75줄의 인수 binwidth는 막대의 폭을 지정합니다. [코드 5-30]의 실행 결과는 정규분포라 하기엔 분포가 한쪽으로 많이 쏠려 있고, 군데군데 빈 곳도 많습니다.

코드 5-30 05.doR_clt.R

```
70    x <- seq(ex-3*sigma, ex+3*sigma, by=0.01)
71    y <- dnorm(x, ex, sigma/sqrt(nos))
72
73    tibble( sm = means ) %>%
74      ggplot( aes(x=sm) ) +
```

```
    geom_histogram( aes(y = ..density.. ), binwidth=0.1 )  +
    geom_line( data = tibble(x, y), aes(x=x, y=y), color="red") +
    scale_x_continuous( breaks = seq(0, size, 1) ) +
    coord_cartesian( xlim=c(0, 10) ) +
    theme_minimal() +
    theme(
      panel.grid = element_blank(),
      axis.text.y = element_blank(),
      axis.title = element_blank()
    )
```

실행 결과

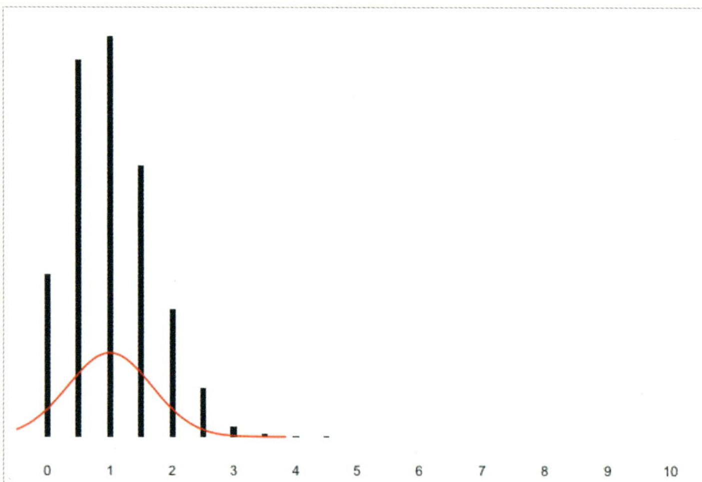

이번에는 [코드 5-29]의 표본의 크기(nos)를 2에서 30으로 늘린 [코드 5-31]을 수행해 봅시다. 표본의 크기가 2인 [코드 5-30]의 실행 결과가 표본평균이 0과 2.5 사이에 몰려 있는데 비해, 표본의 크기가 10,000인 [코드 5-31]의 실행 결과는 표본평균이 0.5와 1.5 사이에 몰려 있고, 비어 있는 구간이 잘 보이지 않습니다. 또한 [코드 5-31]의 실행 결과는 평균이 이항분포의

평균인 1이고 표준편차가 이항분포의 표준편차를 표본의 크기(10,000)의 제곱근으로 나눈 값인 정규분포와 비슷하게 분포함을 확인할 수 있습니다.

코드 5-31 05.doR_clt.R

```
nos <- 30
tt <- 10000
samples <- nos * tt

set.seed(21)
sampling <- rbinom( samples, size, p )
samp_mat <- matrix( sampling, ncol = nos, byrow=TRUE )

means <- apply( samp_mat, 1, mean )

ex <- size * p
sigma <- sqrt( size * p * (1-p) )
x <- seq( ex-3*sigma, ex+3*sigma, by=0.01 )
y <- dnorm( x, ex, sigma/sqrt(nos) )

tibble( sm = means ) %>%
  ggplot( aes(x=sm) ) +
  geom_histogram( aes(y = ..density..), binwidth=0.1 )  +
  geom_line( data = tibble(x, y), aes(x=x, y=y), color="red" ) +
  scale_x_continuous( breaks = seq(0, size, 1) ) +
  coord_cartesian( xlim=c(0, 10) ) +
  theme_minimal() +
  theme(
    panel.grid = element_blank(),
    axis.text.y = element_blank(),
    axis.title = element_blank()
  )
```

실행 결과

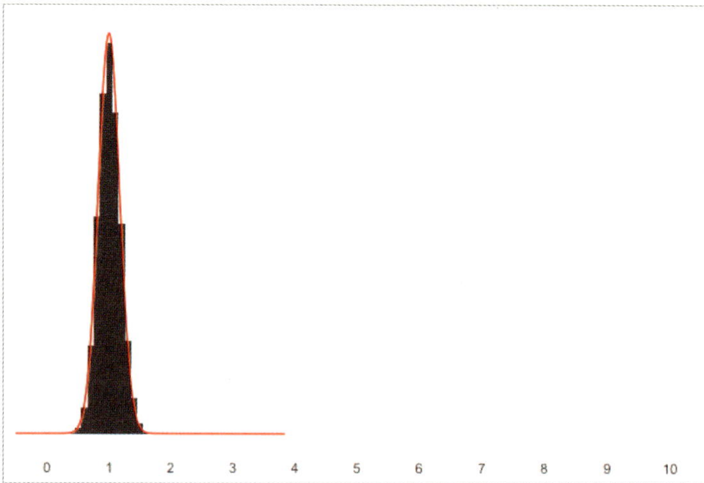

통계학자들은 모집단이 정규분포가 아니더라도, 평균과 표준편차가 존재하는 분포를 따를 때 표본의 크기가 커질수록 표본평균의 분포가 정규분포를 닮아간다는 것을 밝혔습니다. 이를 **중심극한정리**central limit theorem라 합니다. 지금까지 중심극한정리를 수식으로 증명하지 않고 실험적으로 관찰해 보았습니다.

참고

중심극한정리

평균 μ와 표준편차 σ가 존재하는 임의의 분포를 모집단에서 추출한 표본의 크기 n이 증가할수록 표본평균 X의 분포는 평균이 μ이고 표준편차가 $\frac{\sigma}{\sqrt{n}}$인 정규분포를 닮아갑니다. 즉, 다음이 성립합니다.

$$\overline{X} \sim N\left(\mu, \left(\frac{\sigma}{\sqrt{n}}\right)^2\right)$$

5.4 통계적 추론

이번 절에서는 통계학의 연구분야 중 추측통계학에 대해 짧게 알아보겠습니다. 추측통계학은 모집단의 특성을 추측하는 분야로 통계적 추론과 통계적 가설검정이라는 두 가지 방법을 사용합니다.[10] 통계적 추론statistical inference은 표본을 통해 모집단의 특성을 추측하고, 통계적 가설검정test of statistical hypothesis은 표본을 통해 세운 모집단 특성에 대한 가설 중 어떤 가설을 채택할지 검증하는 방법입니다.

추정에 필요한 기초 개념을 알아봅시다. 우리가 알고자 하는 모집단의 특성을 **모수**parameter라고 하고 기호로는 θtheta로 표기합니다. 모수는 알고자 하는 대상이며 상수입니다. 모수를 알기 위해 표본을 관찰하여 얻은 특성을 **추정량**estimator이라고 하고 기호로는 $\hat{\theta}$theta hat으로 표기합니다. [표 5-5]는 모수와 추정량 사이의 관계를 나타냅니다.

표 5-5 모수와 추정량

모수 θ	추정량 $\hat{\theta}$	대표적인 추정량
모평균 μ	표본평균 $\overline{X}$	$\overline{X} = \frac{1}{n}\sum_{i=1}^{n} X_i$ n : 표본의 크기, X_i : i번째 관찰 표본
모분산 σ^2	표본분산 s^2	$S^2 = \frac{1}{n-1}\sum_{n=1}^{n}(X_i - \overline{X})^2$
모비율 P	표본비율 $\hat{p}$	$\hat{p} = \frac{\sum_{i=1}^{n} X_i}{n}$ $X_i = 1$ 또는 0

5.3절에서 다룬 표본평균이나 표본분산(혹은 표본표준편차)는 모두 모집단의 평균과 분산을 추측하기 위한 대표적인 추정량입니다. 먼저 모집단의 평균을 추측하기 위해 표본평균을 살펴봅시다.

표본평균

예를 들어 모집단을 1, 2, 3, 4가 각각 쓰인 4개의 구슬이라 합시다. 이 구슬을 주머니에 넣고 2개씩 복원추출합니다. 이처럼 표본의 크기가 2일 때, 뽑은 구슬에 쓰인 숫자의 평균을 구해 봅시다. 추출 가능한 표본들과 각 표본평균은 [그림 5-10]과 같습니다.

10 통계적 추론을 간단히 추론 또는 추정이라고 하고, 통계적 가설검정을 간단히 가설검정이라고 합니다. 이 책에서는 상황에 맞게 표현을 선택하겠습니다.

1번째 표본	2번째 표본	표본평균
1	1	1
1	2	1.5
1	3	2
1	4	2.5
2	1	1.5
2	2	2
2	3	2.5
2	4	3
3	1	2
3	2	2.5
3	3	3
3	4	3.5
4	1	2.5
4	2	3
4	3	3.5
4	4	4

그림 5-10 1, 2, 3, 4가 하나씩 쓰인 구슬 4개 중에서 2개씩 복원추출하는 경우의 수와 표본평균

이러한 상황을 R에서 직접 확인해 봅시다. 먼저 복원추출하는 경우의 수를 구해 봅시다. tidyr 패키지의 `crossing( )` 함수를 이용하면 복원추출로 출현 가능한 표본을 구할 수 있습니다.

코드 5-32 06.inference.R

```
library( tidyverse )

crossing(x =  1:4, y = 1:4)
```

실행 결과

```
# A tibble: 16 × 2
        x     y
    <int> <int>
 1      1     1
 2      1     2
 3      1     3
 4      1     4
…
13      4     1
14      4     2
15      4     3
16      4     4
```

각 표본의 표본평균을 구해 봅시다. 추정량은 함수이고 표본 관찰을 통해 얻은 값을 함수인 추정량에 대입하여 얻은 값을 **추정치**estimate라고 합니다. [코드 5-33]은 출현 가능한 표본평균의 추정치를 구하는 과정입니다. 이 코드는 데이터셋으로부터 다음 과정을 하나의 작업 단위로 만들어 처리하고 결과를 출력합니다. [코드 5-33]의 6줄은 `rowwise()` 함수를 이용하여 `crossing()` 함수로 구한 각 표본을 대상으로 행별로 평균을 구하게 해줍니다.[11] 7줄은 `mutate()` 함수를 이용하여 x 열과 y 열의 값으로부터 표본평균(추정치)을 구하고 xbar에 저장합니다. [코드 5-33]의 실행 결과에 따르면 1, 4나 2, 3처럼 서로 다른 표본을 추출하였지만 표본평균(추정치)이 같을 수도 있습니다.

코드 5-33 06.inference.R

```
5     crossing(x =  1:4, y = 1:4) %>%
6       rowwise() %>%
7       mutate( xbar = mean( c(x,y) ) )
```

실행 결과

```
# A tibble: 16 × 3
# Rowwise:
        x     y  xbar
    <int> <int> <dbl>
 1      1     1     1
 2      1     2   1.5
 3      1     3     2
 4      1     4   2.5
…
13      4     1   2.5
14      4     2     3
15      4     3   3.5
16      4     4     4
```

11 5.3절의 `apply()` 함수를 이용할 때와 같은 결과를 얻습니다.

이번에는 각 추정치별로 출현 가능한 횟수를 구해 봅시다. [코드 5-34]의 12줄에 사용한 count( ) 함수는 dplyr 패키지에 포함된 함수로, 열을 인수로 하여 각 열에 저장한 데이터의 출현 횟수를 구합니다.

코드 5-34 06.inference.R

```
9     crossing(x =  1:4, y = 1:4) %>%
10      rowwise() %>%
11      mutate( xbar = mean( c(x,y) ) ) %>%
12      count( xbar )
```

실행 결과

```
# A tibble: 7 × 2
# Rowwise:
   xbar      n
  <dbl>  <int>
1   1        1
2   1.5      2
3   2        3
4   2.5      4
5   3        3
6   3.5      2
7   4        1
```

다음으로 각 표본평균이 출현할 확률을 구해 봅시다. [코드 5-34]는 표본평균의 출현 횟수를 표본추출 가능한 경우의 수로 나누는 작업을 수행합니다. [코드 5-34]의 14~17줄은 [코드 5-33]과 동일하며, 15줄의 rowwise( ) 함수로 인해 함수가 행 단위로 적용됩니다. 이 설정을 원래대로 돌리기 위해 18줄에 ungroup( ) 함수를 적용합니다. 19줄은 표본평균이 각각 발생할 확률을 저장할 열 이름 p에 저장합니다. 확률은 행별로 출현 횟수(n)를 출현 횟수의 합(sum(n))으로 나누어 계산합니다. 20줄은 평균인 (확률변수의 출현 가능한 값) × (값이 발생할 확률)을 계산하고 이 값을 열 xbar_p에 저장합니다.

코드 5-35 06.inference.R

```
crossing(x =  1:4, y = 1:4) %>%
  rowwise( ) %>%
  mutate( xbar = mean( c(x,y) ) ) %>%
  count( xbar ) %>%
  ungroup( ) %>%
  mutate( p = n / sum(n) ) %>%
  mutate( xbar_p = xbar * p )
```

실행 결과

```
# A tibble: 7 × 4
   xbar     n      p  xbar_p
  <dbl> <int>  <dbl>   <dbl>
1  1        1 0.0625  0.0625
2  1.5      2  0.125   0.188
3  2        3  0.188   0.375
4  2.5      4  0.25    0.625
5  3        3  0.188   0.562
6  3.5      2  0.125   0.438
7  4        1 0.0625    0.25
```

이제 표본평균의 평균인 xbar_p의 합을 구하기 위해 [코드 5-36]을 실행해 봅시다. 22~28줄은 [코드 5-35]와 동일합니다. 29~31줄은 summarise( )를 이용하여 xbar_p의 합을 구하고, 이 값을 mom 열에 저장합니다. 32줄은 파이프(%>%)를 통해 만들어진 티블에서 특정 열을 벡터로 만들기 위해 pull( ) 함수를 사용합니다. 이때 열 이름을 인수로 사용해서 해당 열을 벡터로 반환한 결과를 변수 em에 저장합니다. 33줄에서 em 값을 출력합니다. [코드 5-36]의 실행 결과로 얻은 표본평균들의 평균 2.5는 모집단 1, 2, 3, 4의 평균 2.5와 동일함을 알 수 있습니다.

코드 5-36 06.inference.R

```
22   crossing(x =  1:4, y = 1:4) %>%
23     rowwise() %>%
24     mutate( xbar = mean( c(x,y) ) ) %>%
25     count( xbar ) %>%
26     ungroup() %>%
27     mutate( p = n / sum(n) ) %>%
28     mutate( xbar_p = xbar * p ) %>%
29     summarise(
30       mom = sum( xbar_p )
31     ) %>%
32     pull( mom ) -> em
33   em
```

실행 결과

```
[1] 2.5
```

추정에서 [코드 5-36]의 실행 결과는 아주 중요한 성질입니다. 표본평균은 확률변수이므로 표본평균의 평균이 아니라 표본평균의 **기댓값**입니다(5.2절 참고). 표본을 추출하기 전에는 해당 표본의 평균을 알 수 없지만, 표본평균의 평균(기댓값)은 모집단의 평균과 동일하다는 것을 알고 있습니다. 따라서 표본에서 평균을 추출하기 전에 표본평균이 모집단의 평균과 같을 것이라고 기대하며, 이는 표본평균을 가지고 모집단의 평균을 추측하는 이론적인 뒷받침이 됩니다.

이처럼 추정량의 기댓값이 모수와 같아지는 추정량을 **불편추정량**(또는 **비편향추정량**)unbiased estimator이라고 합니다. 표본분산 혹은 표본표준편차를 구할 때 표본의 개수인 n이 아니라 자유도인 $n-1$로 나누는 이유는 편차 제곱의 합을 $n-1$로 나눠야 추정량인 표본분산의 기댓값이 모집단의 분산과 같아지기 때문입니다.

하지만 표본추출에 따라 표본평균이 달라져서 어떤 값들은 모평균과 차이가 클 수도 있습니다. 표본평균과 모평균의 차이가 큰 경우가 많은 추정량, 즉 표본평균들의 퍼진 정도가 큰 추정량은 받아들이기 쉽지 않을 것입니다. 이와 같은 이유로 표본평균들의 표준편차를 구하는 것이 중요합니다. 만일 표본평균의 표준편차가 작다면 어떤 표본평균을 구하더라도 모집단 평균의 차이와 크지 않을 것으로 기대할 수 있습니다. 이제 표본평균의 표준편차를 구해 봅시다.

확률변수 X의 분산 $Var(X)$는 $E(X^2)-\{E(X)\}^2$이므로 X^2의 기댓값을 먼저 구한 뒤 기댓값의 제곱을 뺀 값의 제곱근을 구하면 됩니다. 이를 [코드 5-37]에 구현하였습니다. 35~40줄은 [코드 5-36]의 22~27줄과 동일합니다. 41줄은 $x^2P(X=x)$를 구하기 위해 표본평균 xbar의 제곱과 확률 p를 곱한 뒤 열 이름 xbar2_p로 저장합니다. 42~45줄은 [코드 5-36]의 29~32줄과 같은 방법으로 진행되며, 결과를 변수 em2에 저장합니다. 47줄은 em2에서 기댓값(em)의 제곱을 뺀 값의 제곱근을 구합니다.

코드 5-37 06.inference.R

```
35    crossing(x =  1:4, y = 1:4) %>%
36      rowwise() %>%
37      mutate( xbar = mean( c(x,y) ) ) %>%
38      count( xbar ) %>%
39      ungroup() %>%
40      mutate( p = n / sum(n) ) %>%
41      mutate( xbar2_p = xbar^2 * p ) %>%
42      summarise(
43        m2om = sum( xbar2_p )
44      ) %>%
45      pull( m2om ) -> em2
46
47    sqrt(em2 - em^2)
```

실행 결과

```
[1] 0.7905694
```

추정에서는 확률변수인 표본평균의 표준편차를 **표준오차**SE; Standard Error라고 합니다. 표준오차는 추정의 정밀도를 나타내며, 작을수록 좋은 추정을 합니다. 다시 말해 작은 표준오차를 갖는 표본평균은 어떤 표본을 관찰하더라도 그 평균이 모집단 평균과의 차이가 클 확률이 적다는 뜻입니다.

모집단의 표준편차와의 관계를 생각해 봅시다. [코드 5-38]은 1, 2, 3, 4로 구성된 모집단의 표준편차를 구하는 과정입니다. 52줄은 편차 제곱합을 모집단의 개수인 4로 나눈 뒤 제곱근을 구하여 변수 p_sd에 저장하고, 53줄은 이를 출력합니다.

코드 5-38 06.inference.R

```
50    x <- 1:4
51    dev <- x - mean(x)
52    p_sd <- sqrt( sum( dev^2) / 4)
53    p_sd
```

실행 결과

```
[1] 1.118034
```

[코드 5-37]에서 살펴봤듯이 표준오차의 값은 0.7905694였습니다. [코드 5-39]는 모집단의 표준편차를 표본의 크기(2)의 제곱근으로 나눈 값을 구하는 코드이며, 이 실행 결과는 [코드 5-37]의 실행 결과와 동일합니다.

코드 5-39 06.inference.R

```
p_sd / sqrt(2)
```

실행 결과

```
[1] 0.7905694
```

이로써 $se(\overline{X}) = \frac{\sigma}{\sqrt{n}}$가 성립함을 확인했습니다.

앞서 설명했듯이 표본평균의 표준오차는 그 값이 작을수록 표본평균으로 관찰한 값이 모집단의 평균과의 차이가 클 확률이 작아져 좋은 추정량이 될 것입니다. 그렇다면 표준오차를 어떻게 줄일 수 있을까요? 표준오차는 모집단의 표준편차와 표본의 크기를 알면 구할 수 있습니다. 이 중에서 표본의 크기는 우리가 바꿀 수 있으며, 표본의 크기가 커지면 표준오차가 작아집니다. 이는 표본 100개로 얻은 결과보다 표본 1,000개로 결과를 신뢰하는 이유를 설명하는 과학적인 방법이기도 합니다.

이제 표본의 크기가 3일 때 표준편차를 계산해 봅시다. [코드 5-36]의 22~32줄을 n=3일 때로 계산하여 표본평균의 기댓값을 변수 em_n3에 저장합니다(`06.inference.R` 파일의 60~70줄 참고). 마찬가지로 [코드 5-37]의 35~45줄을 n=3일 때로 계산하여 표본평균 제곱의 기댓값을 변수 em2_n3에 저장합니다(`06.inference.R` 파일의 72~82줄 참고). 두 변수를 이용하여 [코드 5-40]의 84줄을 실행한 결과는 0.6454972이며 표본의 크기가 2일 때의 표준편차인 0.7905694보다 작습니다([코드 5-37]의 실행 결과 참고). 따라서 표본의 크기가 클수록 표본평균의 표준오차가 줄어듭니다.

모집단의 표준편차를 표본의 크기(3)의 제곱근으로 나눈 값은 표본평균의 표준오차와 동일하다는 것을 [코드 5-40]의 86줄을 통해 다시 한 번 확인할 수 있습니다.

코드 5-40 06.inference.R

```
84    sqrt(em2_n3 - em_n3^2)
85
86    p_sd / sqrt(3)
```

실행 결과

```
[1] 0.6454972

[1] 0.6454972
```

지금까지 추정량에 대해 살펴보았습니다. 추정에서는 좋은 추정량으로 불편추정량과 표준오차가 작은(분산이 작은) 추정량을 이야기합니다.

점추정과 구간추정

추정은 점추정point estimation과 구간추정interval estimation 두 가지가 있습니다. 점추정은 표본평균을 구하는 과정을 생각하면 좋습니다. 이는 표본으로부터 추정량을 이용하여 모수를 추정하는 방법이며, (표본평균의 예에서 살펴봤듯이) 표본추출에 따라 추정치가 달라질 수 있다는 약점이 있습니다. 따라서 이런 약점을 보완하기 위해 구간추정을 실시합니다.

구간추정은 점추정 값을 중심에 두고 하한과 상한을 구하는 방법으로, 표준오차와 해당 추정치가 따르는 분포함수의 확률을 이용하여 신뢰구간confidence interval을 구합니다. 신뢰구간은 신뢰수준을 통해 그 폭을 결정하며, 신뢰수준은 $(1-\alpha)$로 표현하는 확률입니다. 신뢰수준에 100을 곱한 백분율을 신뢰구간이라고 하며 '$100(1-\alpha)\%$ 신뢰구간'이라는 표현을 사용합니다. 여기서 $\alpha = 0.05$이면 각종 여론조사에서 한 번쯤 들어보았을 95% 신뢰구간을 의미합니다.

■ 표본평균의 95% 신뢰구간 구하기

5.3절에서 모집단이 정규분포 $N(\mu, \alpha^2)$을 따를 때, 표본평균의 분포는 $N\left(\mu, \left(\frac{\sigma}{\sqrt{n}}\right)^2\right)$을 따르는 정규분포임을 살펴보았습니다. 모집단이 표준정규분포를 따를 때, 표본의 크기가 4인 표본평균의 95% 신뢰구간을 구해 봅시다. 우리는 이미 표준정규분포의 평균이 0이고 표준편차가 1임을 알고 있지만, 우선 모집단의 평균은 모른다고 가정하겠습니다.

다음은 95% 신뢰구간을 구하는 과정입니다.

1. 표준정규분포에서 $P(-z \le x \le z) = 0.95$를 만족하는 z는 1.96입니다.
2. 모집단이 표준정규분포이고 표본의 크기가 4인 표본평균의 표준오차는 $\frac{\sigma}{\sqrt{n}} = \frac{1}{\sqrt{4}} = \frac{1}{2}$입니다.
3. 이로부터 95% 신뢰구간의 하한은 $\left(\text{표본평균} - 1.96 \times \frac{1}{2}\right)$이고, 상한은 $\left(\text{표본평균} + 1.96 \times \frac{1}{2}\right)$입니다.

이 과정을 R로 구현해 봅시다. [코드 5-41]의 5~6줄은 표본의 크기가 4인 표본추출을 100번 수행하기 위해 변수 nos와 n_t에 각 값을 저장합니다. 7줄에는 여러분도 이 책과 동일한 결과를 얻을 수 있도록 난수 발생 시 초깃값을 22로 설정하였습니다. 8줄은 표준정규분포에서 표본을 총 400개 추출하고 변수 rs에 저장합니다. 9줄은 행렬을 티블로 만든 뒤 이를 result에 저장합니다. 10줄을 통해 실행 결과를 다음과 같이 얻습니다.

코드 5-41 06.inference_doR.R

```r
nos <- 4
n_t <- 100
set.seed( 22 )
rs <- rnorm( nos*n_t )
result <- matrix( rs, ncol = nos, byrow = TRUE ) %>% as_tibble()
result
```

실행 결과

```
# A tibble: 100 × 4
      V1     V2       V3      V4
   <dbl>  <dbl>    <dbl>   <dbl>
 1 -0.512  2.49    1.01    0.293
 2 -0.209  1.86   -0.0660 -0.163
 3 -0.200  0.301  -0.764   0.0820
…
```

[코드 5-42]는 표본추출 데이터셋을 이용하여 표본추출별로 95% 신뢰구간을 구하는 코드입니다. 13줄은 각 시행에 번호를 매겨 id 열에 저장합니다. 14~15줄은 행별로 첫번째 열부터 네 번째 열까지 평균을 구하기 위해 rowwise( )를 사용하고, 지정한 열들을 가로질러 벡터로 갖는 c_across( ) 함수를 사용하여 평균을 구하고 m 열에 저장합니다. 16줄은 rowwise 상태를 해제하기 위해 ungroup( ) 함수를 사용합니다. 17~18줄은 95% 신뢰구간의 하한과 상한을 구하는데, 이 값은 각각 표본평균에서 1.96배의 표준오차를 뺀 값과 더한 값($P(-1.96 \le Z \le 1.96) = 0.95$, Z는 표준정규분포)입니다. 19줄은 하한(lwr)과 상한(upr)을 곱해서 0보다 작으면 0으로, 그렇지 않으면 1로 저장합니다. 이 과정에서 0이 하한과 상한 사이에 있으면 두 곱이 음수이고 그렇지 않으면 두 곱이 양수입니다. 이를 이용하여 0의 포함 여부를 factor( )로 변환하여 over 열에 저장합니다. 이 과정으로 만든 데이터셋을 변수 n95pCI에 저장합니다. 20줄을 통해 실행 결과를 확인할 수 있습니다.

코드 5-42 06.inference_doR.R

```
result %>%
  mutate( id = 1:n_t ) %>%
  rowwise( ) %>%
  mutate( m = mean( c_across(1:4) ) ) %>%
  ungroup( ) %>%
  mutate( lwr = m - 1.96 * ( 1/sqrt(nos) ) ) %>%
  mutate( upr = m + 1.96 * ( 1/sqrt(nos) ) ) %>%
  mutate( over = factor( ifelse(lwr * upr < 0, 0, 1) ) ) -> n95pCI
n95pCI
```

실행 결과

```
# A tibble: 100 × 9
      V1     V2      V3      V4    id      m    lwr   upr  over
   <dbl>  <dbl>   <dbl>   <dbl> <int>  <dbl>  <dbl> <dbl> <fct>
1 -0.512  2.49    1.01    0.293     1  0.818 -0.162  1.80     0
2 -0.209  1.86  -0.0660  -0.163     2  0.355 -0.625  1.34     0
3 -0.200  0.301 -0.764   0.0820     3 -0.145 -1.13   0.835    0
…
```

이제 95% 신뢰구간을 [코드 5-43]과 같이 그려봅시다. 23줄에 사용한 geom_errorbar( ) 함수는 표준오차를 시각화하기에 아주 좋은 도구입니다. x축 값마다 y 값의 범위를 95% 신뢰구간의 하한(lwr)부터 상한(upr)까지 매핑하여 표현하였습니다. 또한 색상은 over로 지정함으로써 모집단의 평균(0)을 포함하는지에 따라 색을 달리하여 표현합니다. 25줄은 모집단의 평균인 0을 표현하기 위해 geom_hline( ) 함수를 사용합니다.

코드 5-43 06.inference_doR.R

```
22  ggplot( n95pCI ) +
23    geom_errorbar( aes(x=id, ymin=lwr, ymax=upr, color=over),
24                   show.legend = FALSE ) +
25    geom_hline( yintercept = 0, size=0.2 ) +
26    theme_minimal() +
27    theme(
```

```
        panel.grid = element_blank(),
        axis.title = element_blank()
    )
```

실행 결과

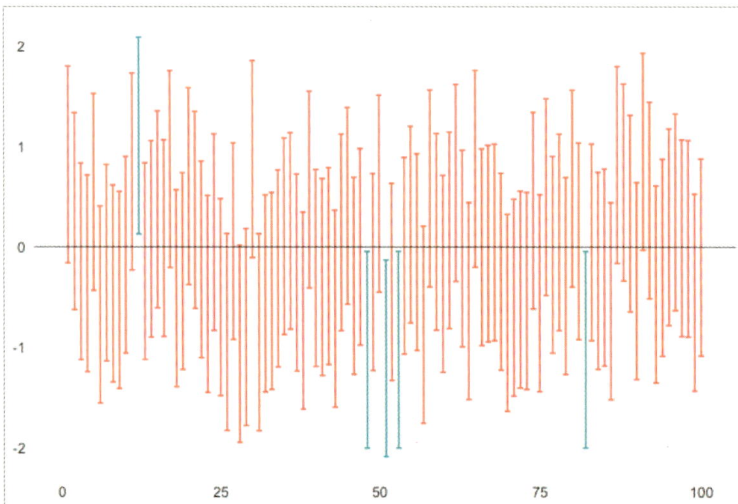

[코드 5-43]의 실행 결과로 나온 도표를 통해 신뢰구간의 의미를 살펴봅시다. 95% 신뢰수준은 '표본을 한 번 추출해 표본평균을 구하고, 이 표본평균을 중심으로 하한과 상한을 구했을 때 모평균을 포함할 확률이 95%'라는 의미가 **아닙니다**. 표본의 크기가 동일한 표본추출을 여러 번 실시할 때마다 신뢰구간을 구하면 표본평균과 95% 신뢰구간을 표본추출 횟수만큼 구할 수 있고, 이 중 95% 정도는 모평균을 포함한다는 의미입니다.

여론조사 결과로 알아보는 모비율의 추정

이번에는 모비율의 추정에 대해 생각해 봅시다. 모비율의 추정은 여론조사에서 많이 볼 수 있습니다. 경제·인문사회연구회는 국무총리 산하 공공기관으로, 여러 국책연구기관을 관리하고 있습니다. 이 중에서 통일·북한 관련 연구를 하거나 정책을 개발하는 기관인 통일연구원[12]은 2021년

12 https://www.kinu.or.kr/

7월에 '통일의식조사 2021[13]'의 결과를 발표했습니다. 만 18세 이상의 우리나라 국민 1,003명을 대상으로 통일 관련 인식에 대해 조사하였는데, '남북한이 전쟁 없이 평화적으로 공존할 수 있다면 통일은 필요 없다.'라는 문장에 대한 응답을 통해 다음 결론을 내렸습니다.

"2018년 이후 통일이 필요하다는 응답이 지속적으로 하락하고 있다."

응답자는 해당 문항에 대해 '전혀 동의하지 않음(1점)', '별로 동의하지 않음(2점)', '보통(3점)', '다소 동의(4점)', '매우 동의(5점)' 중 하나를 선택하였습니다. 분석자는 이 응답 결과를 낮은 점수(전혀 동의하지 않음, 별로 동의하지 않음)과 높은 점수(다소 동의, 매우 동의)으로 구분한 뒤 낮은 점수는 '통일선호'를 지지한다고 분류하고, 높은 점수는 '평화공존선호'를 지지한다고 분류하였습니다.

이 문항에 대해 2021년 4월을 기준으로 국민의 25.4%는 '통일선호'를 지지하고 56.5%는 '평화공존선호'를 지지하며, 18.1%는 중립('보통' 응답)이라는 결론을 내렸습니다. [그림 5-11]은 2016년부터 해당 문항을 정기적으로 물어 시간에 따라 국민의 생각 변화를 나타낸 그래프입니다.[14]

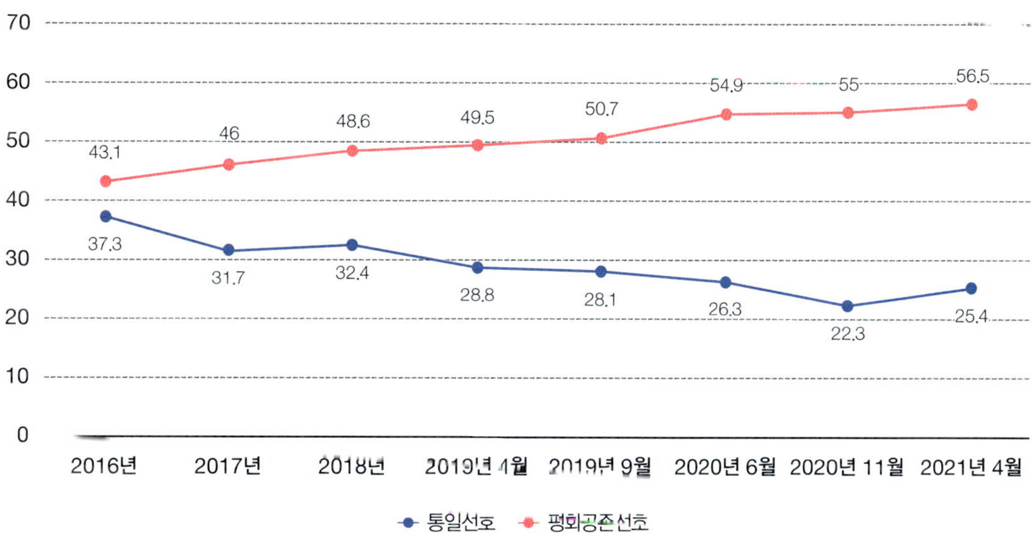

그림 5-11 2016년 이후 통일의식조사의 변화

13 통일연구원 보도자료 : https://c11.kr/v682

14 "KINU 통일의식조사 2021"(2021), 통일연구원

이 조사 결과에 나타난 각 비율은 표본비율로, 이를 식으로 나타내면 다음과 같습니다.

$$\text{어떤 사건이 발생한 횟수 } X\text{에 대하여 표본비율 } \hat{p} = \frac{X}{n}$$

2021년 4월 조사에서 '평화공존선호'를 지지한 사람은 567명으로, 전체 응답수 1,003으로 나눠 '평화공존선호'의 표본비율을 $\hat{p} = \frac{567}{1003} \approx 0.565(56.5\%)$로 구하고, 이 값을 모비율 p의 점추정치로 발표하였습니다. 이제 다음 순서에 따라 모비율 p에 대한 95% 신뢰구간으로 구간추정을 해 봅시다. 모비율의 추정은 모집단이 $X \sim B(n,\ p)$일 때 표본비율을 통해 성공 확률 p를 추출하는 과정입니다.

1 모비율의 p의 추정치 $\hat{p} = \frac{X}{n}$의 기댓값을 구해 봅시다.

$$E(\hat{p}) = E\left(\frac{X}{n}\right) = \frac{1}{n}E(X)$$

여기서 X는 이항분포이므로 $E(X) = np$입니다. 따라서 $\frac{1}{n}E(X) = \frac{1}{n}np = p$이고, $\hat{p}$의 기댓값은 $E(\hat{p}) = p$입니다.

2 표본비율 $\hat{p} = \frac{X}{n}$의 분산을 구해 봅시다. a가 상수일 때 상수와 확률변수의 곱의 분산은 $Var(aX) = x^2 Var(X)$입니다. 따라서 다음이 성립합니다.

$$Var\left(\frac{x}{n}\right) = \frac{1}{n^2}Var(X) = \frac{1}{n^2}np(1-p) = \frac{p(1-p)}{n}$$

이로부터 표준오차는 $se(\hat{p}) = \sqrt{\frac{p(1-p)}{n}}$ 입니다.

3 표본비율도 마찬가지로 중심극한정리에 의해 정규분포를 따릅니다.
따라서 $\hat{p} \sim N\left(p,\ \left(\sqrt{\frac{p(1-p)}{n}}\right)^2\right)$입니다.

1~**3**으로부터 모비율 p에 대한 95% 신뢰구간은 다음을 만족하는 구간입니다.

$$P\left(\hat{p} - 1.96\sqrt{\frac{p(1-p)}{n}} \le p \le \hat{p} + 1.96\sqrt{\frac{p(1-p)}{n}}\right) = 0.95$$

일반적으로 모비율 p를 모르기 때문에 모비율 p의 추정량인 $\hat{p}$을 사용합니다.

$$P\left(\hat{p}-1.96\sqrt{\frac{\hat{p}(1-\hat{p})}{n}} \le p \le \hat{p}+1.96\sqrt{\frac{\hat{p}(1-\hat{p})}{n}}\right)=0.95$$

여기서 모든 설문조사에 등장하는 문구를 생각해 봅시다. 통일연구원이 '통일의식조사 2021'의 결과를 발표할 때, "만 18세 이상 성인남녀 1,003명을 대면면접조사를 통해 실시하였으며, 표본오차는 95% 신뢰수준에서 최대 허용 표집오차[15]는 ±3.1%p이다."라는 표현을 사용했습니다. 이 조사의 정확도를 나타내는 표현인 '95% 신뢰수준에서 표본오차 ±3.1%'는 어떻게 구한 수치인지 알아봅시다. 이를 위해 다음과 같이 모비율 p에 대한 95% 신뢰구간을 구하는 과정의 일부를 변형합니다.

- 가장 안 좋은 상황을 가정하기 위해 표준오차를 최대로 만듭니다. 모비율의 신뢰구간에서 분자에 포함된 $p(1-p)$는 $p=0.5$일 때 최댓값을 가지므로 성공 확률 p를 0.5로 설정합니다.
- $p=0.5$일 때 표본오차는 $\pm1.96\sqrt{\frac{0.5^2}{n}}$입니다. 표본의 크기가 $n=1003$이면 $1.96\sqrt{\frac{0.5^2}{n}} \approx 0.0309$이므로 표본오차는 약 3.1%입니다.

이로써 설문조사의 표본오차는 표준오차를 최대로 두는 경우, 즉 가장 변동이 큰 경우를 가정하고 구한다는 것을 확인할 수 있습니다.

'통일의식조사 2021'의 결과와 함께 표본오차의 의미를 짚어보겠습니다. '통일선호'를 지지한다는 모비율을 추정할 때에는 점추정치인 25.4%만 보는 것이 아니라 점추정치에 표본오차를 더한 25.4%±3.1%p로, 즉 (22.4%, 28.5%)인 범위에 있다고 보아야 그 의미에 적합합니다.

선거철이 되면 여론조사 결과로 '오차 범위 내 혼전'이라는 표현을 들어봤을 것입니다. 이 표현은 각 후보의 지지율을 점추정치로만 보면 차이가 있지만 표본오차를 고려하면 지지율이 서로 겹치는 구간이 생긴다는 뜻입니다. 따라서 여론조사만으로는 어떤 후보의 지지율이 높다고 확신하기 어렵습니다. 이 경우에는 표본의 크기를 키우면 표본오차를 줄일 수 있습니다. 하지만 표본의 크기를 키우는 데 드는 시간과 비용에 비해 표본오차는 미미한 수준(제곱근)으로 줄어들기 때문에, 실제로는 표본의 크기를 늘리기 어렵습니다. 미국 여론조사 기관은 2000년에 대통령 선거가 가까워지자 3주 전에는 1,690명, 2주 전에는 3,268명, 1주 전에는 6,043명으로 표본의 크기를 약 2배씩 키운 바 있습니다.[16]

15 표집오차보다 표본오차라는 표현을 더 많이 사용하므로, 이후부터는 표본오차를 사용하겠습니다.

16 이기원 저자의 『인터넷 시대의 생활속의 통계학』(교우사, 2001) 참고

5.5 통계적 가설검정

각 눈이 나올 확률이 모두 동일한 주사위를 공정한 주사위fair dice라 합니다. 정육면체 모양의 공정한 주사위를 60번 굴려봅시다. 각 눈이 나올 확률이 모두 $\frac{1}{6}$로 동일하기 때문에, 각 눈이 나올 횟수는 [표 5-6]과 같을 것으로 기대합니다.

표 5-6 주사위를 60번 굴릴 때 이론적으로 각 눈이 나올 횟수

구분	1의 눈	2의 눈	3의 눈	4의 눈	5의 눈	6의 눈
$P(X=x)$	$\frac{1}{6}$	$\frac{1}{6}$	$\frac{1}{6}$	$\frac{1}{6}$	$\frac{1}{6}$	$\frac{1}{6}$
출현 횟수	$60\times\frac{1}{6}=10$	$60\times\frac{1}{6}=10$	$60\times\frac{1}{6}=10$	$60\times\frac{1}{6}=10$	$60\times\frac{1}{6}=10$	$60\times\frac{1}{6}=10$

주사위를 실제로 굴려보면 어떨까요? [코드 5-44]와 같이 R로 시뮬레이션을 해 보았습니다. 이 코드는 난수 발생 시 초깃값을 설정하지 않았으므로 여러분과 다른 결과가 나올 수 있을 것입니다. 이 코드의 실행 결과를 보면 이론과 다르게 출현 횟수가 조금씩 다릅니다.

코드 5-44 07.hypotest.R

```
rd <- sample( 1:6, 60, replace = TRUE )
rd <- factor( rd, levels=1:6, labels=1:6 )
table( rd )
```

실행 결과

```
rd
 1  2  3  4  5  6
11 10  9 10 13  7
```

어떠한 시행을 하면 그 결과는 이론적인 확률과 동일하지 않고 무작위로 발생하는데, 이는 자연스러운 현상입니다. 공정한 주사위를 굴리는 실험을 수없이 반복해야 각 눈이 나올 확률이 $\frac{1}{6}$에 가까워집니다. 제한된 크기로 표본을 추출하면 각 눈이 나올 확률이 다른 경우와 같은 특성에 따라 발생 빈도가 달라질 수도 있지만, [코드 5-44]의 실행 결과처럼 무작위 추출의 자연적인 현상에 의해 발생 빈도가 달라질 수 있으며, 우리는 이를 당연하게 받아들입니다.

만일 주사위가 공정한지 알 수 없다면 어떨까요? 주사위를 굴리면 모든 눈이 동일한 확률로 나온다고 할 수 있을까요? 이번 절에서는 알지 못하는 모집단의 특성을 알기 위해 모집단의 특성에 대한 가설을 수립하고, 표본을 관찰하여 어떤 가설이 적절한지(즉, 어떤 가설 하에서 나타난 표본추출 결과인지)를 판단하는 통계적 가설검정에 대해 알아볼 것입니다. 우선 용어부터 정리해 봅시다.

가설검정에서 사용하는 용어

가설검정에서 사용하는 용어들을 정리해 봅시다.

■ 가설

가설 hypothesis 은 모집단 상태에 대한 예측을 기술한 서술문입니다. 가설에는 다음 두 가지 종류가 있습니다.

- **영가설** null hypothesis[17] : 모집단의 특성이 기존에 알려진 것과 '동일하다', '차이가 없다' 등의 경우에 해당하는 가설이며, 기호로 H_0라고 표기합니다.
- **대안가설** alternative hypothesis[18] : 영가설에 나타낸 모집단의 특성이 '아니다'(not H_0), '기존에 알려진 것과 다르다', '차이가 있다' 등의 경우에 해당하는 가설이며, 기호로 H_1 또는 H_a라고 표기합니다.

■ 검정통계량

검정통계량 test statistic 은 영가설이 참이라는 가정 하(under H_0)에서 표본으로부터 관찰한 값을 확률분포를 따르는 검정함수에 대입하고, 각 분포에서의 위치를 구합니다.

■ 유의수준

두 가지 가설 중 하나를 선택하는 검정에서 발생할 수 있는 오류를 생각해 봅시다. 한 가지는 영가설이 참일 때 대안가설을 채택하는 오류가 있고, 다른 하나는 대안가설이 참일 때 영가설을 채택하는 오류입니다. 이를 도식으로 나타내면 [그림 5-12]와 같습니다.

17 귀무가설이라고도 합니다.

18 대립가설이라고도 합니다.

		실제 모수의 상태	
		영가설이 참	대안가설이 참
판정한 모수의 상태	영가설이 참	○	×
	대안가설이 참	×	○

그림 5-12 실제 모수의 상태와 가설검정 판정시 발생할 오류

실제 모수는 영가설이 참이지만 대안가설을 채택하는 **오류를 범할 확률**을 제1종 오류라고 합니다. 제1종 오류는 가설검정을 통해 영가설의 채택 및 기각 여부를 결정하는 기준이 되고, 기호로 α라고 표기합니다. 반면에 실제 모수는 대안가설이 참이지만 영가설을 채택하는 오류를 범할 확률을 제2종 오류라 하고 기호로 β라고 표기합니다. 여기서 $1-\beta$를 검정력statistical power이라 하는데, 검정력을 이용하면 가설검정에 사용할 방법을 결정할 수도 있고, 표본의 크기를 구할 수도 있습니다.

통계적 가설검정에서는 제1종 오류를 기준으로 둡니다. 그리고 가설검정 방법을 정하기 위해 ❶ 사전에 제1종 오류를 허용할 수 있는 범위를 고정하고, ❷ 검정력$(1-\beta)$을 가장 크게 만들 수 있는 검정 방법을 사용합니다.

❶을 다시 말하면 제1종 오류인 α 값을 결정한다는 뜻입니다. 연구 분야에 따라 α 값으로 0.01, 0.05, 0.1 등을 사용하며, 많은 경우 0.05를 사용합니다. [그림 5-13]은 기준값에 따라 제1종 오류와 제2종 오류가 어떻게 변하는지를 그림으로 나타낸 것입니다. 그림에서 붉은색으로 표시한 영역의 면적이 제1종 오류 α이고, 푸른색으로 표시한 영역의 면적이 제2종 오류입니다. [그림 5-13(b)]는 제1종 오류를 줄이기 위해 기준값을 0.64에서 1.5로 높이면, 붉은색의 면적은 줄어들지만, 파란색 영역이 늘어납니다. 이처럼 두 오류는 동시에 줄일 수 없습니다. 통계적 가설검정에서는 영향이 더 큰 제1종 오류 α를 고정합니다.

판정에서는 제1종 오류를 유의수준significance level으로 사용합니다. 표본을 통해 계산한 검정통계량 값이 제1종 오류에 해당하는 위치에 있으면 영가설 하에서 발생할 확률이 낮은 경우가 발생했다는 뜻입니다. 이때 연구자는 검정통계량을 계산할 때 세운 영가설이 더 이상 참이라고 하기 어렵다고 판단하여 영가설이 참이라는 가정을 기각합니다.

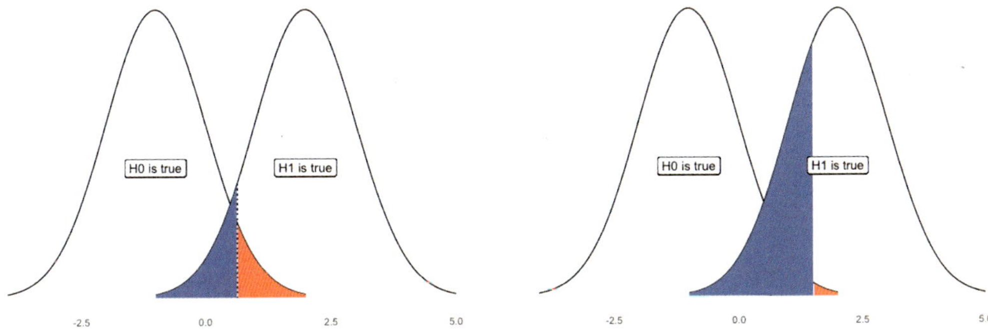

(a) 기준값 0.64　　(b) 기준값 1.5

그림 5-13 기준값에 따른 제1종 오류(붉은색 영역)와 제2종 오류(푸른색 영역)

❷의 검정력은 이 책의 범위를 넘어가므로, 이 부분은 깃허브 페이지에서 다루겠습니다.

■ 유의확률

유의확률significance probability은 영가설이 참이라는 가정 하에 표본으로부터 구한 검정통계량보다 더 극단적으로 값이 발생할 확률입니다. 다시 말해 유의확률은 검정통계량이 어떤 분포 T를 따른다고 할 때, 검정통계치 t에 대해 $P(T > |t|)$인 확률이며, p-value라고 합니다.

유의확률은 검정통계량으로 구한 값이 유의수준의 영역에 있는지, 즉 검정통계량 값이 $P(T > t) = \alpha$를 만족하는 t 이상의 값인지(여기서 t를 임계값tolerance이라고 합니다)를 판단하여 영가설의 채택 여부를 결정합니다. (다른 통계분석 소프트웨어도 마찬가지지만) R의 검정함수를 사용하여 영가설의 채택 여부를 결정할 때 사용하며, 유의확률과 유의수준을 비교합니다.

[그림 5-14]의 두 도표는 검정통계량 t가 임계값 tol보다 작은 경우와 임계값 tol보다 큰 경우를 각각 나타냅니다.

- [그림 5-14(a)]와 같이 검정통계량 t가 임계값 tol보다 작으면 영가설을 채택합니다. 이때 p-value는 유의수준(여기서는 0.05)보다 큽니다. [그림 5-14(a)]에서 검은 선($X = tol$) 이상일 면적(확률) $P(T > tol)$이 유의수준 0.05이며, 붉은 선($X = t$)의 오른쪽과 그 이상의 면적(확률)은 유의수준보다 큽니다. 즉, $P(T > t) > \alpha$인 경우입니다.
- [그림 5-14(b)]와 같이 검정통계량 t가 임계값 tol보다 크면 영가설을 기각합니다. 이때 p-value는 유의수준보다 작습니다. 붉은 선($X = t$)의 오른쪽과 그 이상의 면적은 값이 유의수준보다 작습니다. 즉, $P(T > t) < \alpha$인 경우입니다.

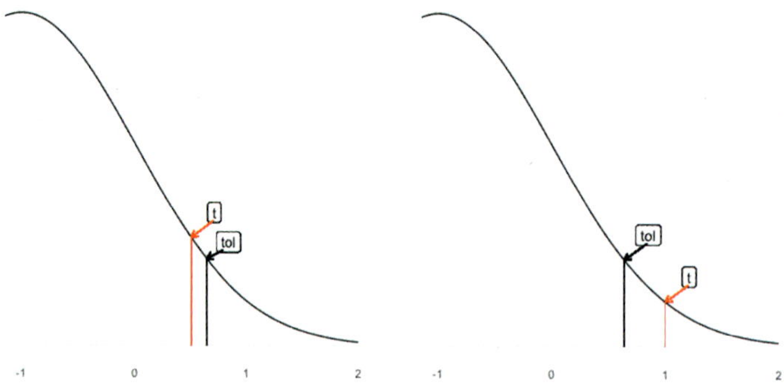

(a) 검정통계량이 임계값보다 작은 경우 (b) 검정통계량이 임계값보다 큰 경우

그림 5-14 검정통계량과 임계값

가설검정의 사례

■ 적합도검정 : 모집단 구성요소의 비율에 대한 가설검정

범주형 변수 하나만 가지고 모집단을 여러 집단으로 나눌 수 있을 때, 각 집단이 발생할 확률이 특정한 비율을 따르는지 알아보기 위한 검정을 적합도검정이라고 합니다. 예를 들어 주사위를 굴릴 때 주사위의 각 눈이 동일한 비율로 나타나는지 확인하기 위해 적합도검정을 사용할 수 있습니다.

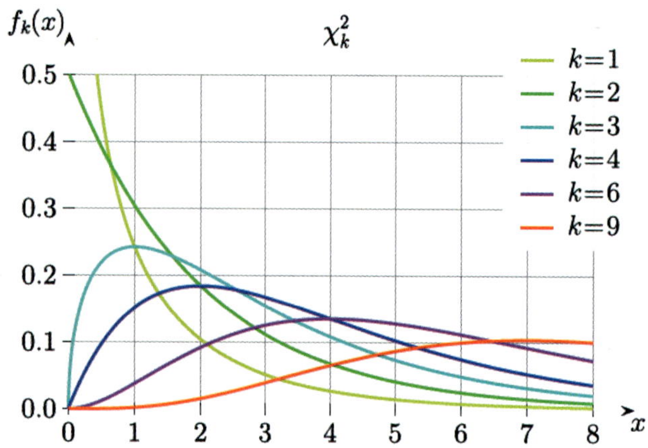

그림 5-15 k의 변화에 따른 카이제곱분포[19]

19 출처 : https://commons.wikimedia.org/wiki/File:Chi-square_pdf.svg

참고

카이제곱분포

k개의 서로 독립인 표준정규분포를 제곱하여 합한 분포로 모수는 자유도df; degree of freedom k입니다. 확률변수가 카이제곱분포를 따를 때, 기댓값은 k이고 분산은 $2k$입니다. R에서 사용할 수 있는 카이제곱분포 관련 함수에는 ❶ 확률밀도함수 dchisq(x, df), ❷ 누적분포함수 pchisq(x, df), ❸ 분위수함수 qchisq(p, df), ❹ 난수발생함수 rchisq(n, df)가 있습니다. 카이제곱분포의 확률밀도함수는 k 값의 변화에 따라 [그림 5-15]와 같이 나타낼 수 있습니다.

어떤 주사위 제조사에서 이번에 출하하는 제품이 공정한 주사위인지 알아보려고 합니다. 제조사는 생산한 주사위 중에서 하나를 무작위 추출하여 60번 굴리는 실험을 수행하고, 다음 순서대로 통계적 가설검정을 실시했습니다.

1 이 실험의 목적은 무작위로 추출한 주사위를 굴릴 때 각 눈이 나타날 확률이 동일한지 확인하는 것입니다. 그러면 영가설과 대안가설을 다음과 같이 수립할 수 있습니다.

- 영가설은 "주사위의 각 눈이 나타날 확률은 모두 $\frac{1}{6}$로 동일하다."이며, 이를 기호로 나타내면 $H_0: p_1 = p_2 = p_3 = p_4 = p_5 = p_6 = \frac{1}{6}$입니다.
- 대안가설은 "주사위 눈 중에 나타날 확률이 모두 $\frac{1}{6}$로 동일한 것은 아니다." 또는 "주사위 눈 중에서 적어도 하나는 나타날 확률이 다르다."이며, 이를 기호로 나타내면 $H_1: not\ H_0$ 입니다.

2 유의수준은 0.05입니다(α=0.05).

3 가설검정에 사용할 검정통계량은 다음과 같습니다.

- **집단의 개수 k** : 모집단을 k개로 구분하는 변수입니다. 주사위를 60번 굴리는 실험에서는 집단이 주사위 눈으로 나뉘기 때문에 k=6입니다.
- **영가설 하에서 기대빈도**Expected Frequency E_i : 영가설 하에서 각 집단이 발생할 확률과 시행 횟수를 곱해 구합니다. 주사위를 60번 굴리는 실험에서 각 눈이 나올 확률이 $\frac{1}{6}$이고, 표본추출을 60번 수행하므로 기대빈도는 모두 10입니다.
- **표본에서 얻는 관찰빈도**Observed Frequency O_i : 실제 표본으로부터 관찰한 k개 각 집단의 발생 횟수입니다. 주사위를 60번 굴리는 실험에서는 각 눈이 나오는 횟수를 나타냅니다.
- 이 실험은 자유도가 k–1(범주의 개수 – 1)인 카이제곱분포를 따르는 카이제곱 통계량을 사용합니나.

$$\sum_{i=1}^{k} \frac{(E_i - O_i)^2}{E_i} \sim x^2(k-1)$$

검정통계량을 구하는 과정은 [표 5-7]에 담았습니다.

표 5-7 무작위로 추출한 주사위를 60번 굴리는 실험에서 검정통계량을 구하는 과정

구분	1의 눈	2의 눈	3의 눈	4의 눈	5의 눈	6의 눈	합
E_i	10	10	10	10	10	10	60
O_i	12	9	16	6	7	10	60
E_i-O_i	−2	1	−6	4	3	0	0
$\frac{(E_i-O_i)^2}{E_i}$	$\frac{4}{10}$	$\frac{1}{10}$	$\frac{36}{10}$	$\frac{16}{10}$	$\frac{9}{10}$	$\frac{10}{10}$	$\frac{66}{10}=6.6$

4 ❶검정통계량을 이용하여 직접 판정하는 방식과 ❷R이 제공하는 함수로 판정하는 방식을 각각 이용해 봅시다.

❶ [코드 5-45]는 p-value를 계산하는 코드입니다. 카이제곱분포의 누적분포함수 pchisq()에 검정통계량 6.6을, 자유도 5(범주의 개수−1=6−1)를 지정합니다. 이 코드의 실행 결과는 약 0.2521로 우리가 정한 유의수준 0.05보다 크기 때문에 영가설을 채택합니다.

코드 5-45 07.hypotest.R

```
1 - pchisq( 6.6, df=5 )
```

실행 결과

```
[1] 0.2521282
```

❷ [코드 5-46]은 R에서 제공하는 카이제곱검정함수인 `chisq.test()`를 이용하여 판정하는 방식입니다. `chisq.test()` 함수의 첫 번째 인수 x는 검정에 사용할 데이터셋으로 `table` 형태의 값을 전달합니다. 여기에는 [코드 5-44]의 5줄인 `table( rd )`를 지정했습니다. 두 번째 인수 p는 각 항목의 비율이며, 벡터로 전달합니다. 검정함수를 이용하면 [코드 5-46]의 실행 결과와 같이 검정통계량과 영가설 하에서 분포의 모수(카이제곱분포의 자유도), p-value를 쉽게 계산할 수 있습니다. 이로부터 p-value와 유의수준을 비교하여 영가설 채택 여부를 판정합니다. 실행 결과로 나온 p-value는 ❶에서 구한 값과 동일하며, 이는 유의수준 0.05보다 큰 값이므로 영가설을 채택합니다.

코드 5-46 07.hypotest.R

```
ct <- chisq.test( table( rd ), p=rep(1/6, 6) )
ct
```

실행 결과

```
	Chi-squared test for given probabilities

data:  table(rd)
X-squared = 6.6, df = 5, p-value = 0.2521
```

X-squared = 6.6 → 검정통계량
df = 5 → 분포의 모수 자유도
p-value = 0.2521 → 유의확률

[코드 5-47]은 카이제곱검정함수에 사용한 변수 ct의 속성을 살펴봅니다. 실행 결과에서 볼 수 있듯이 R에서 가설검정함수의 결과물은 htest 클래스입니다. 또한 이 변수가 가진 속성에는 statistic(통계량), parameter(모수), p.value(유의확률), method(가설검정 방법), data.name(분석에 사용한 데이터셋 이름), observed(관찰빈도), expected(기대빈도), residuals(잔차), stdres(표준화 잔차)가 있습니다.

코드 5-47 07.hypotest.R

```
attributes( ct )
```

실행 결과

```
$names
[1] "statistic" "parameter" "p.value"   "method"
[5] "data.name" "observed"  "expected"  "residuals"
[9] "stdres"

$class
[1] "htest"
```

[코드 5-48]을 실행하고 결과를 확인해 보세요.

코드 5-48 07.hypotest.R

```
ct$statistic
ct$parameter
ct$p.value
```

5 판정 이후 가설검정의 결과를 기술합니다. 결과 기술은 다음과 같은 형태로 이루어집니다.

- **가설(실험 목적) :** 각 눈이 나올 확률이 모두 동일한 주사위인지 알아보려고 합니다.
- **실험 방법 :** 생산된 제품 중에서 무작위로 주사위를 한 개 선택하여 주사위 굴리기를 60번 시행하였습니다.
- **가설검정방법(유의수준 명시) :** 60번의 주사위 굴리기로 나온 눈의 횟수에 대해 유의수준 0.05에서 적합도검정을 실시하였습니다.
- **표본으로 관찰한 데이터 요약 :** 주사위를 굴린 결과 각 눈이 나온 횟수와 비율은 12(20%), 9(15%), 16(26.7%), 6(10%), 7(11.7%), 10(16.7%)입니다.
- **검정통계량과 유의확률 :** 표본으로부터 검정통계량 6.6(자유도 5), p-value 0.2521을 얻었습니다.
- **판정 :** p-value가 유의수준보다 크므로 영가설을 채택합니다.
- **결론 :** 따라서 주사위의 각 눈이 나오는 비율이 동일하게 만들어졌다고 볼 수 있습니다.

■ 평균검정 : 서로 독립인 두 집단의 평균 비교

남성과 여성의 평균 성적 차이, 도시지역과 비도시지역의 평균 수도 소비량 차이, 실험군과 대조군의 평균 세균 감소량 차이 등 서로 다른 두 집단의 평균에 차이가 있는지를 알아보는 검정은 t 분포를 이용한 독립표본 t 검정을 실시합니다.

이번에는 어떤 시에서 a구와 b구의 미세먼지 농도를 비교하는 실제 사례를 통해 평균검정을 어떻게 하는지 알아보겠습니다. a구는 미세먼지 관리 전략을 수립하고 미세먼지(PM_{10}) 저감 프로그램을 운영하고, b구는 미세먼지 저감 프로그램을 운영하지 않는 지자체 중에서 무작위로 선택한 곳입니다. 7월 한 달간 매일 오후 1시에 a구와 b구의 대기 상태를 측정하고 PM_{10}의 평균에 차이가 있는지 알아보겠습니다. 이번 검정에 사용한 데이터는 에어코리아(1.4절 참고)에서 다운로드한 파일을 가공한 것입니다.

가설검정을 하기 전에 [코드 5-49]처럼 미리 데이터를 불러와 분석할 준비를 하겠습니다. 22줄은 집단 구분 변수를 팩터로 변환할 때 관심을 갖는 a구를 먼저 배치하여 첫 번째 집단으로 지정합니다. 25~29줄은 수집한 표본의 데이터를 요약합니다. 요약 값을 출력할 때 `sprintf( )` 함수를 사용하여 평균보다 표준편차를 한 자리 더 많이 출력하게 지정했습니다.

코드 5-49 07.hypotest.R

```
library( readxl )
aq <- read_excel( "./data/airquality_202107.xlsx" )
aq$region <- factor( aq$region, levels=c("a", "b") )
aq %>%
  group_by( region ) %>%
  summarise(
    n = n(),
    m = sprintf("%0.3f", mean(pm10)),
    s = sprintf("%0.4f", sd(pm10))
  )
```

실행 결과

```
# A tibble: 2 × 4
  region     n      m       s
   <fct> <int> <chr>   <chr>
1      a    31 25.355 11.7262
2      b    31 40.355 19.0815
```

1 a구가 실행하는 미세먼지 저감 프로그램이 효과가 있으려면 a구의 PM_{10} 평균 농도가 b구의 PM_{10} 평균 농도보다 낮아야 합니다. 따라서 영가설과 대안가설을 다음과 같이 수립할 수 있습니다.

- 영가설은 "a구의 PM_{10} 평균 농도와 b구의 PM_{10} 평균 농도는 차이가 없다."이며, 이를 기호로 나타내면 $H_0: \mu_{\text{a구의 } PM_{10}} - \mu_{\text{b구의 } PM_{10}} = 0$입니다.
- 대안가설은 "a구의 PM_{10} 평균 농도는 b구의 PM_{10} 평균 농도보다 낮다."이며, 이를 기호로 나타내면 $H_1: \mu_{\text{a구의 } PM_{10}} - \mu_{\text{b구의 } PM_{10}} < 0$입니다.

2 유의수준은 $\alpha = 0.05$를 사용합니다.

3 두 집단을 비교하려면 먼저 두 집단 사이의 분산이 동일한지를 검정해야 합니다. 이를 등분산 검정이라고도 합니다. 이제 다음 순서대로 분산의 동일성을 검정해 봅시다.

❶ **가설 수립 :** 영가설은 “두 집단의 분산은 서로 동일하다.”이며, 기호로 나타내면 $H'_0 : \frac{\sigma^2{}_1}{\sigma^2{}_2} = 1$입니다. 대안가설은 “두 집단의 분산은 동일하지 않다.”이며, 기호로 나타내면 $H'_1 : \frac{\sigma^2{}_1}{\sigma^2{}_2} \neq 1$입니다.

❷ 유의수준은 0.05를 사용합니다.

❸ **검정통계량 :** 두 집단의 분산비는 F 분포를 이룹니다. F 분포는 분자의 자유도와 분모의 자유도 두 가지를 모수로 합니다. R에서는 [코드 5-50]과 같이 `var.test()` 함수를 이용하여 검정통계량을 구합니다. 최종 목표는 독립표본 t 검정이므로, 여기에서는 분산의 동일성만 판정한 뒤 바로 다음으로 넘어가겠습니다. [코드 5-50]의 실행 결과를 보면 유의확률이 유의수준 0.05보다 작기 때문에 두 집단의 분산비가 1이 아니라는, 통계적으로 유의한 결론을 내릴 수 있습니다. 이로써 두 집단의 분산은 서로 다르다고 가정하고 독립표본 검정을 진행하겠습니다.

코드 5-50 07.hypotest.R

```
var.test( aq$pm10 ~ aq$region )
```

실행 결과

```
	F test to compare two variances

data:  aq$pm10 by aq$region
F = 0.37765, num df = 30, denom df = 30, p-value = 0.009446
alternative hypothesis: true ratio of variances is not equal to 1
95 percent confidence interval:
 0.1820922 0.7832228
sample estimates:
ratio of variances
          0.377649
```

검정통계량 (→ F = 0.37765)
분포의 모수 두 개의 자유도 (→ num df = 30, denom df = 30)
유의확률 (→ p-value = 0.009446)
분산비의 95% 신뢰구간 (→ 95 percent confidence interval)
점추정치 (→ sample estimates)

4 두 집단의 평균을 비교하는 평균검정에 정규분포 또는 t 분포를 따르는 검정통계량을 사용합니다. t 분포의 자유도가 클수록, 즉 표본의 크기가 클수록 t 분포는 표준정규분포와 유사해지므로 표본의 크기가 일정 수준 이상(약 30 이상)이면 정규분포를 이용해 근사적으로 판정할 수 있습니다. 하지만 이 책에서는 모집단의 분산을 모를 때 표본의 크기와 상관없이 t 분포를 사용합니다. 또한, 대부분은 모집단의 분산을 모르는 때가 많으므로 t 분포를 따르는 검정통계량을 사용합니다. 이 책에서는 수식보다 t 분포를 따르는 검정을 위한 `t.test()` 함수를 이용해 [코드 5-51]과 같이 검정통계량을 구할 것입니다. `t.test()` 함수의 주요 인수는 다음과 같습니다.

- **x** : 단일 집단의 평균 비교 시 분석에 사용할 벡터를 전달합니다. 독립표본 t 검정을 할 때에는 "평균을 구할 연속형 변수 ~ 집단을 구분하는 명목형 변수"의 형태로 전달합니다.
- **alternative** : 대안가설의 형태를 전달하는 인수로, "two.sided", "grater", "less"가 있습니다. 기본값은 "two.sided"입니다. "two.sided"는 "두 집단의 평균이 같지 않다."를 대안가설로 사용할 때 지정합니다. "grater"는 "첫 번째 집단의 평균이 두 번째 집단의 평균보다 크다."를 대안가설로 사용할 때 지정합니다. "less"는 "첫 번째 집단의 평균이 두 번째 집단의 평균보다 작다."를 대안가설로 사용할 때 지정합니다. [코드 5-49]의 22줄에서 a구를 첫 번째 집단으로 설정했기 때문에, [코드 5-51]의 33줄에서 "less"를 지정하였습니다.
- **mu** : 영가설 하에서 평균의 차이입니다. 지금 수행 중인 평균검정에서는 두 집단의 평균에 차이가 없으므로 0을 사용해도 되고, mu 인수의 기본값이 0이므로 지정하지 않아도 됩니다.
- **var.equal** : 등분산 검정을 통과했으면 TRUE를 전달하고, 통과하지 않았으면 FALSE를 전달합니다. 기본값은 FALSE이므로 생략해도 되지만 [코드 5-51]에서는 명시적으로 표현했습니다. 그리고, 등분산 여부에 따라 검정방법이 달라집니다. 등분산이라면 독립표본 t 검정Two Sample t-test을, 등분산이 아니라면 웰치의 t 검정Welch Two Sample t-test을 수행합니다.
- **conf.level** : 신뢰구간의 신뢰수준을 지정합니다. 기본값은 0.95입니다. 만일 유의수준 α를 0.05가 아닌 다른 값으로 설정했다면 $1-\alpha$ 값을 전달합니다.

코드 5-51 07.hypotest.R

```
32    t.test( aq$pm10 ~ aq$region,
33            alternative="less",
34            mu = 0,
35            var.equal = FALSE,
36            conf.level = 0.95 )
```

실행 결과

검정통계량 / 검정의 이름

```
	Welch Two Sample t-test

data:  aq$pm10 by aq$region
t = -3.729, df = 49.831, p-value = 0.0002462
alternative hypothesis: true difference in means between group a and group b is less than 0
95 percent confidence interval:
      -Inf -8.258167
sample estimates:
mean in group a mean in group b
       25.35484        40.35484
```

유의확률

평균 차이의 95% 신뢰구간

각 집단별 점추정치

5 적합도검정에서 p-value에 의한 판정 방법을 살펴보았으니, 이번에는 신뢰구간에 의한 판정 방법을 알아봅시다. `t.test( )` 함수의 실행 결과 중에 $(1-\alpha)$% 신뢰구간이 있습니다. 기본값은 0.95이므로 유의수준을 0.05로 설정했다면 기본값 그대로 사용합니다. [코드 5-51]의 실행 결과에 따르면 평균 차이의 95% 신뢰구간(`95 percent confidence interval`)은 $(-\infty, -8.258167)$입니다. 신뢰구간 범위 내에 영가설에서의 평균 차이(0)가 존재하지 않고, 신뢰구간의 값이 모두 음수이므로 "a구의 PM_{10} 평균 농도와 b구의 PM_{10} 평균 농도는 차이가 없다."라는 영가설을 기각합니다.

6 가설검정의 결과를 다음과 같이 기술할 수 있습니다.

- **가설(실험 목적) :** a구의 미세먼지 저감 프로그램이 효과가 있는지 알아보려고 합니다.
- **실험 방법 :** a구와 같은 시의 다른 구 중에서 무작위로 한 곳(b구)을 골라 a구와 함께 매일 오후 1시에 미세먼지(PM_{10}) 농도를 측정하였습니다.
- **가설검정 방법(유의수준 명시) :** a구와 b구의 평균 농도 차이에 대해 유의수준 0.05에서 웰치의 t 검정을 실시하였습니다. 사전에 두 구의 PM_{10} 농도 분산에 대해 동일성을 검정한 결과, 검정통계량은 0.37765이고 p-value는 0.009446이므로 두 구의 분산은 서로 다르다고 판정하였습니다([코드 5-50]의 실행 결과 참고).
- **표본으로 관찰한 데이터 요약 :** 두 구를 모두 31일 동안 관찰하여(표본의 크기), a구 `PM10`의 평균과 표준편차는 25.355 ± 11.7262, b구 `PM10`의 평균과 표준편차는 40.355 ± 19.0815를 얻었습니다.
- **검정통계량과 유의확률 :** 표본으로부터 검정통계량 −3.729(자유도 49.831), p-value 0.0002462를[20] 얻었으며, 평균 차이의 95% 신뢰구간이 $(-\infty, -8.258167)$로 0을 포함하지 않았습니다.
- **판정 :** 영가설을 기각하고 대안가설을 채택합니다.
- **결론 :** a구 PM_{10}의 평균 농도가 b구 PM_{10}의 평균 농도보다 작다고 볼 수 있습니다. 이 결론은 통계적으로 유의합니다. 즉, a구의 미세먼지 저감 프로그램은 효과가 있다고 판단할 수 있습니다.

20 소수점 이하로 너무 작은 수가 나왔다면 < 0.001과 같이 표현할 수 있습니다.

CHAPTER 5 연습문제

※ **(문제 1~4) 주사위 한 개를 굴리는 시행에 대하여 짝수의 눈이 나오는 사건을 A_1, 홀수의 눈이 나오는 사건을 A_2, 4 이상의 눈이 나오는 사건을 B라 합시다. 다음 물음에 답하세요.**

1 이 시행의 표본공간에 대해 설명해 보세요.

2 두 사건 A_1, B에 대하여 다음 사건의 원소를 구해 보세요.

(a) $A_1 \cup B$　　(b) $A_1 \cap B$　　(c) A_1^c

3 두 사건 A_1, B에 대하여 다음 확률을 구해 보세요.

(a) $P(A_1 \cup B)$　　(b) $P(A_1 | B)$　　(c) $P(A_1 \cap B)$

4 세 사건 A_1, A_2, B에 대하여 다음 확률을 구해 보세요.

(a) $P(A_2 | B)$　　(b) $P(A_1 | B) + P(A_2 | B)$

참고

베이즈 정리

두 사건 A_1, A_2가 서로 배반이며 $A_1 \cup A_2 = \Omega$를 만족할 때, A_1과 A_2를 표본공간의 분할이라고 합니다. 이제 n개의 사건 $A_1, A_2, \cdots, A_n$이 표본공간 Ω의 분할이라 합시다. $P(A_i)$와 $P(B)$가 모두 영이 아니면 다음이 성립합니다.

$$P(A_i | B) = \frac{P(A_i \cap B)}{P(B)} = \frac{P(A_i)P(B | A_i)}{\sum_{k=1}^{n} P(A_k)P(B | A_k)} \qquad (i = 1, 2, \cdots, n)$$

이를 베이즈 정리 Bayes' theorem 라고 합니다.

CHAPTER 5 연습문제

※ **(문제 5~7) 주사위 한 개를 두 번 굴릴 때 각각 나오는 눈의 합을 확률변수 X라 합시다. 다음 물음에 답하세요.**

5 출현 가능한 결과에 따라 확률변수 X가 취할 값 x와 확률을 구해 보세요.

출현 가능한 결과	$X=x$	$P(X=x)$
{1, 1}		
{1, 2}, {2, 1}		
{1, 3}, {2, 2}, {3, 1}		
{1, 4}, {2, 3}, {3, 2}, {4,1}		
{1, 5}, {2, 4}, {3, 3}, {4, 2}, {5, 1}		
{1, 6}, {2, 5}, {3, 4}, {4, 3}, {5, 2}, {6, 1}		
{2, 6}, {3, 5}, {4, 4}, {5, 3}, {6, 2}		
{3, 6}, {4, 5}, {5, 4}, {6, 3}		
{4, 6}, {5, 5}, {6, 6}		
{5, 6}, {6, 5}		
{6, 6}		

6 다음 확률을 구해 보세요.

(a) $P(X \leq 4)$　　(b) $P(5 \leq X \leq 9)$

7 확률변수 X의 기댓값과 분산을 각각 구해 보세요.

※ **(문제 8~11)** [PROJECT 1]의 [코드 P1-21] 실행 결과를 기반으로, 2012년부터 2020년 까지 사망자가 발생한 교통사고가 요일별로 동일하게 일어났는지 알아보기 위해 유의수준 0.05에서 검정하려고 합니다. 다음 물음에 답하세요.

8 영가설과 대안가설을 수립해 보세요.

9 검정통계량과 p-value를 제시해 보세요.

10 영가설과 대안가설 중 어떤 가설을 채택해야 하는지 설명해 보세요.

11 [연습문제 8]~[연습문제 10]에서 실시한 검정의 결과를 기술해 보세요.

가설검정에서 p-value를 맹신했을 때 생길 수 있는 위험성과 p-value를 올바르게 사용하는 방법은 다음 링크(QR코드)를 통해 확인할 수 있습니다.

CHAPTER 6

통찰을 공유하는 좋은 방법, RMarkdown

프로젝트 : dsuR06/dsuR06.Rproj

학습목표

1. R을 이용해 데이터 과학 과정을 문서로 만드는 방법을 익힙니다.
2. HTML의 장점을 활용하여 쉽고 편리하게 문서를 구성하는 방법을 익힙니다.

한글과컴퓨터의 한글, 마이크로소프트의 Word, 구글의 Google docs와 같은 워드프로세서는 자판으로 입력한 글자를 화면에 보여주거나 종이에 출력해주는 소프트웨어입니다. 워드프로세서는 문서를 만들기 좋은 환경을 제공하여, 등장 이후 사무실의 생산성을 크게 높였습니다. 워드프로세서로 작성한 문서는 소규모로 출력하거나 출판하여 그 결과물을 다른 사람들과 공유합니다. 물론 인터넷이 개인에게 보급되고 모바일로 다양한 정보를 접할 수 있는 현대에는 종이에 출력하지 않고도 pdf 파일 등으로 결과물을 공유하고, 더 나아가 웹을 통해 문서를 다른 사람들과 실시간으로 편집할 수도 있습니다.

데이터 과학 분야에서도 워드프로세서를 이용하여 문서를 만듭니다. 하지만 많은 데이터 과학자들은 블로그나 medium[1], 브런치[2], Pages[3]와 같은 온라인 플랫폼에서 쉽고 빠르게 웹 문서를 제작하여 공유하고 소통합니다.

웹 문서는 HTML Hyper Text Markup Language[4]이라는 문서 작성 체계에 따라 문자, 소리, 사진, 영상 등 다양한 콘텐츠를 포함할 수 있으며, 다른 웹 문서와 연결할 수도 있습니다. Firefox, Google Chrome, Microsoft Edge, Apple Safari와 같은 웹 브라우저만 있으면 누구나 웹 문서를 볼 수 있습니다.

데이터 과학의 마지막 단계는 데이터 과학자가 분석한 데이터의 의미를 가지고 대중과 소통하는 단계입니다. 이러한 소통은 바로 '문서'로 이루어집니다. 그렇다면 어떤 문서가 데이터 과학의 특

1 https://www.medium.com

2 https://brunch.co.kr

3 코드 공유 서비스인 github(https://github.com)에서 제공합니다.

4 모질라 재단에서 제공하는 개발자 네트워크 문서를 참고하세요.(https://developer.mozilla.org/ko/docs/Web/HTML)

징을 잘 반영할 수 있을까요? 데이터 과학에서는 기존 분석에 사용했던 데이터가 시간과 상황에 따라 값이 변하는 경우가 많습니다. 분석 과정(코드)은 그대로 유지하면서 데이터가 바뀔 때마다 결과물을 실시간으로 적용한 문서를 제작할 수 있다면 문서를 수월하게 공유할 수 있을 것입니다. 다시 말해, 동적 문서 작성은 데이터 과학에서 중요합니다. 또한, 분석 과정을 나타내는 R 코드와 그 결과를 문서 형태로 제공하고 어떤 의미가 있는지 기술[5]한다면 문서를 보는 사람들이 작성자의 분석 과정을 재현하여 상호 검증할 수 있으므로 분석의 신뢰성을 높일 수 있습니다.

인류가 글자를 사용한 이후 문서 작성법은 과학과 기술의 발달에 따라 지속적으로 발전해 왔습니다. 특히 활자의 발명은 특정 계층에만 향유했던 지식을 널리 보급하는 계기가 되었습니다. 마찬가지로 컴퓨터가 보급되자 문서 작성 환경은 그 어떤 분야보다도 먼저 우리에게 편리한 방향으로 진화했습니다. 지금은 문서를 작성하는 방식이 실로 다양해져서 선택의 폭이 매우 넓습니다. 이러한 변화는 R 사용자 그룹에서도 마찬가지입니다. RStudio 개발팀은 문서 작성의 필요성을 누구보다도 더 잘 알고 있기에 R 코드와 결합하여 분석 과정을 문서화할 수 있도록 RMarkdown이라는 문서 환경을 개발하고, 지속적으로 개선하고 있습니다. 이번 장에서는 RMarkdown을 이용하여 여러분이 다른 사람들과 소통하기 위한 문서를 만드는 방법을 알아보겠습니다.

6.1 RMarkdown 살펴보기

RMarkdown[6]은 문서를 제작하기 위한 표기 방법인 Markdown[7]을 R 코드와 잘 조합한, 일명 하이브리드 체계입니다. Markdown으로는 문서의 구조와 내용을 작성하고, R 코드와 그 결과를 문서에 포함하는 방식으로 만듭니다. RMarkdown으로 만든 문서는 일종의 작업 지시서로, 다음 순서대로 출력 문서를 만듭니다. 이를 [그림 6-1]에 도식화하였습니다.

1 R 코드 영역의 정의와 Markdown 문법으로 작성한 문서를 작성합니다(확장자 Rmd).

5 사람이 이해할 수 있도록 코드를 만드는 데 중점을 두고 프로그래밍 코드와 문서를 결합하는 프로그래밍 방법론을 문학적 프로그래밍literate programming이라고 합니다. 문학적 프로그래밍의 예로 레이텍LaTeX이 있으며, 자세한 설명은 한국 TeX 사용자 그룹KTUG의 FAQ를 참고하세요. (http://faq.ktug.org/faq/LiterateProgramming)

6 https://rmarkdown.rstudio.com/

7 Markdown은 문서의 구조를 기호 혹은 태그를 이용하여 나타내는 마크업 언어markup language의 일종으로, 메모장과 같은 텍스트 문서 편집기로 서식이 있는 문서를 작성하는 데 사용합니다. 2004년 존 그루버John Gruber가 이른 나이에 고인이 된 애런 스워츠Aaron Swartz와 협업하여 만들었습니다.

2 knitr 패키지를 이용해 Markdown 문법으로 작성한 문서 부분과 R 코드와 그 실행 결과를 결합하여 Markdown 문서를 만듭니다.

3 Pandoc 변환 도구를 이용하여 HTML 문서, Adobe PDF 혹은 Microsoft Word와 같이 원하는 결과물을 만듭니다.

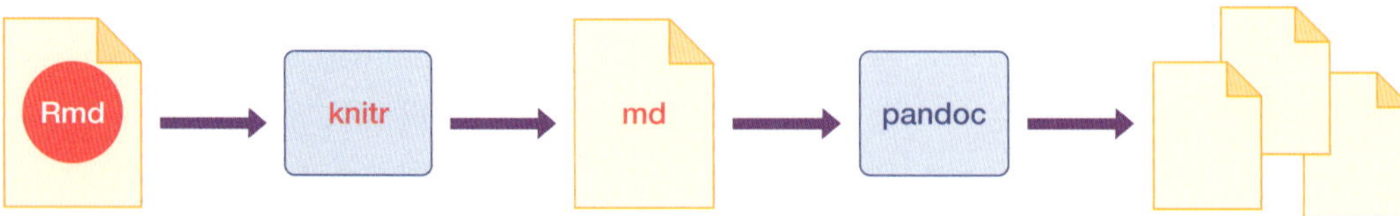

그림 6-1 RMarkdown 문서를 통해 원하는 문서를 만드는 과정[8]

RStudio를 사용하면 이렇게 복잡한 과정을 몰라도 손쉽게 문서를 만들 수 있습니다. 이 책에서는 RMarkdown을 이용하여 문서를 만드는 방법에 초점을 맞춰 RMarkdown을 구성하는 요소와 그 사용법을 알아보고, HTML 문서를 만들어 보겠습니다.

RMarkdown 문서 만들기

RMarkdown은 R 사용자라면 누구나 사용할 수 있으며, RStudio를 사용하면 보다 쉽게 문서를 작성하고 결과물을 만들 수 있습니다.

먼저 RMarkdown 문서를 만들어 봅시다. 새 파일 아이콘( )을 클릭하고 나오는 목록 중 [R Markdown...]을 선택합니다.

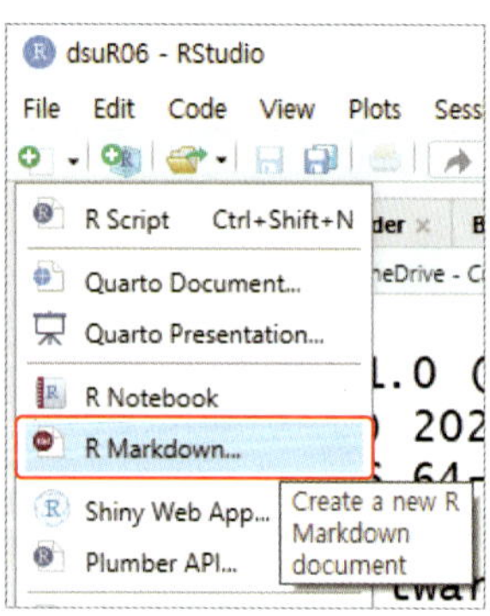

그림 6-2 RMarkdown 문서 새로 만들기

8 https://rmarkdown.rstudio.com/lesson-2.html

RMarkdown을 처음 사용한다면 RStudio에서 [그림 6-3]과 같이 패키지 설치 여부를 묻고 패키지를 자동으로 설치해 줍니다. [Yes] 버튼을 클릭하여 패키지를 설치합시다.

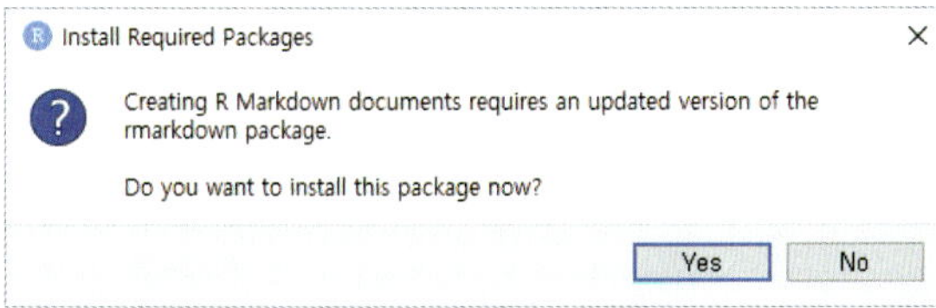

그림 6-3 RMarkdown 문서를 위한 패키지 설치 여부

패키지 설치가 끝나면(기존에 설치되어 있다면 바로) [그림 6-4]와 같이 새로운 RMarkdown 문서를 만드는 창이 나옵니다. 이 창에서 새 문서를 만드는 데 필요한 기초 설정을 지정합니다. 설정을 하나씩 살펴봅시다.

❶ 만들 문서의 종류를 선택합니다. 기본값은 Document입니다. 각각의 설정은 다음과 같습니다.

- **Document** : 일반 문서
- **Presentation** : 발표용 문서
- **Shiny** : Shiny(웹 기반 대화형 애플리케이션을 제작하는 도구)를 포함한 문서
- **From Template** : 문서 제작용 사전 설정 파일을 이용하여 만드는 문서

❷ 문서의 기본 정보를 입력합니다. Title은 문서 제목, Author는 문서 작성자의 이름, Date는 문서 작성일을 지정합니다. 이 값은 추후 수정할 수 있습니다.

❸ 출력 문서의 유형을 선택합니다. 여기서 기본값은 HTML입니다. 각각의 설정은 다음과 같습니다.

- **HTML** : 웹 브라우저에 나타나는 HTML 문서를 만듭니다. 별도의 프로그램이 필요하지 않습니다.
- **PDF** : PDF 문서를 만듭니다. TeX이라는 문서 조판 시스템이 필요합니다.
- **Word** : Microsoft Word 문서를 만듭니다. Word 혹은 (Linux에서) Open Office 같은 소프트웨어가 필요합니다.

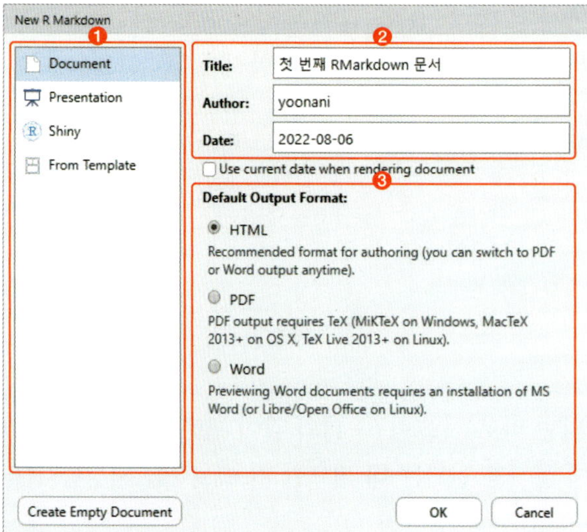

그림 6-4 RMarkdown 새 문서의 기본 설정 창

[그림 6-4]와 같이 상자 ❷의 Title 칸에는 '첫 번째 RMarkdown 문서'를 입력하고 Author 칸에는 문서 작성자로 출력되기를 원하는 이름을 입력한 뒤, [OK] 버튼을 클릭합니다. [그림 6-5]와 같이 RStudio가 설정 창의 입력 값을 반영한 샘플 문서를 열어줍니다.

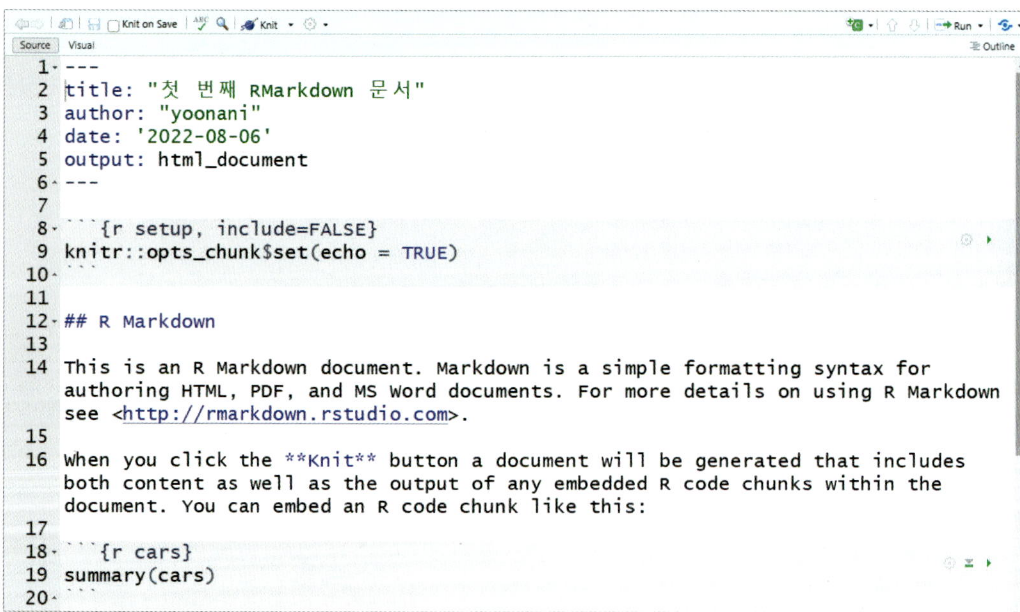

그림 6-5 샘플 문서가 포함된 RMarkdown 문서

RMarkdown 문서의 구성 요소

RStudio가 제공하는 샘플 문서를 통해 RMarkdown 문서가 어떻게 구성되어 있는지 확인해 봅시다. RMarkdown 문서는 크게 YAML 헤더, R 코드 뭉치R code chunk, Markdown 본문Markdown text 세 부분으로 구성됩니다.

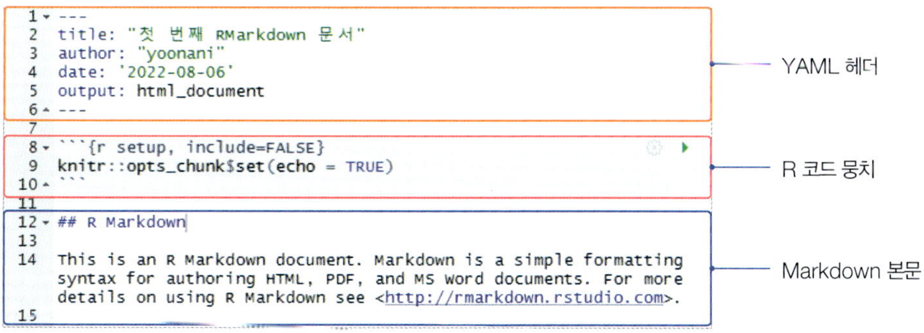

그림 6-6 RMarkdown 문서의 구성 요소

■ YAML 헤더

RMarkdown 문서의 기본 정보meta data와 출력물 등 각종 설정을 지정하는 부분입니다. 보통 [그림 6-6]의 문서에서 1~6줄과 같이 처음에 한 번 나타나는데, 대시 3개로 이뤄진 줄(`---`)로 YAML 헤더의 시작과 끝을 구분합니다.

■ R 코드 뭉치

R 코드가 들어가는 곳입니다. Script 패널에서 R 코드가 필요한 줄에 커서를 놓고 code chunk 삽입 아이콘( )을 클릭한 뒤 드롭다운 메뉴에서 R을 선택하거나, Ctrl+Alt+i(Mac OS : Cmd+Option+i) 키를 눌러 문서에 삽입합니다. R 코드 뭉치는 필요할 때마다 삽입할 수 있으며, 출력 문서의 해당 위치에 R 코드와 코드를 실행한 결과가 표시됩니다.

■ Markdown 본문

문서 구조를 정의하고 문서에 포함할 내용이나 이미지, 표, 수식 등을 작성하는 영역으로, Markdown 문법을 따릅니다. Markdown에 R 코드와 결과를 넣을 수 있는 RMarkdown을 이용해 웹 문서인 HTML 문서로 출력하여 각 구성 요소가 어떻게 작동하는지 확인해 봅시다.

RMarkdown 문서 출력하기

다음 순서에 따라 출력 문서를 만들어 봅시다.

1 파일을 저장합니다. 파일의 확장자는 Rmd입니다. [그림 6-7]에서는 파일명을 `01.firstRMarkdown.Rmd`로 두었습니다.

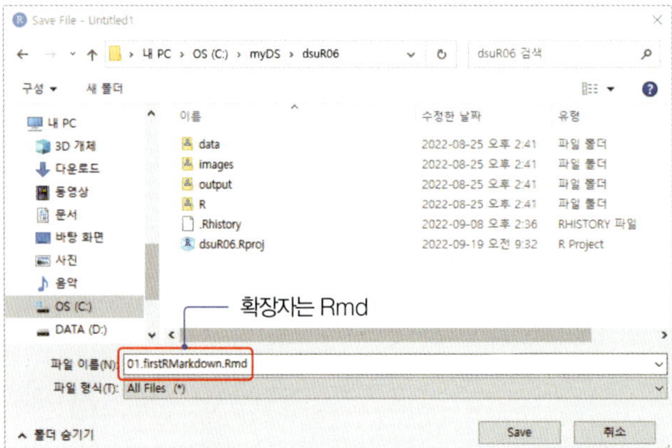

그림 6-7 Rmd 파일로 저장

2 Script 패널 상단의 Knit[9] 아이콘(Knit)을 클릭하거나 Ctrl+Shift+K(Mac OS : Command+Shift+K)를 눌러 문서를 출력합니다. 이때 패키지가 필요하면 설치를 묻는 창이 나올 수 있습니다.

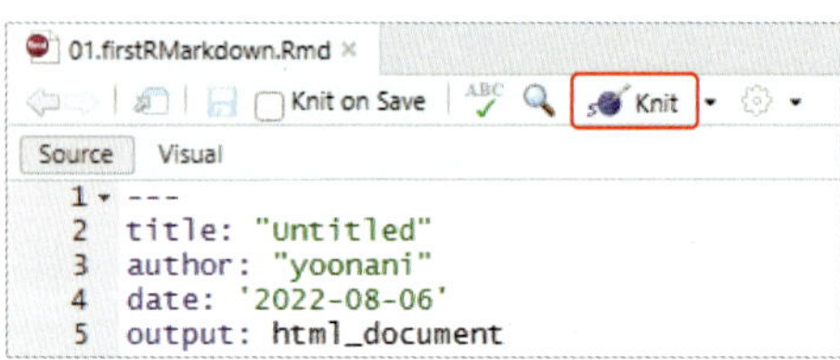

그림 6-8 문서를 출력하는 Knit 아이콘

과정 **2**를 실행하면 Console 패널의 Render 탭에서 [그림 6-9]와 같이 RMarkdown 문서를 렌더링합니다.

9 knit에는 '뜨개질하다'라는 의미가 있습니다. RMarkdown에서 knit는 마치 뜨개질하듯이 Markdown 문서, R 코드, 결과물 등 다양한 요소를 이어 붙이는 과정을 의미한다고 생각하면 좋습니다.

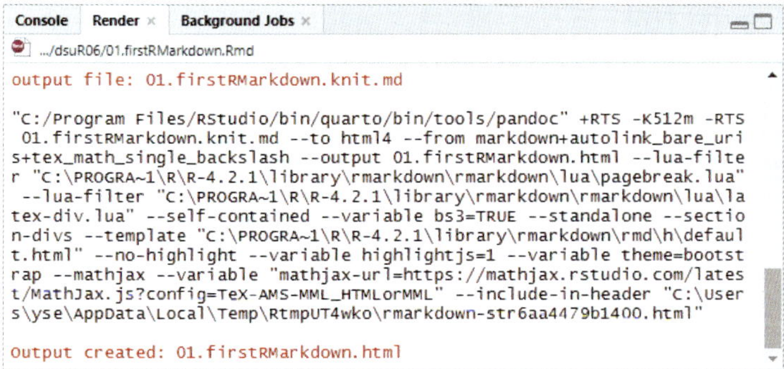

그림 6-9 RMarkdown 렌더링 창

렌더링 결과는 [그림 6-10]과 같이 RMarkdown 미리보기 창으로 열립니다. [그림 6-6]과 같은 기본 문서에 작성된 세 구성 요소를 [그림 6-10]에서 어떻게 변환했는지 확인해 봅시다.

❶ **YAML 헤더** : 문서 제목, 저자명, 작성 날짜가 나타납니다. 나머지는 문서의 환경설정입니다. [그림 6-6]의 5줄에 'output: html_document'로 설정한 코드를 확인해 보세요.

❷ **R 코드 뭉치** : R 명령어 및 이를 실행한 결과 또는 도표를 포함합니다.

❸ **Markdown 본문** : 2단계 제목 두 개와 본문이 포함되어 있습니다.

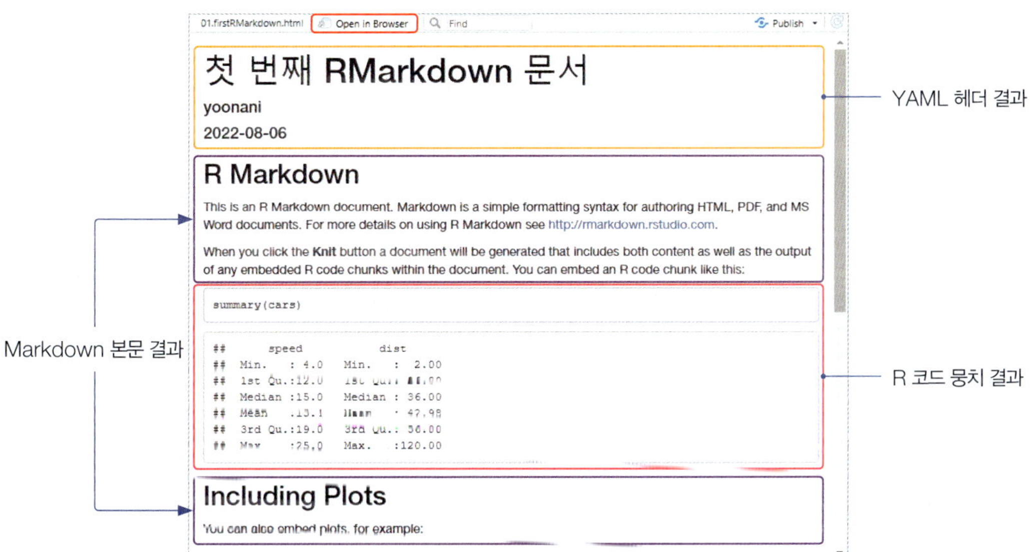

그림 6-10 [그림 6-6]의 렌더링 결과

[그림 6-10]과 같이 미리보기 창에서 브라우저 보기 아이콘(Open in Browser)을 클릭하면 웹 브라우저로 출력한 문서를 볼 수 있습니다. 미리보기 창의 결과물은 웹 브라우저에서 보는 것과 일부 다를 수 있기 때문에 문서를 작업할 때에는 미리보기 창으로 내용이 잘 들어갔는지 확인하고, 최종 모습은 웹 브라우저에서 확인하기를 권장합니다.

6.2 RMarkdown으로 문서 제작하기

6.1절에서는 RMarkdown을 간략히 알아보았습니다. 이제 이 책과 함께 제공하는 02.RMarkdown_basic.Rmd 파일을 통해 RMarkdown 문서를 작성하는 데 필요한 기초 요소를 확인해 보겠습니다. RStudio에서 02.RMarkdown_basic.Rmd 파일을 열고 Knit 아이콘(Knit)을 클릭하여 [그림 6-11]과 같은 출력 문서를 만들어 봅시다.

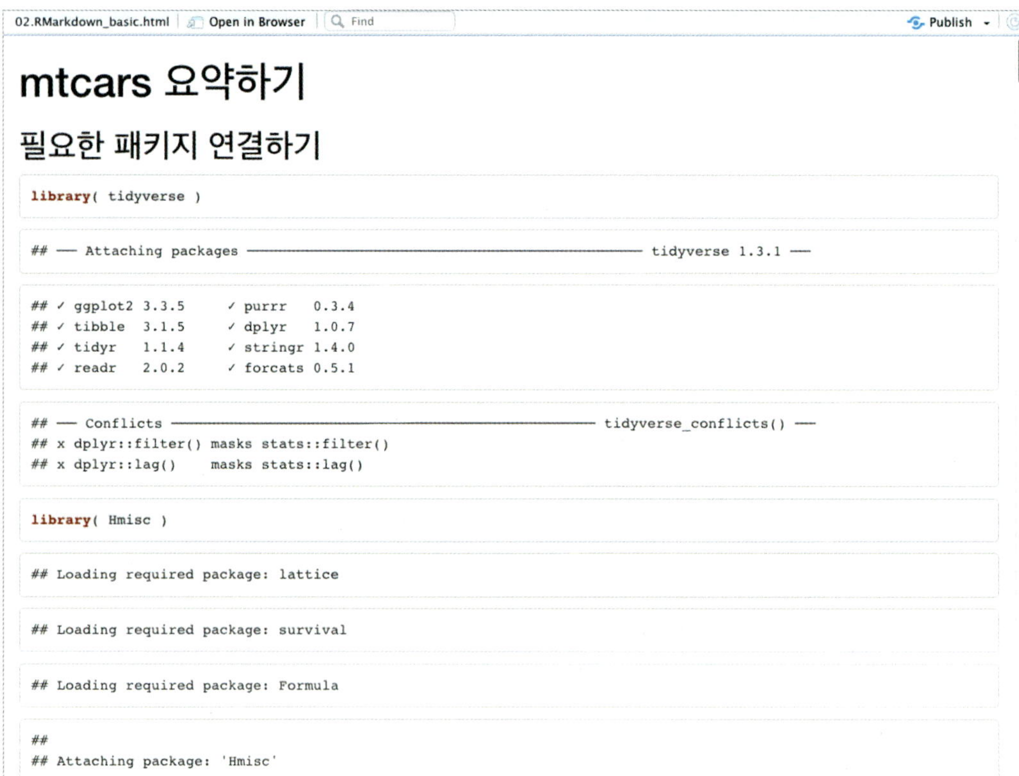

그림 6-11 02.RMarkdown_basic.Rmd 파일의 출력 문서

YAML 헤더 다루기

YAML 헤더는 `YAML 인수: 값`의 형태로 작성합니다. YAML 인수는 [표 6-1]과 같으며, 값은 문자열을 큰따옴표로 묶어 사용합니다.

표 6-1 YAML 인수 목록

인수	설명	예
title	문서 제목	title: "mtcars 요약하기"
subtitle	문서 부제목	subtitle: "RMarkdown 살펴보기"
author	문서 작성자 이름	author: "무명씨"
date	문서 작성일	date: "2022-03-01"
output	출력 문서의 유형	output: html_document

[표 6-1]의 output 인수에 주로 사용되는 하위 인수는 html_document(HTML 문서), pdf_document(PDF 문서), word_document(Word 문서) 등이 있습니다. 그 외에도 발표용 슬라이드, 대시보드, 웹 애플리케이션 등을 output 인수에 지정하여 문서를 다양한 형태로 출력할 수 있습니다.

02.RMarkdown_basic.Rmd 파일의 YAML 헤더는 [코드 6-1][10]과 같습니다. 문서 제목은 2줄과 같이 "mtcars 요약하기"이고, 출력 문서의 유형은 3줄과 같이 HTML 문서입니다.

코드 6-1 02.RMarkdown_basic.Rmd

```
1    ---
2    title: "mtcars 요약하기"
3    output: html_document
4    ---
```

이번에는 output 인수를 좀 더 상세하게 지정해 보겠습니다. html_document는 output 인수의 값이자 그 자체로도 인수가 되어 하위 인수를 가질 수 있습니다. YAML 헤더는 구조가 정해져 있으며, html_document의 하위 인수는 [그림 6-12]와 같은 형태로 작성합니다. 여기서 들여쓰기가 중요합니다. 다음 ❶~❸을 참고하세요.

10 이번 장의 코드를 실행하려면 DT 패키지, corrplot 패키지, Hmisc 패키지가 필요합니다. 미리 설치하고 사용하세요.

❶ 하위 인수가 있으면 줄바꿈을 시행합니다. [그림 6-12]와 같이 `output:` 뒤에서 줄을 바꿉니다.

❷ 줄바꿈 이후에는 들여쓰기를 두 칸 이상 합니다.

❸ 하위 인수의 수준만큼 들여쓰기를 합니다. 단, RStudio에서 Enter 를 눌러 줄바꿈하면 자동으로 들여쓰기를 수행합니다.

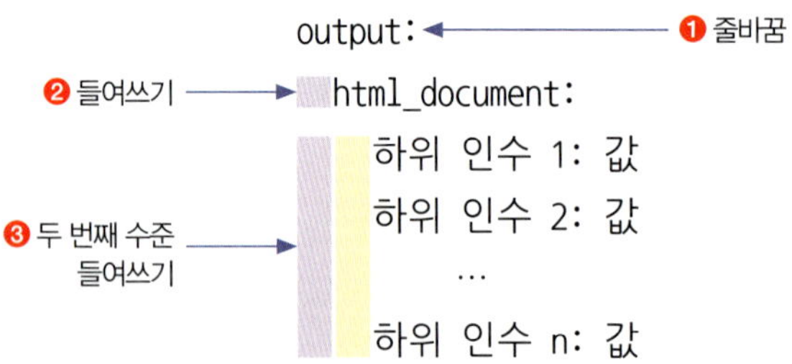

그림 6-12 html_document의 하위 인수 작성하기

■ html_document의 인수 사용하기

`html_document`는 [표 6-2]와 같이 (하위) 인수를 가집니다. 이 중에서 `toc_float` 인수와 `df_print` 인수의 사용법은 6.3절에서 상세히 다룹니다.

표 6-2 html_document의 인수

인수	설명	값
toc	목차 삽입 여부를 결정	true 또는 false(기본값)
toc_float	문서 현재 위치에서 항상 목차를 볼 수 있게 화면 위에 띄울지 여부를 결정 `toc: true`일 때에만 사용	true 또는 false(기본값)
toc_depth	목차의 위상 수준(1~6단계)을 결정	3(기본값)
number_sections	목차 번호 부여 여부를 결정	true 또는 false(기본값)
theme	문서 테마 지정	• 기본 테마 : cerulean, cosmo, flatly, journal, lumen, paper, readable, sandstone, simplex, spacelab, united, yeti • 확장 테마 : prettydoc, rmdformats, hrbrthemes, tufte, tint 등의 패키지[11]
code_folding	R 코드를 동적으로 보여주는 기능의 활성화 여부를 결정	true 또는 false(기본값)
df_print	데이터프레임을 화면에 보여주는 방식을 결정	default(기본값), kable, tibble, paged, 사용자 정의 함수명

11 확장 테마 패키지는 다음 링크에서 사용 방법을 확인할 수 있습니다.
(https://www.datadreaming.org/post/r-markdown-theme-gallery/)

예제 파일의 YAML 헤더를 다음과 같이 변경하고 결과를 확인해 보세요.

```
---
title: "mtcars 요약하기"
subtitle: "RMarkdown 살펴보기"
author: "무명씨"
output:
  html_document:
    toc: true
    toc_depth: 2
    theme: cosmo
---
```

Markdown 본문 작성하기

Markdown 본문을 작성할 때 필요한 Markdown의 기본 문법을 몇 가지 알아봅시다.

■ 문서 구조 : 제목과 본문

Markdown으로 문서를 만들려면 먼저 문서 구조를 결정해야 합니다. 문서 구조는 제목 문단을 통해 계층구조를 만듭니다. 계층구조에는 총 6단계가 있습니다. 제목의 수준이 낮아질수록 [그림 6-13]과 같이 해시 기호(#)의 개수가 늘어납니다.

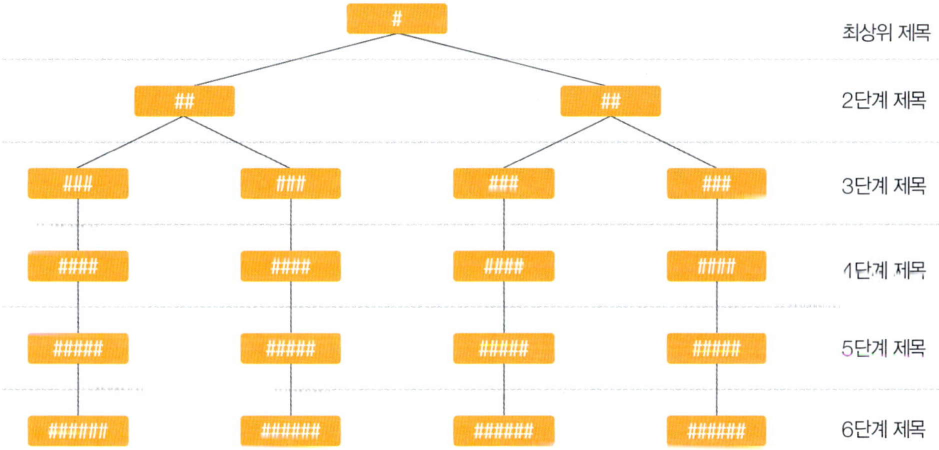

그림 6-13 Markdown 문서의 계층구조

[코드 6-2]는 2단계 제목과 본문으로 구성되어 있습니다. 21줄에서 Enter 를 입력하여 줄바꿈을 수행했지만, 실행 결과에서는 다른 문단으로 분리되지 않았음을 확인해 보세요.

코드 6-2 02.RMarkdown_basic.Rmd

```
19  ## mtcars
20
21  [mtcars](https://www.rdocumentation.org/packages/datasets/versions/3.6.2/topics/mtcars)
    는 R이 기본으로 제공하는 예제 데이터입니다.
22  1974년 미국의 Motor Trend 잡지에서 비교한 1973년부터 1974년 자동차 모델에 대한 데이터
    로 총 32대의 자동차로부터 다음의 11개의 속성을 측정하였습니다.
```

실행 결과

mtcars

mtcars는 R이 기본으로 제공하는 예제 데이터입니다. 1974년 미국의 Motor Trend 잡지에서 비교한 1973년부터 1974년 자동차 모델에 대한 데이터로 총 32대의 자동차로부터 다음의 11개의 속성을 측정하였습니다.

Markdown은 줄바꿈을 기본 기능으로 제공하지 않습니다.[12] Enter 를 한 번 입력하고 렌더링하면 줄바꿈이 아닌 띄어쓰기 한 번이 적용되고, Enter 를 두 번 입력하고 렌더링하면 새로운 문단이 만들어집니다. [코드 6-3]의 181줄에서 줄바꿈을 연속으로 두 번 수행(Enter 두 번)했으므로, 실행 결과에서 문단이 바뀌었음을 확인할 수 있습니다.

코드 6-3 02.RMarkdown_basic.Rmd

```
178  ### 두 모집단의 평균 비교
179
180  표본으로부터 관찰한 데이터에서 변속기에 따라 평균이 다릅니다.
181  하지만, 이는 표본으로 관찰한 데이터일 뿐이며, 실제 모집단의 평균이 다른지는 알 수 없
     습니다. 여기서 알고자 하는 것은 표본이 아니라 모집단의 평균의 동일성입니다.
182  ←── Enter 입력(줄바꿈)
183  모집단의 평균이 변속기에 따라 다른지 알아보기 위해 사용하는 것이 바로 통계적 가설검정
     입니다. 유의수준은 0.05에서 변속기에 따라 평균이 다른지 통계적 가설검정을 통해 알아봅
     시다.
```

12 줄바꿈하려는 위치에 HTML 태그인
을 넣어 줄바꿈할 수도 있습니다.

실행 결과

두 모집단의 평균 비교

줄바꿈 적용

표본으로부터 관찰한 데이터에서 변속기에 따라 평균이 다릅니다. 하지만, 이는 표본으로 관찰한 데이터일 뿐이며, 실제 모집단의 평균이 다른지는 알 수 없습니다. 여기서 알고자 하는 것은 표본이 아니라 모집단의 평균의 동일성입니다.

모집단의 평균이 변속기에 따라 다른지 알아보기 위해 사용하는 것이 바로 통계적 가설검정입니다. 유의수준은 0.05에서 변속기에 따라 평균이 다른지 통계적 가설검정을 통해 알아봅시다.

참고

제목을 만드는 다른 방법

1~2단계 제목은 #를 붙이는 방법([그림 6-13] 참고) 외에도 등호(=)나 대시(-)를 이용하여 만들 수도 있습니다. 제목 문자열을 입력한 줄의 다음 줄에 등호를 3개 이상(===) 입력하면 1단계 제목이 만들어지고, 대시를 3개 이상(---) 입력하면 2단계 제목이 만들어집니다. [코드 6-4]에서 실제로 제목을 만드는 방법을 확인할 수 있습니다. 다만 발표용 슬라이드를 만들 때, 26줄의 ---는 슬라이드 영역을 구분하는 기호로 사용할 수 있습니다

코드 6-4 03.heading2.Rmd

```
20    첫 번째 단계의 제목
21    ===
22
23    첫 번째 단계에 들어가는 본문입니다.
24
25    두 번째 단계의 제목
26    ---
27
28    두 번째 단계에 들어가는 본문입니다.
```

실행 결과

첫 번째 단계의 제목

첫 번째 단계에 들어가는 본문입니다.

두 번째 단계의 제목

두 번째 단계에 들어가는 본문입니다.

■ 목록 만들기 : 순서 없는 목록과 순서 있는 목록

글머리 기호를 적절히 이용하여 목록을 만들 수 있습니다. 순서 없는 목록은 [그림 6-14(a)]와 같이 글머리 기호에 도형을 사용하고, 순서 있는 목록은 [그림 6-14(b)]와 같이 글머리 기호에 숫자나 문자를 사용합니다.

- mpg : 연비(Mile/Gallon)
- cyl : 실린더 수
- disp : 배기량 (큐빅인치, 세제곱인치)

(a) 순서 없는 목록

1. factor로 바꾸고 알아보기 쉬운 이름표를 부여합니다.
2. 기존 열 am은 그대로 유지하고 새로운 열 am_f를 만들어 저장합니다.
3. 부여한 이름표 `MT` 는 수동변속기, `AT` 는 자동변속기입니다.

(b) 순서 있는 목록

그림 6-14 순서 없는 목록과 순서 있는 목록

목록은 새로운 문단을 만든 뒤에 목록의 시작을 알리는 특수 문자를 입력하여 만듭니다. 순서 없는 목록은 각 항목을 별표(*) 또는 덧셈 기호(+)로 시작한 뒤 목록 내용을 한 줄에 하나씩 입력합니다. [코드 6-5]의 실행 결과가 바로 [그림 6-14(a)]입니다.

코드 6-5 02.RMarkdown_basic.Rmd

```
* mpg : 연비(Mile/Gallon)
* cyl : 실린더 수
* disp : 배기량(큐빅인치, 세제곱인치)
```

순서 있는 목록은 각 항목을 1, I, i, A, a 중 하나로 시작합니다. 각 목록을 숫자로 나타낼 경우 [코드 6-6]과 같이 1.이라 나타냅니다. 각 목록을 문자로 나타낼 경우 I), i), A), a)와 같이 닫는 소괄호를 붙여 나타냅니다. [코드 6-6]의 139~140줄처럼 2.나 3.처럼 이어지는 숫자를 적지 않아도 [그림 6-14(b)]처럼 출력 문서에는 다음 번호가 자동으로 출력됩니다.

코드 6-6 02.RMarkdown_basic.Rmd

```
138  1. factor로 바꾸고 알아보기 쉬운 이름표를 부여합니다.
139  1. 기존 열 am은 그대로 유지하고 새로운 열 am_f를 만들어 저장합니다.
140  1. 부여한 이름표 `MT`는 수동변속기, `AT`는 자동변속기입니다.
```

하위 목록을 만들 경우 줄바꿈 후 들여쓰기를 네 번(Space 네 번) 하거나 탭을 한 번(Tab 한 번) 추가한 뒤, 목록의 시작을 알리는 특수 문자를 사용합니다. [코드 6-7]은 순서 없는 목록의 하위 목록을 만드는 코드입니다.

코드 6-7 02.RMarkdown_basic.Rmd

```
#### 가설 수립

* 영가설 : 변속기 종류에 따라 연비의 평균은 차이가 없다.
    * $H_{0} : \mu_{수동변속기} - \mu_{자동변속기} = 0$
* 대안가설 : 변속기 종류에 따라 연비의 평균은 차이가 있다.
    * $H_{1} : \mu_{수동변속기} - \mu_{자동변속기} \not = 0$
```

실행 결과

가설 수립

- 영가설 : 변속기 종류에 따라 연비의 평균은 차이가 없다.
    - $H_0 : \mu_{수동변속기} - \mu_{자동변속기} = 0$
- 대안가설 : 변속기 종류에 따라 연비의 평균은 차이가 있다.
    - $H_1 : \mu_{수동변속기} - \mu_{자동변속기} \neq 0$

■ 링크 만들기 : 외부 링크와 내부 링크

웹 문서의 가장 큰 특징은 문서를 서로 연결할 수 있는 링크 기능이 있다는 점입니다. RMarkdown은 외부 링크와 내부 링크를 모두 지원합니다. 링크는 보통 다음과 같은 형태로 만듭니다.

[출력 문서에 표시할 문자열](연결할 문서의 주소)

외부 링크는 연결하려는 문서의 웹 주소만 알면 쉽게 만들 수 있습니다. [코드 6-8]의 21줄은 mtcars라는 문자열에 외부 링크를 연결하는 코드입니다.

코드 6-8 02.RMarkdown_basic.Rmd

```
21  [mtcars](https://www.rdocumentation.org/packages/datasets/versions/3.6.2/topics/mtcars)
    는 R이 기본으로 제공하는 예제 데이터입니다.
22  1974년 미국의 Motor Trend 잡지에서 비교한 1973년부터 1974년 자동차 모델에 대한 데이터
    로 총 32대의 자동차로부터 다음의 11개의 속성을 측정하였습니다.
```

실행 결과

mtcars는 R이 기본으로 제공하는 예제 데이터입니다. 1974년 미국의 Motor Trend 잡지에서 비교한 1973년부터 1974년 자동차 모델에 대한 데이터로 총 32대의 자동차로부터 다음의 11개의 속성을 측정하였습니다.

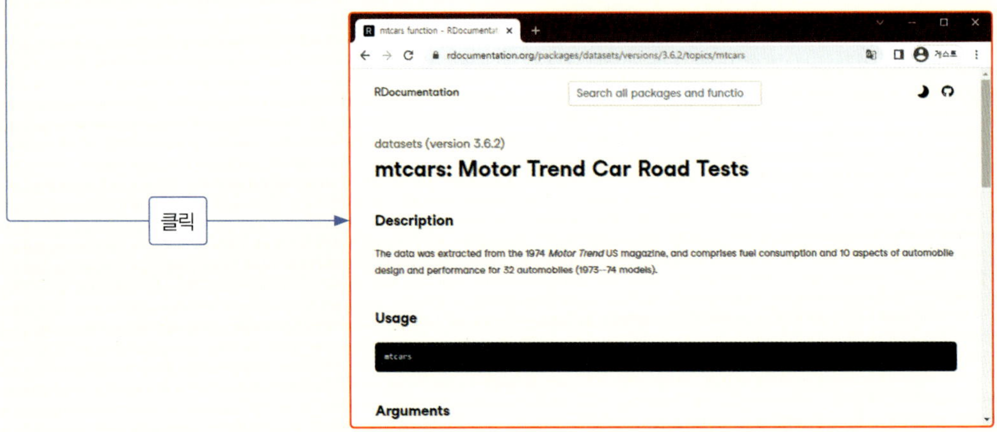

동일한 링크를 자주 사용한다면 링크를 따로 등록하고 필요할 때마다 사용할 수 있습니다. 따로 등록할 링크는 다음과 같은 형태로 만듭니다.

[출력 문서에 표시할 문자열] : 연결할 문서의 주소

예를 들어 mtcars 문자열에 외부 링크를 연결하고 싶으면 다음과 같이 작성합니다. 이 코드는 02.RMarkdown_basic.Rmd 파일의 마지막 줄(226줄)에서 확인할 수 있습니다.

```
[mtcars]: https://www.rdocumentation.org/packages/datasets/versions/3.6.2/topics/mtcars
```

이와 같이 mtcars에 대한 링크를 따로 정의했으므로 링크가 필요한 부분에 [코드 6-9]와 같이 [mtcars]만 입력하면 됩니다.

코드 6-9 02.RMarkdown_basic.Rmd

```
[mtcars]에 저장한 데이터는 다음과 같습니다.
```

실행 결과

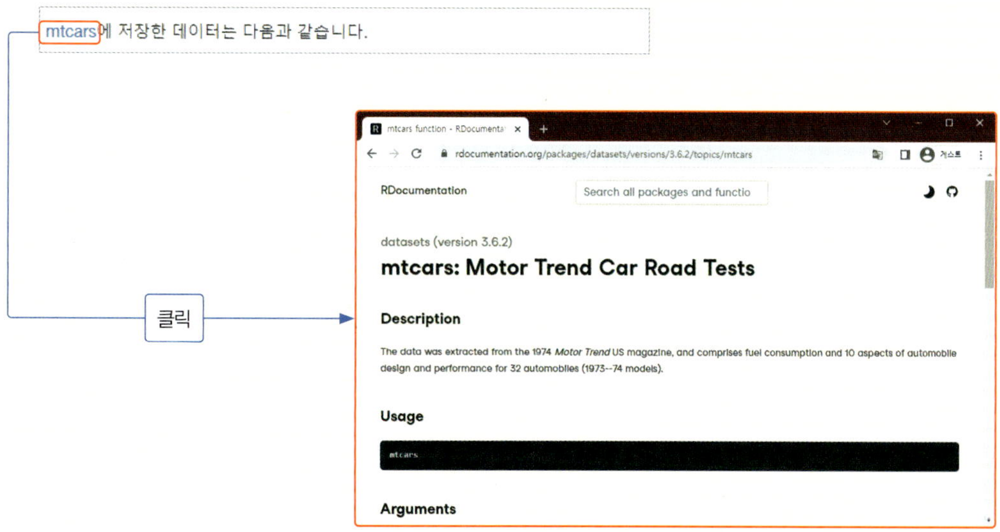

내부 링크는 문서 내 이동할 위치의 제목 문단에 이름표를 부여하여 만들 수 있습니다. 제목 문단에 붙일 이름표는 다음과 같은 형태로 만듭니다.

{#고유이름표}

4단계 제목 '숫자 자료 요약'에 summary라는 이름표를 부여하려면 다음과 같이 작성합니다. 이 코드는 `02.RMarkdown_basic.Rmd` 파일의 48줄에서 확인할 수 있습니다. # 뒤에는 고유한 값을 띄어쓰기 없이 넣어야 합니다.

```
#### 숫자 자료 요약{#summary}
```

내부 링크가 필요하면 [코드 6-10]과 같이 작성합니다.

코드 6-10 02.RMarkdown_basic.Rmd

```
(변속기 전체의 평균과 표준편차는 앞서 요약한 [숫자 자료 요약](#summary)을 참고하세요)
```

실행 결과

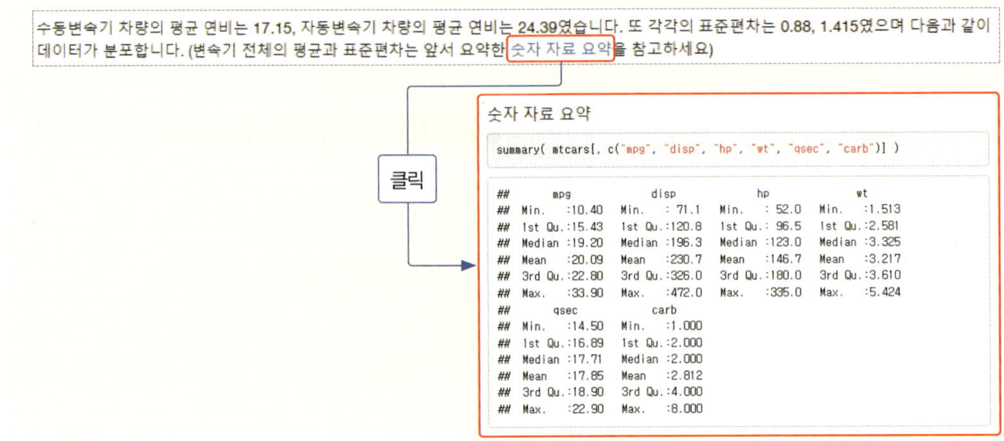

■ 그림 파일 넣기

웹 문서는 그림 파일이나 오디오, 영상 등의 콘텐츠를 문서 내부에 포함하여 그 내용을 풍부하게 만들 수 있다는 특징이 있습니다. RMarkdown은 그림 파일을 문서에 포함하는 기능을 지원합니다.[13] 그림 파일이 여러분이 작업하는 컴퓨터에 있거나, 웹상에 있으면 문서에 넣을 수 있습니다. RMarkdown에서 그림 파일을 문서에 삽입하려면 다음과 같이 링크 앞에 !를 붙이기만 하면 됩니다.

```
![출력 문서에 표시할 그림 제목(캡션)](연결할 그림 파일의 주소)
```

[코드 6-11]은 위키피디아에 있는 카뷰레터 사진을 문서에 넣기 위한 코드입니다. 실행 결과를 보면 문서 내에 그림 파일이 보이고 그림 아래 왼쪽에 캡션(그림 제목)이 있음을 확인할 수 있습니다.

코드 6-11 02.RMarkdown_basic.Rmd

```
![기화기-위키피디아](https://upload.wikimedia.org/wikipedia/commons/a/a1/
CarbNomenclature.jpg)
```

13 웹 문서를 만드는 HTML 문법을 Markdown 문서에도 적용할 수 있어, Markdown과 HTML을 더 알아보면 다양한 콘텐츠를 문서에 넣을 수 있습니다.

실행 결과

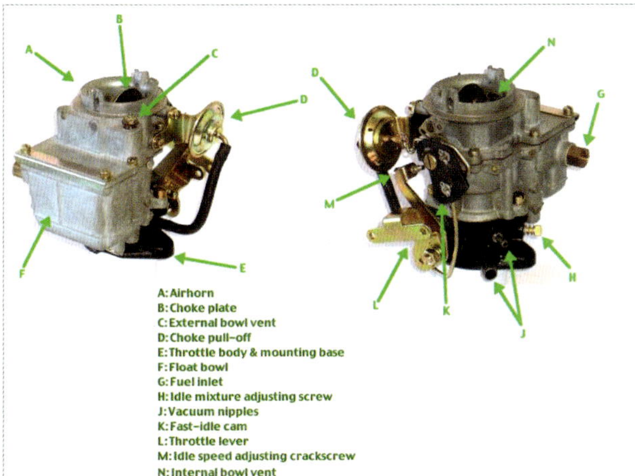

기화기-위키피디아

문서에 포함된 그림

캡션(그림 제목)

■ 글자 모양 꾸미기

RMarkdown에서는 글자 모양을 굵은 글씨, 기울인 글씨, 취소선, 코드 입력(고정폭 글꼴), 위 첨자, 아래 첨자 등으로 변경할 수 있습니다. [표 6-3]과 같이 모양을 변경하고 싶은 글자 앞뒤에 특수 문자를 입력하면 됩니다.

표 6-3 글자 모양을 꾸미는 특수 문자

글자 모양	특수 문자	예
굵은 글씨	**	**독립표본 t 검정**
기울인 글씨	*	*동일*
취소선	~~	~~FALSE~~
코드 입력	`	`t.test()`
위 첨자	^	x^2^
아래 첨자	~	H~0~

[코드 6-12]에서 글자 모양을 꾸미는 예와 실행 결과를 같이 살펴보세요.

코드 6-12 02.RMarkdown_basic.Rmd

```
**독립표본 t 검정**에 사용하는 함수는 `t.test()`이며, 두 집단의 분산이 서로 *동일*한
경우(두 집단의 분산비가 1($\sigma$^2^~2~ / $\sigma$^2^~1~ = 1), 즉 두 집단의 분산이 동
일한 경우) 인수 `var.equal`의 값으로 ~~FALSE~~`TRUE`를 전달합니다.
```

실행 결과

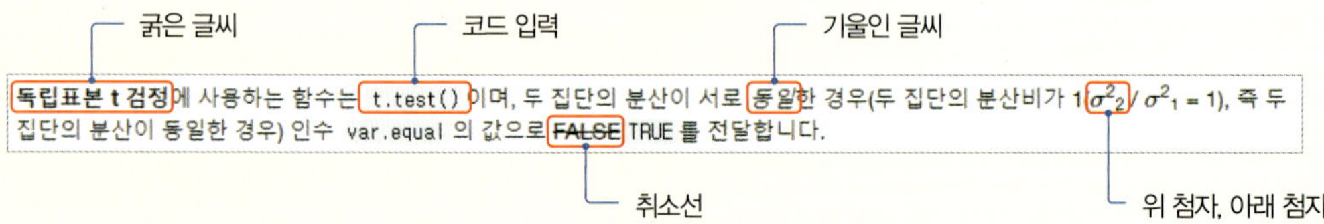

지금까지 RMarkdown 본문에 사용할 수 있는 기초 기능을 살펴보았습니다. 더 많고 자세한 기능은 RMarkdown 사이트[14]에 소개되어 있습니다. 특히, 홈페이지 오른쪽 상단의 [Book]을 클릭하면 볼 수 있는『R Markdown : The Definitive Guide』[15]에 자세한 내용이 담겨 있습니다.

R 코드 뭉치 다루기

R 코드 뭉치R Code Chunk는 RMarkdown 문서에서 R 코드를 실행하고 그 결과를 문서에 출력하는 영역입니다. 코드 뭉치는 적절한 설정을 통해 R 코드와 그 실행 결과 및 도표 등의 결과물이 문서 내에서 어떻게 출력할지 설정할 수 있습니다.

예제 코드 02.RMarkdown_basic.Rmd 파일의 첫 번째 R 코드 뭉치는 [그림 6-15]와 같습니다. 이 R 코드 뭉치를 자세히 살펴보면 다음과 같은 사실을 알 수 있습니다.

1. 이 코드는 R로 실행하기 때문에 r을 입력합니다.
2. R 코드 뭉치의 이름은 setup입니다. label=setup이 정확한 표기법이지만 첫 설정사항이 label이면 이름만 지정할 수 있습니다.
3. R 코드 뭉치의 코드와 실행 결과를 문서에 포함하지 않도록 include=FALSE를 지정합니다.

14 https://rmarkdown.rstudio.com/

15 RStudio에 재직 중인 개발자 이후이 세Yihui Xie가 동료들과 집필하였으며, RMarkdown 문법을 공유하며 책을 만드는 bookdown으로 만든 전자책입니다. (https://bookdown.org/yihui/rmarkdown/)

또한 RStudio에서는 R 코드 뭉치 옆에 있는 초록색 화살표(▶)를 클릭하여 실행 결과를 미리 볼 수 있습니다.

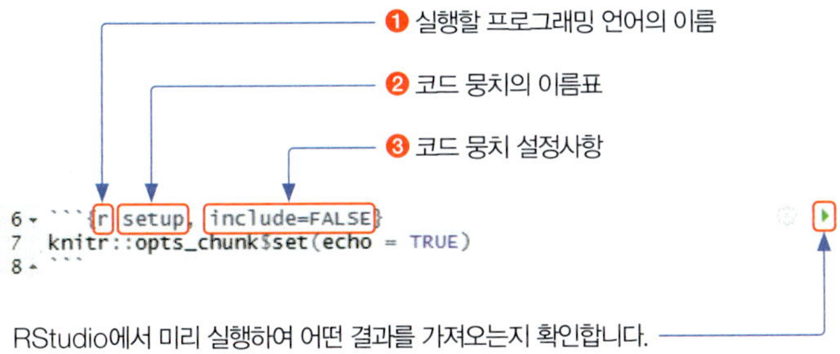

그림 6-15 R 코드 뭉치의 구성

[그림 6-15]의 7줄에 사용한 R 코드는 knitr 패키지의 opts_chunk$set( ) 함수를 이용하여 전체 문서에 대한 R 코드 뭉치의 echo 값을 TRUE로 초기화하는 명령어입니다. echo 값을 TRUE로 설정하면 R 코드 뭉치에 사용한 R 코드가 출력 문서에 그대로 나타납니다.

■ R 코드 뭉치 작성하기

R 코드 뭉치는 다음과 같이 구성됩니다.

- 백틱backtick(`) 3개(```)로 R 코드 뭉치의 시작과 끝을 구분합니다.
- 처음 중괄호 쌍({ }) 안에 문서에 포함할 언어의 이름과 해당 코드 처리를 위한 설정사항option이 들어갑니다. 즉, R 코드 뭉치는 ```{r 설정사항}으로 시작합니다. 여기서 설정사항은 knitr 패키지[16]를 통해 R 코드 및 실행 결과를 본문과 결합하는 방식을 지정합니다.

■ R 코드 뭉치 설정

R 코드 뭉치에 사용할 수 있는 설정사항에 대해 알아봅시다. [코드 6-13]과 같은 R 코드 뭉치는 library( ) 함수를 이용하여 필요한 패키지를 현재 작업공간과 연결합니다. 이 코드를 수행하면, 패키지를 불러올 때 나타나는 각종 메시지가 출력 문서에 나타납니다. 실행 결과에는 tidyverse 패키지 연결 명령어와 결과 메시지만 수록했습니다.

16 knitr 패키지는 RStudio에 재직 중인 개발자 이후이 셰가 제작하였습니다. knitr 패키지에 대한 설명은 다음 링크를 참고하세요. https://yihui.org/knitr/

코드 6-13 02.RMarkdown_basic.Rmd

```
12  ```{r}
13  library( tidyverse )
14  library( Hmisc )
15  library( corrplot )
16  ```
```

실행 결과

```
library( tidyverse )

## ── Attaching packages ─────────────────────── tidyverse 1.3.1 ──

## ✓ ggplot2 3.3.5     ✓ purrr   0.3.4
## ✓ tibble  3.1.5     ✓ dplyr   1.0.7
## ✓ tidyr   1.1.4     ✓ stringr 1.4.0
## ✓ readr   2.0.2     ✓ forcats 0.5.1

## ── Conflicts ──────────────────────── tidyverse_conflicts() ──
## x dplyr::filter() masks stats::filter()
## x dplyr::lag()    masks stats::lag()
```

이와 같은 메시지는 프로그래밍을 할 때 도움이 되지만, 출력 문서에는 공간만 차지하고 가독성을 떨어뜨립니다. 만약 R 코드를 실행한 뒤 나타나는 메시지를 출력 문서에서 생략할 수 있다면 문서가 더 보기 좋아질 것입니다. [코드 6-13]의 12줄을 [코드 6-14]와 같이 변경하고 실행해 보세요. 그리고 [코드 6-13]의 실행 결과와 비교해 보세요.

코드 6-14 02.RMarkdown_basic.Rmd

```
12  ```{r message=FALSE}
13  library( tidyverse )
14  library( Hmisc )
15  library( corrplot )
16  ```
```

실행 결과

```
library( tidyverse )
library( Hmisc )
library( corrplot )
```

앞서 [그림 6-15]의 7줄을 통해 출력 문서 전체에 R 코드가 보이도록 설정했으나, 어떤 R 코드는 출력 문서에 보이지 않게 설정해야 할 수도 있습니다. 이럴 때 해당 R 코드 뭉치에서 echo 값을 FALSE로 변경하면 됩니다. [코드 6-13]의 12줄을 [코드 6-15]와 같이 변경하고 실행해 보세요. 이때 콤마(,)로 설정사항을 구분했습니다.

코드 6-15 02.RMarkdown_basic.Rmd

```
12    ```{r message=FALSE, echo=FALSE}
13    library( tidyverse )
14    library( Hmisc )
15    library( corrplot )
16    ```
```

[그림 6-16]은 02.RMarkdown_basic.Rmd 파일의 12줄을 [코드 6-15]와 같이 변경하고 그 파일을 렌더링한 출력 문서의 일부입니다. tidyverse, Hmisc, corrplot 패키지를 작업공간에 연결하는 명령어가 출력 문서에서 생략되었음을 확인할 수 있습니다.

> # 필요한 패키지 연결하기
>
> ## mtcars
>
> mtcars는 R이 기본으로 제공하는 예제 데이터입니다. 1974년 미국의 Motor Trend 잡지에서 비교한 1973년부터 1974년 자동차 모델에 대한 데이터로 총 32대의 자동차로부터 다음의 11개의 속성을 측정하였습니다.

그림 6-16 코드와 실행 결과를 모두 생략한 출력 문서

이번에는 출력 문서에 R 코드를 포함하되, 결과를 실행하지 않는 방법을 알아봅시다. [코드 6-16]의 R 코드 뭉치를 실제로 렌더링하면 실행 결과가 너무 길어서 출력 문서의 가독성을 떨어뜨립니다.

코드 6-16 02.RMarkdown_basic.Rmd

````
```{r}
mtcars
```
````

실행 결과

```
mtcars
```

```
##                     mpg cyl  disp  hp drat    wt  qsec vs am gear carb
## Mazda RX4          21.0   6 160.0 110 3.90 2.620 16.46  0  1    4    4
## Mazda RX4 Wag      21.0   6 160.0 110 3.90 2.875 17.02  0  1    4    4
## Datsun 710         22.8   4 108.0  93 3.85 2.320 18.61  1  1    4    1
## Hornet 4 Drive     21.4   6 258.0 110 3.08 3.215 19.44  1  0    3    1
## Hornet Sportabout  18.7   8 360.0 175 3.15 3.440 17.02  0  0    3    2
## Valiant            18.1   6 225.0 105 2.76 3.460 20.22  1  0    3    1
## Duster 360         14.3   8 360.0 245 3.21 3.570 15.84  0  0    3    4
```

[코드 6-17]의 40줄은 {r}에 eval 값을 FALSE로 지정하는 설정사항을 추가한 코드입니다. 이 설정사항은 코드를 실행하지 않으므로 출력 문서에 코드만 나타내고 싶을 때 유용합니다. 실행 결과를 보면 41줄의 mtcars 출력 코드는 있지만 데이터셋 출력이 없습니다.

코드 6-17 02.RMarkdown_basic.Rmd

````
40  ```{r eval=FALSE}
41  mtcars
42  ```
````

실행 결과

```
mtcars
```

데이터 요약

이번에는 코드와 그 실행 결과를 출력 문서에 나타내지 않는 방법을 알아봅시다.

[코드 6-18]은 02.RMarkdown_basic.Rmd 파일의 142~147줄에 기술한 R 코드 뭉치입니다. 143~146줄은 138~140줄의 설명에 따라 새로운 데이터프레임을 만들고 이를 mtcars_wk로 출력하는 코드입니다. 그런데 이 출력 문서의 내용을 읽어 보면 코드와 수행 결과를 모두 숨김 처리해야 함을 알 수 있습니다. 143~146줄은 문서를 읽는 사람이 직접 입력하면서 따라할 수 있도록 보여주는 내용이며, 146줄의 mtcars_wk는 다른 곳에서 쓰일 데이터이기 때문입니다.

코드 6-18 02.RMarkdown_basic.Rmd

```
142    ```{r}
143    mtcars %>%
144      mutate( am_f = factor( am, levels = c(0, 1),
145                             labels = c("MT", "AT") ) ) -> mtcars_wk
146    mtcars_wk
147    ```
```

실행 결과

변속기 종류에 따라 연비는 어떻게 차이가 나는지 확인해 봅시다. 먼저 다음과 같이 변속기 종류를 저장한 am 열을 factor로 각자 변경해 봅시다.

1. factor로 바꾸고 알아보기 쉬운 이름표를 부여합니다.
2. 기존 열 am은 그대로 유지하고 새로운 열 am_f를 만들어 저장합니다.
3. 부여한 이름표 `MT` 는 수동변속기, `AT` 는 자동변속기입니다.

```
mtcars %>%
  mutate( am_f = factor( am, levels = c(0, 1),
                         labels = c("MT", "AT") ) ) -> mtcars_wk
mtcars_wk
```

```
##                    mpg cyl  disp  hp drat    wt  qsec vs am gear carb am_f
## Mazda RX4         21.0   6 160.0 110 3.90 2.620 16.46  0  1    4    4   AT
## Mazda RX4 Wag     21.0   6 160.0 110 3.90 2.875 17.02  0  1    4    4   AT
## Datsun 710        22.8   4 108.0  93 3.85 2.320 18.61  1  1    4    1   AT
## Hornet 4 Drive    21.4   6 258.0 110 3.08 3.215 19.44  1  0    3    1   MT
## Hornet Sportabout 18.7   8 360.0 175 3.15 3.440 17.02  0  0    3    2   MT
## Valiant           18.1   6 225.0 105 2.76 3.460 20.22  1  0    3    1   MT
```

[코드 6-18]의 코드를 실제로 수행하지만 출력 문서에 코드와 실행 결과를 나오지 않게 수정해 봅시다. [코드 6-18]의 142줄을 [코드 6-19]와 같이 변경하고 실행해 보세요. 문서를 렌더링하면 실행 결과와 같이 142~147줄이 문서에 나타나지 않지만, 이후의 R 코드 뭉치를 렌더링하여 mtcars_wk가 잘 만들어졌음을 확인할 수 있습니다.

코드 6-19 02.RMarkdown_basic.Rmd

```
142    ```{r echo=FALSE, results='hide'}
143    mtcars %>%
144      mutate( am_f = factor( am, levels = c(0, 1),
145                             labels = c("MT", "AT") ) ) -> mtcars_wk
146    mtcars_wk
147    ```
```

실행 결과

1. factor로 바꾸고 알아보기 쉬운 이름표를 부여합니다.
2. 기존 열 am은 그대로 유지하고 새로운 열 am_f를 만들어 저장합니다.
3. 부여한 이름표 MT 는 수동변속기, AT 는 자동변속기입니다.

■ 오류 처리법

지금까지는 R 코드 뭉치에 오류가 없었으므로 출력 문서를 문제 없이 확인할 수 있었습니다. 만일 R 코드 뭉치에 오류가 있다면 어떻게 될까요? 그리고 출력 문서에 오류 코드를 포함해서 보여주어야 한다면 어떻게 해야 할까요? 한 번 확인해 봅시다.

[코드 6-20]의 50줄은 데이터프레임 중 일부 열을 선택하여 summary( ) 함수에 인수로 전달합니다.

코드 6-20 02.RMarkdown_basic.Rmd

```
50    ```{r}
51    summary( mtcars[, c("mpg", "disp", "hp", "wt", "qsec", "carb")] )
52    ```
```

[코드 6-20]의 51줄을 잘못 입력했을 때 발생한 오류error를 설명하는 출력 문서를 만들어 보겠습니다. 먼저 [코드 6-21]과 같이 [코드 6-20]의 51줄에서 c( ) 함수를 제거하고 실행해 봅시다.

코드 6-21 02.RMarkdown_basic.Rmd

```
50  ```{r}
51  summary( mtcars[, "mpg", "disp", "hp", "wt", "qsec", "carb"] )
52  ```
```

그러면 02.RMarkdown_basic.Rmd 파일을 렌더링하다가 오류가 발생하고, [그림 6-17]과 같이 Render 탭에 오류 메시지가 나타나며 출력 문서가 만들어지지 않습니다.

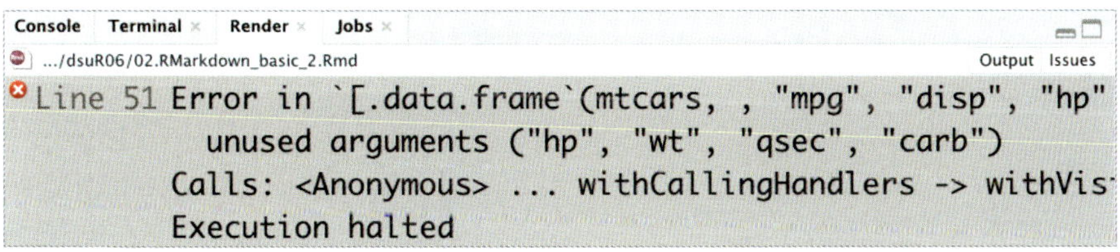

그림 6-17 렌더링 오류 메시지

이처럼 실행 오류를 설명하려는 문서를 만들 때, [그림 6-17]처럼 오류 메시지만 뜨고 문서가 만들어지지 않는다면 작업을 더 이상 진행할 수 없습니다. 오류 메시지 창을 그림 파일로 캡처하여 문서에 삽입하는 것도 해결 방법 중 하나이지만, 오류가 있는 R 코드 뭉치 부분에는 해당 코드와 오류 메시지를 보여주고 전체 문서 렌더링에 영향을 주지 않게 설정하는 방법도 있습니다. [코드 6-21]의 50줄을 [코드 6-22]와 같이 변경하고 실행해 보세요. 해당 부분에 코드와 오류 메시지를 띄울 뿐, 출력 문서가 정상적으로 만들어졌습니다.

코드 6-22 02.RMarkdown_basic.Rmd

```
50  ```{r error=TRUE}
51  summary( mtcars[, "mpg", "disp", "hp", "wt", "qsec", "carb"] )
52  ```
```

실행 결과

```
summary( mtcars[, "mpg", "disp", "hp", "wt", "qsec", "carb"] )
```

```
## Error in `[.data.frame`(mtcars, , "mpg", "disp", "hp", "wt", "qsec", "ca
rb"): unused arguments ("hp", "wt", "qsec", "carb")
```

■ 출력 문서에 나타나는 경고 메시지 삭제

R과 RStudio는 매년 4~5회에 걸쳐 다양한 규모로 업데이트한 버전을 배포합니다. 이 책을 통해 R과 RStudio를 설치하고 지금까지 따라왔다면 이미 새로운 버전이 출시되었을 수도 있습니다. R의 패키지는 최신 R 버전을 기준으로 설치되기 때문에 패키지 버전이 여러분의 컴퓨터에 설치된 R 버전과 다를 수 있습니다. 다행히 패키지를 library( ) 함수로 불러오면 [그림 6-18]과 같이 경고warning 메시지가 나타나기 때문에 사용자도 이러한 상황을 확인할 수 있습니다.

```
> library( tidyverse )
── Attaching packages ─────────────────────────── tidyverse 1.3.2 ──
✓ ggplot2 3.3.6     ✓ purrr   0.3.4
✓ tibble  3.1.8     ✓ dplyr   1.0.9
✓ tidyr   1.2.0     ✓ stringr 1.4.0
✓ readr   2.1.2     ✓ forcats 0.5.1
── Conflicts ────────────────────────────── tidyverse_conflicts() ──
✕ dplyr::filter() masks stats::filter()
✕ dplyr::lag()    masks stats::lag()
Warning messages:
1: 패키지 'tidyverse'는 R 버전 4.2.1에서 작성되었습니다
2: 패키지 'ggplot2'는 R 버전 4.2.1에서 작성되었습니다
3: 패키지 'tibble'는 R 버전 4.2.1에서 작성되었습니다
4: 패키지 'tidyr'는 R 버전 4.2.1에서 작성되었습니다
5: 패키지 'readr'는 R 버전 4.2.1에서 작성되었습니다
6: 패키지 'purrr'는 R 버전 4.2.1에서 작성되었습니다
7: 패키지 'dplyr'는 R 버전 4.2.1에서 작성되었습니다
8: 패키지 'stringr'는 R 버전 4.2.1에서 작성되었습니다
9: 패키지 'forcats'는 R 버전 4.2.1에서 작성되었습니다
```

그림 6-18 tidyverse 패키지와 하위 패키지 버전에 대한 경고 메시지

컴퓨터에 설치된 R 버전보다 패키지 버전이 더 높은 경우, RMarkdown 파일을 렌더링한 출력 문서에도 [그림 6-19]와 같이 경고 메시지가 나타납니다.

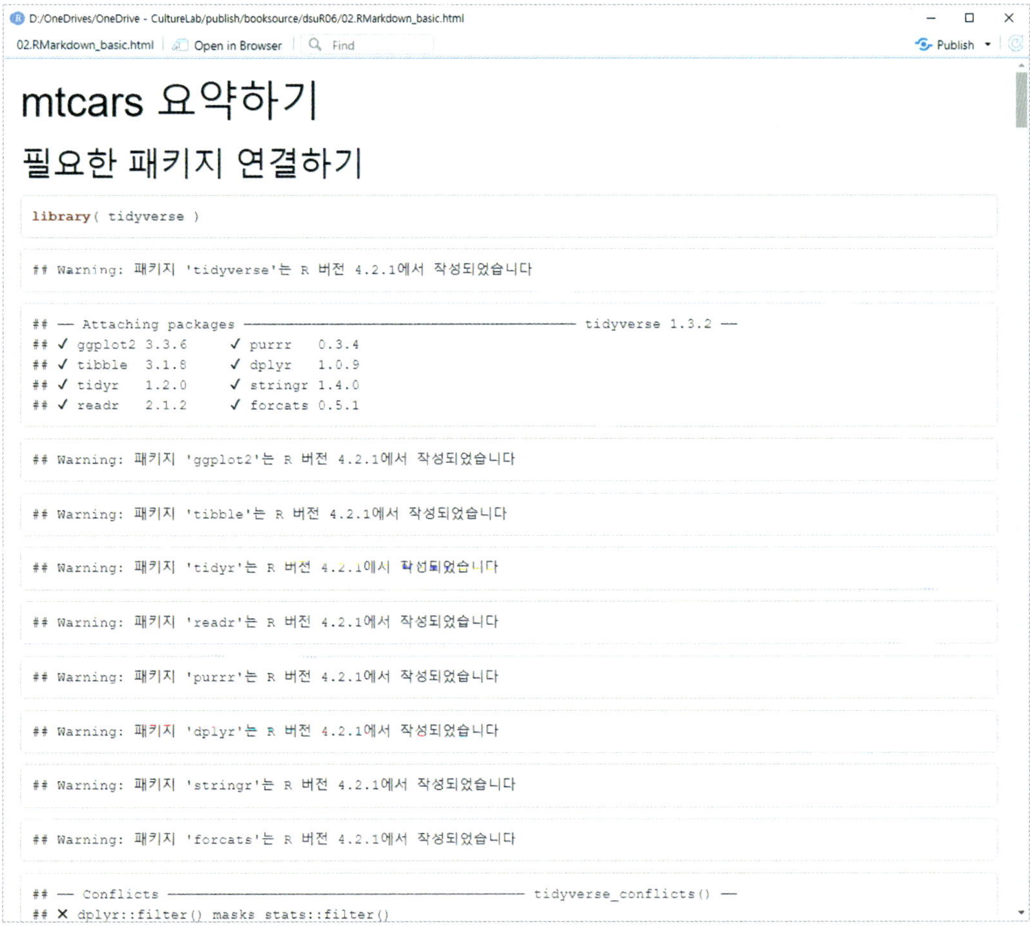
D:/OneDrives/OneDrive - CultureLab/publish/booksource/dsuR06/02.RMarkdown_basic.html

02.RMarkdown_basic.html | Open in Browser | Find | Publish

mtcars 요약하기

필요한 패키지 연결하기

```
library( tidyverse )
```

```
## Warning: 패키지 'tidyverse'는 R 버전 4.2.1에서 작성되었습니다
```

```
## — Attaching packages ————————————————————— tidyverse 1.3.2 —
## ✓ ggplot2 3.3.6     ✓ purrr   0.3.4
## ✓ tibble  3.1.8     ✓ dplyr   1.0.9
## ✓ tidyr   1.2.0     ✓ stringr 1.4.0
## ✓ readr   2.1.2     ✓ forcats 0.5.1
```

```
## Warning: 패키지 'ggplot2'는 R 버전 4.2.1에서 작성되었습니다
```

```
## Warning: 패키지 'tibble'는 R 버전 4.2.1에서 작성되었습니다
```

```
## Warning: 패키지 'tidyr'는 R 버전 4.2.1에서 작성되었습니다
```

```
## Warning: 패키지 'readr'는 R 버전 4.2.1에서 작성되었습니다
```

```
## Warning: 패키지 'purrr'는 R 버전 4.2.1에서 작성되었습니다
```

```
## Warning: 패키지 'dplyr'는 R 버전 4.2.1에서 작성되었습니다
```

```
## Warning: 패키지 'stringr'는 R 버전 4.2.1에서 작성되었습니다
```

```
## Warning: 패키지 'forcats'는 R 버전 4.2.1에서 작성되었습니다
```

```
## — Conflicts ——————————————————————— tidyverse_conflicts() —
## ✖ dplyr::filter() masks stats::filter()
```

그림 6-19 패키지 버전 경고 메시지가 포함된 출력 문서

출력 문서에 이러한 경고 메시지가 나타나면 가독성이 떨어져서 문서를 보기 불편해집니다. 이러한 메시지가 나타나지 않게 하는 두 가지 방법을 소개합니다.

1. R을 항상 최신 버전으로 유지합니다. 버전 번호 X.Y.Z(예를 들어 R 버전 4.2.1) 중에서 Z만 바뀌었다면 실행하는 데 차이가 크게 나지 않을 정도로 업데이트가 진행되었다는 뜻입니다. 이 경우엔 무조건 업데이트를 진행할 필요는 없지만, 가급적이면 최신 버전으로 업데이트하기를 권합니다.
2. R 코드 뭉치의 설정사항에 warning = FALSE를 추가하면 경고 메시지가 문서에 포함되지 않습니다.

```
```{r warning=FALSE}
```
```

■ 인라인 코드

R 코드 뭉치는 문서의 한 부분을 R 코드와 결과로 채웁니다. 그런데 문서를 작성하다 보면 R로 계산한 값을 문장 내에 삽입하는 기능이 필요합니다. 이렇게 RMarkdown 본문의 문장 안에 삽입하는 코드를 인라인 코드inline code라고 합니다. R 코드 뭉치와는 달리 백틱(`) 한 번으로 인라인 코드의 시작과 끝을 구분합니다. 또한 R 코드이므로 ` 뒤에 띄어쓰기 없이 r을 입력합니다.

인라인 코드의 사용법을 살펴보겠습니다. [코드 6-23]은 요약한 자료 mtcars_smr_am_f의 평균과 표준편차를 본문에 삽입하는 인라인 코드입니다. 이때 코드를 수행하여 도출한 값은 round( ) 함수를 이용해 소수점 아래 자릿수를 조절하여 표시합니다. 평균은 소수점 둘째 자리까지, 표준편차는 소수점 셋째 자리까지 출력하도록 지정하였습니다. 이를 실행 결과에서 확인해 보세요.

코드 6-23 02.RMarkdown_basic.Rmd

```
수동변속기 차량의 평균 연비는 `r round(mtcars_smr_am_f[1, "mean"], 2)`, 자동변속기 차량의 평균 연비는 `r round(mtcars_smr_am_f[2, "mean"], 2)`였습니다. 또 각각의 표준편차는 `r round(mtcars_smr_am_f[1, "sd"] / sqrt(mtcars_smr_am_f[1, "n"]), 3)`, `r round(mtcars_smr_am_f[2, "sd"] / sqrt(mtcars_smr_am_f[1, "n"]), 3)`였으며 다음과 같이 데이터가 분포합니다.
```

실행 결과

수동변속기 차량의 평균 연비는 17.15, 자동변속기 차량의 평균 연비는 24.39였습니다. 또 각각의 표준편차는 0.88, 1.415였으며 다음과 같이 데이터가 분포합니다.

지금까지 RMarkdown 문서에서 R 코드를 실행하고 출력할 때 기초로 알아두어야 하는 설정사항과 인라인 코드 사용법을 살펴보았습니다. 이 외에도 다양한 설정사항이 있으니 RMarkdown 사이트에서 확인해 보세요.

6.3 더 보기 편한 문서 만들기

6.2절에서는 RMarkdown으로 문서를 만드는 방법을 간단히 알아보았습니다. 문서는 다른 사람들과 소통하기 위해 만드는 것이므로, 여러분이 만든 문서가 읽기 쉬울수록 문서를 통한 의사 소통이 더욱 원활해질 것입니다. 6.2절에서 학습한 내용만 알고 있어도 의미를 충분히 전달하는 문서를 제작할 수 있지만, 몇 가지 요소를 추가한다면 더욱 보기 편한 문서가 될 것입니다. 그 일환으로 이번 절에서는 움직이는 목차를 만들고, 데이터프레임을 한눈에 보기 편리하게 수정하는 방법을 알아보겠습니다.

움직이는 목차 만들기

6.2절의 [표 6-2]에서 목차를 만드는 방법을 살펴봤습니다. 목차는 문서의 맨 앞에 생성되므로 문서가 길어지면 목차를 보기 위해 맨 앞으로 이동해야 하는 불편함이 있습니다. 이때 [코드 6-24]와 같이 toc_float 인수를 추가하면 문서의 현재 위치에 따라 문서 왼쪽에 둥둥 떠다니는 float 목차를 만들 수 있습니다.

코드 6-24 02.RMarkdown_basic_2.Rmd

```
---
title: "mtcars 요약하기"
output:
  html_document:
    toc: true
    toc_float: true
---
```

실행 결과

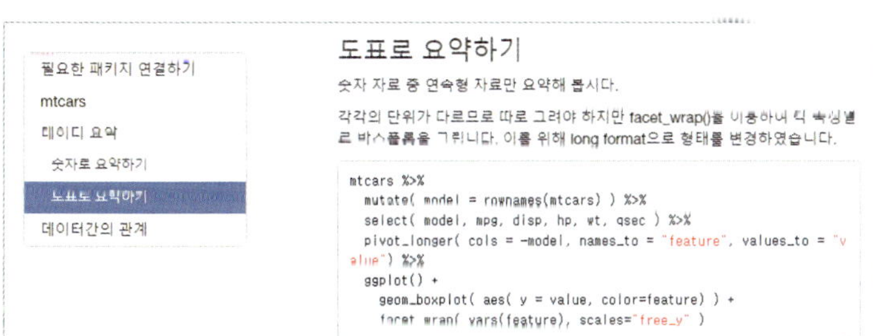

데이터프레임을 보기 좋게 만들기

6.2절 [코드 6-16]에서 mtcars 데이터셋을 출력하니 데이터 전체가 출력 문서에 그대로 나타나는 것을 확인했습니다. 데이터셋이 크면 클수록 출력 문서에 나타나는 양도 많아지므로 가독성이 떨어진다는 문제점이 있습니다. 이제 이러한 문제를 해결하는 두 가지 방법을 함께 살펴보겠습니다.

■ YAML 헤더의 df_print 인수

YAML 헤더의 df_print 인수는 출력 문서에 데이터프레임을 보여주는 방식을 결정합니다. 기본값은 default이며 출력 문서는 Console 패널에 보이는 것과 동일합니다. [코드 6-25]와 같이 df_print 값을 paged로 변경해 봅시다.

코드 6-25 02.RMarkdown_basic.Rmd

```
---
title: "mtcars 요약하기"
output:
  html_document:
    toc: true
    toc_float: true
    df_print: "paged"
---
...
```{r echo=FALSE}
mtcars
```
```

[그림 6-20]은 02.RMarkdown_basic.Rmd 파일의 YAML 헤더를 [코드 6-25]와 같이 변경하여 실행한 출력 문서의 일부(38~42줄)입니다. mtcars의 데이터프레임을 페이지당 최대 10행까지 보여주고, 마지막 행 아래에 각 페이지를 이동하는 메뉴를 추가하여 사용자가 전체 데이터를 살펴보기 쉽게 만들어 줍니다. 출력 문서의 폭이 좁아 가려지는 열이 있다면 헤더의 좌우에 ◀ 또는 ▶ 아이콘이 생기는데, 이 아이콘을 클릭하면 현재 출력 문서에 보이지 않는 데이터를 볼 수 있습니다.

mtcars에 저장한 데이터는 다음과 같습니다.

	mpg <dbl>	cyl <dbl>	disp <dbl>	hp <dbl>	drat <dbl>	wt <dbl>	qsec <dbl>
Mazda RX4	21.0	6	160.0	110	3.90	2.620	16.46
Mazda RX4 Wag	21.0	6	160.0	110	3.90	2.875	17.02
Datsun 710	22.8	4	108.0	93	3.85	2.320	18.61
Hornet 4 Drive	21.4	6	258.0	110	3.08	3.215	19.44
Hornet Sportabout	18.7	8	360.0	175	3.15	3.440	17.02
Valiant	18.1	6	225.0	105	2.76	3.460	20.22
Duster 360	14.3	8	360.0	245	3.21	3.570	15.84
Merc 240D	24.4	4	146.7	62	3.69	3.190	20.00
Merc 230	22.8	4	140.8	95	3.92	3.150	22.90
Merc 280	19.2	6	167.6	123	3.92	3.440	18.30

1-10 of 32 rows | 1-8 of 12 columns   Previous 1 2 3 4 Next

현재 출력 문서에 보이지 않는 열 보기

페이지 이동 메뉴

그림 6-20 df_print 인수에 값을 지정하여 데이터프레임 출력 방법 설정

■ knitr 패키지의 kable( ) 함수

knitr 패키지가 제공하는 kable( ) 함수는 표(table 또는 데이터프레임) 구조의 데이터를 보기 좋게 출력해줍니다. YAML 헤더에 df_print 인수의 값을 "kable"이라 두면 RMarkdown이 적용 가능한 객체에 모두 kable( ) 함수를 적용합니다. 이 함수를 따로 적용할 개체가 있으면 [코드 6-26]의 41줄이나 60줄처럼 해당 R 코드 뭉치에 kable( ) 함수를 적용합니다.

코드 6-26 02.RMarkdown_basic.Rmd

```
40  ```{r}
41  knitr::kable( mtcars )                              # 데이터프레임에 적용
42  ```
…                                       …
58  ```{r}
59  table( mtcars$vs )
60  knitr::kable( prop.table( table(mtcars$vs) ) )  # 표 구조에 적용
61  ```
```

mtcars에 저장한 데이터는 다음과 같습니다.

	mpg	cyl	disp	hp	drat	wt	qsec	vs	am	gear	carb
Mazda RX4	21.0	6	160.0	110	3.90	2.620	16.46	0	1	4	4
Mazda RX4 Wag	21.0	6	160.0	110	3.90	2.875	17.02	0	1	4	4
Datsun 710	22.8	4	108.0	93	3.85	2.320	18.61	1	1	4	1
Hornet 4 Drive	21.4	6	258.0	110	3.08	3.215	19.44	1	0	3	1
Hornet Sportabout	18.7	8	360.0	175	3.15	3.440	17.02	0	0	3	2

(a) 데이터프레임 출력

```
table( mtcars$vs )
```

```
##
##  0  1
## 18 14
```

```
knitr::kable( prop.table( table(mtcars$vs) ) )
```

Var1	Freq
0	0.5625
1	0.4375

(b) 표 구조 데이터 출력

그림 6-21 kable( ) 함수를 적용하여 데이터프레임과 표 구조의 데이터를 출력한 결과

CHAPTER 6 연습문제

※ 다음 지침에 따라 [그림 6-22]와 동일한 RMarkdown 문서를 작성해 보세요.

1 목차가 문서의 현재 위치를 따라 움직이도록 설정해 보세요.

2 R 패키지를 연결하는 코드와 메시지를 출력하지 않게 설정하세요. 단, 이후에 등장하는 R 코드는 문서에 포함되게 설정해 보세요.

3 문서는 도입-설명 순으로 작성하되, 도입 본문의 '기상자료개방포털' 문자열에 외부 링크를 연결하세요. 외부 링크 주소는 기상자료개방포털 홈페이지에서 [데이터]-[기상관측]-[지상] 메뉴를 선택하면 나오는 '종관기상관측(ASOS)' 페이지를 적용해 보세요.

4 설명 부분의 본문에 '월별 평균'과 '도표' 제목을 추가해 보세요.

(a) '월별 평균' 제목 아래 본문에 월별 평균 기온의 최댓값과 최솟값을 인라인 코드로 출력해 보세요.

(b) '도표' 제목 아래 본문에 도표의 모습을 간략히 요약한 설명글을 추가해 보세요.

5 월별 기온 평균은 kable() 함수를 이용해 출력해 보세요.

6 4장 [연습문제 1]에서 시각화한 도표를 문서에 삽입해 보세요.

CHAPTER 6 연습문제

도입
설명

6장 연습문제

도입

데이터는 2장 연습문제에서 사용한 기상자료개방포털의 데이터를 활용하여 충청남도 천안관측소의 최근 1년간 일자별 평균 데이터를 사용했습니다.

설명

월별 평균

충청남도 천안관측소의 지난 1년간 월 평균 기온은 다음 표와 같으며 월 평균은 최대 `27.1`, 최소 `-2.7` 으로 나타났습니다.

```
knitr::kable( temp_year_month )
```

year	month	mean_temp
2021	6	22.2809524
2021	7	26.2225806
2021	8	24.2677419
2021	9	20.9266667
2021	10	13.9935484
2021	11	6.8666667
2021	12	0.2096774
2022	1	-2.7161290
2022	2	-1.4107143
2022	3	6.8612903
2022	4	13.1100000
2022	5	17.3677419
2022	6	22.5133333
2022	7	27.0777778

도표

최저 기온은 1월었으며, 2월과 함께 평균 기온이 영하였습니다. 2022년의 7월의 평균 기온이 2021년 7월의 평균 기온보다 높았습니다.

```
temp_year_month %>%
  mutate( date = as.Date(paste(year, month, 1), format="%Y %m %d") ) %>%
  ggplot( aes(x=date, y=mean_temp) ) +
    geom_point( ) +
    geom_line( ) +
    xlab("월") + ylab("평균 온도") +
    theme_stata() +
    theme(
      text = element_text( family = "NSK" )
    )
```

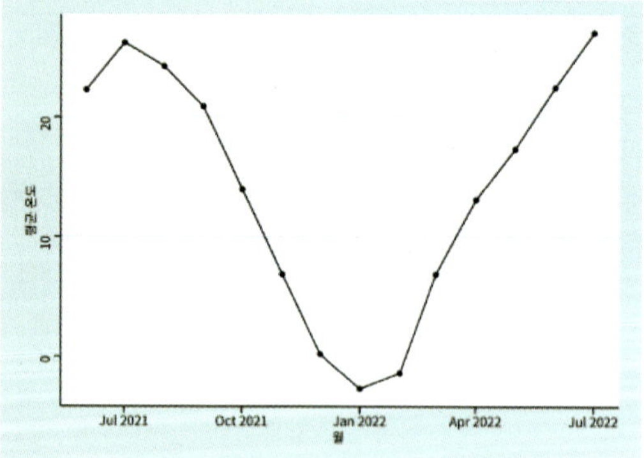

그림 6-22 6장 연습문제 작성 문서 결과

PROJECT 2 데이터 분석 보고서 작성하기

프로젝트 : dsuRprj2/dsuRprj2.Rproj

지금까지 데이터 과학의 기본 과정을 모두 학습했습니다. 특히 5장에서는 통계분석 방법을 다루고, 6장에서는 의사소통하는 데 필요한 문서 작성법을 다루었습니다. 이번에는 공공데이터를 이용하여 5~6장에서 학습한 내용을 더욱 깊이 있게 다뤄보겠습니다. [PROJECT 2]를 통해 수행하고 싶은 데이터 분석 과정은 다음과 같습니다.

❶ 교통사고 데이터를 분석한 결과를 보고서로 작성하기 위해 공공데이터를 추가로 수집합니다.
❷ 보고서에 작성할 내용의 구조를 설정하고 RMakdown 문서에 제목 구조를 설정합니다.
❸ 데이터셋과 데이터 요약, 시각화 자료를 추가합니다.
❹ 요일별 사망사고 발생에 대한 가설을 세우고 통계적 가설검정 결과를 문서에 포함합니다.
❺ 사고유형별로 사고 발생 위치의 지리정보를 시각화하고 인터랙티브 지도를 제작합니다.

P2.1 분석에 사용할 데이터

1.4절, P1.3절

이번 프로젝트에 사용할 데이터는 다음 두 가지입니다.

❶ **교통사고 정보 데이터 :** acc_wk, carc_pops_wk, abbr_tab ([PROJECT 1] 참고)
❷ **지리정보 데이터 :** 통계청 통계지리정보서비스에서 제공

교통사고 정보 데이터

[PROJECT 1]의 P1.3절에서 정리한 데이터를 사용하겠습니다. 해당 데이터셋은 dsuRprj2\data 폴더에 rds 파일로 저장했습니다.

- **acc_wk.rds** : 사망자가 발생한 2020년 교통사고 정보 데이터셋
- **cars_pops_wk.rds** : 2020년 시군구별 인구, 자동차 등록대수를 저장한 데이터셋
- **abbr_tab.rds** : acc_wk, cars_pops_wk 데이터셋을 결합하기 위해 시도명과 행정 분류 코드를 저장한 데이터셋

지리정보 데이터

지리정보 데이터를 수집하기 위해 통계청 통계지리정보서비스[1] 사이트에 접속합니다. 해당 서비스는 통계청의 One ID가 필요하기 때문에, [그림 P2-1]과 같이 홈페이지 오른쪽 상단 메뉴에서 [회원가입]을 클릭하여 One ID를 생성합니다.

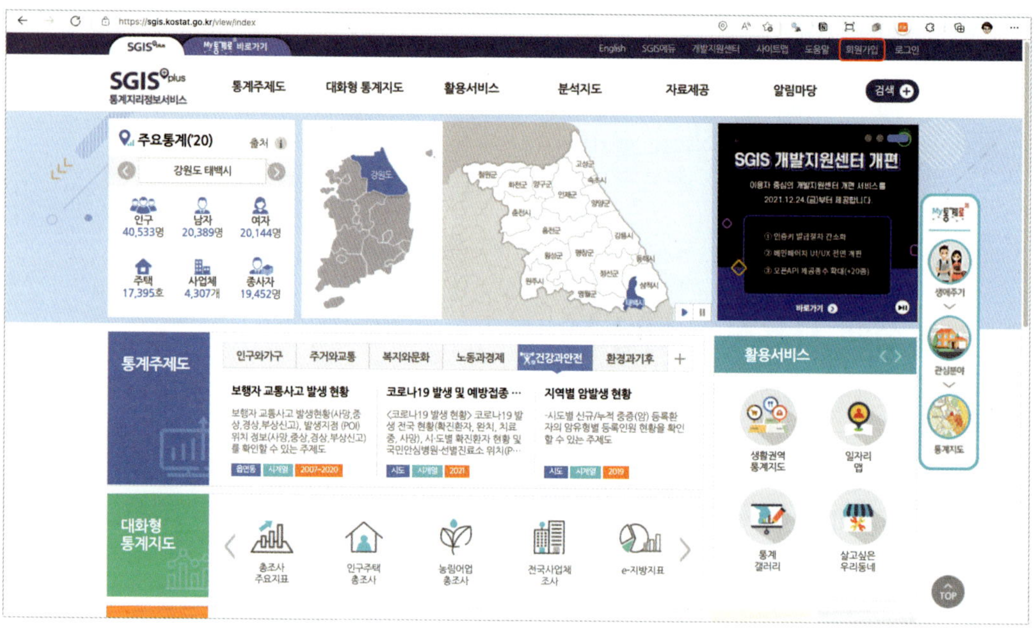

그림 P2-1 통계지리정보서비스 홈페이지

One ID로 로그인한 뒤, 홈페이지 상단에서 [자료제공]-[자료신청] 메뉴를 선택합니다. [그림 P2-2]와 같이 자료신청 화면에서 기본정보를 입력합니다. 소속은 드롭다운 메뉴에서 '민간'을 선택하고 오른쪽 입력란에 '개인'을 입력한 뒤, 나머지 정보도 입력합니다.

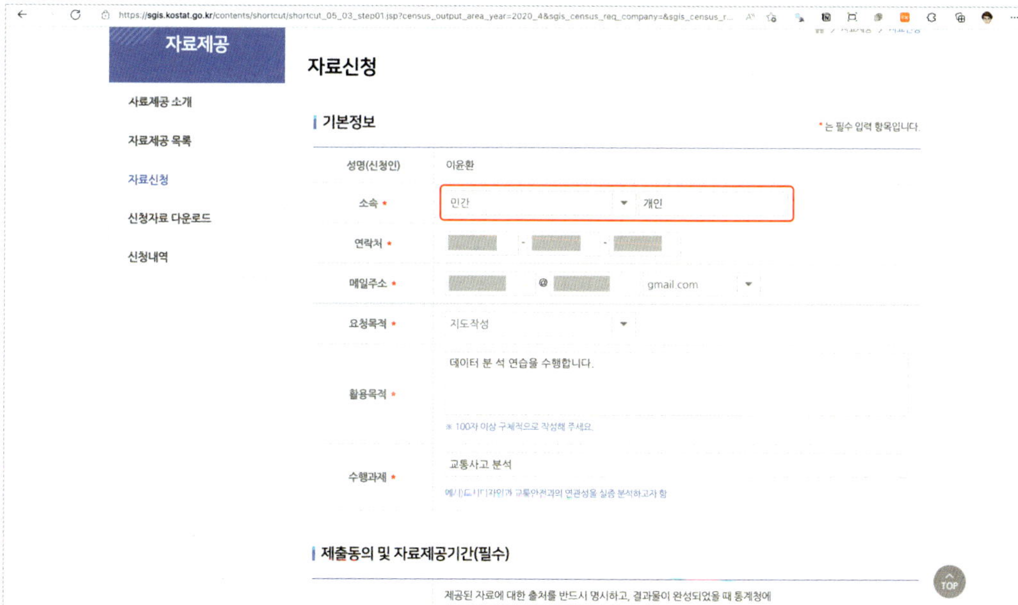

그림 P2-2 자료신청 페이지

[그림 P2-3]과 같이 화면 아래로 스크롤한 뒤, 출처 명시와 결과물 제출에 동의하는 의미로 ❶ '위 내용에 동의합니다.' 옆의 체크상자를 클릭합니다. 그 다음에는 받고 싶은 데이터를 설정합니다. 집계구[2] 기준년도는 2020년으로 선택합니다. 2020년이 없다면 최근 연도를 선택해도 됩니다. 자료 구분은 '통계지역경계'를, 자료대상은 '센서스용 행정구역경계(전체)'를 선택합니다. 년도와 시도/시군구를 2020년 전국 전체로 설정합니다. ❷ [추가]를 클릭합니다. 이때 다른 데이터도 추가로 선택하고 받아볼 수 있습니다. ❸ 추가한 데이터 중 다운로드할 데이터를 선택한 뒤, ❹ [신청완료]를 클릭합니다.

2 기초단위구를 기반으로 인구 규모나 사회경제적 동질성, 형태 지수를 고려하여 구축한 최소 통계 집계구역을 의미합니다. 통계지리 정보서비스 홈페이지의 [알림마당] - [주요 용어 설명]에서 자세한 설명을 확인할 수 있습니다.

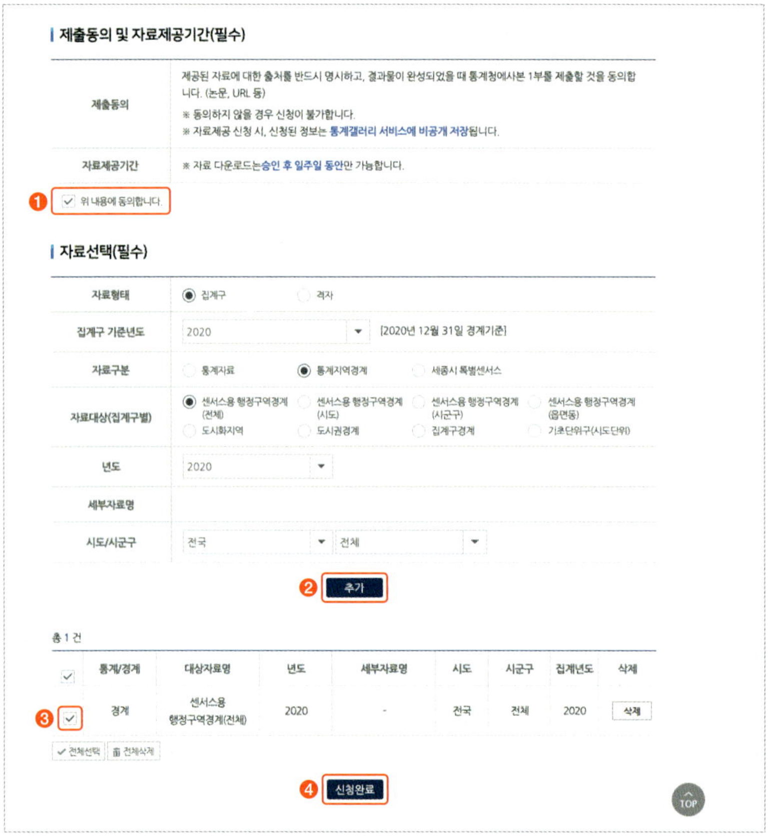

그림 P2-3 받고싶은 데이터 형태 설정 및 요청

홈페이지의 [자료제공]-[신청내역] 메뉴로 이동하면 신청한 자료 목록을 확인할 수 있습니다. 보통 신청완료한 지 5~10분 정도 지나면 '승인/반려(일자)'에 승인 일자가 나타납니다. [자료제공]-[신청자료 다운로드] 메뉴에서 화면 하단으로 이동하면 [그림 P2-4]와 같이 다운로드 목록이 있습니다. 요청한 데이터의 '다운로드' 링크를 클릭합니다.

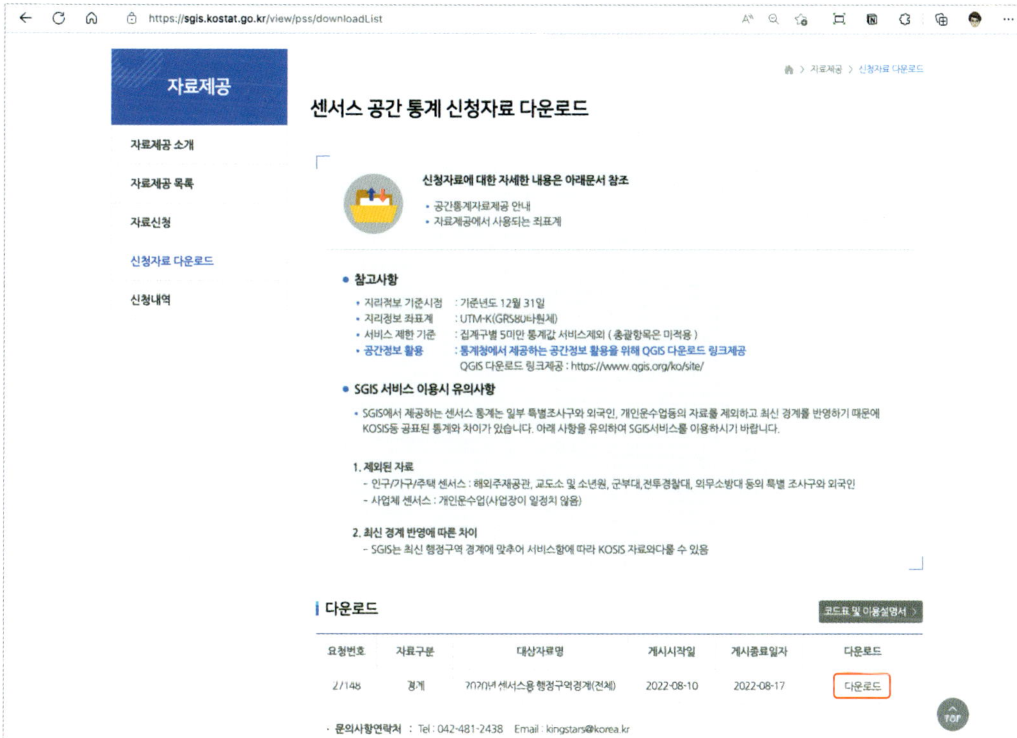

그림 P2-4 요청 데이터 다운로드

다운로드한 파일의 압축을 해제하면 압축 파일이 3개 있습니다. 이 중에서 [그림 P2-5]와 같이 파일명에 sido를 포함하는 시도 경계와, 파일명에 sigungu를 포함하는 시군구 경계 자료를 사용하겠습니다.

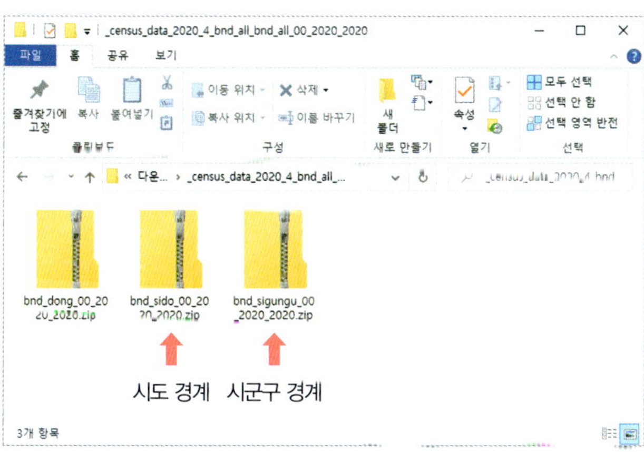

그림 P2-5 2020년 전국 행정구역 경계 파일 목록

dsuRprj2\data 폴더에 spatial 폴더를 생성하고 시도 경계와 시군구 경계 자료 파일의 압축을 해제해 보세요. 이름은 동일하고 확장자가 다른 파일 4개를 확인할 수 있습니다. shp, shx, dbf 파일은 지리정보를 나타내는 필수 파일이며, 각각 좌표 정보(shp), 좌표의 색인(shx), 저장한 데이터(dbf)가 담겨 있습니다. prj 파일은 타원형인 지구를 2차원 좌표로 나타내는 방법을 정의합니다. 이 네 가지 파일을 총칭하여 (ESRI) 셰이프파일shapefile이라고 합니다.

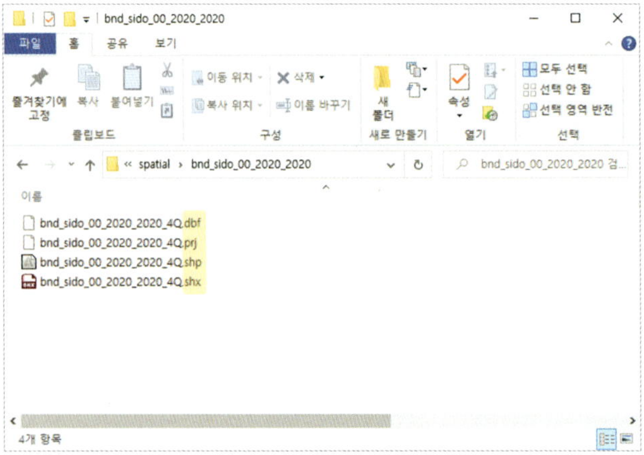

그림 P2-6 이름은 동일하고 확장자가 다른 4개의 파일

이제 데이터 분석에 필요한 파일을 모두 준비했습니다.

P2.2 문서 만들기

6.1절, 6.2절

이번 프로젝트에서는 교통사고 데이터를 분석한 결과로 보고서를 작성할 것입니다. 6장에서 살펴본 RMarkdown을 사용하겠습니다.

RMarkdown 문서 만들기

6.1절을 참고하여 RMarkdown 문서를 새로 생성해 봅시다. 이번에도 출력 문서의 유형을 HTML로 선택합니다. 문서 제목은 여러분이 원하는 대로 지어도 좋고, 문서 작성자의 이름은 생략해도 좋습니다. 이 책에서는 문서 제목을 'Traffic Accident Report'라고 작성하겠습니다.

그러면 [그림 P2-7]과 같이 임시 파일명이 Untitled1인 RMarkdown 문서가 생성됩니다.

그림 P2-7 새로 생성한 문서 Untitled1

이 문서의 첫 번째 코드 뭉치는 R 코드 뭉치에 사용한 R 코드를 출력 문서에 나타내도록 설정되어 있습니다. [그림 P2-7]의 R 코드 뭉치에서 7줄을 다음과 같이 변경하면 앞으로 R 코드가 출력 문서에 나타나지 않습니다.[3]

```
knitr::opts_chunk$set(echo = FALSE)
```

Untitled1 문서의 9줄 이후를 모두 삭제하고 저장한 결과가 바로 \dsuRprj2\Rmd 폴더의 01.report_01.Rmd 파일입니다.

사용할 패키지와 데이터 불러오기

■ 패키지 설치하기

이번 프로젝트에서 데이터 분석 보고서를 작성하며 사용할 패키지로는 tidyverse, summarytools 패키지 외에 지리정보 파일을 읽는 sf 패키지와 인터랙티브 지도를 만드는 leaflet 패키지(P2.6절 참고), 그리고 표 형태를 출력하는 DT 패키지(P2.4절 참고)가 있습니다. Console 패널에 다음과 같이 sf, leaflet, DT 패키지를 한 번에 설치합니다. 이렇게 여러 패키지를 한 번에 설치할 때는 패키지 이름을 각각 문자열 벡터로 만들어 install.packages( ) 함수에 전달합니다.

3 해당 RMarkdown 문서 내 모든 R 코드 뭉치에 echo=FALSE가 기본으로 적용됩니다.

```
> install.packages( c("sf", "leaflet", "DT") )
```

RStudio의 Packages 탭에서 패키지를 설치할 수도 있습니다. 작업 환경 패널 2(2장 [그림 2-3 참고])에 있는 Packages 탭은 패키지 설치 및 삭제, 작업공간 연결 및 해제 등 패키지 관리 기능을 제공합니다. Package 탭 아래에 있는 Install 아이콘(Install)을 클릭하면 [그림 P2-8]과 같이 패키지를 설치하는 창이 열립니다. Packages 항목에 설치하려는 패키지의 이름을 콤마(혹은 빈칸)로 구분하여 입력한 후 [Install]을 클릭하면 패키지가 설치됩니다.

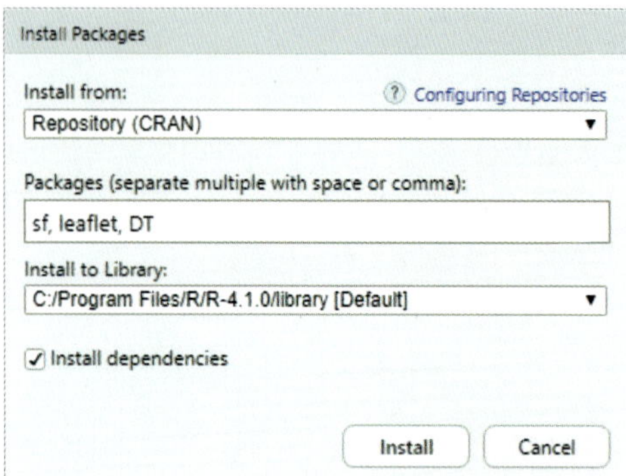

그림 P2-8 Packages 탭에서 패키지 설치 창

■ 패키지 불러오기

작성 중인 RMarkdown 문서 도입 부분에 패키지를 작업공간과 연결하는 코드를 추가합니다. 이때 [코드 P2-1]의 10줄처럼 R 코드 뭉치에 message=FALSE라는 설정사항을 추가하여 출력 문서에 패키지를 연결할 때 나오는 메시지를 포함하지 않도록 합니다.

코드 P2-1 01.report_02.Rmd

```
10    ```{r message=FALSE}
11    library( tidyverse )
12    library( DT )
13    library( sf )
14    library( leaflet )
15    library( summarytools )
16    library( showtext )
```

```
font_add_google( name = "Noto Sans KR", family = "NSK" )
showtext_auto()
```
```

교통사고 데이터 분석 보고서에 사용할 데이터를 [코드 P2-2]와 같이 추가하겠습니다.

[코드 P2-2]의 21줄은 캐시cache 기능을 추가한 코드입니다. RMarkdown으로 작업할 때에는 대부분 문서를 수정·보완하는 과정을 여러 번 거칩니다. 만약 파일 용량이 크다면 렌더링할 때마다 시간이 너무 오래 소요되므로 작업하기 불편합니다. 이럴 때 읽어들인 데이터를 임시로 저장하는 캐시 기능을 이용하면 작업시간을 절약할 수 있습니다.

[코드 P2-2]의 22~24줄은 readRDS( ) 함수를 사용하여 교통사고 정보 데이터 파일을 불러온 뒤 각각 변수 acc_wk, cars_pops_wk, abbr_tab에 저장합니다. RMarkdown 문서는 Rmd 파일이 있는 폴더를 기준으로 상대경로(1.5절 참고)를 이용합니다. 즉, 01.report_02.Rmd 파일이 있는 dsuRprj2/Rmd 폴더를 기준으로 교통사고 정보 데이터 파일이 있는 dsuRprj2/data 폴더를 상대경로로 나타내면 ../data가 됩니다.

[코드 P2-2]의 25~26줄은 sf 패키지의 read_sf( ) 함수를 사용하여 시도 경계와 시군구 경계를 나타내는 셰이프파일을 불러옵니다. 셰이프파일은 dsuRprj2/data/spatial 폴더에 저장되어 있으며 만약 파일명을 수정했다면 변경된 파일명으로 불러와야 합니다. 또한 [PROJECT 1]의 P1.2절에서 설명했듯이 공공데이터는 CP949(EUC_KR 포함)로 인코딩한 경우가 대부분입니다. 하지만 read_sf( ) 함수는 기본 인코딩으로 UTF-8을 사용하기 때문에 options = "ENCODING=CP949"를 추가하여 제대로 한글을 읽을 수 있게 설정해야 합니다.

코드 P2-2 01.report_02.Rmd

```
21 ```{r message=FALSE, cache=TRUE}
22 acc_wk <- readRDS("../data/acc_wk.rds")
23 cars_pops_wk <- readRDS("../data/cars_pops_wk.rds")
24 abbr_tab <- readRDS("../data/abbr_tab.rds")
25 sido_shp <- read_sf("../data/spatial/bnd_sido_00_2020_2020/bnd_sido_00_2020_2020_4Q.shp",
    options = "ENCODING=CP949")
26 sgg_shp <- read_sf("../data/spatial/bnd_sigungu_00_2020_2020/bnd_sigungu_00_2020_2020_4Q.
    shp", options = "ENCODING=CP949")
27 ```
```
```

지금까지 살펴본 내용을 포함한 파일이 `01.report_02.Rmd`입니다. 이 파일을 렌더링하면 출력 문서는 [그림 P2-9]와 같이 문서 제목만 출력됩니다.

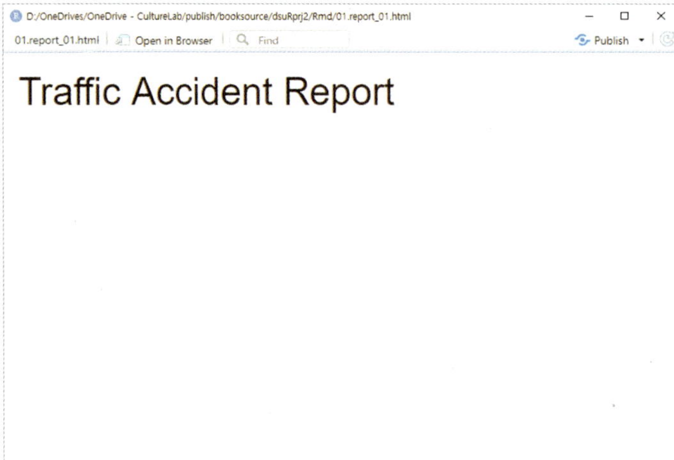

그림 P2-9 01.report_02.Rmd 파일을 렌더링한 출력 문서

기본 설정을 모두 마쳤습니다. 이제 함께 보고서의 내용을 채워봅시다.

P2.3 문서 구조 설정하기

6.2절

문서는 다른 사람들과 소통하는 도구입니다. 우리가 데이터를 통해 확인한 바를 잘 전달하려면 이에 맞는 문서 구조를 갖추어야 합니다. 구조가 잘 갖추어진 문서는 주제에서 벗어나지 않게 논리를 잘 전개하며, 내용을 명확하게 전달합니다. 문서 구조는 다양한 방식으로 구성할 수 있지만, 여기에서는 도입-전개-정리의 3단 구조를 이용하겠습니다.

교통사고 데이터 분석 보고서를 작성하기에 앞서 보고서의 구조를 정하고 세부 내용을 구조에 맞춰 배치하겠습니다. 이번 프로젝트에서는 서론-본론-결론 순으로 구조를 단순하게 수립하고 단계별로 이름과 세부 항목을 [그림 P2-10]과 같이 설정했습니다.

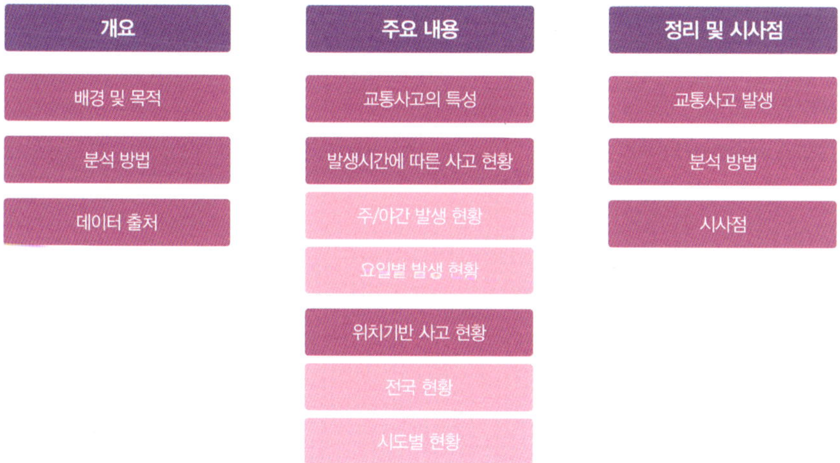

그림 P2-10 교통사고 데이터 분석 보고서의 구조

[그림 P2-10]의 구조에 따라 제목 문단을 적용하면 [코드 P2-3]과 같습니다.[4] [코드 P2-3]의 1~29줄은 01.report_02.Rmd 파일과 동일합니다. [코드 P2-3]을 포함한 01.report_03.Rmd 파일을 렌더링하면 어떻게 되는지 실행 결과로 확인해 보세요.

코드 P2-3 01.report_03.Rmd

```
30  ## 개요
31
32  ### 배경 및 목적
33
34  ### 분석 방법
…   …
56  ## 정리 및 시사점
57
58  ### 교통사고 발생
59
60  ### 시사점
```

4 제목 문단을 만드는 방법은 6장의 6.2절을 참고하세요.

실행 결과

문서에 목차를 추가하면 문서 구조를 파악하기 쉬워집니다. 목차는 문서 앞 부분에 제목을 순서대로 늘어놓은 것이므로 어떤 내용이 있을지 쉽게 알 수 있습니다. 6.2절 내용을 참고하여 [코드 P2-4]와 같이 YAML 헤더에 목차를 활성화하는 코드를 추가합니다. 이 문서를 렌더링하면 어떻게 되는지 실행 결과로 확인해 보세요.

코드 P2-4 01.report_03_2.Rmd

```
---
title: "Traffic Accident Report"
output:
  html_document:
    toc: true
---
```

실행 결과

P2.4 문서 작성하기

3.1절, 3.5절, 4.2절, P1.4절, P1.5절

이제부터 Markdown 본문을 본격적으로 채워보겠습니다. 개요를 먼저 작성한 뒤, 항목별로 '데이터셋 제시 – 숫자를 이용한 요약 – 시각화' 순으로 작성하겠습니다.

개요

개요는 [그림 P2-10]에서 살펴봤듯이 문서의 맨 처음에 나오는 구조이며, 데이터 분석을 수행하게 된 배경이나 목적, 분석 방법을 간략히 설명하고 사용한 데이터의 출처를 밝혀 다른 사람들도 데이터 분석을 재현할 수 있도록 소개하는 문단입니다. 이번 프로젝트에서 작성하는 보고서의 개요는 01.report_04.Rmd 파일에서 확인할 수 있습니다.

데이터셋 제시하기

[코드 P2-5]는 [PROJECT 1]에서 생성한 데이터셋 중에서 2020년에 발생한 사고만 선택하여 출력하는 코드입니다. 50~54줄에서 2020년에 발생한 사고만 선택하고 58~60줄에서 DT 패키지의 datatable() 함수로 acc_2020_wk를 출력합니다. 출력 결과는 58~60줄의 datatable() 함수를 실행한 결과입니다.

코드 P2-5 01.report_05.Rmd

```
```{r data2020, cache=TRUE}
acc_wk %>%
  mutate( years = format(date, format="%Y") ) %>%
  filter( years == "2020" ) -> acc_2020_wk
```


도로교통공단의 데이터셋 중 2020년의 사고에 대해서만 살펴보겠습니다. 다음은 분석을 위해 원본 데이터를 수정한 후 2020년 사고들을 선택하여 본 보고서에 사용한 데이터셋입니다.

```{r}
datatable( acc_2020_wk )
```
```

실행 결과

01.report_05.html Open in Browser Find Publish

Show 10 entries Search:

	사망자수	중상자수	경상자수	발생지시도	발생지시군구	사고유형_대분류	사고유형_중분류	사고유형	법규위반	도로형태_대분류	도로형태	당사자종별_1당_대분류	당사자종별_2당_대분류	경도	위도	date	hour	day
1	1	0	1	충남	논산시	차대차	추돌	추돌	안전운전의무불이행	단일로	기타단일로	특수차	화물차	127.27564268	36.23751343	2020-01-03	05	야간
2	1	0	0	경남	거창군	차량단독	공작물충돌	공작물충돌	안전운전의무불이행	단일로	기타단일로	화물차	없음	127.92479573	35.73629042	2020-01-01	10	주간
3	1	0	0	경기	화성시	차대차	추돌	추돌	안전운전의무불이행	단일로	기타단일로	승용차	화물차	126.95014654	37.25055993	2020-01-01	05	야간
4	1	0	0	서울	강남구	차대사람	차도통행중	차도통행중	안전운전의무불이행	단일로	기타단일로	승용차	보행자	127.04672718	37.48676083	2020-01-01	05	야간

[코드 P2-2]로 불러온 acc_wk 데이터셋에서 데이터 분석에 사용할 열만 선택하고 열의 위치와 이름도 적절히 수정해 봅시다. [코드 P2-6]은 이를 구현하는 코드입니다.

54줄은 acc_wk 데이터셋에서 발생지시도 열과 발생지시군구 열의 이름을 각각 시도와 시군구로 변경하고, 55~56줄은 select( ) 함수를 사용하여 분석에 사용할 열을 선택한 뒤 변수 acc_2020_wk에 저장했습니다. 62~64줄은 datatable( ) 함수를 이용하여 acc_2020_wk 데이터셋을 출력합니다. 각 열은 select( ) 함수에서 선택한 순서대로 나타나며, 표 형태로 출력합니다. datatable( ) 함수에서 열이 어떤 정보를 담고 있는지 쉽게 알 수 있도록 63~64줄과 같이 colnames[5]로 재지정하여 보여줄 수 있습니다. colnames의 인수는 "새로운 열 이름" = 열의 위치(인덱스) 형태인 벡터로 전달합니다. 예에서는 첫 번째 열 이름을 No("No"=1)라고 지정하고, 4번째 열 이름을 날짜("날짜"=4) 등으로 지정하였습니다. 61~65줄에 사용한 datatable( ) 함수가 RMarkdown에서 어떻게 적용되는지 실행 결과를 통해 살펴봅시다.

코드 P2-6 01.report_05_02.Rmd

```
50  ```{r data2020, cache=TRUE}
51  acc_wk %>%
52    mutate( years = format(date, format="%Y") ) %>%
53    filter( years == "2020" ) %>%
54    rename(시도 = 발생지시도, 시군구 = 발생지시군구) %>%
55    select(시도, 시군구, date, hour, day_night, days, acc_cat, road_cat,
56           사망자수, 중상자수, 경상자수, 경도, 위도) -> acc_2020_wk
57  ```
58
59  도로교통공단의 데이터셋 중 2020년의 사고에 대해서만 살펴보겠습니다. 다음은 분석을 위해
    원본 데이터를 수정한 후 2020년 사고들을 선택하여 본 보고서에 사용한 데이터셋입니다.
60
61  ```{r}
62  datatable( acc_2020_wk,
63             colnames = c("No" = 1, "날짜" = 4, "시간" = 5, "주야" = 6,
64                          "요일" = 7, "사고유형" = 8, "도로유형" = 9) )
65  ```
```

5 출력 시 보이는 데이터셋의 열 이름만 변경합니다. 실제 열 이름은 변경되지 않습니다.

실행 결과

Show 10 entries　　　　Search:

No	시도	시군구	날짜	시간	주야	요일	사고유형	도로유형	사망자수	중상자수	경상자수	경도	위도
1	충남	논산시	2020-01-03	05	야간	금	차대차	단일로	1	0	1	127.27564268	36.23751343
2	경남	거창군	2020-01-01	10	주간	수	차량단독	단일로	1	0	0	127.92479573	35.73629042
3	경기	화성시	2020-01-01	05	야간	수	차대차	단일로	1	0	0	126.95014654	37.25055993
4	서울	강남구	2020-01-01	05	야간	수	차대사람	단일로	1	0	0	127.04672718	37.48676083
5	경북	울릉군	2020-01-21	13	주간	화	차량단독	단일로	1	0	0	130.84882958	37.4719929
6	전남	화순군	2020-01-03	08	주간	금	차대차	단일로	1	0	0	127.11678959	35.03212774
7	경북	예천군	2020-01-02	14	주간	목	차량단독	단일로	1	1	0	128.37549322	36.62074953
8	충북	단양군	2020-01-02	22	야간	목	차량단독	단일로	1	0	2	128.37583338	36.98535364
9	충북	괴산군	2020-01-03	06	주간	금	차대사람	교차로	1	0	0	127.95574256	36.82697237
10	경기	이천시	2020-01-01	11	주간	수	차량단독	단일로	1	0	0	127.62601367	37.10341463

Showing 1 to 10 of 2,983 entries　　　　Previous 1 2 3 4 5 … 299 Next

데이터 요약 제시하기

지금까지 정리한 acc_2020_wk 데이터셋을 요약하고 그 결과를 제시해 보겠습니다. [PROJECT 1]에서 소개한 summarytools 패키지를 사용하면 그 결과물을 웹페이지에 맞게 출력할 수 있습니다. [코드 P2-7]을 상세히 살펴봅시다.

73~78줄의 descr( ) 함수는 [PROJECT 1]의 [코드 P1-19]에서 데이터셋을 acc_2020_wk로 바꾸고 적용했습니다. descr( ) 함수의 인수는 [PROJECT 1]의 [표 P1-3]과 [표 P1-4]를 참고하세요. 72줄의 print( ) 함수는 인수로 전달한 descr( ) 함수의 결과를 출력합니다. 77줄과 같이 print( ) 함수의 method 인수에 "render"를 지정하여 RMarkdown에 결과를 포함합니다. 78줄의 table.class 인수는 표에 지정할 HTML 클래스 이름이며, 외형을 정의하는 데 사용합니다. 여기서 "st-small"이라 지정하면 표의 스타일을 조금 작게 나타냅니다. 마지막

으로 footnote 인수에 빈 문자열("")을 전달하여 표 하단에 붙는 출력정보를 제거합니다. 실행 결과는 01.report_05_02.Rmd 파일의 67~79줄을 나타냅니다.

코드 P2-7 01.report_05_02.Rmd

```
71  ```{r}
72  print(
73    descr( acc_2020_wk %>% select(ends_with("수")),
74           stats = c("mean", "sd", "min", "q1", "med", "q3", "max"),
75           round.digits = 1,
76           transpose = TRUE, headings = FALSE),
77    method="render",
78    table.class = "st-small", footnote="" )
79  ```
```

실행 결과

피해자수의 특성

데이터셋을 구성하는 각 열별 데이터를 요약해 봅시다. 먼저 피해자수 현황입니다. 다음의 표에서 보이는 것과 같이 인명피해는 사망사고의 경우 평균과 표준편차는 1 ± 0.22, 경상자수는 0.3 ± 1.12, 중상자수는 0.2 ± 0.69이며, 제 3사분위수(전체 자료의 75% 되는 위치 값)가 사망사고의 경우 1명, 경상 혹은 중상자의 경우 0명으로 대부분의 사고에서 인명피해가 크지 않았습니다.

	Mean	Std.Dev	Min	Q1	Median	Q3	Max
경상자수	0.3	1.1	0.0	0.0	0.0	0.0	26.0
사망자수	1.0	0.2	1.0	1.0	1.0	1.0	5.0
중상자수	0.2	0.7	0.0	0.0	0.0	0.0	15.0

데이터 시각화 제공하기

[PROJECT 1]의 P1.5절에서 인명피해 정도에 따른 피해자수를 시각화해 보았습니다. 이 결과를 보고서에 추가해 보겠습니다. ggplot2 패키지로 작성한 도표는 별도의 처리과정 없이 R 코드 뭉치만으로 문서에 포함될 수 있습니다. [코드 P2-8]은 [PROJECT 1]의 [코드 P1-34]에서 데이터셋을 acc_2020_wk라고 변경한 뒤 R 코드 뭉치로 작성한 코드입니다. 실행 결과는 01.report_05_02.Rmd 파일의 81~100줄을 나타내는데, 상자 도표로 시각화한 결과가 문서에 바로 포함되었음을 알 수 있습니다.

코드 P2-8 01.report_05_02.Rmd

```
```{r}
acc_2020_wk %>%
  select( ends_with("수"), acc_cat) %>%
  pivot_longer( cols=ends_with("수") ) %>%
  filter( acc_cat !="철길건널목" ) %>%
  ggplot() +
      geom_boxplot( aes(name, value, color=name) ) +
      scale_color_manual( "상해정도", values=c('#e41a1c','#377eb8','#4daf4a') ) +
      facet_wrap( vars(acc_cat), ncol=3 ) +
      theme_minimal() +
      theme(
        text = element_text(family="NSK", size=12),
        axis.title = element_blank(),
        panel.grid.major = element_blank(),
        panel.grid.minor = element_blank()
      )
```
```

실행 결과

상자 도표로 사상자를 표현하면 다음과 같습니다.

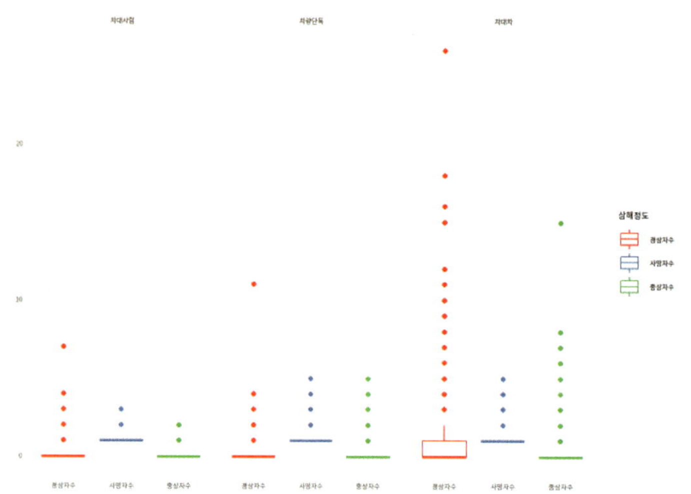

이번에는 [코드 P2-9]의 83줄과 같이 상자 도표를 가운데로 정렬하고 도표의 크기와 캡션을 설정해 보겠습니다. R 코드 뭉치의 fig.align 인수에 "center"를 추가하면 도표가 가운데로 정렬됩니다. 또한 도표의 폭(fig.width)과 높이(fig.height)를 인치 단위로 지정할 수 있습니다. 도표의 캡션은 fig.cap 인수로 설정합니다. [코드 P2-9]의 84~99줄은 [코드 P2-8]의 85~100줄과 동일합니다. 실행 결과는 01.report_05_03.Rmd 파일의 81~99줄을 나타냅니다.

코드 P2-9 01.report_05_03.Rmd

```
83    ```{r fig.align="center", fig.width=8, fig.height=4, fig.cap="[상해정도에 따른 인명피해]"}
84    acc_2020_wk %>%
85      select( ends_with("수"), acc_cat) %>%
...
96          panel.grid.major = element_blank(),
97          panel.grid.minor = element_blank()
98        )
99    ```
```

실행 결과

상자 도표로 사상자를 표현하면 다음과 같습니다.

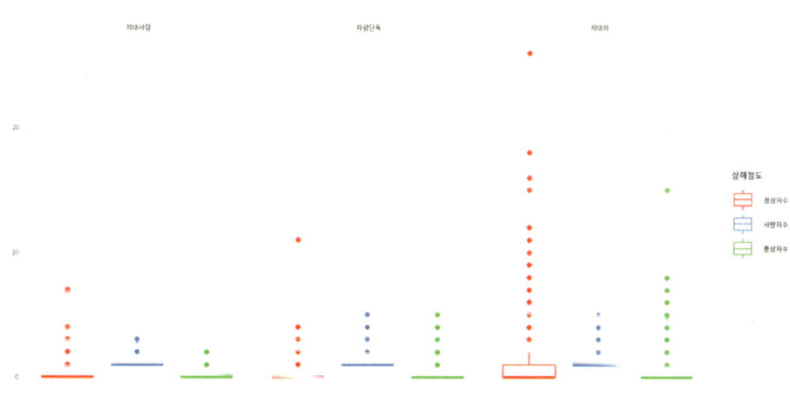

[상해정도에 따른 인명피해]

P2.5 통계적 가설검정을 활용한 문서 작성하기

5.5절

평일에는 일상생활을 보내기 위해 차량을 이용한다면, 주말에는 여가 시간을 보내기 위해 차량을 이용하는 경우가 많을 것이라고 가정해 봅시다. 차량을 이용하는 목적과 사망사고의 발생 비율 사이에 어떤 관계가 있는지 알아보기 위해, 사망사고가 요일별로 동일하게 발생하는지 여부를 알아보려고 합니다. 이제 요일별로 사망사고 발생 건수에 차이가 있는지를 통계적 가설검정으로 확인해 봅시다. 먼저 [코드 P2-10]을 통해 요일별로 발생한 사고 건수와 비율을 구해 봅시다.

110~111줄은 2020년에 사망자가 발생한 교통사고 데이터셋(acc_2020_wk)에서 요일별로 데이터를 그룹화합니다. 112~114줄에서는 이 데이터를 요약한 뒤, 115줄에서 새로운 열 prop에 요일별 비율을 구하고 변수 days_freq_prop에 저장합니다. 117~118줄에서 kable( ) 함수를 이용해 문서에 출력합니다. 이때 col.names 인수를 사용하면 열 이름을 변경할 수 있고, align 인수를 사용하면 값의 정렬을 지정할 수 있으며, digit 인수를 사용하면 값을 소수점 이하 몇 자리까지 보여줄지 지정할 수 있습니다.

코드 P2-10 01.report_06.Rmd

```
109  ```{r echo=FALSE}
110  acc_2020_wk %>%
111    group_by( days ) %>%
112    summarise(
113      n = n(),
114    ) %>%
115    mutate( prop = n / sum(n) ) -> days_freq_prop
116
117  knitr::kable( days_freq_prop,
118                col.names=c("요일", "사고발생(건)", "비율"), align="c", digits = 2 )
119  ```
```

실행 결과

요일	사고발생(건)	비율
월	440	0.15
화	434	0.15
수	482	0.16
목	408	0.14
금	453	0.15
토	395	0.13
일	371	0.12

이제 사망사고 발생 건수가 요일별로 동일한지를 적합도검정으로 확인해 봅시다. 이때 영가설은 '요일별로 사망사고 발생 비율이 동일하다', 대안가설은 '요일별로 사망사고 발생 비율이 동일하지 않다'라고 수립하고 유의수준 0.05에서 검정합시다.

적합도검정을 시행하기 위해 카이제곱검정함수 chisq.test( )(5.5절 참고)를 이용합니다. [코드 P2-11]의 127줄에서는 chisq.test( ) 함수를 이용한 결과를 변수 ct_result에 저장했습니다. 그 이유는 가설검정 과정에 나오는 결과를 본문에 적용하기 위함입니다. 130줄은 인라인 코드로 검정통계량(ct_result$statistic)과 p-value(ct_result$p.value)를 소수점 셋째 자리까지 출력하도록 설정합니다.

코드 P2-11 01.report_06.Rmd

```
123  ```{r echo=FALSE}
124  ct_result <- chisq.test( days_freq_prop$n )
125  ```
126
127  검정결과 검정통계량 **`r round(ct_result$statistic, 3)`**, p-value **`r round(ct_
     result$p.value, 3)`**으로 요일별 사망사고 발생 비율에는 차이가 있다는 통계적으로 유의
     한 결과를 얻을 수 있습니다. 즉, 요일에 따라 사망사고 발생은 차이가 있으며 특히 주말간
     사망사고발생이 다른 요일에 비해 낮은 것을 확인할 수 있습니다.
```

실행 결과

주초에서 주말로 갈수록 사망사고 줄어드는 것으로 보여, 요일별 사망 사고발생 비율이 차이가 있는지 알아보고자 합니다. 이를 위해 유의수준 0.05에서 적합도 검정을 실시했습니다.

검정결과 검정통계량 **19.793**, p-value **0.003**으로 요일별 사망사고 발생 비율에는 차이가 있다는 통계적으로 유의한 결과를 얻을 수 있습니다. 즉, 요일에 따라 사망사고 발생은 차이가 있으며 특히 주말간 사망사고 발생이 다른 요일에 비해 낮은 것을 확인할 수 있습니다.

P2.6 문서에 지도 넣기

3.1절, 4.3절, P1.3절

셰이프파일을 이용한 지도 작성하기

P2.1절에서 다운로드한 셰이프파일을 이용해 정부를 지도 위에 표현해 봅시다. 먼저 간단하게 시도별 지도를 작성해 봅시다. [코드 P2-12]는 셰이프파일을 저장한 변수 sido_shp(P2.2절 [코드 P2-2] 참고)의 첫 번째 열 값에 따라 색상을 달리 지정하여 지도에 시각화한 결과입니다.

다만, 이 데이터는 첫 번째 열이 모두 같은 값을 가지고 있어 실행 결과의 지도가 동일한 색으로 나타났습니다.

코드 P2-12 01.report_08.Rmd

~~~
```{r message=FALSE}
plot( sido_shp[, 1] )
```
~~~

실행 결과

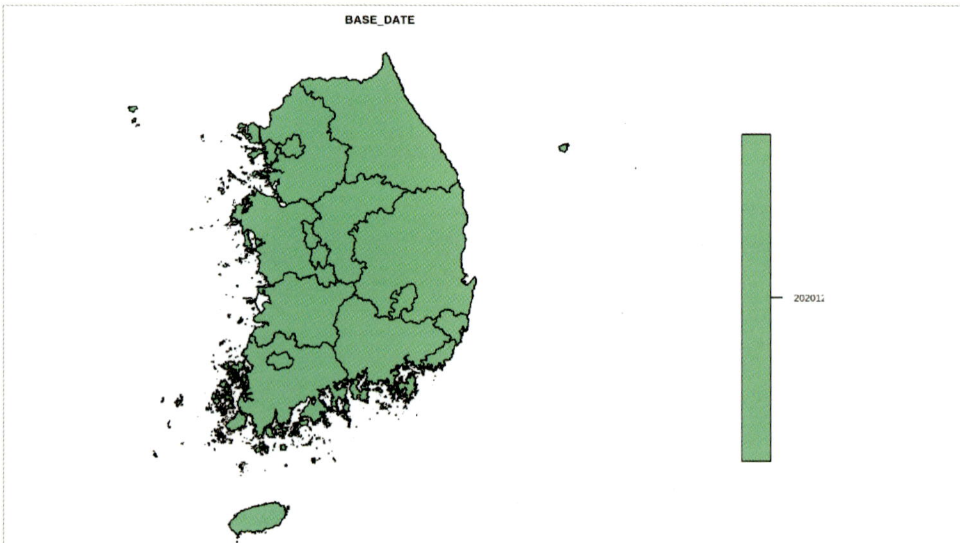

sf 패키지를 이용하면 셰이프파일에 저장한 데이터와 지리정보를 티블 형태로 다룰 수 있습니다. [코드 P2-13]은 셰이프파일 sido_shp를 RMarkdown으로 출력한 결과입니다.

코드 P2-13 01.report_08.Rmd

~~~
```{r message=FALSE}
sido_shp
```
~~~

실행 결과

```
## Simple feature collection with 17 features and 3 fields
## Geometry type: MULTIPOLYGON
## Dimension:     XY
## Bounding box:  xmin: 746111 ymin: 1458603 xmax: 1387949 ymax: 2068444
## Projected CRS: Korea 2000 / Unified CS
## # A tibble: 17 x 4
##    BASE_DATE SIDO_CD SIDO_NM                                       geometry
##    <chr>     <chr>   <chr>                               <MULTIPOLYGON [m]>
##  1 20201231  11      서울특별시 (((957671.4 1966937, 957875.3 1966792, 957977.~
##  2 20201231  21      부산광역시 (((1132673 1655372, 1132672 1655372, 1132670 1~
##  3 20201231  22      대구광역시 (((1107778 1780522, 1107845 1780414, 1107846 1~
##  4 20201231  23      인천광역시 (((847446.2 1882698, 847446.6 1882696, 847447 ~
##  5 20201231  24      광주광역시 (((932712.7 1696169, 932781.7 1696153, 932784.~
##  6 20201231  25      대전광역시 (((990946.7 1832389, 991052.5 1832271, 991054.~
##  7 20201231  26      울산광역시 (((1164711 1705221, 1164710 1705221, 1164709 1~
##  8 20201231  29      세종특별자~ (((970186.6 1859547, 970194.9 1859544, 970224.~
##  9 20201231  31      경기도     (((940972.7 1883670, 941017 1883587, 941017.8 ~
## 10 20201231  32      강원도     (((1165523 1907138, 1165516 1907136, 1165515 1~
## 11 20201231  33      충청북도   (((1042689 1917663, 1042731 1917654, 1042775 1~
## 12 20201231  34      충청남도   (((919362.4 1778551, 919363.3 1778551, 919364.~
## 13 20201231  35      전라북도   (((902729.7 1716564, 902728.7 1716564, 902726.~
## 14 20201231  36      전라남도   (((946627.3 1553112, 946629.8 1553111, 946633.~
## 15 20201231  37      경상북도   (((1176597 1741357, 1176597 1741357, 1176596 1~
## 16 20201231  38      경상남도   (((1053605 1611883, 1053606 1611883, 1053607 1~
## 17 20201231  39      제주특별자~ (((884755.1 1458980, 884756.6 1458979, 884757.~
```

셰이프파일 정보

셰이프파일에 포함된 데이터셋

지도로 표현할 대상의 위치정보

이제 다음 순서에 따라 시도별 사망자수 데이터셋 셰이프파일과 결합하여 지도로 표현해 봅시다.

1 acc_2020_wk 데이터셋을 정리합니다.

2 다른 데이터셋과 결합하기 위해 필요한 정보를 추가(결합)합니다.

3 지리정보 데이터셋과 지도에 표현하려는 정보를 담은 데이터셋을 결합합니다.

4 sf 패키지가 제공하는 geom_sf( ) 함수를 이용해 ggplot2 패키지로 시각화합니다.

이 중에서 과정 **1**~**3**을 수행하는 것이 [코드 P2-14]이고, 과정 **4**를 수행하는 것이 [코드 P2-15]입니다.

[코드 P2-14]의 78~82줄은 2020년 시도별로 사망자수를 구한 뒤 변수 sido_2020_death에 저장합니다. 84~85줄은 과정 **2**를 수행합니다. 여기서 sido_2020_death의 시도 열과 abb_lab의 abbrName 열을 대상으로 결합한 뒤, 결과를 sido_2020_death에 저장하여 데이터셋을 갱신합니다. 87~88줄은 sido_shp 데이터셋을 기준으로 sido_2020_death 데이터셋을 결합합니다. 두 데이터셋은 모두 시도 코드(sido_2020_death의 regionCode 열, sido_shp의 SIDO_

CD 열)를 갖고 있으므로 이를 대상으로 결합하면 됩니다. 결과는 변수 ta_death_sido로 저장합니다.

코드 P2-14 01.report_08.Rmd

```
```{r}
acc_2020_wk %>%
  group_by( 시도 ) %>%
  summarise(
    n.death = sum(사망자수, na.rm=TRUE)
  )  -> sido_2020_death

sido_2020_death %>%
  left_join( abb_tab, by=c("시도" = "abbrName") ) -> sido_2020_death

sido_shp %>%
  left_join( sido_2020_death, by=c("SIDO_CD" = "regionCode") ) -> ta_death_sido
```
```

참고

지리정보 데이터셋을 결합할 때 주의할 점

셰이프파일 정보를 담고 있는 데이터셋과 일반 데이터셋을 결합할 때에는 셰이프파일 데이터셋을 기준으로 결합해야 합니다. 일반 데이터셋을 기준으로 결합하면 결과가 일반 데이터셋이 되고, 지리정보의 특성이 무시됩니다.

이제 지도에 시도별 사망자수를 표현해 봅시다. sf 패키지는 ggplot2 패키지의 geom_계열 함수인 geom_sf( )를 추가로 제공하므로 sf 객체[6]를 시각화할 수 있습니다. [코드 P2-15]는 geom_sf( ) 함수를 이용하여 지리정보를 시각화합니다. 97줄의 labs( ) 함수는 fill 인수에 "사망자수"를 매핑하여, 사망자수(n.death 열)에 따라 달라지는 색상의 범례 제목을 '사망자수'로 지정했습니다. 98줄은 지도의 축과 축 눈금 등을 표시하지 않도록 theme_void( )를 사용했습니다.

6 sf 객체는 sf 패키지를 통해 읽어들인 지리정보 데이터셋입니다.

코드 P2-15 01.report_08.Rmd

```
```{r}
ggplot( ta_death_sido ) +
  geom_sf( aes(fill = n.death ) ) +
  labs( fill = "사망자수" ) +
  theme_void( )
```
```

실행 결과

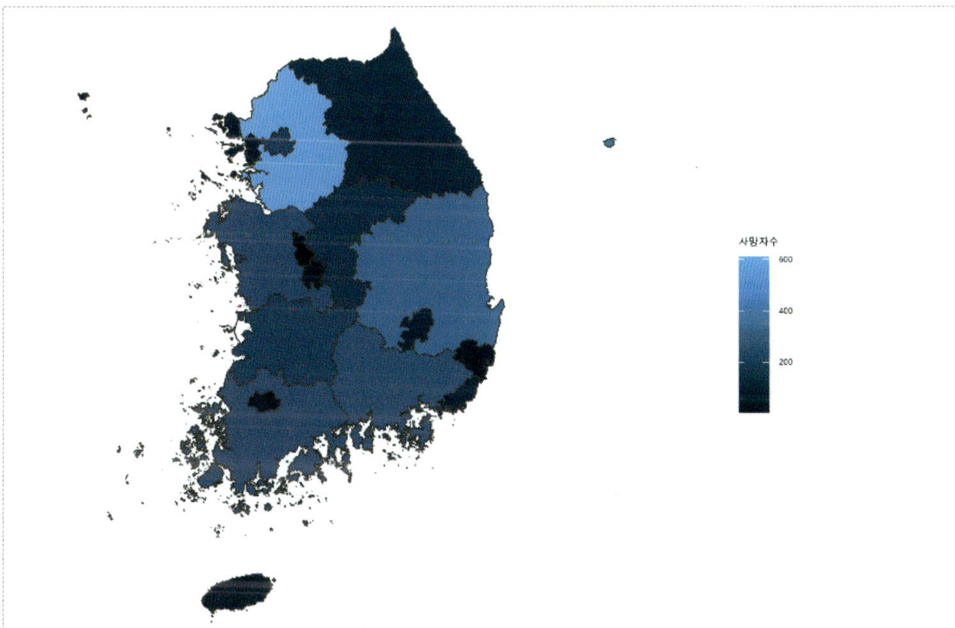

[코드 P2-15]의 실행 결과로 나온 시각화 결과를 단계구분도choropleth map라고 합니다. 단계구분도는 특정 주제(여기서는 시도별 사망자수)와 지도를 결합하여 표현하려는 값에 따라 시각 요소(색상, 채움 패턴 등)를 다르게 표시합니다.

인터랙티브 지도 작성하기

지금까지 셰이프파일을 이용하여 단계구분도를 그렸습니다. 이렇게 만든 지도는 하나의 그림 파일처럼 작동합니다. 이제 사용자가 지도를 확대하거나 축소하고, 이동하거나 일부를 선택하는 작업 등을 수행할 수 있는 인터랙티브 지도interactive map를 만들어 보겠습니다. 구글 지도, 네이버 지도, 카카오맵(다음 지도) 등이 흔히 알고 있는 인터랙티브 지도 서비스입니다. 이번에 만들 인터랙티브 지도는 사망사고가 발생한 위치를 지도에 표시하고 화면을 이동하거나 축소 및 확대하는 등 보기 기능의 사용자화와 사용자에게 필요한 정보를 선택하는 기능 등을 제공합니다.

인터랙티브 지도는 대부분 웹상에서 작동합니다. 웹 환경은 마우스와 키보드로 명령을 입력하고, 이에 따른 결과를 출력할 수 있다는 특징이 있습니다. 그리고 이러한 콘텐츠는 자바스크립트JavaScript라는 프로그래밍 언어로 구현할 수 있습니다. 인터랙티브 지도를 만드는 자바스크립트 라이브러리[7]는 다양하게 있으며, RStudio 개발팀은 그중에서도 leaflet 라이브러리를 R에서 사용할 수 있도록 패키지를 제작하여 배포하고 있습니다. 이 책에서는 leaflet 패키지를 간략하게 사용할 예정입니다.[8]

`01.report_09.Rmd` 파일의 73~88줄은 보고서에 인터랙티브 지도를 삽입하는 R 코드 뭉치입니다. 이 코드를 [코드 P2-16]~[코드 P2-18]에 걸쳐 조금씩 살펴봅시다.

[코드 P2-16]의 73~74줄은 `leaflet( )` 함수로 지리정보를 불러와서 지도 영역Map Widget을 만든 뒤, `setView( )` 함수를 이용하여 지도의 초기 위치와 배율을 지정합니다. 자세히 살펴보면 73줄의 `leaflet( )` 함수는 `data` 인수로 위도latitude 및 경도longitude 정보를 포함한 데이터셋을 지정하는데, P2.4절의 [코드 P2-6]에서 경도 열과 위도 열을 저장한 `acc_2020_wk`를 이용합니다. 그리고 파이프 연산자(%>%)로 연산 결과를 `setView( )` 함수에 전달합니다. 74줄은 위도 36.0000, 경도 127.7492, 확대 정도를 7로 설정하여 지도가 생성될 때 적절히 확대한 우리나라 국토의 중심 위치[9] 부근을 보여줄 수 있게 지정했습니다.

[코드 P2-16]의 75줄은 74줄에서 파이프 연산자로 전달받은 데이터에 `addProviderTiles( )` 함수를 사용하여 지도 스타일을 적용하는 코드입니다. 지도를 흑백으로 나타내기 위해 스타일을 `"Stamen.Toner"`로 지정하였습니다.

7 라이브러리는 R의 패키지와 비슷한 기능을 수행합니다. 자세한 설명은 위키피디아를 참고하세요. 링크 : https://ko.wikipedia.org/wiki/라이브러리_(컴퓨팅)

8 leaflet 패키지에 대한 자세한 설명은 http://rstudio.github.io/leaflet/을 참고하세요.

9 우리나라의 위도는 약 33~43도, 경도는 약 124~132도이며, 코드에 사용한 값은 임의로 선정하였습니다.

코드 P2-16 01.report_09.Rmd

```
leaflet( data = acc_2020_wk ) %>%
  setView( lat = 36.0000, lng = 127.7492, zoom = 7) %>%
  addProviderTiles("Stamen.Toner")  %>%
```

참고

leaflet 패키지 지도 스타일

leaflet 패키지가 제공하는 기본 지도 스타일은 오픈스트리트맵OpenStreetMap입니다. 기본 스타일로 지정하고 싶으면 `addProviderTiles()` 함수 대신 `addTiles()`를 입력합니다. 2022년 8월 현재 leaflet 패키지가 제공하는 지도 스타일은 164종으로, RStudio의 Console 패널에 `providers`를 입력하여 실행하면 스타일 목록이 나타납니다. 또한 [그림 P2-11]과 같이 leaflet 데모 사이트[10]에 접속하여 스타일별로 지도 형태를 확인할 수 있습니다.

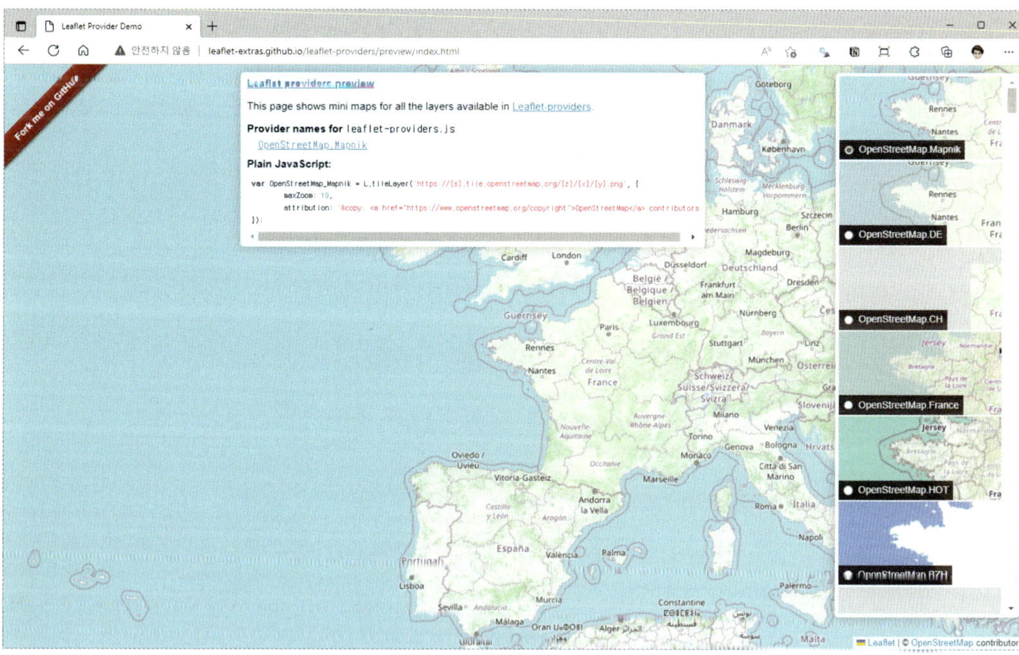

그림 P2-11 leaflet 패키지가 제공하는 지도 스타일 미리보기 사이트

10 http://leaflet-extras.github.io/leaflet-providers/preview/index.html

지도 위에 데이터의 위치를 나타낼 때 그림 파일이나 아이콘으로 나타낼 수도 있고, 원형 마커로 나타낼 수도 있습니다. [코드 P2-17]과 같이 **addCircleMarkers( )** 함수를 이용하면 데이터에 따라 지도 위에 나타낼 원형 마커 모양을 지정할 수 있습니다. 이 함수의 인수를 하나씩 살펴보겠습니다. 참고로 데이터셋에 저장한 값을 인수에 매핑하기 위해 열 이름 앞에 ~를 붙였습니다. 77줄의 `lng`와 `lat`는 원형 마커로 표시할 대상의 위치 정보([코드 P2-16]의 74줄 참고)입니다. 78줄의 `fillColor` 인수는 대상으로 지정한 `acc_cat` 열의 팩터 수준level 별로 채움 색을 지정합니다([코드 P2-19] 참고). 79줄의 `fillOpacity` 인수는 원형 마커의 투명도를 0~1 사이의 값(1에 가까울수록 투명)으로 지정합니다. 여기서 투명도를 설정한 이유는 지도 위에 겹치는 마커를 서로 구분하기 위함입니다. 80줄의 `stroke` 인수는 FALSE로 설정하여 원형 마커의 외곽선을 삭제합니다. 96줄은 원형 마커의 반지름을 사망자수 열 값으로 지정합니다.[11] 82줄의 popup 인수는 원형 마커 위에 마우스가 위치할 때 해당 마커의 정보 창을 띄우는 방식을 설정합니다. popup 창을 구성하는 내용은 HTML로 작성하며, 여기서는 굵은 글씨를 나타내는 〈b〉...〈/b〉 태그와 줄바꿈을 나타내는 〈br /〉(또는 〈br〉) 태그를 사용했습니다.

코드 P2-17 01.report_09.Rmd

```
76      addCircleMarkers(
77        lng = ~경도, lat = ~위도,
78        fillColor = ~pal_ta_type(acc_cat),
79        fillOpacity = 0.8,
80        stroke = FALSE,
81        radius = ~사망자수,
82        popup = ~paste0("사망자수 : <b>", 사망자수, "</b><br /> ", "사고유형 : ", acc_cat,
      "<br>", "도로유형 : ", road_cat) ) %>%
```

[코드 P2-18]은 **addLegend( )** 함수를 이용하여 마커를 구분하는 범례를 지정하는 코드입니다. 83줄의 첫 번째 인수는 범례의 위치를 나타냅니다. 84줄의 `pal` 인수에는 색상 팔레트를 지정합니다. 여기서는 [코드 P2-17]의 78줄에 사용한 `pal_ta_type`을 가져왔습니다. `values` 인수는 범례에 표시할 값으로, `acc_cat` 열을 전달해 데이터와 범례의 값을 일치시켰습니다. 85줄의 `title` 인수는 범례 제목을 전달합니다. 86줄의 `na.label` 인수에 빈 문자열("")을 전달하면, 범례에 결측 항목이 나타나지 않습니다. 87줄의 `opacity` 인수는 범례에 표시할 색의 투명도를 지정합니다. 지도의 원형 마커의 투명도와 동일하게 0.8로 설정했습니다.

11 만약 원형 마커의 면적을 사망자수 열 값으로 지정하고 싶다면 반지름을 $\sqrt{\frac{\text{사망자수}}{\pi}}$ 로 두어야 합니다.

코드 P2-18 01.report_09.Rmd

```
83      addLegend( "topright",
84                 pal = pal_ta_type, values = ~acc_cat,
85                 title = "사고유형",
86                 na.label = "",
87                 opacity = 0.8
88      )
```

[코드 P2-16]~[코드 P2-18]을 렌더링하면 인터랙티브 지도를 얻을 수 있습니다. [그림 P2-12]는 `01.report_09.Rmd` 파일의 45~95줄을 렌더링한 결과입니다. 마우스휠로 지도를 축소하거나 확대할 수 있으며, 특정 지역을 클릭한 채 드래그하면 지도 위치를 변경할 수도 있습니다. 이러한 인터랙티브 지도를 이용하면 보고서에서 설명하려는 지역을 자유롭게 살펴볼 수 있습니다.

그림 P2-12 인터랙티브 지도

■ leaflet 패키지로 팩터 수준별 색상표 만들기

leaflet 패키지는 사용자가 색상표를 만드는 기능을 제공합니다. 이때 자료의 특성에 따라 패키지의 함수를 다르게 선택합니다. `colorFactor( )` 함수는 입력할 데이터가 팩터(범주형 자료)인 경우에 사용하고, `colorNumeric( )` 함수는 입력할 데이터가 수치형 자료일 때 색상을 매핑[12]합니다. 몇 가지 색상만 매핑할 경우 `colorBin( )` 함수 또는 `colorQuantile( )` 함수를 사용합니다.

여기에서는 colorFactor( ) 함수를 이용하여 팩터 수준별로 색상을 지정해 봅시다. [코드 P2-19]는 이를 구현한 코드입니다. 68줄은 colorFactor( ) 함수로 만들 색상표 함수의 이름을 pal_ta_type으로 합니다. 즉, colorFactor( ) 함수는 함수를 만듭니다. 69줄의 palette 인수는 팩터 수준별로 대응할 색상 정보를 벡터로 지정합니다. 이 벡터의 성분은 색상표 함수의 반환값(4.3절 aes( ) 함수의 color 인수 참고)입니다. 70줄의 domain 인수에 팩터의 수준을 지정합니다. 여기에 정한 팩터의 수준을 색상표 함수에서 인수로 사용하여 전달한 데이터셋(acc_2020_wk)에서 acc_cat 열 값(팩터의 수준)을 palette 인수의 값으로 순서대로 매핑하여 사용합니다. 71줄의 na.color 인수는 결측값의 색상을 지정합니다. NA라 지정했으므로 결측값에 색상을 사용하지 않습니다.

코드 P2-19 01.report_09.Rmd

```
68    pal_ta_type <- colorFactor(
69      palette = c('#e41a1c','#377eb8','#4daf4a','#984ea3'),
70      domain = levels( acc_2020_wk$acc_cat ),
71      na.color = NA )
```

[코드 P2-19]에서 만든 색상표 함수 pa_ta_type은 이미 [코드 P2-17]의 78줄에 fillColor 인수로 지정한 바 있습니다. 이후 팩터 수준별로 지정한 색상을 매핑한 결과를 출력으로 반환합니다.

12 색상을 연속으로 변화시킬 때에는 색상 팔레트를 사용합니다. RColorBrewer 패키지를 설치하고 display.brewer.all( ) 함수를 사용하여 팔레트를 확인할 수 있습니다.

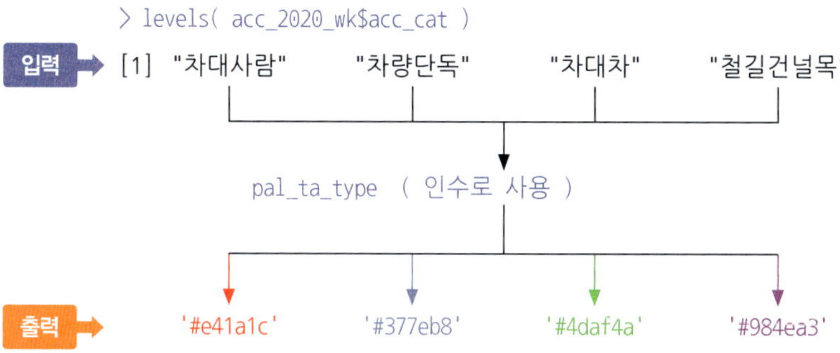

그림 P2-13 colorFactor( ) 함수로 만든 색상표 함수 pal_ta_type

지금까지 RMarkdown으로 데이터 분석 보고서를 모두 작성하였습니다. 다음 절에서 이를 다른 사람들과 공유하는 방법에 대해 알아보겠습니다.

P2.7 RPubs에 문서 등록하기

지금까지 [PROJECT 1]에 요약한 데이터셋을 분석하고, RMarkdown에서 HTML 파일로 렌더링되는 보고서를 작성하였습니다. 이제 이 보고서를 웹에서 누구나 볼 수 있도록 문서를 만들고 등록하는 과정을 살펴보겠습니다. 이번 절에 사용한 파일은 `01.TAReport.Rmd`입니다.

RPubs(https://rpubs.com/)는 RStudio에서 운영하는 플랫폼으로, 사용자 등록을 했다면 누구나 RMarkdown으로 만든 문서를 무료로 게시할 수 있습니다. 다음 순서에 따라 RPubs에 사용자 등록을 하겠습니다.

1 RPubs 사이트에 접속한 후 홈페이지 오른쪽 상단의 [Register]를 클릭합니다

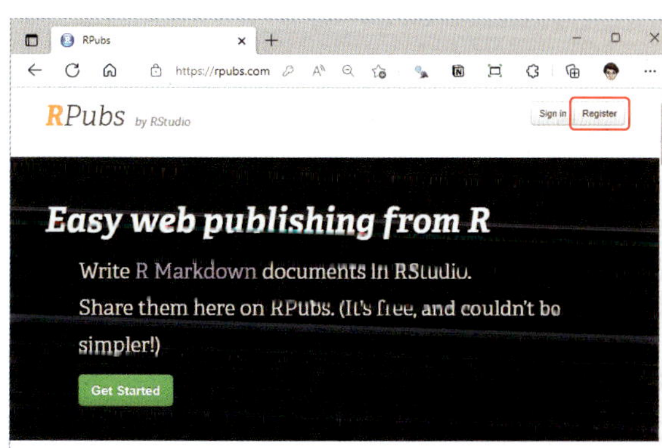

그림 P2-14 RPubs 홈페이지

2 사용자 등록 화면에서 요청 정보를 입력합니다. 이름Name, 이메일 주소Email, RPubs에서 사용하는 이름Username(최소 3글자 이상), 암호Password(최소 6글자 이상)를 입력합니다. 마지막 줄에는 암호를 한 번 더 입력합니다.

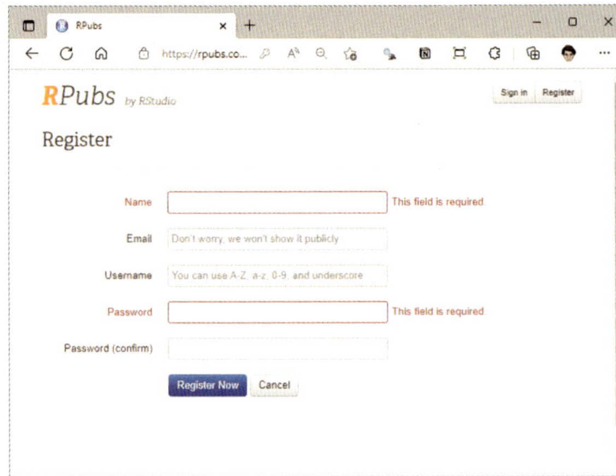

그림 P2-15 RPubs 사용자 등록 화면

이제 RMarkdown으로 만든 출력 문서를 RPubs에 등록해 봅시다. [그림 P2-12]와 같은 출력 문서의 미리보기 창 오른쪽 상단에 Publish 아이콘(Publish)이 있습니다. 문서를 처음 등록할 경우, Publish 아이콘을 클릭하면 [그림 P2-16]과 같이 패키지를 설치하는 창이 나타납니다. 패키지를 설치해야 하므로 [Yes]를 클릭합니다.

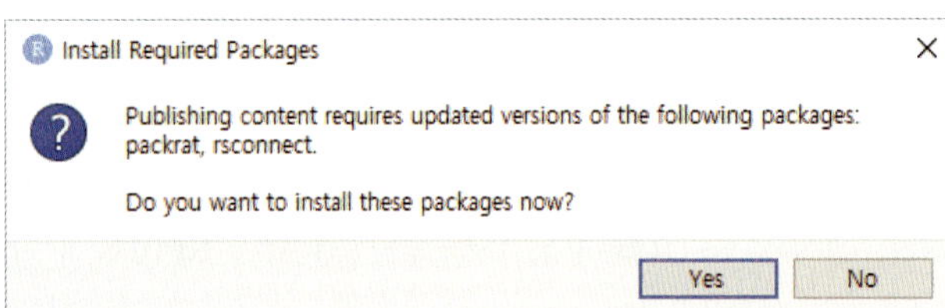

그림 P2-16 필요한 패키지 설치 여부

[그림 P2-17(a)]와 같이 문서를 등록할 플랫폼을 선택하는 창이 뜹니다. RPubs는 문서 비공개 모드가 없는 무료 플랫폼이며, RStudio Connect는 다양한 서비스를 제공하는 유료 플랫폼입니다. 여기에서는 RPubs를 선택합니다. [그림 P2-17(b)]와 같이 RPubs 플랫폼에 대한 설명 창이 뜨면 설명을 확인하고 아래의 [Publish]를 클릭합니다.

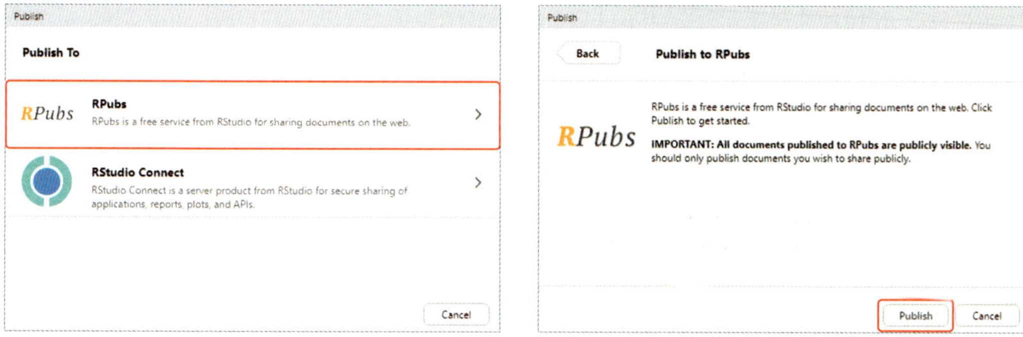

(a) 플랫폼 선택 창

(b) RPubs 플랫폼 설명 창

그림 P2-17 문서 등록 플랫폼 선택

이제 [그림 P2-18(a)]와 같이 RPubs 문서 등록 창이 새롭게 열립니다. 첫 번째 칸에는 RPubs에서 사용하는 이름 또는 이메일 주소를 입력한 뒤, 두 번째 칸에 암호를 입력하고 [Sign in]을 클릭합니다. [그림 P2-18(b)]와 같은 창이 뜨면 Title 칸에 문서 제목을, Description 칸에 문서에 대한 간략한 설명을 입력합니다. Slug 칸에는 문서의 주소로 사용할 이름을 지정하는데, 이를 지정하지 않으면 문서 주소가 임의로 지정됩니다. 필자는 Slug 칸에 ta_2020이라 작성하였습니다. 모든 정보를 입력하였으면 [Sign in]을 클릭합니다.

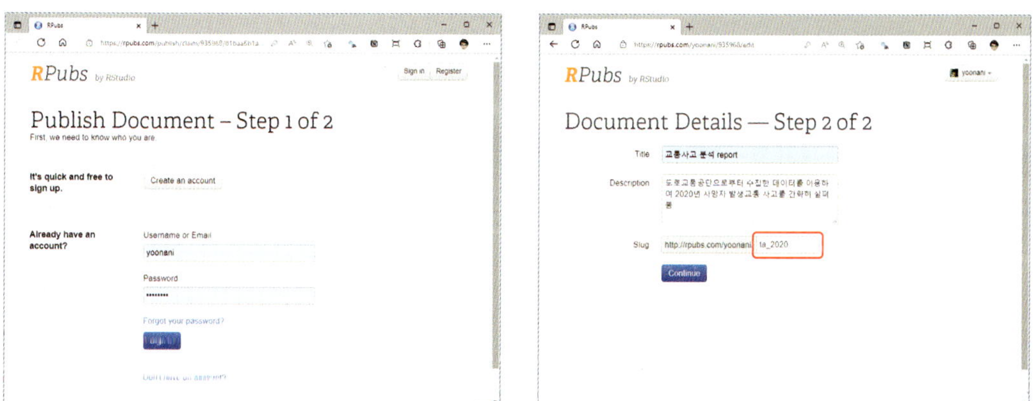

(a) 로그인 창

(b) 문서 제목, 설명, 주소 작성 창

그림 P2-18 문서 등록 창

이제 문서가 RPubs에 등록되었습니다. [그림 P2-19]의 주소 창을 확인하면 Slug 칸에 지정한 주소임을 알 수 있습니다.

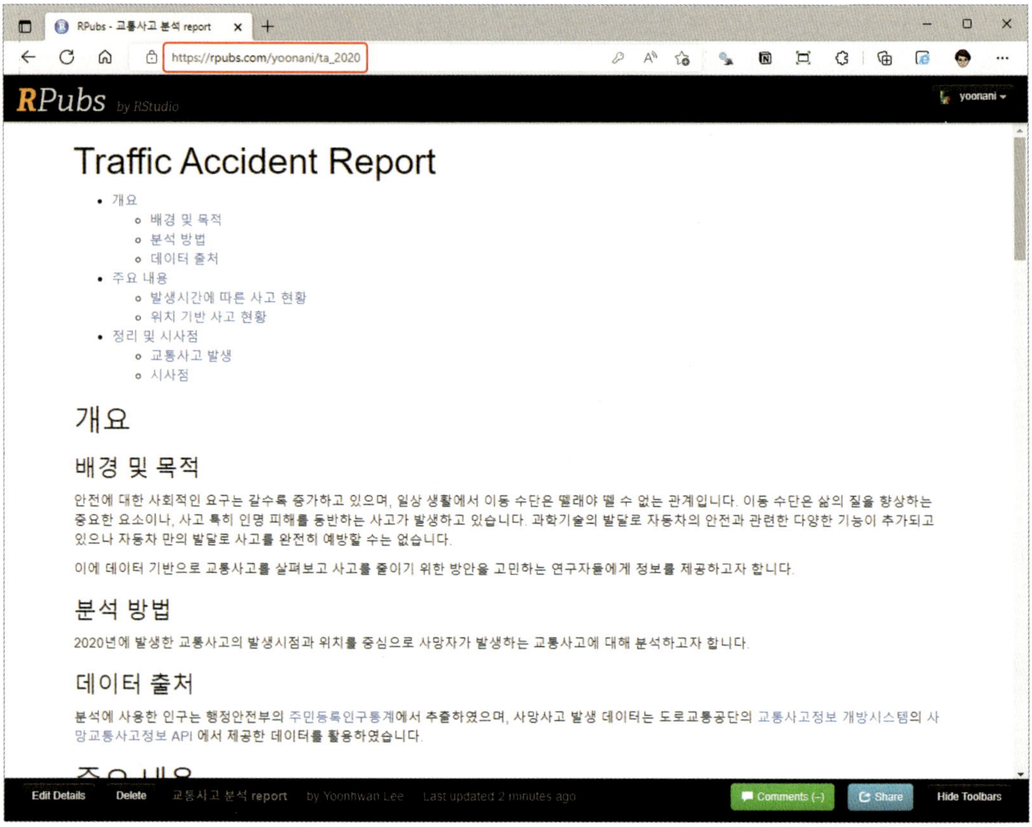

그림 P2-19 문서 등록 결과

이 책에서 사용하는 코드

base 패키지가 아닌 다른 패키지의 함수는 해당 패키지를 library( ) 명령어로 불러온 뒤 실행합니다.

Windows 명령어

명령어	설명
cd	Windows에서 경로를 변경
pwd	현재 작업 위치

R 기본 구문

함수	패키지	설명
attr()	base	첫 번째 인수(클래스)에 대해 두 번째 인수로 전달한 속성 값 출력
attributes()	base	해당 클래스가 지닌 속성 출력
c()	base	여러 값을 묶어 하나의 변수로 접근하는 함수
cat()	base	Console 패널에 출력
class()	base	객체의 유형 출력
data.frame()	base	데이터프레임 생성
diff()	base	각각의 수 사이의 길이
dim()	base	차원의 수
for	base	반복문
format()	base	문자로 된 날짜 정보에서 연도만 추출
getwd()	base	현재 작업 경로 출력
head()	base	데이터셋의 일부(앞부분)만 보여주는 함수
help()	base	도움말
if	base	조건문
install.packages()	utils	패키지 설치
length()	base	리스트가 가진 원소의 개수

이 책에서 사용하는 코드

함수	패키지	설명
library()	base	패키지를 작업공간에 연결
names()	base	인수(변수)가 가진 데이터 구조의 이름 출력
nchar()	base	데이터로 사용한 문자의 개수를 세는 함수
ncol()	base	열의 수
nrow()	base	행의 수
paste()	base	문자열 연결
paste0()	base	문자열을 연달아 붙이는 함수
print()	base	인수로 전달한 값 출력
round()	base	지정한 소수 자릿수까지 반올림하여 나타내는 함수
seq()	base	from부터 to까지 by만큼 증가하거나 감소하는 여러 값을 변수 한 개로 취급
sprintf()	base	포맷에 따라 문자열 생성
str()	base	데이터 구조 설명
Sys.time()	base	현재 시각
tail()	base	데이터셋의 일부(뒷부분)만 보여주는 함수

데이터 파일

함수	패키지	설명
locale()	readr	locales 생성
read_csv()	readr	csv 파일 읽기
read.csv()	base	csv 파일 읽기
read_excel()	readxl	Excel 파일을 읽고 티블로 전달
read_sf()	sf	shp 파일 읽기
readRDS()	base	rds 파일 읽기
saveRDS()	base	rds 파일에 저장
write.csv()	base	csv 파일에 저장

데이터 요약하기

함수	패키지	설명
cor()	base	두 변수 사이의 상관계수
count()	dplyr	열을 인수로 하여 각 열에 저장한 데이터의 출현 횟수 출력
ctable()	summarytools	교차표 작성
desc()	dplyr	arrange()의 보조함수. 지정한 열을 내림차순으로 정렬
descr()	summarytools	숫자형 데이터 요약
fivenum()	base	사분위수와 최솟값을 구하는 다섯자리 숫자요약 함수
freq()	summarytools	범주형 데이터 요약
mean()	base	평균
median()	base	중앙값
prop.table()	base	테이블 데이터 구조를 인수로 하여 비율 계산
sd()	base	표준편차
stby()	summarytools	데이터셋 그룹화
summarise()	dplyr	데이터 요약
table()	base	인수로 전달한 팩터(혹은 벡터)의 값별로 개수 출력
var()	base	분산

데이터 길들이기

함수	패키지	설명
arrange()	dplyr	열 이름을 기준으로 정렬(기본 오름차순)한 데이터프레임 반환
as.Date()	base	문자열 벡터에서 날짜형 벡터 반환
difftime()	base	두 시간벡터의 시간 차를 객체로 반환
filter()	dplyr	수식에 맞는 행으로 구성된 데이터프레임 반환
group_by()	dplyr	열 이름 값별로 그룹화한 데이터프레임 반환

이 책에서 사용하는 코드

함수	패키지	설명
left_join()	dtplyr	결합join 조건을 이용해 좌측 결합한 데이터프레임 반환
months()	base	시간벡터에서 문자열로 된 월 이름 반환
mutate()	dplyr	수식으로 전달한 새로운 열을 추가한 데이터프레임 반환
pivot_longer()	tidyr	인수(열)가 특정한 열의 값이 되도록 행으로 배치한, long format 형태 데이터프레임 반환
pull()	dplyr	데이터프레임에서 지정한 열을 벡터로 반환
rename()	dplyr	규칙에 따라 기존 열 이름을 변경한 데이터프레임 반환
rowwise()	dplyr	데이터프레임을 summarise() 등으로 요약할 때 행단위로 수행하는 row-wise 데이터프레임 반환
select()	dplyr	열 지정 값에 의해 선택된 열로 구성한 데이터프레임 반환
separate()	tidyr	지정한 열 값을 구분자로 구분하고 각각을 분리한 뒤 '열 이름' 열로 저장한 데이터프레임 반환
simplify()	purrr	리스트의 하위 구성 요소가 동일한 데이터형 벡터일 때, 이를 풀어 하나의 벡터로 반환
str_detect()	stringr	벡터 원소별로, 정규표현식에 해당하는 문자열 포함 여부(TRUE/FALSE)를 나타내는 벡터 반환
str_extract()	stringr	벡터 원소별로, 정규표현식에 해당하는 문자열로 구성된 벡터 반환
str_replace_all()	stringr	벡터 원소별로, 정규표현식에 해당하는 문자열을 찾아 바꿀 문자열로 변경한 벡터 반환
strptime()	base	문자열을 포맷에 맞춘 시간벡터로 변환
subset()	base	논리표현식이 참인 행으로만 구성한 데이터프레임 반환
substr()	base	문자열 벡터의 원소별로, 시작값 위치(문자)부터 종료값 위치(문자)까지 추출한 문자열로 구성한 벡터 반환
transmute()	dplyr	새로운 열로만 구성한 데이터프레임 반환
trimws()	base	원소별로 앞부분과 뒷부분의 공백문자를 제거한 벡터 반환
unlist()	base	리스트의 하위 구성 요소가 가진 값을 하나의 벡터로 반환
weekdays()	base	날짜 혹은 시간에서 요일 표현 반환

시각화

함수	패키지	설명
aes()	ggplot2	시각 요소를 데이터와 매핑
datatable()	DT	HTML 파일에서 표 스타일로 데이터셋 출력
facet_grid()	ggplot2	명목형 변수의 값별로 도표 영역을 분할
facet_wrap()	ggplot2	열의 값에 따라 분할 도표 출력
fct_relevel()	forcats	기존 팩터의 수준 순서를 다시 정렬
font_add()	showtext	글꼴 추가
font_add_google()	showtext	구글 제공 글꼴 추가
geom_bar()	ggplot2	막대도표
geom_boxplot()	ggplot2	상자 도표
geom_col()	ggplot2	높이를 지정한 도표
geom_errorbar()	ggplot2	표준오차 시각화
geom_histogram()	ggplot2	히스토그램
geom_hline()	ggplot2	수평선
geom_point()	ggplot2	산점도
geom_segment()	ggplot2	막대 끝점에서 x축에 내리는 수선
geom_smooth()	ggplot2	그래프 평활화
geom_text()	ggplot2	도표 위에 원하는 문자열을 출력
geom_text_repel()	ggrepel	표시하려는 텍스트가 산점도를 가리지 않고, 다른 텍스트에도 겹치지 않게 텍스트의 위치를 조정
ggplot()	ggplot2	도표 영역 생성
ggtitle()	ggplot2	도표 제목
kable()	knitr	표 구조(행과 열이 있는)의 데이터를 보기 좋게 출력
labs()	ggplot2	도표 제목
scale_color_manual()	ggplot2	color 인수에 따라 다른 색을 지정

이 책에서 사용하는 코드

함수	패키지	설명
scale_fill_excel_new()	ggthemes	엑셀 색상으로 변환하는 함수
scale_x_continuous()	ggplot2	x축 값이 연속형일 때 눈금 설정
scale_y_continuous()	ggplot2	y축 값이 연속형일 때 눈금 설정
theme()	ggplot2	도표 작성 시 변경 요소 지정
theme_bw()	ggplot2	ggplot2에서 제공하는 테마 중 하나
theme_classic()	ggplot2	ggplot2에서 제공하는 테마 중 하나
theme_dark()	ggplot2	ggplot2에서 제공하는 테마 중 하나(바탕색이 진한 회색)
theme_economist()	ggthemes	《이코노미스트》 테마
theme_excel_new()	ggthemes	Excel 기본 도표 테마
theme_fivethirtyeight()	ggthemes	파이브서티에이트FiveThirtyEight 테마
theme_grey()	ggplot2	ggplot2에서 제공하는 테마 중 하나(바탕색이 회색)
theme_light()	ggplot2	ggplot2에서 제공하는 테마 중 하나
theme_linedraw()	ggplot2	ggplot2에서 제공하는 테마 중 하나
theme_minimal()	ggplot2	최소한의 요소로 구성한 테마
theme_stata()	ggthemes	stata의 기본 도표 테마
theme_void()	ggplot2	아무것도 없는 도표 영역(테마)
theme_wsj()	ggthemes	《월 스트리트 저널》 테마
vars()	ggplot2	분할 변수

통계

함수	패키지	설명
chisq.test()	base	카이제곱검정
crossing()	tidyr	복원추출로 출현 가능한 표본을 구함
dbinom()	stats	이항분포의 확률질량함수

함수	패키지	설명
dchisq()	stats	카이제곱분포의 확률밀도함수
dnorm()	stats	정규분포의 확률밀도함수
pbinom()	stats	이항분포의 누적분포함수
pchisq()	stats	카이제곱분포의 누적분포함수
pnorm()	stats	정규분포의 누적분포함수
qbinom()	stats	이항분포의 분위수함수
qchisq()	stats	카이제곱분포의 분위수함수
qnorm()	stats	정규분포의 분위수함수
rbinom()	stats	이항분포의 난수발생함수
rchisq()	stats	카이제곱분포의 난수발생함수
rnorm()	stats	정규분포의 난수발생함수
sample()	base	무작위로 표본 추출

찾아보기

찾아보기

찾아보기